Nack · Wägner

DAS ANTIKE GRIECHENLAND

Nack · Wägner

DAS ANTIKE GRIECHENLAND

LAND UND VOLK

tosa

Genehmigte Lizenzausgabe für Tosa Verlag
in der Ueberreuter Print und Digimedia GmbH, Wien

Coverentwurf: Studio Höpfner-Thoma GraphicDesign,
unter Verwendung eines Bildes von Agentur Corbis
Druck: Ueberreuter Print 2004

www.tosa-verlag.com

INHALT

DER LEBENSRAUM DER GRIECHEN 9

ÄGÄISCHE FRÜHZEIT
3500–1000 v. Chr.

Kreta 12
Mykenä 20
Troja 26

DIE GÖTTER GRIECHENLANDS

Die alten Erdgottheiten 29
Die olympischen Gottheiten 32
Religiöse Kulte 43

DAS GRIECHISCHE MITTELALTER
1000–500 v. Chr.

Die dorische Wanderung 47
Die Welt Homers 48
Homer und Hesiod 55
Kolonisation 58
Sparta 64
Korinth 67
Athen 70
Die Herrschaft der Peisistratiden 75
Die Demokratie des Kleisthenes von Athen 78
Panhellenische Kultstätten 80
  Delphi 80
  Olympia 83
Lebensformen der Frühgriechen 89
Zeitrechnung 99
Sprache und Schrift 100
Personennamen 102
Die Dichtung 103
Die Musik 110

Der Tanz ... 116
Die Philosophie ... 116
Die bildende Kunst ... 121
Architektur ... 121
Plastik ... 131

DER KAMPF UM DIE FREIHEIT
500–448 v. Chr.

Sparta und Athen ... 133
Karthager und Perser ... 133
Der jonische Aufstand ... 137
Der erste Perserkrieg ... 138
Der zweite Perserkrieg ... 141
Die Entscheidung im Westen ... 146
Der Delisch-Attische Bund ... 147

DAS GOLDENE ZEITALTER UNTER PERIKLES
447–431 v. Chr.

Perikles' Persönlichkeit ... 151
Perikles' innenpolitisches Wirken ... 151
Außenpolitische Aufgaben ... 156
Die Baukunst ... 157
Athen ... 158
Die Plastik ... 174
Die Malerei ... 177
Die griechische Schaubühne ... 180
Die attische Tragödie ... 186
Die attische Komödie ... 192
Die Geschichtsschreibung ... 194
Die Philosophie ... 197

DIE ZEIT DES PELOPONNESISCHEN KRIEGES
431–404 v. Chr.

Gegensatz zwischen Athen und Sparta ... 199
Der Beginn des Krieges ... 200
Alkibiades ... 202
Das sizilische Unternehmen ... 203
Athens Zusammenbruch ... 206
Die Herrschaft der dreißig Tyrannen ... 210
Die Philosophie ... 211
Die Medizin ... 225

DIE LETZTEN JAHRZEHNTE DER GRIECHISCHEN FREIHEIT 403–338 v. Chr.

Thrasybulos 227
Der Zug der Zehntausend 229
Der Korinthische Krieg 231
Der Friede des Antalkidas 232
Spartas und Thebens Hegemonie 233
Die Vorgänge in Syrakus 237
Das geistige und kulturelle Leben im 4. Jahrhundert v. Chr. 239

DAS MAKEDONISCHE ZEITALTER 338–323 v. Chr.

Makedonien, Volk und Land 246
König Philipp 247
Alexander der Große 250
Die Zertrümmerung des Perserreiches 251
Alexanders Indienzug und Ende 257

DAS HELLENISTISCHE ZEITALTER 323–146 v. Chr.

Die Diadochenreiche 266
Untergang der Herrschaft in Sizilien 270
Die Kultur des Hellenismus 271

Namen- und Sachregister 290

Zeittafel

ÄGÄISCHE FRÜHZEIT (3500–1000 v. Chr.)

vor *2000*	Frühminoische Periode
2000—1500	Mittelminoische Periode
1600	Beginn der mykenischen Periode
1500—1300	Spätminoische Periode
1200	Untergang Trojas
1100	Einwanderung der Dorier in Griechenland

DAS GRIECHISCHE MITTELALTER (1000–500 v. Chr.)

800	Entstehung der Homerischen Dichtungen
740	Erster Messenischer Krieg
640	Zweiter Messenischer Krieg
594	Solons Verfassung
510	Kleisthenes begründet die Demokratie in Athen

ZEIT DER PERSERKRIEGE (500–449 v. Chr.)

479	Schlacht bei Mykale, Befreiung der jonischen Griechen von der persischen Herrschaft
477	Gründung des Delisch-Attischen Seebundes
464— 456	Dritter Messenischer Krieg

BLÜTEZEIT ATHENS UNTER PERIKLES (444–431 v. Chr.)

PELOPONNESISCHER KRIEG (431–404 v. Chr.)

427— 347	Platon

DIE LETZTEN JAHRE DER GRIECHISCHEN FREIHEIT (403–338 v. Chr.)

384— 322	Demosthenes
359— 336	Philipp, König von Makedonien
338	Schlacht bei Chäroneia. Untergang der griechischen Freiheit.

DAS MAKEDONISCHE ZEITALTER (338–323 v. Chr.)

336— 323	Alexander, König von Makedonien
336	Aristoteles errichtet eine eigene Schule in Athen
334	Alexanders Zug gegen Persien
327— 325	Alexanders Indienzug

DAS HELLENISTISCHE ZEITALTER (323–146 v. Chr.)

322	Athen erhält eine makedonische Besatzung
168	Das Königreich Makedonien von den Römern vernichtet.
146	Korinth von den Römern zerstört. Griechenland unter römischer Herrschaft als Provinz Achaia.

Der Lebensraum der Griechen

Die Hochkulturen der Alten Welt breiteten sich rings um das Mittelmeer. Dieses erdgeschichtlich junge Einbruchsbecken schließt die Randlandschaften zu einem Raum zusammen und bestimmte frühzeitig die angrenzenden Völker zu einer großen historischen Schicksalsgemeinschaft.

Von den drei Halbinseln, die sich vom Norden in das Mittelmeer hineinschieben, trägt der Südteil der östlichsten, der Balkanhalbinsel, das griechische Mutterland. Es gliedert sich in Nordgriechenland mit den Landschaften *Epirus* im Westen und dem einst durch seine Pferdezucht berühmten *Thessalien* im Osten, in Mittelgriechenland mit *Böotien,* dem Land der »Rinderleute«, und der Hauptgegend *Attika* und in die (auch: den) *Peloponnes,* die eine 6 km breite Landenge bei Korinth mit dem nördlichen Festland verband. Man zog die Schiffe aus dem Korinthischen Meerbusen in die Bucht von Ägina auf einer Art Fahrbahn hinüber. Erst 1893 wurde der 23 m breite und 8 m tiefe Kanal durch den Isthmos eröffnet, den man schon unter Periander von Korinth und anderen, zuletzt unter Kaiser Nero, geplant hatte. Die Peloponnes trägt im Norden die Landschaften *Achaia* und *Argolis,* an der Westküste fällt das wellige Hügelland *Elis* sanft zum Meere ab, im Mittelraum erhebt sich das rauhe und unwegsame Hirtenland *Arkadien.* Gegen Süden öffnet sich die fruchtbare Niederung von *Lakonien,* durch das sich bis in die Schneeregion erhebende Kettengebirge des Taygetos (2409 m) von dem noch fruchtbareren *Messenien* getrennt.

Glücklich und weltoffen ist die Lage. Im Norden blockieren Gebirgszüge die Zusammenhänge mit dem europäischen Hinterland; nur an der Ostküste führt eine uralte Völkerstraße zur schmalen Meeresenge des Bosporus und verbindet Europa mit dem asiatischen Kontinent. Die von Norden nach Südosten streichenden Gebirgsketten tauchen ins Ägäische Meer, treten aber in vielen Inselköpfen immer wieder ans Licht. Aber auch nach Süden und Westen schieben sich Inseln gegen Afrika und Italien vor. So ist das Meer keine Völkerscheide, sondern auf seinem Rücken flutet der Verkehr auch einer primitiven Schiffahrt, die Inseln als Rastplätze und Richtzeichen nutzend.

Der griechische Siedlungsraum von Epirus und Thessalien bis zur Südspitze der Peloponnes ist trotz seiner geringen Ausdehnung von nur etwa 88.000 km² (Flächeninhalt Österreichs: 83.850 km²; BRD: 248.107 km²) so reich und mannigfaltig gegliedert wie kaum ein anderer in der Welt.

In tiefen und weiten Buchten bricht das Meer in das Festland ein und spaltet es in kleinste geographische Provinzen auf. Die Bewohner betreiben Seefahrt und Fischfang. Nur wo gute Häfen fehlen, bleibt der Grieche Hirt und Bauer. Das Relief der Binnenlandschaft bestimmen die Kalkgebirge, die sich vielfach verästeln und auch gelegentlich ins Meer vorschieben. Zwischen den schroffen, über 2000 m ansteigenden Höhen betten sich langgezogene Täler, die nur durch schwer übersteigbare Paßwege untereinander verbunden sind. Oft werden auch noch diese Talschaften durch querliegende Gebirgsblöcke in kleinere Bereiche gesondert. Nur wenige größere oasenhafte Kulturebenen, wie im Norden das Flußgebiet des Axios, die Thessalische Mulde, das Becken um den Kopaissee, die Ebene an dem Golf von Ägina und in der Peloponnes die Niederungen in Lakonien und Messenien, geben Ansporn zu größeren Staatenbildungen. Die Gebirge erheben sich oft auf kleiner Grundfläche zu bedeutender Höhe in steilen und eindrucksvollen Gestaltungen. So gipfelt der auf drei Seiten vom Meer umgebene Athos mit 2000 m, der Olymp mit 2917 m in nur 18 km Abstand vom Meer, der Taygetos mit 2409 m in einer Küstenentfernung von 13 km. Auf diesem engnachbarlichen Zusammenrücken von Höhen, wo oft der Schnee nur wenige Wochen im Hochsommer schwindet, und ebenen Fruchtgeländen und sich weitenden Meeresbuchten, auf dieser Vielfalt von Form und Farbe beruht die Schönheit der griechischen Landschaft.
In der Frühzeit der Menschheit waren die Höhen noch bewaldet, wie es naturwissenschaftliche und historische Erwägungen erhärten. Erst später hat der Bedarf für den Schiffsbau und der Umstand, daß die Hirten die Bäume niederbrannten, um Weideland zu gewinnen, oder die gefräßigen Ziegen die Wiederaufforstung hinderten, die Berge verkarsten lassen. Nun ragen sie braun-rötlich gegen den tiefblauen Himmel. Infolge der einstigen Bewaldung waren die Täler im Altertum wasserbelebt und fruchtbar, von besonderem Ertrag die Schwemmlandebenen. Aber im ganzen gesehen, war das Land fern von tropischer Üppigkeit, und sein Ertrag mußte ihm in harter Arbeit abgerungen werden.
Das Klima Griechenlands schwankt wegen der großen geographischen Breitenunterschiede und des vielförmigen Reliefs, aber es steht in seiner Gesamtheit unter dem typischen mediterranen Einfluß. Die Sommer sind heiß und wegen der trockenen Nordwinde regenarm. Getreide, Weinstock und Ölbaum sind die dem Klima angepaßten drei Kulturpflanzen. Das Getreide wird noch vor der Sommerdürre im Juni geerntet, Ölbaum und Weinrebe überdauern sie im Grünen. Auch der gegen Verdunstung durch seine fleischigen Blätter geschützte Feigenkaktus und die Agave mit ihrem hohen Blütenschaft halten die heiße Zeit durch. Agrumen (Zitrusfrüchte), Tabak und Baumwolle, die heute selbstverständlich zum Vegetationsbild Griechenlands gehören, waren der Antike unbekannt. Im Winter sinkt die Temperatur an der Westseite langsamer als an der Ostseite, große Regenzeiten

lassen die sonst wasserarmen Flüsse zu verheerender Kraft anschwellen. Gelegentliche Schneefälle breiten nur über die höchsten Gebirgslagen eine langdauernde Firndecke.

Für Griechenland charakteristisch ist die Klarheit der Luft. Sie zeichnet in durchsichtiger Helle alle Geländeformen mit wunderbarer Tiefenschärfe und hat einen Hauptanteil an dem bildnerischen Sinne der Griechen.

Lage und Boden haben die Hellenen frühzeitig zu harter Arbeit verpflichtet. Als Hirten wanderten sie mit ihrem Kleinvieh über die kargen Weiden, die seßhaften Bauern betrieben zwar Rinderzucht, aber das Rind war vor allem Zugtier vor Pflug und Lastwagen. Die antiken Städte bevorzugten eine Anhöhe für ihre Burgen, am Gehänge lehnte die Siedlung, oder sie waren auch in den Niederungen zu finden, wo sich aus der Ebene ein geeigneter Hügel erhebt. Alle bedeutenden Orte lagen an der Küste oder waren der Sicherheit wegen zwar etwas landeinwärts verschoben, aber durch einen Hafenplatz mit der See verbunden.

Die Seefahrt überwog den Landverkehr. Denn dieser bot nur wenige Straßen, meistens nur Karrenwege; erst unter den Römern wurden Kunststraßen angelegt. Nur eine Hauptverkehrsader führte von Norden nach Süden, ein Schicksalsweg, mit Burgruinen und Schlachtfeldern gezeichnet, über Thessalien ins Kephissostal und weiter über Theben, Athen, Korinth nach Sparta. Wohl aber war der Seeverkehr durch die meeroffene Lage, die hafenreiche Aufgliederung der Küsten und durch die vielen Inselstützen der Ägäis bedeutend, im Sommer gefördert durch das nebelfreie Meer. Nur in den Wintermonaten ruhte die Schiffahrt. Vom 6. bis zum 4. Jahrhundert v. Chr. beherrschten die Griechen den Verkehr der damaligen Welt.

Diese Weite hat in ihnen Kräfte geweckt, ihre eigene Wesensart zu entfalten und weltzugewandt die umgebenden Einflüsse älterer und höherer Kulturen zu neuer schöpferischer Einheit einzuschmelzen. Brachte auch die Zersplitterung und Absonderung des landschaftlichen Reliefs einen individualistischen Zug in das Griechentum gegenüber den großen zentralistischen Orientstaaten, führte sie zu politischer Zerteilung und einem sehr starken Freiheitsbewußtsein, so schützte die meeroffene Lage vor nationaler Abgeschlossenheit. Die zur Schiffahrt einladende Küste und die Armut des Mutterlandes ließen sie ferne Kolonien gründen und des Wissens und der Schönheit Licht über den Mittelmeerraum breiten. Sie gelangten als die ersten unter den abendländischen Menschen zu vollendeter Reife, wuchsen zu Lehrmeistern der anderen Völker und blieben sie auch dann noch, als ihre politische Macht längst dahingesunken war.

Ägäische Frühzeit 3500—1000 v. Chr.

Heinrich Schliemann 1822—1890

Heinrich *Schliemann* wurde 1822 zu Neubuckow in Mecklenburg als Sohn eines Pfarrers geboren. Sein Vater führte ihn in die Sagenwelt der Griechen ein und weckte schon in ihm den Wunsch, einmal Troja aufzusuchen und dort nachzuforschen. Aber sein Weg wies ihn als Lehrling in ein Kaufmannsgeschäft. Neben seinen Berufspflichten trieb er eifrige Sprachstudien. Er wurde mit 25 Jahren Besitzer eines großen Handelshauses. Zu Reichtum gelangt, zog er sich von seinem käufmännischen Wirkungskreis zurück und unternahm große Reisen, die ihn um die ganze Welt führten. Er ließ sich in Paris nieder und betrieb eifrig archäologische Studien. In alter Homerbegeisterung ging er nach Hellas, lernte Griechisch wie eine lebende Sprache und konnte bald fließend Alt- und Neugriechisch lesen. 1870 besuchte er die Troas, die Nordwestecke Kleinasiens, und begann nach längeren Verhandlungen mit der türkischen Regierung die Ausgrabungsarbeiten auf dem Schutthügel von *Hissarlik,* unter dem er im Gegensatz zu der damaligen Gelehrtenauffassung Troja vermutete. Sein Suchen war vom Glück begünstigt. Unter der wissenschaftlichen Beratung durch Wilhelm *Dörpfeld* hat er auf eigene Kosten von 1870 bis 1890 die Ruinenstätte Trojas freigelegt.

Gleichzeitig mit diesen Grabungen begann er seine Nachforschungen auf der Peloponnesischen Halbinsel und entdeckte 1876 und in den folgenden Jahren die Königsgräber von *Mykenä* und 1884—85 die gewaltige Burg von *Tiryns* und ließ in *Orchomenos* am Nordufer des Kopaissees und auf *Ithaka* Nachforschungen anstellen. Als Endziel seines Lebens hatte er die Absicht, den Königspalast in Knossos auf Kreta aufzudecken. Der Wunsch blieb unerfüllt. Schliemann starb 1890 in Neapel. Der Oxforder Professor Sir Arthur *Evans* führte dieses große Werk in den Jahren von 1900 bis 1925 fort.

Kreta

Die bedeutendste und älteste Kultur, mit der die Griechen in eine entscheidende Beziehung kamen, war die Kultur *Kretas.* Sie ist das erste Glied der europäischen Kette in der Geschichte der Zivilisation.

Die große Insel riegelt gleichsam den Ägäisraum im Süden ab. Diese geographische Lage führte zwangsläufig zu einem regen Kulturaustausch mit Ägypten und Kleinasien, während Griechenland mit seiner damals noch einfachen bäuerlichen Kultur anfangs nur staunend auf die kretische Welt blickte. Homer erwähnt die Insel als eine reiche und mächtige, mit einer hohen Städtekultur, aber auch für ihn ist der Glanz der alten Pracht schon im Dunkel der Vergangenheit erloschen. Denn die Blütezeit Kretas beginnt im 4. Jahrtausend v. Chr. und umfaßt zwei Jahrtausende. Was wir von dieser Zeit wissen, verdanken wir den Ausgrabungen, vor allem in Knossos und Phaistos.

Es wurden so beträchtliche Funde an Grundrissen, Mauerresten, Bruchstücken von Fresken, Einrichtungsgegenständen und Geräten zutage gefördert, daß ihre Summe einen reichen und vielfältigen Überblick über die blühende Kunst, aber auch über die gesamte verfeinerte Kultur- und Lebenshaltung dieser Epoche gibt. Es fehlte bisher diesen stummen Zeugen noch das lebendige Wort, das sich in den Zeichen eines linearen Schriftsystems der über 1500 gefundenen Tontäfelchen verbarg. Aber wie *Champollion-Figeac* 1822 die ägyptischen Hieroglyphen entzifferte, so gelang es in jüngster Zeit, auch hinter das Geheimnis der kretischen Linearschrift B zu kommen. Ebenso bemühen sich die Forscher um die Aufhellung der rätselhaften Herkunft der Kreter und der Fremdartigkeit der Erscheinungsformen dieser seltsamen Kultur.

Auf Evans geht die übliche Einteilung der Fundschichten in eine frühminoische Periode vor 2000, in eine mittelminoische von 2000 bis 1500 und in eine spätminoische 1500 bis 1300 zurück. Für die Anfangszeit charakteristisch sind unbefestigte Siedlungen mit Hütten und Handwerkszeug aus Stein und Knochen, Kennzeichen der neusteinzeitlichen Periode (Neolithikum), an der Ost- und Nordküste Stadtanlagen mit rechteckigen, mehrräumigen, manchmal auch mehrstöckigen Häusern aus Lehmziegeln auf Steinsockeln. Die keramischen Erzeugnisse sind poliert und mit eingeritzten linearen Ornamenten geschmückt, zu denen sich später runde und spiralförmige Muster gesellen. Die Grabbauten sind Rundgräber; man bestattete die Toten in hausähnlichen Tonsärgen oder in riesigen Tongefäßen.

In der mittelminoischen Epoche erstanden die großen Paläste in *Knossos, Phaistos, Hagia Triada* usw. Sie gliedern sich um einen großen Zentralhof mit einer verwirrenden Menge von Räumlichkeiten, die aus Lichthöfen beleuchtet wurden und durch Treppen miteinander in Verbindung standen. Sie erhoben sich auf freiem, welligem Gelände ohne jede Befestigung. So sicher fühlten sich die Könige im Besitz ihrer unangefochtenen Seeherrschaft, beschirmt durch eine starke Flotte. Thukydides berichtet, daß Minos der erste gewesen sei, der eine Flotte besaß. Lebhafter Handel wurde mit Ägypten und den Kykladen getrieben.

Der politische Mittelpunkt der Insel lag in Knossos, das mit dem Namen des Minos, des Sohnes des Zeus, und der Sage vom Stiermenschen, dem

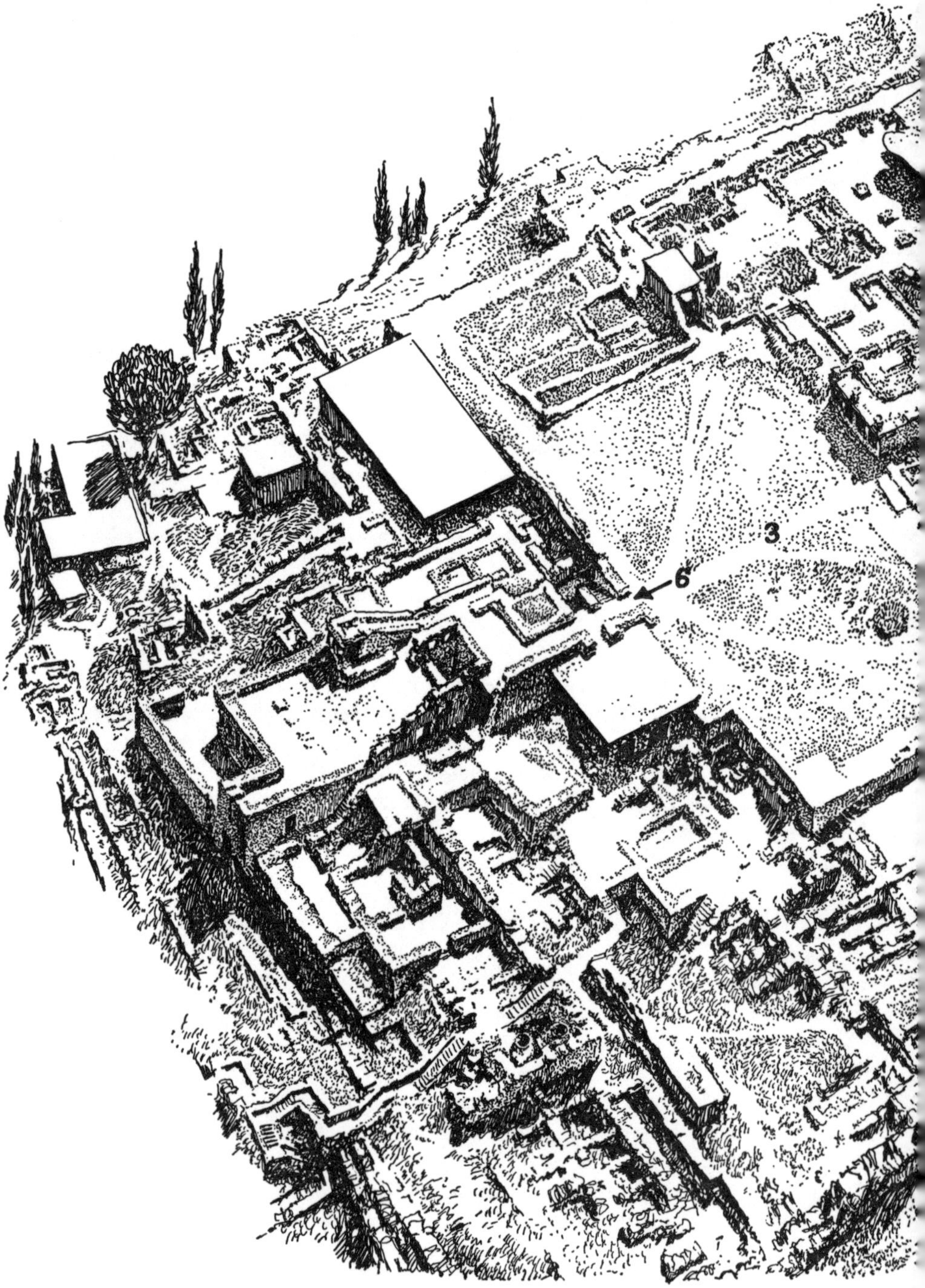
3
6

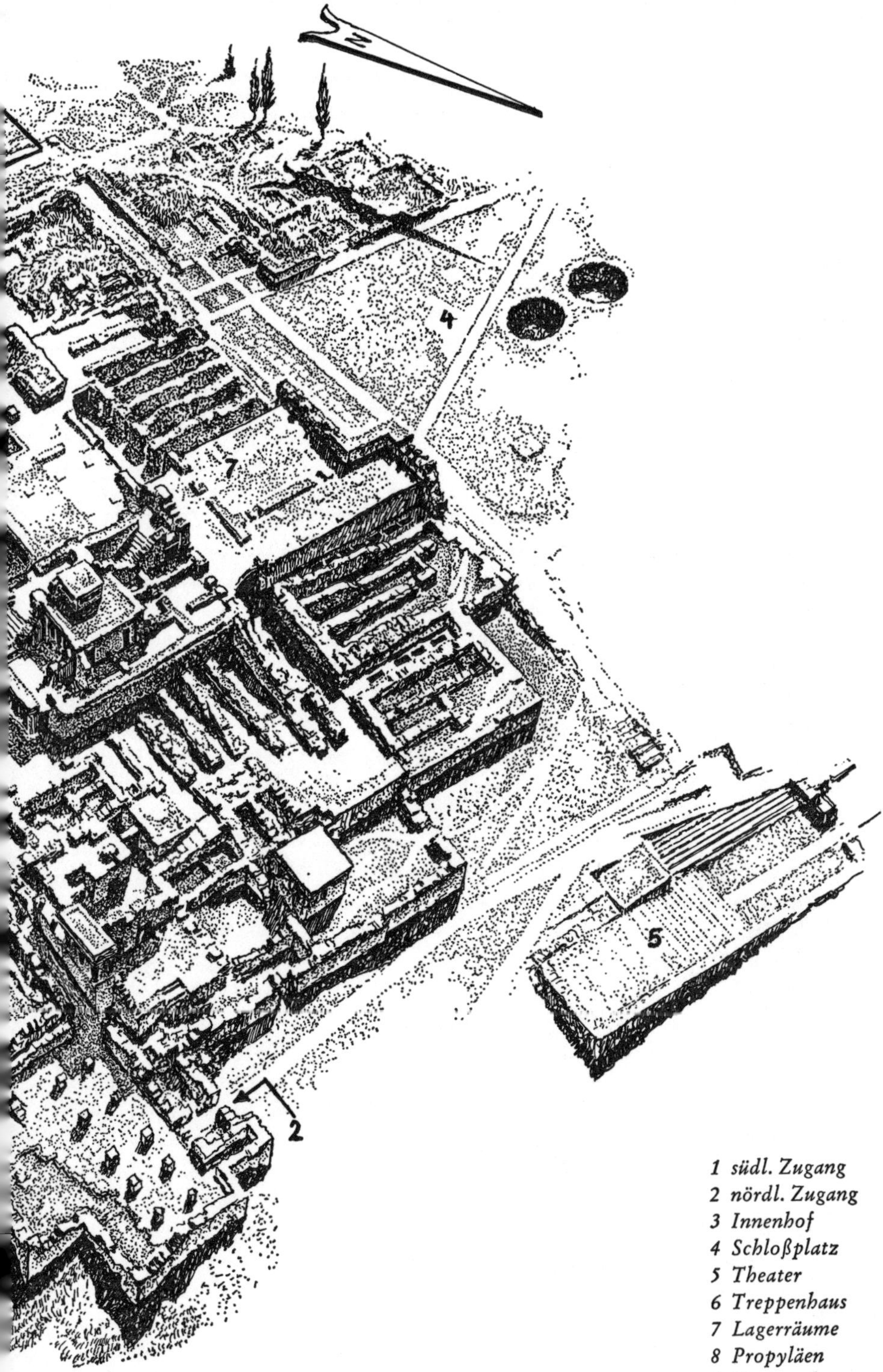

1 südl. Zugang
2 nördl. Zugang
3 Innenhof
4 Schloßplatz
5 Theater
6 Treppenhaus
7 Lagerräume
8 Propyläen
9 Turmsaal

Minotaurus, verknüpft ist. Dabei ist es unerwiesen, ob sich der Name Minos auf eine überragende Herrscherpersönlichkeit Kretas bezieht oder nur einen Titel bezeichnet wie Pharao oder Caesar.

Um 1700 v. Chr. bricht über die Insel eine schwere Katastrophe herein, wir wissen nicht, ob sie mit einem vulkanischen Ausbruch, inneren Aufständen oder einem Überfall äußerer Feinde zusammenhängt. Die Paläste von Knossos, Phaistos, Gurnia usw. wurden zerstört. Nur das eine steht fest, daß Kreta sehr rasch die Unglückszeit überwand und die Paläste mit noch größerer Prachtentfaltung aufgebaut wurden.

Der Schwerpunkt der Herrschaft blieb weiterhin in Knossos. Daher hat das dortige Königsschloß eine sehr umfangreiche Anlage. Bei den Ausgrabungen stieß man dicht unter der Oberfläche auf die Mauern. Evans hat im Jahre 1900 in neunwöchiger fieberhafter Arbeit Baureste im Umfang von acht Ar bloßgelegt. In den späteren Jahren vergrößerten sich die Ausmaße auf zweieinhalb Hektar. Während der Arbeiten in Knossos fanden andere Gelehrte bei Hagia Triada einen verhältnismäßig kleinen Sarkophag, in dem der Tote nach altkretischer Sitte mit angezogenen Beinen beigesetzt war und dessen Seiten mit aufschlußreichen Szenen aus einem Trauerritus bemalt sind. Die Italiener Halbherr und Pernier deckten an der Südküste in Phaistos einen Palast auf, der dem in Knossos nur wenig an Umfang nachstand.

Knossos

Ausgangspunkt für den Besuch der Ruinenfelder von *Knossos* ist der Hafen *Heraklion* an der Nordküste der Insel. Von hier führt eine 5 km lange Straße zum Palast. Um eine Vorstellung des alten Baues in groben Umrissen zu geben, hat Evans in unaufdringlicher Weise einige Teile in Beton wieder aufgerichtet.

Die Anlage ist sehr unübersichtlich und rechtfertigt den Namen Labyrinth. Die vielgliedrige Anhäufung von Wohn- und Vorratsräumen gruppiert sich um einen weiten Innenhof, der den Bau in einen West- und einen Ostflügel scheidet. Der Hof hat keine klare Umgrenzung, Pfeilerhallen wechseln mit Mauern, Treppen oder Zugänge unterbrechen die Fronten, die sich je nach dem zufälligen Zwang der dahinterliegenden Räume vorschieben oder zurückbiegen. Die alte minoische Zufahrtsstraße führt vom Norden her im Winkel zu dem Vortor und strebt nicht in festlichem Aufzug geradlinig weiter zum Hauptraum. Auf einem seitlichen Nebenweg kommt man an der Nordwestecke des Hofes durch ein kleines Vorgemach mit einem Porphyrbassin in das Prunkzimmer des Palastes, den Thronsaal. Er gibt uns in seiner jetzt stark restaurierten Aufmachung eine annähernde Vorstellung der damaligen festlichen Innenraumgestaltung. Um die Wände laufen steinerne Bänke; in ihrer Mitte ragt ein steinerner Thronsessel mit blattförmig ausgeschnittener Lehne und Vertiefungen in der Vorderwand und im Sitz. Über die Wandflächen laufen wellenförmig Fresken mit pflanzlichen Motiven und zwei märchenhaften Greifen, die wap-

penartig zur Rechten und Linken des Thrones lagern und wie Wächter in mystischer Feierlichkeit auf ihn blicken. Nahe beim Throngemach ist ein Saal, in dem man den Schatz der Schlangenkönigin fand, einer Macht, die das Haus beschirmte. Daneben zwei Zimmer, deren Mittelpfeiler auf allen vier Seiten mit Doppelaxtzeichen geschmückt sind. Die Doppelaxt war ein Kultsymbol, Attribut einer Göttin, in Kleinasien mit dem Wort Labrys bezeichnet, von dem der Ausdruck Labyrinth abgeleitet sein soll. Die Wohnräume gegen Westen schließt ein langer Gang ein, der an den Vorratskammern vorbeiführt. In manchen dieser Räume stehen riesige, reich und kunstvoll ornamentierte Krüge (Pithoi) hintereinander gereiht, einst alle voll Öl. Evans schätzte den Fassungsraum der Ölmagazine auf 75.000 Liter. Unter dem Fußboden der Kammern und Gänge fanden sich geschickt verborgene, heute bloßgelegte kastenförmige Versenkungen mit doppelten Böden für besondere Kostbarkeiten. Leider sind fast alle diese Geheimfächer vor der Zerstörung des Palastes von den Besitzern oder von den Eroberern ihres wertvollen Inhalts beraubt worden. An der Nordostecke des Innenhofes führt eine Rampe zum Ostflügel in die »Halle der elf Pfeiler«. Südlich davon ist eine Ölpresse, deren steinerne Leitung in einen Hof mündet, an den sich gegen Norden Räume mit großen Vorratskrügen anschließen. In der Mitte der Osthälfte öffnen sich zwei große Säle, die »Halle der Doppeläxte«, benannt nach den allenthalben eingehauenen Zeichen. Aus der Halle der Doppeläxte weist ein enger Gang zu einer Gruppe kleinerer Gemächer, die wegen ihrer Einrichtung und Abgeschlossenheit als »Megaron der Königin« (Megaron = großes Gemach) bezeichnet wurden.
Zwischen diesen Räumen sind in lockerer Aneinanderreihung noch etliche kleinere, vielgestaltige und zweckentsprechende Zimmer, Verwaltungs- und Dienerschaftsräume, Werkstätten, auch Lichtschächte und Treppenanlagen eingebaut. Diese gleichen die Höhenunterschiede aus, und eine führt sogar durch drei Stockwerke hinauf. Denn die Lage auf einem gegen Osten sich senkenden Abhang, zusammen mit der Raumnot, bedingte Mehrstöckigkeit. Eine breitspurige Stiegenanlage steigt vor der Nordwestecke an; sie diente wohl nicht nur dem Verkehr, sondern war auch sichtbietende Sitzgelegenheit bei Schauvorstellungen. Sie war also Theater und Treppe zugleich. Denn südlich von dieser Stiege dehnte sich der für Versammlungen, Schaustellungen aller Art, vor allem für Stierspiele bestimmte große Schloßplatz an der Westseite der Palastanlage.
In Phaistos sowie in Knossos sind einige Badeeinrichtungen und Klosettanlagen mit Wasserspülung aufgedeckt worden. Ein weitverzweigtes Röhrensystem leitete das Regenwasser oder das Quellwasser von den Bergen aus dem Innenhof durch Schächte in die Badezimmer und Aborte und ließ die Abwässer wieder wegfließen.
Typisch für die kretische Architektur ist es, daß in größeren Gemächern zwei von vier Wänden aus Doppeltüren bestehen, die zwischen schmalen

Pfeilern in Säulenhallen münden. Diese von indirektem Licht umspielten Räume boten in der Sonnenglut einen kühleren Aufenthalt. Im Winter schloß man die Pfeilerwände; die Säle erhielten dann ihr Licht nur durch die angebauten Lichthöfe. Die Säulen waren vermutlich aus Zypressenholz, hatten eine nach oben sich erweiternde Form (sogenannte Stuhlbeinkonstruktion) und schlossen mit einem wulstförmigen Kapitell, das an frühdorische Kapitelle gemahnt und vielleicht die Vorstufe dazu bildet. Von den Säulen sind nur die steinernen Fußplatten erhalten. Im Baumaterial mußten sich die Baumeister Beschränkungen auferlegen; Kreta hat keinen Marmor, daher baute man nur mit Kalkstein, Lehmziegeln, Gips und Holz.

Religion

In Knossos und in anderen Palästen fanden sich große und kleine Altäre. Im Ostbau von Knossos ist eine vollständige, ausgestattete Hauskapelle entdeckt worden mit zwei Altaraufsätzen in Form der Stierhörner. Unter diesem und dem aus Kupfer oder Bronze geformten Kultursymbol der Doppelaxt verehrte man die Gottheit. Die Quelle alles Lebens war die Muttergöttin *Rhea,* die Mutter des Zeus, welcher der Sage nach in der Höhle von *Dikte* im Lassithigebirge geboren und in der Grotte am *Ida* von Nymphen erzogen worden sein soll. Bienen brachten ihm Honig, die Ziege Amaltheia nährte ihn mit ihrer Milch, und Jünglinge, die Kureten, die mit Schwert und Schild um das Kind einen Waffentanz aufführten, übertönten mit diesem Lärm das Schreien des Kleinen, damit es der kinderfressende Kronos nicht höre und das Kind entdecke.

Unter den Götterbildern, den Idolen, fanden sich vielfach Göttinnen; sie lassen auf eine bevorzugte Stellung der weiblichen Gottheiten in der kretischen Religion schließen.

Stellung der Frau

Wie in der Mythologie, so scheint auch im Leben der Kreter die Frau unter dem Einfluß eines langandauernden Friedens und der überfeinerten höfischen Kultur eine besonders bedeutsame Stellung eingenommen zu haben. Sie war nicht abgeschlossen von der Gemeinschaft, sondern vollwertige Gefährtin des Mannes bei der Arbeit und in der Gesellschaft. Auf den Fresken, mit denen die Kreter bereits um 2500 v. Chr. die Wände der Paläste bemalten, begegnen uns Frauen von weißer Hautfarbe mit übergroßen Augen, in geschmackvoll luxuriösen Toiletten mit Glockenröcken, anmutig in der Linienführung, mit enggeschnürter Taille und prächtigen Hüten. Die Jünglinge, mit bändergeschmücktem Haar, von dunkelbrauner Hautfarbe, den Oberkörper nackt, tragen um die Hüften einen kurzen, bunten und fein gemusterten Schurz, Spangen um Arme und Beine. Manche halten ein trichterförmiges, spitz zulaufendes Gefäß in Händen, das Rhyton. Die Menschen erscheinen in bewegten Stellungen auf dem Hintergrund von gesellschaftlichen Veranstaltungen, Festzügen, Kulthandlungen und sportlichen Spielen, Stierkämpfen, hineingestellt in eine märchenhafte Natur mit Blumen und Gräsern, Vögeln und Wildkatzen.

Kretische Funde

Man hat die wertvollen Fundgegenstände aus Knossos, Gefäße aus Ton und Stein, Statuetten, Terrakottatafeln mit Schriftzeichen, Lampen, Schmuckstücke und vieles andere im Museum des benachbarten Heraklion verwahrt. Aber man brachte dahin auch die vorgefundenen Reste der Wandmalereien, um sie vor dem Untergang zu retten, und ersetzte sie gelegentlich am Fundort durch Kopien, damit die Vorstellung der alten, prunkvollen Raumwirkung erhalten bleibe. Den Höhepunkt der kretischen keramischen Palastmanufaktur bilden die Kamaresvasen, nach dem ersten Fundort, der Höhle von *Kamares* beim Berg Ida, so genannt. Sie sind nicht mehr handgemacht, sondern auf der Töpferscheibe geformt, äußerst zart und dünnwandig, daher auch »Eierschalengefäße« geheißen, und dabei doch sehr hart. Sie sind mit schwarzer Glasurfarbe überzogen, auf der bewegte, meist vegetabilische Ornamente mit weißer, später auch mit anderen Farben gemalt sind.

In der Folgezeit malt man auf naturfarbenem Tongrund mit Firnisfarbe Blumen, Gräser, Zweige und die Tierwelt des Meeres. Im weiteren Verlauf werden die Naturgebilde zu Ornamenten und die Blätter und Gräser, die langen Arme der Oktopoden und die Zacken der Seesterne zu Spiralen dekorativ stilisiert.

In der spätminoischen Epoche wandelte sich die Form der Gefäße im sogenannten »Palaststil« aus den einfachen fülligen Vasen zu gestreckten, krugartigen, den Metallgefäßen ähnelnden Gestaltungen mit Henkel und Schnabel; sie weisen lineare Ornamente mit Streifen und Kreisen, aber auch menschliche und tierische Figuren in streng geometrischer Stilisierung auf. Großplastiken fehlen; man strebte nicht nach monumentalem Prunk. Aber die kleineren Figuren aus Fayence, Elfenbein oder Bronze verraten einen scharfen und sicheren Blick für das Körperliche, vor allem für seine Bewegungen. Von faszinierendem Reiz ist das elegante Elfenbeinfigürchen eines Stierspringers, der anscheinend in steilem Schwung über einen Stier hinwegsetzt. Arbeiten aus Edelmetall finden sich auf Kreta nur wenige. Aber dafür weisen Funde auf dem Festland nach Form und Darstellung auf kretischen Ursprung hin. Unter den getriebenen Gegenständen wurden die Goldbecher aus einem Kuppelgrab von *Vaphio*, einem Dorf in der Nähe von Sparta, berühmt, an denen der Fang und die Zähmung wilder Stiere dargestellt werden. Es finden sich auch eingelegte Metallarbeiten, wie z. B. Dolchklingen, die, in Gold oder Silber auf Kupfer ausgeführt, Jagdszenen darstellen.

Totenbestattung

Die überwiegende Anzahl der Funde von Gebrauchsgegenständen, Schmuck und Tonfigürchen verdanken wir der schon in frühester Zeit herrschenden kretischen Sitte, die Toten nicht zu verbrennen, sondern in Särgen, die der Form der Häuser nachgebildet waren, oder in riesigen Tonkrügen zu bestatten. Man gab aus der Vorstellung des Weiterlebens den Toten diese Beigaben mit ins Grab, ja ersetzte sie auch durch verkleinerte Nachbildungen. Die kretische Kultur zeigt in ihren großartigen Denkmälern der Architektur, Plastik und Malerei die achtenswerte Höhe der Staatsverwaltung, die politische Macht und die wirtschaftliche Kraft, wie sie die Griechen bis Perikles nicht gekannt haben. Um 1400 v. Chr. kamen griechische Eroberer nach Kreta, unterwarfen fast die ganze Insel und zerstörten ihre Städte und Königsschlösser. Aber etwas von dem alten Glanz Kretas setzte sich in der ganzen Ägäis durch und breitete sich vor allem auf dem griechischen Festland aus.

Mykenä

Die Kultur Griechenlands seit dem 17. Jahrhundert v. Chr., die wir durch die Ausgrabungen Schliemanns und Dörpfelds kennengelernt haben und unter dem Namen der mykenischen Periode zusammenfassen, zeigt einen starken kretischen Einfluß. Allerdings haben die Griechen die fremden Schöpfungen nicht einfach übernommen, sondern ihrem eigenen Wesen eingegliedert.

Wie in Kreta ursprünglich ein nichtindogermanisches Volk saß, so war auch Griechenland in der Urzeit von Nichtgriechen besiedelt. Um die Wende des 3. Jahrtausends v. Chr. zogen griechische Stämme zunächst als dünne Herrenschicht in die Halbinsel und unterwarfen sich die Urbevölkerung. An dieser ersten Welle dürften zwei große Stämme beteiligt gewesen sein, die *Jonier*, die sich im Golf von Ägina festsetzten, und die *Achaier* und *Aeolier*, untereinander stammesverwandt, die den von den Joniern besetzten Raum umklammerten.

Die Griechen haben in dem neuen Gebiet ihre Eroberung gefestigt und Staaten geschaffen, die sie durch mächtige Zwingburgen sicherten.

Die großen Völkerwanderungen, die von 3000 v. Chr. an den Ägäisraum in ständiger Gärung hielten, scheinen zu Beginn der mykenischen Kulturperiode etwas zum Stillstand gekommen zu sein. Die *mykenische Kultur* setzt auf dem Festland entscheidend um 1600 v. Chr. ein. Sie hat ihren Namen nach der Stadt *Mykenä* in der Landschaft Argolis.

Diese Festung lag auf einem steilen Hügel in einer öden, vegetationsarmen Ebene, 25 km vom Meer entfernt. Mykenä, der Sage nach eine Gründung des Zeussohnes Perseus, war später Sitz der Pelopiden, unter denen König Agamemnon besonders hervorzuheben ist, weil er als erster die Griechenstämme zum Kampf gegen eine asiatische Stadt, gegen Troja, einte.

Weiter südlich, zum Argolischen Meerbusen hinausgeschoben, stand *Tiryns*, die wehrhafte Stadt der Heraklesahnen. Ihre Burg ist bis heute die besterhaltene aller alten Stadtfestungen. Da die Anlagen in der mykenischen Zeit überall ziemlich die gleichen waren, ist sie uns ein charakteristisches Beispiel auch für die anderen Burgen.

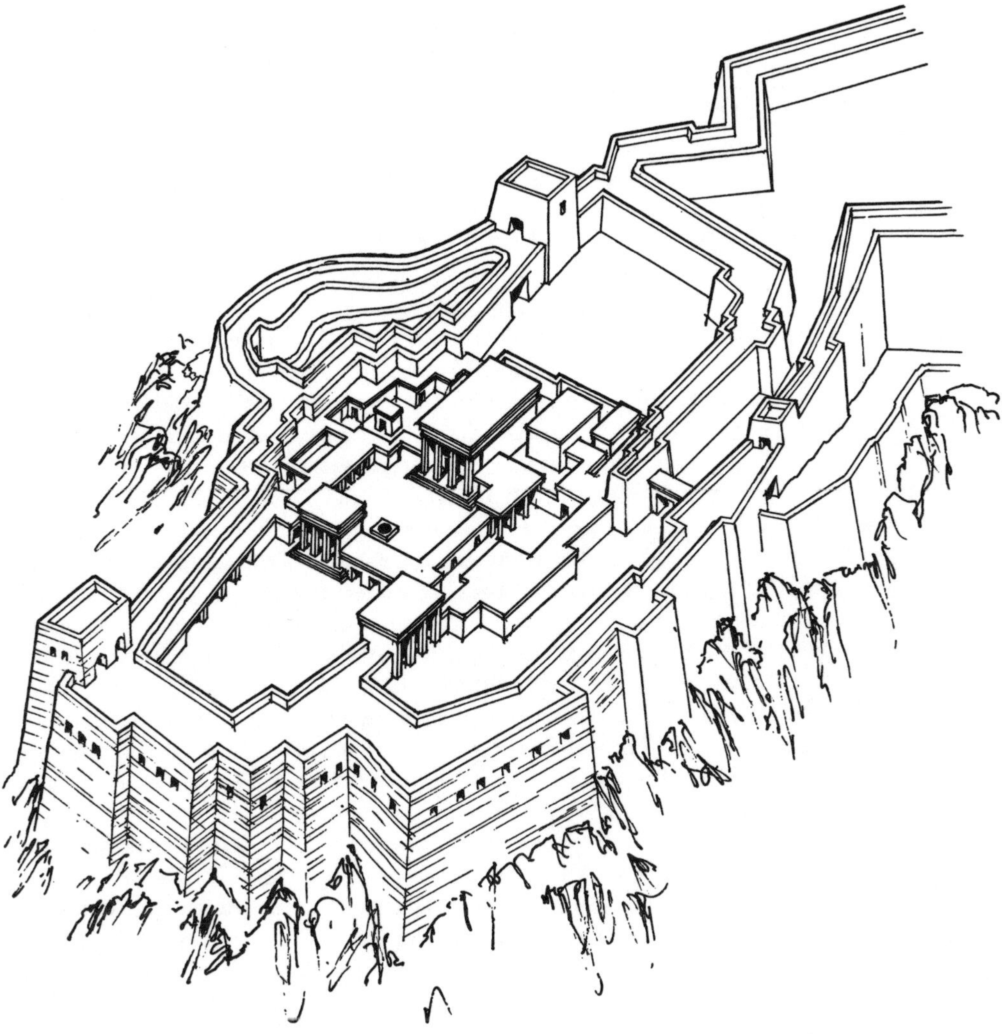

Die Akropolis von Tiryns erhob sich auf einem langgestreckten Plateau von etwa 300×100 m und dehnte sich von Norden nach Süden. Schon Homer nennt Tiryns das »mauerumgürtete«, und Pausanias, der im 2. Jahrhundert n. Chr. Griechenland bereiste, erklärte in seinem »Reiseführer« (Periegése) die Bauten von Tiryns und Mykenä für ein nicht geringeres Wunder als die Pyramiden. Die riesigen Mauern aus 2–3 m langen Kalksteinblöcken, in einer durchschnittlichen Dicke von 8 m und bis zu einer nach der Masse des ringsum abgestürzten Materials errechneten Höhe von 20 m aufge-

Tiryns

schichtet, von den Zyklopen gebaut, wie die Griechen meinten, haben in ihren Grundfesten die Jahrtausende überdauert. Pausanias erzählt, daß ein Mauleselgespann nicht einmal die kleinsten Steinplatten von der Stelle bringen konnte. In den Mauern wölbten sich Kasematten, die als Magazine und Proviantvorratskammern dienten. Wuchtige, die Tore flankierende Türme verstärkten die Abwehrkraft.

Ein Rampenweg, auf dem die Angreifer von der ungeschützten Seeseite her beschossen werden konnten, breit genug für die Durchfahrt leichter Kampfwagen, führte zum mächtigen Haupttor in der Mitte der Ostseite. Durch dieses gelangte man zu einem zweiten Tor, das in Ausmaß und Einrichtung dem Löwentor in Mykenä glich. Dann schleifte die Auffahrt in machtvollem Bogen über einen Vorplatz zu einem monumentalen Torbau nach Art der Propyläen in Athen mit je zwei Säulenhallen, der den Zugang zu einem großen Hof bildete. Man durchquerte wiederum einen etwas kleineren Torbau und erreichte einen rechteckigen Hof, der von Säulenhallen und von wahrscheinlich für Diener und Gäste bestimmten Baulichkeiten umsäumt war. Rechts beim Eingang stand der Zeusaltar mit der Opfergrube davor. Dieser Altar ist die einzige Weihestätte der Festungsanlage. Nirgends, weder hier noch in anderen Palästen, konnten Grundmauern eines Tempels aufgedeckt werden, ebensowenig wie auf Kreta. Der bildlose Kult kannte keine Gotteshäuser, nur Altäre im Freien oder höchstens Kapellen innerhalb der Wohnbauten. Im Gegensatz zu dem friedlichen Palastidyll von Knossos wies hier der Weg planvoll in steter Steigerung von einem wehrhaften Tor zum anderen und endlich über den weiten Hof zu dem Zielpunkt, dem gigantischen Herrschersitz des Königs. Hinter einer säulengetragenen Vorhalle und einem dreitürigen Vorraum lag das abgeschlossene Hauptgebäude, der Männersaal. Es war ein rechteckiger Raum; die Griechen hatten diese Bauform aus ihrer nördlichen Heimat mitgebracht und an Stelle des früheren, vorindogermanischen Rundbaues gesetzt. Der Grundriß wurde typisch für alle späteren Haus- und Tempelbauten Griechenlands. In der Mitte stand der häusliche Herd. Vier Holzsäulen umgaben ihn. Sie trugen das Flachdach, das die übrige Dachfläche etwas überragte, um den Rauchabzug und die Luftzufuhr zu ermöglichen. Megaron nannten sie einen solchen Raum, ein Wort vorgriechischer Herkunft, das von den Griechen im Anklang an ihr Wort *megas* = *groß* als Großraum gedeutet wurde. Die Mauern standen auf Bruchsteinsockeln und waren aus Lehm mit eingezogenen Holzbalken. Die Decke der Gemächer bestand aus Rundhölzern und Bohlen, über die eine Lehmschicht gebreitet war. Die Wände waren wie in Kreta mit Fresken geziert.

Um den Hauptsaal gruppierte sich eine größere Zahl von Räumen, das Badezimmer mit einem Fußboden aus einer einzigen Kalksteinplatte, die von den Männerräumen getrennten Frauengemächer, Gynaikeíon, Schlafzimmer, Schatz- und Waffenkammern.

Alle Gebäude waren nicht einfach regellos aneinandergereiht, sondern in bewußter Tektonik durch Gänge, Säulenhallen und Höfe zu einer organischen Baugruppe von militärischer Zweckmäßigkeit und monumentaler Schau des Herrschersitzes vereinigt. Die häufige Verwendung der Holzsäule in der mykenischen Architektur und die Säulenform mit dem glatten, sich nach unten verjüngenden Schaft und dem Wulstkapitell deuten auf Verwandtschaft mit der kretischen Säule und auf die Tätigkeit kretischer Baumeister in Griechenland.

An der Westseite der Burg führte eine enge Steintreppe mit 55 Stufen zur Talebene und diente zur Herbeischaffung des Wassers und als Fluchtweg in Notzeiten.

Die Burgen lassen den Bauwillen einer sich aus dem Zwang steter Kampfbereitschaft rasch entwickelnden Befestigungskunst erkennen, die die Fürstengeschlechter vor fremden Angriffen und vor aufständischen Vasallen schützen sollten. Solche starken Burgen fanden sich in dem damaligen Griechenland an verschiedenen Orten, in Lazedämon und Pylos auf der Peloponnes, in Theben, Orchomenos und auf der Akropolis in Athen. Dieses »Haus des Erechtheus«, wie es in der Odyssee genannt wird, war eine viel größere Burg als die in Mykenä oder Tiryns; von ihr ist noch ein Rest der alten Mauer, die »Pelasgermauer«, zu sehen.

Mykenä

Von der gleichen monumentalen Wirkung wie die Burgen sind die Gräber der mykenischen Herrscher. Sie sind uns am besten in Mykenä erhalten. Ist man aus dem einst vermoorten Tal zu dem noch fast ringsum von gewaltigen Mauerresten umgebenen Burgberg hinaufgestiegen, so sieht man, flankiert von gewaltigen Steinwänden, an der nordwestlichen Ecke das berühmte Löwentor. Zwei etwas nach innen schräggestellte Türpfosten tragen den gewaltigen Türsturz von 5 m Länge, 2,5 m Tiefe und 1 m Dicke, Pfosten und Querbalken aus je einem einzigen Steinquader. Das ausgesparte Entlastungsdreieck über dem Türsturz ist mit einer Kalksteinreliefplatte bedeckt. Zwei heraldisch gearbeitete Löwinnen halten die Torwache der dunklen Trutzburg seit Jahrtausenden; sie waren niemals verschüttet. Sie recken sich an einer glatten Säule empor, deren Schaft sich wie bei den Säulen auf Kreta nach unten pfahlartig verjüngt. Die Köpfe der Löwinnen, die aus besonderen Stücken gearbeitet und angesetzt waren, fehlen jetzt. Diese 3 m hohe Platte ist das einzige Werk der Großplastik, das uns aus mykenischer Zeit erhalten und das trotz kretischer Motivvermittlung schon ganz aus griechischem Geist entstanden ist.

Schachtgräber

Durch das Löwentor kommt man in den Burghof, eine Art Terrasse. Unter den Aufschüttungen dieser Terrasse entdeckte Schliemann 1876/77 sechs nun geöffnete, senkrecht in den Felsen getriebene Schachtgräber, von einem weiten Ring meterhoher Steinplatten eingeschlossen. Er fand darin die Leichen von 17 Personen und einen unfaßbar reichen Schatz, vorwiegend aus Gold, kostbarem Gerät, Schmuck und Waffen. Sein umfangreicher

Katalog zählt die ganze Fülle des verschwenderischen Reichtums auf und berichtet auch von den beiden aus massivem Gold gefertigten, porträtähnlichen Masken, die die Gesichter männlicher Leichen deckten, ähnlich wie bei Ägyptens Mumien. Sie sind für das Abendland die ersten getriebenen Arbeiten, die das Menschenantlitz abzuformen versuchen. Ihre große Kunstfertigkeit ließ Schliemann »eine jahrhundertelang bestehende Künstlerschule« voraussetzen. Die heutigen wissenschaftlichen Kenntnisse weisen den Weg zu den kretischen Künstlern, die sie wohl in kretischen Werkstätten angefertigt haben. Ohne ihre Arbeit oder wenigstens Mitarbeit wären auch die anderen Funde von Bechern und Vasen, Ringen, Siegeln, Gemmen und anderem nicht zu denken. Aus den Maskengesichtern spricht nicht die zierliche Lässigkeit der kretischen Prinzen, sondern die Dämonie einer düsteren Herrschergewalt, die unter ihrem Zepter die versammelten Heere Griechenlands gegen Asien führte. Die reichen Funde rechtfertigen das Beiwort »die goldreiche«, das Homer der Stadt Mykenä gab. Sie nehmen jeden Zweifel, daß wir es mit den Gräbern der mykenischen Könige zu tun haben. Die Ruhestätten waren mit neun Grabstelen gekennzeichnet, Kalkplatten mit Reliefdarstellungen von Kriegern, die auf Streitwagen einherfahren. In der Mitte des Begräbnisfeldes stand ein Opferaltar.

Kuppelgräber

Die Schachtgräber wurden im 16. Jahrhundert v. Chr. durch die Kuppelgräber abgelöst, die bis in das 13. Jahrhundert v. Chr. reichen. Ihre Herkunft ist unbekannt. Diese Monumentalbauten finden wir in Mykenä im Vorfeld der Feste, in der Unterstadt. Sie waren alle leer. Das schönste der Kuppelgräber ist das sogenannte »Schatzhaus des Atreus«. Diese Bezeichnung stammt aus späterer griechischer Zeit, die von der eigentlichen Bestimmung dieser Kuppelgewölbe keine Kenntnis mehr hatte. Die harmonische Raumwirkung wird erst wieder nach Jahrhunderten, allerdings in viel weiteren Ausmaßen, vom Pantheon in Rom erreicht. Durch einen 36 m langen, mit riesigen Steinquadern ausgekleideten Zugang (drómos) gelangt man zu einer über 5 m hohen Pforte. Den Türsturz bilden zwei gewaltige Steinblöcke. Über ihnen ist im Mauerwerk, ähnlich wie bei Löwentor, ein Entlastungsdreieck ausgespart, das einst durch eine dünne Reliefplatte verschlossen war. Das Kuppelgrab ist ein dunkles unterirdisches, kreisförmiges Gemach von 14 m im Durchmesser, eine sogenannte Tholos. Es hat ein Scheingewölbe, gebildet aus 33 übereinandergelegten, vorkragenden konzentrischen Kreisschichten von immer geringerem Durchmesser, bis endlich der sich nach oben verengende Bau durch einen Schlußstein abgedeckt wurde. Über der Kuppel schüttete man einen Erdhügel auf, die im Inneren vorkragenden Steine glättete man und zierte das Gewölbe mit Bronzerosetten. Eine kleine Tür führte nördlich aus dem Rundbau in einen ungefähr quadratischen, aus dem Felsen geschlagenen Raum, vermutlich die Grabkammer, während im Hauptsaal die Kulthandlungen zu Ehren des Bestatteten abgehalten wurden. Die Toten wurden in kurzen Ton- oder Steinsärgen in Hockstellung beigesetzt. Leichenverbrennung gab es in dieser Zeit nicht. Außer diesem Kuppelgrab fand man in der Ebene von Mykenä noch andere, wenn auch kleinere Gräber. Solche Begräbnisstätten gibt es auch in Attika und Böotien.

Diese Kuppelgräber sind eine grandiose Leistung der mykenischen Periode, von wirkungsvoller und überzeitlicher Monumentalität.

Unterschied zwischen mykenischer und kretischer Kunst

Der Unterschied zwischen kretischer und mykenischer Kunst tritt am stärksten in der Architektur hervor. Während der Kreter um einen Binnenhof eine labyrinthische Vielheit systemlos aneinandergefügter, leicht gebauter Räume herumlegt, so zwingt die Enge der Hügelkuppe und die Wehrhaftigkeit den Achaier zu planvollem, zyklopischem Bauen. Er vermag Massen durch Harmonie und Rhythmus aufzulösen und zum Repräsentativen und Monumentalen zu erhöhen. Als klar erkennbarer Mittelpunkt hebt sich das Megaron als bescherrschender Raum heraus und ordnet die übrigen Gebäude in logischer Tektonik um sich. Man vermutet, daß kretische Künstler auch auf dem Festlande gebaut haben, aber sie mußten die griechische Eigenart in der Gesamtanlage berücksichtigen. Die Kreter lebten in ihrer Inselsicherheit. Dieses Leben gab ihrer Kunst jenen Glanz, dem sich auch die Griechen nicht verschließen konnten. Er trat in Schmuckformen, in Fresken und Friesen auf, die sich zum Teil auch motivisch mit dem Kretischen decken, er spiegelt sich in den vielbewunderten Werken der Kleinkunst, Gefäßen, Schmuck, Siegeln und Figürchen wider und beeinflußte auch ihre keramischen Erzeugnisse. Die mykenischen Vasen zeigen, ähnlich den kretischen, pflanzliche Dekorationen, Spiralmotive oder ornamentale Verwertung typisch kretischer Tierformen, wie dies des Tintenfisches. In der kretischen Kunst dominiert ein weiblicher, weichlicher Zug; die mykenische Kunst wird durch herbere und männlichere Themen, vor allem Jagd und Krieg, gekennzeichnet.

In der kulturellen Abhängigkeit von Kreta lag für die Griechen eine große Gefahr. Sie kamen mit einer sie faszinierenden Hochkultur in Berührung, ehe noch ihre organische Eigenentwicklung abgeschlossen war. Zwar waren sie schon so stark, fremdes Gut zu eigenem umzuprägen, aber noch nicht so gereift, das verfrühte Geschenk auf der Höhe zu behaupten. Nicht lange nach dem trojanischen Kriege, der im 12. Jahrhundert v. Chr. gewesen sein soll, versanken die Burgen dieser Epoche in die Vergessenheit. Es folgen Jahrhunderte des Schweigens. Wie bei dem kretischen Kulturkreis, so ist auch bei dem frühgriechischen der Zugang für die heutige Forschung erschwert. Wir haben keine griechischen Schriftdenkmäler des 2. Jahrtausends erhalten. So kann die Archäologie wohl das Leben dieses Volkes, nicht aber das Bild schöpferischer Persönlichkeiten erfassen. Nur die Dichtung vermag die Ruinen mit Zügen des Einzelschicksals zu beleben. Aischylos' Oresteia ist das hervorragendste Bild dieser Zeiten.

Troja

Die bekannteste Siedlung unter jenen der Frühzeit ist *Troja.* Mag auch der Zug der vereinten Griechen gegen diese Stadt immer wieder auf Zweifel stoßen, obwohl Thukydides, der Begründer einer wissenschaftlich-kritischen Geschichtsschreibung, ihn für tatsächlich hält, so bleibt doch ein historischer Kern, nämlich die erste Auseinandersetzung zwischen Europa und Asien an der geographisch bedeutsamen Annäherungsstelle der beiden Kontinente in der Troas, der Nordwestecke Kleinasiens, am Zusammenfluß des Simois mit dem Skamandros. Dort begann Schliemann im Jahre 1870 das alte Troja auszugraben. Entgegen der landläufigen Gelehrtenansicht vermutete er die Ruinen unter dem 4 km vom Meer entfernt liegenden Hügel von *Hissarlik.* Seine Annahme bestätigten in zwanzigjähriger Arbeit die Funde.

Hissarlik In neun Schichten lagen die Ruinenreste übereinander. Die unterste Schicht auf dem gewachsenen Felsen rührte von einer neusteinzeitlichen dorfartigen Siedlung her, die um 3000 v. Chr. bestanden haben dürfte. Mauerreste aus lehmgekitteten Steinblöcken, Tontöpfe und Schalen, aus bloßer Hand geformt und mit eingeritzten Zickzacklinien und Fischgrätenmuster verziert, und Werkzeuge aus Stein legte der Spaten frei. Viel bedeutender sind die Reste der darüberliegenden zweiten Schicht. Sie hielt Schliemann für das Troja Homers. Aber dieser Ansicht stehen die Tatsachen entgegen, daß die Hellenen erst viel später ihre Herrschaft über das Meer ausdehnten und auch die mykenische Kultur, die für die homerische Epoche kennzeichnend ist, erst Jahrhunderte nachher erblühte. Mächtige, stark geböschte Stadtmauern, wie in Mykenä und Tiryns aus zyklopischen Steinblöcken, unterbrochen von großen Doppeltoren, umgaben die Burgfläche. Die Häuser waren aus luftgetrockneten Ziegeln und eingefügten Holzbalken auf Steinsockeln erbaut und stellten den ältesten Megarontypus, einen rechteckigen Saalbau mit offener, noch säulenloser Vorhalle dar. Die Tongefäße führen von der mit der Hand geformten Vase zu der auf der Töpferscheibe gedrehten und ahmen oft Menschen- oder Tiergestalten nach. Den Wohlstand der damaligen Bewohner beweisen die vielen Goldfunde, besonders der Schatzfund, den Schliemann für den »Schatz des Priamos« hielt, Geräte, Nadeln, Schmuckstücke und Waffenteile. Diese Burg dürfte um 2100 v. Chr. wahrscheinlich durch Feuer zerstört worden sein, worauf die vorgefundenen Brandreste deuten. Die Aufdeckung der dritten, vierten und fünften Schicht brachte nur unscheinbare Reste kleiner, unbedeutender Siedlungen zutage.

Die sechste Schicht, die der Archäologe Dörpfeld nach Schliemanns Tode bloßlegte (1893), führt uns in die Zeit um 1600 v. Chr. und gilt als die mykenische oder homerische Siedlung. Ein starkes Fürstengeschlecht von indogermanisch-dardanischer Herkunft dürfte sie erbaut haben, und zwar

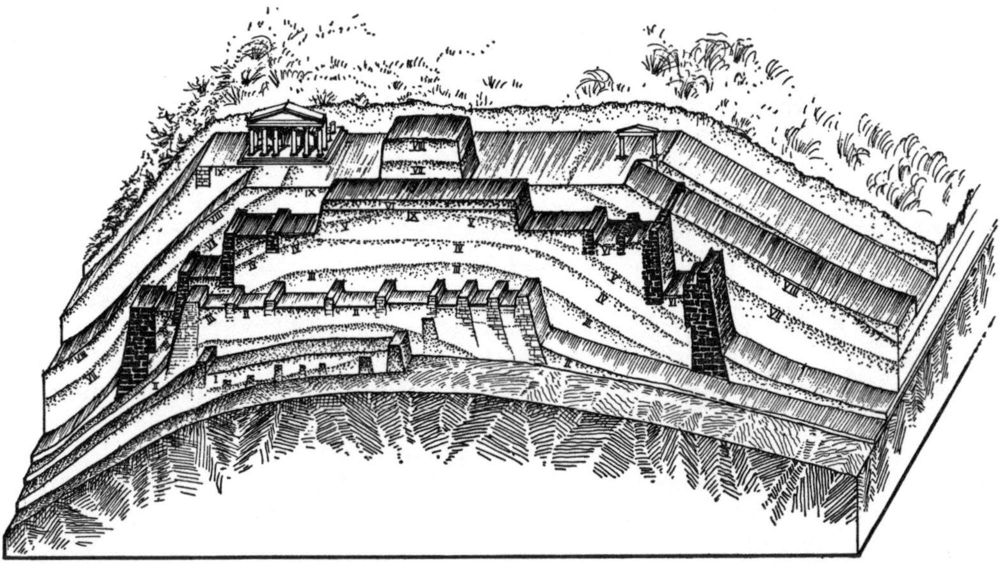

Durchschnitt durch die neun Schichten des Schutthügels von Troja

auf einem größeren Raum als früher. Die gesamte Burganlage erinnert an die gleichzeitigen Bauten auf dem griechischen Festland. Um die Festung schmiegte sich die ungesicherte Unterstadt. Reste der wuchtigen, über 500 m langen Burgumfassungsmauer und Unterbauten von drei Toren und von Häusern, die dem alten Megarontyp angehören, sind die Zeugen dieser Stadt. Sie wurden durch Einebnungen des Hügels für den Bau der letzten römischen Anlagen und durch die Forschungsgrabungen sehr stark in Mitleidenschaft gezogen. Das gefundene Tongeschirr ist von feiner Arbeit und weist starke Beziehungen zur mykenischen Kultur auf. Daneben wurde auch eingeführte kretische Keramik aufgedeckt.

Um 1200 v. Chr. ist diese Stadt wahrscheinlich durch Feuersnot zugrunde gegangen. In diese Zeit (1194–1184 v. Chr.) setzen die griechischen Geschichtsschreiber nach alter Überlieferung das Ende Trojas. Es dürfte also diese sechste Siedlung ziemlich sicher mit dem homerischen Ilion identisch sein.

Das siebente Troja war eine unbedeutende und unbefestigte Siedlung. Auf ihr errichtete Alexander der Große im Jahre 334 v. Chr. zu Ehren des von ihm so hochgeschätzten Homer die achte Stadt. Zu Beginn der christlichen Zeitrechnung erbauten die Römer in stolzer Erinnerung an ihren mythischen Stammvater, den Trojaner Äneas, sowie an das schicksalvolle Ereignis, als das erste römische Heer zur Eroberung des Ostens Asiens Boden betrat, ein Novum Ilium, die neunte Anlage auf dem historischen Hissarlik-

Novum Ilium

hügel. Es war eine mächtige Stadt mit wuchtigen Mauern und prächtigen Bauten, einem Athenetempel, mehreren Theatern und einer großartigen Wasserleitung, die in vielen Rundbogen das flüssige Element in die Häuser trug. Einer dieser triumphalen Bogen hat die Zeiten überdauert. Wir wissen nicht, seit wann diese Stadt im Schutt der Jahrhunderte schlief, bevor deutsche Forschungsarbeit sie aus ihrem Dornröschenschlaf weckte.
Bei einem Rückblick auf die Schichtung der verschiedenen trojanischen Siedlungen auf demselben Hügel erhebt sich die Frage, wieso Schliemann auf die zweite Schicht stoßen konnte, ohne von der darüberliegenden sechsten Kenntnis zu erhalten. Ein Blick auf den Durchschnitt durch den Schutthügel löst das Rätsel. Schliemann mußte, als er lotrecht in den Berghügel grub, auf die zweite Schicht stoßen, denn der Umfang dieser Siedlung war kleiner als die der sechsten Niederlassung. Diese konnte sich auf den Schutthügeln der vorhergehenden Anlagen weiter ausbreiten. Ihre Umgrenzung lag also außerhalb des Grabungsfeldes Schliemanns. Aber auch der Mittelraum, der ja mit in das Gebiet der sechsten Stadt gehörte, brachte keinen Aufschluß über die früheren Bauten, weil die Römer zur Vorbereitung für ihre neunte Stadt, wie schon erwähnt, alle Baulichkeiten des Mittelfeldes zerstört hatten, um die Kuppe für ihre Anlage einzuebnen. Auf diese Weise hat also Schliemann die so heiß ersehnten Ruinen der homerischen Stadt nicht gefunden.
Den Namen Troja sucht man auf den Helden Tros, Ilion auf dessen Sohn Ilios zurückzuführen.
Die mykenische Periode fand ihr Ende in den drangvollen Zeiten, als neue griechische Stämme in die Halbinsel bis in die Peloponnes vorstießen und eine Wanderung der Stämme bewirkten. Es war eine so gewaltige Umwälzung, wie sie bis in die Zeit Alexanders des Großen nicht mehr wiederkehrte. Aus dieser dunklen Epoche entwickelten sich die Hellenen zu ihrer ureigensten Art, setzten sich von ihrer Umwelt ab, fühlten sich allem Fremden – dem Barbarischen, wie sie es nannten – weit überlegen und grenzten in ihrem Stammesbewußtsein stolz auch die landschaftlichen Bereiche westlich und östlich der Ägäis klar ab. Das alte Gut der Vergangenheit aber retteten Mythos und Sage für spätere Jahrhunderte.

Die Götter Griechenlands

Schon in uralter Zeit war der Mensch religiös gebunden. Er hatte die Ahnung einer höheren, übermenschlichen Macht. Dieses unfaßbare Etwas suchte er zur sinnlich-wahrnehmbaren Anschauung zu bringen. Wie die Religionsforschung ergab, finden wir bei vielen Völkern in den allerersten Anfängen den Glauben an ein einziges göttliches Wesen. Später dürfte die enge Verbundenheit mit der Natur dazu geführt haben, die unsichtbaren Gewalten und die sichtbaren Erscheinungen in der Phantasie zu göttlichen Gestalten zu verdichten, und so formte sich eine in ihrem Machtbesitz und Aufgabenkreis abgestufte Göttervielheit.

Es ist schwer, die religiösen Anschauungen der einwandernden Griechen zu erforschen, weil uns dabei keine archäologischen Funde unterstützen und auch die Sprachwissenschaft nur in einzelnen Fällen einen erhellenden Hinweis auf die Herkunft der einen oder der anderen Gottheit gibt. Sicher ist, daß die Griechen einzelne Götter und Kulte der einheimischen, kulturell überlegenen Bevölkerung übernommen haben.

Die alten Erdgottheiten

Die religiöse Auseinandersetzung mit den vorgefundenen alten und den neuen Göttern spiegelt sich in den mythischen Kämpfen zwischen Zeus und Kronos und den Titanen wider.

Der Dichter Hesiod erzählt uns davon, indem er mit dem Ursprung der Welt anhebt. Zuerst war nur das *Chaos,* ein gähnender Schlund. Danach entstand *Gaia,* die Erde, und *Eros,* die Liebe, *Erebos,* die Dunkelheit der Tiefen, und *Nyx,* die Nacht. Gaia gebar den *Uranos,* den gestirnten Himmel, die großen Gebirge und das schäumende Meer, den *Pontos.* Aus der Nacht entsprang der *Äther,* das Himmelslicht, und *Hemera,* der Tag. Aus der Verbindung des Uranos mit Gaia stammen sechs Söhne und sechs Töchter, alle von riesiger Gestalt, die Titanen und Titaninnen. Sie stürzten den Uranos und übergaben *Kronos,* dem jüngsten der Titanen, die Herrschaft.

Kronos war der vorolympische Götterkönig, der oberste der Titanen. Er herrschte über die Gottheiten, die alle der Erde angehörten. Unter den alten Göttern begegnen uns einige, die ursprünglich als Dämonen die in der menschlichen Umwelt wirkenden Kräfte versinnbildlichten. Aus dem Bedürfnis, sich diese Dämonen gnädig zu stimmen, erhob man sie schließlich zu Göttern und huldigte ihnen durch Kulte. Darunter sind besonders die Fruchtbarkeitsgöttin, der Herrscher der Gewässer und der Gott des Weines, des Baumkultes und der Vegetation überhaupt zu nennen, die im späteren Verlauf mit den neuen Gottheiten verschmolzen.

Alle diese Gottheiten waren den Menschen nahe, sie wohnten in Erdhöhlen, in Bäumen oder in Flüssen. Sie zeigten sich am liebsten in Tiergestalt, woran noch später die Verwandlungen, z. B. des Zeus in einen Stier, des Poseidon in ein Roß, erinnern. Durch diese Tierformen sollte im Menschen das Gefühl der Furcht und die Scheu vor einer Annäherung geweckt werden. Das Sein der Götter war aber auch mit Bäumen und Gewässern, mit Erdgestaltungen, mit Wind und Wolken verbunden.

Erinnyen

Aus der Zeit des alten Götterglaubens lebten noch die *Erinnyen* weiter. Sie sind die Rachegöttinnen, die im Dienste der Unterweltsgötter mit ihrem dämonischen Fluch den treffen, der die Weltordnung stört, der einen Armen oder Bettler mitleidlos von sich stößt, der die Gastlichkeit des häuslichen Herdes und die Bindung des Blutes oder der Verwandtschaft verletzt. So sind diese weiblichen Erdgottheiten die Hüterinnen ehrwürdiger Ordnungen. Sie sind älter als die Götter, die mit Zeus zur Herrschaft gelangten. Sie tragen Schlangenhaare, ihre Haut ist schwarz, ihr Gewand grau, ihre Lenden sind mit Schlangen gegürtet, Fackeln und Geißeln halten sie in den Händen. Mit blutigen, giftunterlaufenen Augen verfolgen sie den Frevler, martern ihn mit Reuequalen. Sie nennen die Urfrevel, die auch noch im Hades geahndet werden, Eidbruch gegen die Gottheit, Sünden gegen den Gastfreund und gegen die Eltern. Die Sterblichen wagten nicht, sie bei ihrem wahren Namen zu nennen; daher bezeichneten sie sie mit dem begütigenden Ausdruck *»Eumeniden«*, das heißt »die Gnädigen, die Wohlwollenden«.

Kronos nahm seine Schwester *Rhea* zur Frau, die ihm drei Söhne und drei Töchter gebar: *Hades, Poseidon, Zeus,* ferner *Hestia, Demeter* und *Hera.* Kronos war von dem sterbenden Uranos verkündet worden, daß auch er durch einen starken Sohn gestürzt werde. Daher verschlang Kronos seine Kinder gleich nach der Geburt. Nur der jüngste Sohn, Zeus, entging diesem Schicksal. Rhea gebar ihn auf Kreta, und der künftige Vater der Götter und Menschen wuchs in der Verborgenheit einer Höhle auf. Zu herrlicher Kraft gereift, zwang er seinen Vater, die verschlungenen Kinder wieder von sich zu geben. Zeus befreite auch die *Zyklopen,* Riesen mit einem runden Auge auf der Stirn, die von Uranos in Fesseln gelegt worden waren.

Bevor Zeus die unumschränkte Weltherrschaft erlangte, mußte er heftige Kämpfe bestehen. Mit seinen Geschwistern und einigen Titanen sowie unter Mithilfe der Zyklopen und der *Hekatoncheiren,* der Hundertarmigen, besiegte er in einem zehnjährigen Ringen, in der Titanomachie, Kronos und die feindlichen Titanen. Die Besiegten wurden gefesselt und in die Tiefe der Erde, in den Tartaros, gestoßen, wo sie von den Hekatoncheiren bewacht wurden. Dann erhob sich gegen Zeus der Drache *Typhoeus,* ein Ungeheuer, bis zu den Hüften von Menschengestalt und so groß, daß er alle Berge überragte und sein Haupt die Sterne berührte. Aus seinen Schultern wuchsen hundert Schlangenköpfe. Zeus bekämpfte das Ungetüm mit seinen Blitzen und schleuderte endlich den Ätna auf ihn, aus dem er bis heute seine Flammengluten spritzt. Aber noch einen Kampf hatte Zeus zu bestehen, den Kampf mit den *Giganten,* die Gigantomachie. Die bildende Kunst stellte sie als wilde Männer dar, in Tierfelle gekleidet, die Felsen und Baumstämme schleuderten, aber auch als Riesen, deren Körper von den Hüften abwärts in Schlangen endigten, auch mit mächtigen Flügeln ausgestattet. Zeus kämpfte mit seinen Blitzen gegen sie, Herakles und Apollon unterstützten ihn mit ihren Pfeilen. So gelangte er nach diesen entscheidenden Kämpfen zur Alleinherrschaft und teilte die Regierung der Welt mit seinen beiden Brüdern; Poseidon bekam die Macht über das Meer, Hades herrschte über das Dunkel der Unterwelt, und er selbst behielt sich das Lichtreich des Himmels.

Titanomachie

Gigantomachie

Allen Göttern an Macht überlegen waren die *Moiren,* die Schicksalsgöttinnen. Moira heißt Zuteilung. Sie sind es, die den Tod zuteilen. Ihre Schicksalsbestimmung ist dem göttlichen Machtbereich ein für allemal entzogen. Ihre ganze Wesenheit ist verschieden von der der Götter. Göttliche Art ist es, zu schenken, zu helfen, zu erleuchten. Ihre Art aber setzt einen Damm, eine Grenze, sie lassen auf Glück Unheil folgen, auf das Leben den Tod. Ihre Idee wurzelt in der zwingenden Notwendigkeit des Todes. Die Moiren sind drei an der Zahl. Klotho, Lachesis und Atropos. Sie spinnen unsere Lebenstage. Welche Länge des Fadens sie einem Sterblichen zuteilen, entscheiden nur sie, nicht einmal Zeus kann daran etwas ändern.

Moiren

Die Welt der alten Götter grenzt überall an das Reich der Toten. Nach der frühesten Vorstellung schied der Tote nicht ganz aus dem Kreise der Lebenden aus. Er ist mächtiger und verehrungswürdiger geworden. Dieser Glaube setzt voraus, daß man seine Toten in der Erde bestattete, damit sie dorthin zurückkehrten, woraus sie geboren worden waren. Man gab den Verstorbenen Gefäße mit Speise und Trank, Schmuck und Geräte mit, wie die mykenischen Funde erweisen. Man gedachte ihrer fleißig und opferte an ihrem Grabe. Der Tote hörte die Bitten, schützte die Lebenden mit seiner geheimnisvollen Macht und sandte seinen Segen zu ihnen hinauf. Er verfolgte aber auch die Gleichgültigen und Beleidiger.

Totenkult der Vorzeit

Die olympischen Gottheiten

Der neue Glaube an die Lichtgötter des Olymp hat sich schon in vorhomerischer Zeit durchgesetzt. In den Gedichten Homers aber hat er seinen ersten und größten Ausdruck gefunden und lebt später, trotz mancher zeitlichen und persönlichen Eigenprägungen, in den bedeutenden Werken der Griechen fort, seien es Dichtung, bildende Kunst oder Philosophie. Die griechische Religion ist polytheistisch. Dem Reichtum der Gefühle entspricht die Fülle der göttlichen Gestalten, der Bildkraft dieses Volkes die Einzelprägung der Götter, deren Machtbereiche allerdings nicht in scharfen Grenzen gehalten, sondern vielfach fließend sind.

Einen wichtigen Schritt macht der neue Glaube dadurch, daß er die Gottheit in Menschengestalt vorstellt, also in der höchsten und geistigsten Wesenheit der Natur, in der sich das Sein verkörpern kann. Aber die Götter heben sich über den Menschen, sie erscheinen verklärt, in unvergänglicher Jugendblüte, sie kennen kein Alter. Unsterblichkeit zeichnet sie aus. Ewige Schönheit umspielt ihre von Vollkommenheit und maßvoller Größe geformten Körper. Von der jugendlichen Stirn leuchten Macht und Weisheit. Diese Idealbilder gesteigerter Menschlichkeit leben in den unsterblichen Marmorgestalten der griechischen Künstler bis auf unsere Tage weiter.

Die Wohnungen der Götter sind die kunstreichen Paläste, die Hephaistos auf den Höhen des Olympos gebaut und mit Gold reich verziert hat. Sie leuchten dort in ewigem Glanze, weder Sturm und Regen noch Frost und Schnee können ihnen schaden.

Hoch über den Menschen leben die Götter in seliger Lust und Herrlichkeit, im Wonnegefühl ewiger Jugend; keine irdische Speise, kein irdischer Trank nährt sie, sondern sie essen Ambrosia und trinken Nektar. Zu ihnen, die frei von Sorgen und Schmerzen sind, dringen nicht die Mühsal und das Leid der Menschen. Ihre glanzvolle Herrlichkeit steht dem Elend und der Hilflosigkeit der Menschen gegenüber, für die es keine Rettung vor dem Alter und dem Tod gibt. Für kurze Zeit kommen die Götter aus Äthers Höhen in das Menschenland, ziehen durch die ihnen geweihten Heiligtümer, treten neben die Menschen. Sie flüstern dem Ratlosen im rettenden Augenblick den richtigen Gedanken zu, entflammen im Zaghaften den Mut, geben dem erschlaffenden Arm Stärke und Sicherheit. Aber sie entheben den Menschen nicht der Mühsal und des Kampfes, aus eigener Überlegung und Kraft muß er die erforderliche Tat vollbringen, aber mit der Unverzagtheit und dem Hochgefühl des Überwinders, die ihm die Götter gegeben. Die Götter wirken keine Wunder, sie durchbrechen nicht den gesetzmäßigen Ablauf der heiligen Ordnung der Natur. Sie haben ja die Natur auch nicht erschaffen, sie stammen aus ihr wie die Menschen und sind nur als Herrscher, nicht als Schöpfer über die Welt gesetzt. Ihre Macht offenbart sich nur in den Formen des Natürlichen, sie begegnet dem tätigen Menschen als fördernde Kraftquelle oder als verwirrende Hemmung. Die Umrisse der Gottheit leuchten aus ihrer Lebenswirklichkeit, ihr Abglanz verklärt das Leben der Sterblichen.

So hoch die Götter auch über das Menschendasein hinausgehoben sind, so teilen die doch mit den Menschen Neigungen und Leidenschaften. Ja, selbst Schmerz und Trauer sind ihnen bisweilen nicht fremd. Auch treten sie mit Menschen in eheliche Verbindung. Es galt in der Frühzeit nicht für herabwürdigend, wenn es bei den Göttern recht menschlich zuging. Ihre Parteinahme für Menschen und Stämme führt sie gelegentlich zu Streit und Unfrieden untereinander. Aber der Zwist hält nicht lange an, sie finden sich wieder in heiterer Einmütigkeit, und der Himmelsglanz läßt sie das menschliche Dasein vergessen. Die Götter gehören ganz dem leuchtenden Leben, sie haben keine Verbindung mehr mit dem Bereich des Todes, sie wenden sich mit Abscheu von ihm.

Späterer Totenkult

Den Toten fehlt jeder helfende, aber auch jeder schadenbringende Einfluß auf die Lebenden. Sie sind in das Schattenreich eingezogen, nachdem sie der Fährmann *Charon* über den Strom Acheron mit seinem Nachen hinübergeführt hat. Er erhielt dafür den Obolos, eine Silbermünze, die man zu diesem Zweck dem Toten in den Mund gelegt hatte. Am Acheron begrüßte ihn der dreiköpfige Höllenhund *Kerberos,* der niemanden mehr zurückkehren ließ. Noch über zwei Ströme mußte der Tote setzen, über den *Kokytos,* den Fluß der Klagen, und über den *Lethe,* aus dem die Toten tranken und damit alle Erinnerung an ihr früheres Dasein tilgten. Nun lebt der Tote zwar weiter, aber er ist nicht mehr als ein kraftloser Schatten, ohne Tat und Willen, ohne Bewußtsein und Erinnerung. Daher ist auch die Stellung der Lebenden zu den Verstorbenen eine andere. Die Lebenden suchen nicht mehr den Weg in das Totenreich durch die Vermittlung des Gebetes und Opfers, sie tragen die Toten nur im Gedanken weiter bei sich. Es entspricht der geänderten Anschauung, daß die Erdbestattung von der Leichenverbrennung abgelöst wurde. Die Vernichtung des Körpers trennt den Toten deutlich vom Lebensraum.

Bezeichnend für den neuen Geist der olympischen Götter ist ihre Bereitschaft zur versöhnlichen Anerkennung der alten Gottheiten. Die Bewohner des Lichtreiches sind frei genug, das Alte nicht auszutilgen, sie lassen ihm seine Ehrwürdigkeit, nur muß es sich in seinen Grenzen halten. Hätten die Erdmächte gesiegt, so wäre ihrem blinden Haß alles Andersdenkende zum Opfer gefallen.

Zeus

Die Götterwelt Homers ist ein wohlgeordneter Kosmos. An der Spitze steht *Zeus,* der einzige Gott, den alle Indogermanen verehrten. In ihm eint sich das vielgestaltige Bild der Götterfamilie zur Harmonie, zum ungeteilten göttlichen Walten überhaupt. Er ist der Vater der Götter und Menschen. Er ist ursprünglich der gewaltige, überall verehrte (Panhellenios) Wettergott; er ballt die Wolken, verteilt Regen und Sturm, schickt Donner und Blitz. Es ist erklärlich, daß in wasserarmen Gegenden dem obersten Gott die Rolle zugedacht ist, den Fluren das segenbringende Naß zu schenken. Durch seine Gaben gedeiht das Getreide, füllen sich die Fruchtkammern. Er bewahrt Haus und Hof vor Feinden und wilden Tieren, aber er ist auch Schützer des Königs und seiner Rechte und nach dem Fall des Königtums als Zeus *Polieus* der Schirmherr der politischen und sittlichen Ordnung des Stadtstaates. Er wacht über die ungeschriebenen Gesetze des Gastrechtes, und er rächt den Meineid. Wenn die anderen Götter in einem Streit parteiisch auftreten, steht Zeus allein über den Parteien. Im entscheidenden Augenblick nimmt er die goldene Waage, legt die Lebenslose der Gegner darauf und läßt das Schicksal sprechen. Seine Attribute sind Blitz und Zepter, sein heiliges Tier ist der Adler, sein heiliger Baum die Eiche. Die Kunst stellt sein Antlitz majestätisch und ruhig dar, umrahmt von herabwallendem Haupthaar und dem Vollbart, Sinnbild der Wetterwolke, aus der die Blitze fahren.

Zeus war mit mehreren Frauen verheiratet, zuletzt mit Hera, die ihm drei Kinder, Ares, Hephaistos und Hebe, gebar.

Dodona in Epiros war der älteste Kultort des Zeus und neben dem delphischen des Apollon das bedeutendste Orakel. Hier weissagten die Priester aus dem Rauschen einer heiligen Eiche. Im elischen Olympia stand ein Zeustempel mit dem berühmten Goldelfenbeinstandbild des Zeus von Pheidias.

Hera Die Schwester des Zeus, *Hera,* ist seine Gemahlin, die Himmelskönigin. Sie hat Macht über Mond und Sterne, ist Beschützerin der Ehe und des Lebens und der Rechte der Frauen. Die Hauptstätte ihrer Verehrung ist Argos in der Peleponnes. Ihre Attribute sind Diadem, Zepter und Granatapfel. Ihr ist der Pfau heilig.

Die obersten Gottheiten waren bei den Griechen die Dreiheit: Zeus sowie seine Kinder Apollon und Athene.

Apollon *Apollons* Heimat ist vermutlich Lykien in Kleinasien, woher auch seine Mutter *Leto* stammt. Von dort her ist er in vorgeschichtlicher Zeit nach Griechenland eingewandert. Als asiatischer Gott steht er bei Homer auf der Seite der Trojaner.

Als *Leto* sich von Zeus schwanger wußte, verfolgte Hera sie mit ihrer Eifersucht und wollte ihr keinen Platz gönnen, wo sie Ruhe finden könnte. Unstet irrte Leto auf Erden umher, bis sich Poseidon ihrer annahm und ihr die auf dem Meere schwimmende Insel Delos als Zuflucht anbot. Hier brachte sie am Fuße des Berges Kynthos Zwillinge zur Welt, Apollon und Artemis.

Die bildende Kunst stellt Apollon mit wallendem Haar, bartlos und nie sitzend, sondern stets stehend oder schreitend dar. Seine Hand hält den Bogen, der weithin trifft und den schmerzlosen, sanften Tod sendet. Der Getroffene stirbt mit dem Lächeln des Lebens auf den Lippen. Apollon ist der Gott der Reinigungen und Sühnungen. Es gibt nützliche und böse Kräfte in der Welt. Gegenstände, die vom Bösen befallen sind, muß man meiden. Hat man sich aber damit befleckt, so muß man sich durch umständliche Zeremonien reinigen. In solchen Reinigungen säubern sich die Menschen an entscheidenden Punkten ihres Lebens, bei Geburt, Hochzeit und Krankheit. Apollon schenkt die läuternden Kräfte. Dadurch wird er auch zum Gott der Heilungen. Er reinigt die Wege von allem Bösen, seine Säule steht als Symbol der Sicherheit vor den Häusern, er reinigt den Fluchbeladenen von der dämonischen Verstrickung.

Ihm wurde die Gabe der Weissagung, des Wissens um das Verborgene und Künftige zuteil, er gibt in seiner altberühmten Kultstätte in *Delphi* durch den Mund der Priesterin, der *Pythia,* allen Ratsuchenden, den Griechen und weit darüber hinaus den fremden Völkern des Ostens und Westens, in allen persönlichen Nöten und in staatlichen Fragen die deutenden Orakel. Er ruft ihnen das klärende Wort zu: »Erkenne dich selbst, γνῶθι σαυτόν! Gnothi sauton!« Wer nach Erleuchtung strebt, ist weise. Der Gott der Erkenntnis ist auch der Stifter der gesetzlichen Einrichtungen der menschlichen Gemeinschaften. Er führt die Kolonisten in die neue Heimat. Er betreut die Geistes- und Leibeserziehung der Jünglinge. Er ist der Gott der Poesie und der Musik, er führt die neun Musen an als *Musagetes**. Wenn er im Glanz seiner leuchtenden Schönheit durch die Himmelsräume schreitet und seine Leier schlägt, sind alle Götter von seiner Musik verzaubert. Sie weckt in den Herzen der Himmlischen und Sterblichen Harmonie und Schönheit und bändigt alles Wilde und Niedrige.

Apollon kennt keine Überhebung, nur Ebenmaß und Schranke, das *»Medén ágan«,* das »Nichts zu viel, μηδὲν ἄγ·άν«, ist sein Grundsatz. Durch Überwindung des Maßlosen, durch das sinnvolle Streben nach Ordnung und Klarheit, durch die schauende Erkenntnis der Welt, kurz, durch dieses wahrhaft sprichwörtlich gewordene apollinische Wesen hat sich griechisches Menschentum geformt und sich die Kraft geholt, aus der nicht nur die Künste, sondern schließlich auch die Wissenschaft erblühte. Apollons sieghafter Glanz, seine Reinheit und Heiligkeit strahlten aus seinem berühmtesten Beinamen *»Phoibos«,* der sowohl »leuchtend« als auch »rein« bedeutet. Apollon Phoibos verdrängte nach und nach den alten Sonnengott Helios. Seine Kultstätten sind vor allem in Delphi, wo ihm zu Ehren die pythischen Spiele abgehalten wurden, in Athen und auch in Delos. Dort haben französische Archäologen den Grundriß seines Heiligtums ausgegraben. Seine Attribute sind Bogen, Köcher und Pfeile, aber auch die Lyra.

* Die neun Musen sind die Göttinnen der Künste und Wissenschaften, Töchter des Zeus und der Mnemosyne. Ihre Namen sind: *Klio,* mit Schreibtafel und Griffel dargestellt, Muse des historischen Epos, *Melpómene,* mit tragischer Maske, die Tragödie, *Terpsichore,* mit Lyra, Tanz, *Thalia,* mit komischer Maske, die Komödie, *Euterpe,* mit Flöte, die Lyrik, *Erato,* mit Kithara, Liebeslyrik, *Urania,* mit Globus, Sternkunde, *Polyhymnia,* mit Schleier, Chorgesang, *Kalliope,* mit Wachstafel, Heldenepos. Ihr Lieblingsaufenthalt war außer dem Helikon der Parnassos.

Als Gott mit der Lyra führt er den Beinamen *»Kitharodos«*. Der Lieblingsbaum des Gottes ist der Lorbeer, dessen Zweige er als Kranz trägt. In diesen Baum verwandelt sich die Nymphe *Daphne*, um den Liebesnachstellungen Apollons zu entgehen.

Artemis

Artemis ist die Zwillingsschwester Apollons. Sie zeigt ähnliche Züge wie ihr Bruder. Auch sie scheint, nach ihrem Namen zu schließen, aus Kleinasien zu stammen, auch sie erhält den Beinamen der Reinheit und Heiligkeit, auch sie ist ein unfehlbarer Bogenschütze, ihr Bogen trifft ungesehen aus weiter Ferne. Sie streift gern durch die Einsamkeit der Wälder und Berge, sie ist wie die unberührte Natur, rein und keusch, aber auch wild und grausam, wie es die Geschichte von *Aktaion* zeigt. Aktaion überraschte Artemis beim Baden. Sie verwandelte ihn zur Strafe in einen Hirsch. Die fünfzig Hunde Aktaions erkannten in dieser verwandelten Gestalt nicht mehr ihren Herrn, stürzten sich auf die vermeintliche Jagdbeute und zerrissen ihn. Artemis begegnet uns auch als geheimnisvolle Wanderin über mondbeglänzte Fluren, sie wird später zur Mondgöttin selbst, als Gegenbild zu ihrem Bruder, dem Sonnengott. Sie ist die Göttin der Jagd und der sorgenden Hege der Tiere der Wildnis; der Löwe erfreut sich ihrer besonderen Gunst, sie liebt Bären. Die bildende Kunst stellt sie als Jägerin mit dem Hirsch als ständigem Begleiter dar. Wie ihr Bruder wacht sie über die heranwachsende Jugend, Mädchen treten in ihren Dienst bis zum bräutlichen Alter. So erstreckt sich ihre Macht auch auf den Bereich des Lebens.

Pallas Athene

Dem Göttervater am nächsten steht seine jungfräuliche Tochter *Pallas Athene*. Ihre Weisheit geht in die Vorzeit zurück, ihr Name weist über das Griechische hinaus. Wir finden das Bild der gewappneten Göttin, deren Körper vom Schild ganz bedeckt wird, mehrfach auf mykenischen Darstellungen. Der Verbindung des Zeus mit Metis, der Göttin des »klugen Rates«, sollte nach der Bestimmung des Schicksals ein Kind entstammen, das stärker sein würde als der Blitz. Daher fürchtete der Göttervater für seine Herrschaft und verschlang Metis. Aber aus seinem heiligen Haupte entsprang Athene in goldschimmernder Rüstung. Dieses Ereignis fand auf dem Ostgiebel des athenischen Parthenons seine monumentale Darstellung.

Athene ist das Ebenbild ihres Vaters, ist voll des praktischen Verstehens und des klugen Erdenkens, das selbst im Kampf wertvoller ist als physische Stärke. Sie entzündet den Mut des Kriegers zu Tatkraft und Kühnheit, aber sie mahnt auch zu Besonnenheit und Umsicht.

Sie wirkt stets, ohne selbst einzugreifen, nur durch ihre bloße Gegenwart. Sie ist nicht nur die Jungfrau der Schlacht. Das zeigt ihre liebevolle Fürsorge für *Herakles*, dessen Wirken keineswegs nur Lust am Kampfe ist. Sie hilft ihm, das Übermenschliche zu vollbringen, den Ungeheuern Trotz zu bieten und sich durch glorreiches Ringen den Weg zu den Göttern zu bahnen. In der Dichtung und in der bildenden Kunst sehen wir

Athene an seiner Seite als treue Ratgeberin und Helferin des Gewaltigen. Am ergreifendsten hat sie der Künstler der Atlasmetope des olympischen Zeustempels dargestellt. Das auf seinem Nacken lastende Himmelsgewölbe droht den Helden zu erdrücken, aber unbemerkt ist Athene hinter ihn getreten, rührt leise an der Last und stärkt ihn damit zu Riesenkräften. Sie gibt Jason Anleitungen zum Bau des ersten Schiffes, dem Bellerophon zum Zäumen des Pferdes, dem Odysseus in allerlei schwierigen Situationen. Ihre Lieblinge sind die Werkleute, die Zimmerer, die die Schiffe herstellen, die kunstreichen Erzgießer und die Töpfer; sie ist die Förderin der Mädchen und Frauen, die als Spinnerinnen und Weberinnen kunstfertige Arbeiten erzeugen. Um solcher Handfertigkeit willen wird sie als *»Ergane«* verehrt.
Ihr ist die Eule (Glaux) heilig, daher ihr Beiname »Glaukopis«, »die Eulen- oder Helläugige«. Ihr heller, leuchtender Blick erfaßt schnell, was der Augenblick erfordert, und stellt den schwersten Aufgaben rat- und schlagfertige Bereitschaft entgegen.
Athene war die Hausgöttin der Fürsten in den mykenischen Burgen und die Stadtgöttin Athens, dem sie ihren Namen gab. Auf der Akropolis wurde sie im Niketempel, im Erechtheion und vor allem im Parthenon verehrt. Dort stand ihr berühmtes Denkmal der Athene Parthenos, der jungfräulichen Athene, und auf dem freien Platz neben dem Tempel erhob sich ihr 20 m hohes Erzbild, die Athene Promachos, die Vorkämpferin.
Sie brachte die Olivenkultur nach Attika und damit Nahrung und Wohlstand. Alle vier Jahre zog die ganze Bevölkerung in feierlich-buntem Festzug, den Panathenäen, auf die Akropolis, um den heiligen Peplos, ein prunkvoll besticktes Kleid, für das Standbild der Athene darzubringen.
Hermes ist der Sohn des Zeus und der Maia, der Tochter des Atlas. Er wurde in einer Höhle des Berges Kyllene in Arkadien geboren. Er erfand bald nach der Geburt die Lyra, indem er über eine Schildkrötenschale Darmsaiten spannte. Er ist auch der Erfinder der Hirtenflöte. Als Wegführer und Schützer der Wanderer wird er der Götterbote und Geleiter auf nächtlichen Pfaden, also auch der Toten in der Unterwelt. Daher hat er den Beinamen *»Psychopompos,* der Seelenführer«. Die Rolle des Boten liegt ihm vorzüglich, denn er ist sehr gewandt und behend, vollführt, mit Blitzesschnelle durch die Lüfte fliegend, seine Aufträge, ist ein Meister der Beredsamkeit, mit allen Künsten der Heimlichkeit vertraut, dabei stets ein kluger, nie verlegener Nützer einer guten Gelegenheit und voll gewinnender Liebenswürdigkeit. Diese Eigenschaften lassen ihn auch als sehr geschickten Diener erscheinen. Als solcher begegnet er uns im Olymp, wie er das Feuer betreut, Fleisch zubereitet und Wein vorsetzt. Er ist auch der Patron der Kaufleute, fördert den Handel, das Glück, die List, den Gewinn. Er ist der Listige, Trügerische, versteht es, den lohnenden Augenblick zu Gewinn zu machen, von ihm können Diebe und Räuber lernen. Diese betrachteten sich als seine Schutzbefohlenen.

Hermes

Ursprünglich Gott der Fruchtbarkeit, wird er später als Gott der Herden und Fluren verehrt, ist er der Spender des Getreidesegens, der metallischen Schätze und des unvermuteten Fundes. Er führt zu Wohlstand und zu Glück. Einstmals war sein Kultmal ein Stein, der aus einem Steinhaufen oder einem Grab hervorragte, dann eine Herme, eine Säule oder ein viereckiger Pfeiler mit ausgemeißeltem Kopf. Jeder, der an einem so bezeichneten Steinhaufen vorbeiging, warf in frommer Verehrung einen Stein darauf. Nach dem Steinhaufen (Hérmaion) wurde er selbst benannt; denn der Name Hermes wird als »der vom Steinhaufen« gedeutet. Die Hermen standen neben den Eingängen der Häuser und bei den Toren der Städte, an den Wegen, an den Markt- und Landesgrenzen.

Seine ständige Bewegung, sein weites Umherschweifen stählt seinen Leib zu jener wundervollen Formung, wie sie uns der berühmte Bildhauer Praxiteles vor Augen stellt. Hermes ist der Patron der Sportsleute, der Förderer der Gymnastik der Epheben, sein Standbild begegnet uns in jeder Palästra (Sportstadion). Er ist der Freund musikalischer Künste, der Erfinder der Wetter- und Sternkunde.

Seine Hauptkultstätten sind in Arkadien, Sparta und Athen. Als Attribute finden wir den Reisehut (Petasos), Sandalen und Stab, beide mit Flügeln, sie weisen auf die Schnelligkeit hin, mit der er seine Aufträge durchführt.

Hestia

Eine urgriechische Gottheit ist *Hestia,* das älteste Kind von Kronos und Rheia, der Schwester des Zeus. Sie erbat von Zeus, unverheiratet bleiben zu dürfen und von jedem Opfer die erste Spende zu erhalten. Dieser Wunsch wurde ihr gewährt. Ihr heiliger Platz war der Herd in der Mitte des Hauses. Der Herd heißt griechisch hestia. Um ihn herum trug der Hausvater das neugeborene Kind bei seiner Aufnahme in die Familie. Aber auch in den Stadtgemeinden wurden der Hestia in einem öffentlichen Gebäude, meist im Rathaus, ein Staatsherd mit einem stets lodernden Feuer errichtet und ihr das erste und letzte Opfer bei einem festlichen Beisammensein gespendet. Von diesem Herd nahmen die Auswanderer das heilige Feuer mit, wenn sie in der Fremde eine neue Kolonie gründeten. Ihre Kultstätten begegnen uns in Athen, Delphi und Delos. Die ernste, ein Kopftuch tragende und in ein langes Gewand gekleidete Göttin hat als Attribute Zepter und die Opferschale mit der Feuerflamme.

Hephaistos

Eine wohl aus Kleinasien eingewanderte Gottheit ist *Hephaistos,* der Gott des Feuers und der Schmiede. Sein Vater ist Zeus. Er ist häßlich und lahm, entweder schon von Geburt an oder weil Zeus ihn vom Olymp auf die Insel Lemnos hinabgeworfen hat. Denn er soll im Streit der Eltern die Partei der Hera gegen Zeus ergriffen haben. Nach Homer ist Aphrodite seine Gemahlin. Aber sie betrog ihren Gatten mit Ares. Hephaistos schmiedete eine kunstvolle Falle, in der sich Aphrodite und Ares bei ihrem Beisammensein fingen. Dann rief Hephaistos die anderen Götter zusammen

und zeigte unter dem schallenden Gelächter aller und vielem Spott die Gefesselten.
Hephaistos ist der unübertroffene Meister alles Kunsthandwerkes, daher ist er auch der Patron der metallverarbeitenden Gewerbe und des Kunsthandwerkes überhaupt. Von ihm stammen der Bau der olympischen Burg, der Wagen des Helios, die Waffen des Achilleus. Mit seinen Gesellen, den Zyklopen, schmiedete er in den unterirdischen Feueressen des Ätna und des Vesuv für Zeus die Waffen, nämlich die Blitze, und die Ägis, den kunstreichen Brustpanzer, den dieser dann Athene gab. Er ist als Kundiger des Feuers auch Schützer vor Feuersbrunst.
Seine größte Kultstätte war das Hephaisteion, der früher als Theseion bezeichnete Tempel in Athen. Die Kunst stellt ihn als bärtigen Mann mit verkürztem linkem Bein, kegelförmiger Kappe, im Handwerkerkittel, mit dem Schmiedegerät, dem Hammer und der Zange, dar.

Aphrodite

Die Göttin *Aphrodite* trägt einen ungriechischen Namen. Sie ist als die große Liebesgöttin aus dem Orient nach Griechenland gekommen. Nach Hesiod ist sie aus dem Schaum des Meeres aufgestiegen (die Anadyoméne), in Kythera ans Land gegangen und dann nach Zypern gekommen. Sie ist schön wie das glitzernde Element, keine Frau kommt ihr gleich. Die Schaumgeborene ist von alters her als Göttin des Meeres und der Schiffahrt verehrt worden. Ihr Kommen macht die See zum Spiegel ihres göttlichen Lächelns und sichert glückliche Fahrt. Der Erde verleiht sie Wachstum und Blütenzauber, sie entfacht die Liebe in allen Geschöpfen. Niemand vermag sich ihrer Gewalt zu entziehen, kein Gott, kein Mensch; nur über Hestia, Athene und Artemis hat sie keine Macht. Aus ihrem ewigen Liebeswunder keimt der Frieden der Welt, in ihrem Anschauen vergißt selbst der rauhe Kriegsgott Ares sein blutiges Handwerk.
Aber sie weckt oft ein Liebessehnen, das die Verzauberten in tiefes Unglück bringt. Traurige Beispiele dieser unseligen Leidenschaft sind Helena, Medea und Phädra. Ihr Sohn ist der geflügelte Knabe Eros. Ihre Dienerinnen sind die Chariten, die Göttinnen des Liebreizes und der Anmut. Ihre Kultstätten sind die Inseln Zypern, Kythera und Knidos, ferner Korinth, Athen und der Berg Eryx auf Sizilien. Den ganzen Zauber ihrer mythischen Schönheit hat Praxiteles in seiner Statue festgehalten.

Ares

In der olympischen Götterfamilie ist eine Gottheit, die sich wenig in den Rahmen der neuen Religion fügt, sondern uns wie ein furchtbarer Dämon entgegentritt. Es ist Ares, der Sohn des Zeus und der Hera, dessen Name man einfach mit »Verderber« deutet. Er stammt aus Thrakien und hat es nie zur vollen Würde eines Gottes gebracht. Er war auch den Menschen verhaßt, sie haben ihn nicht durch Feste gefeiert. Seine Beinamen, wie »männermordend, menschenverderbend, städtezerstörend«, atmen seinen wilden Geist des rasenden Kampfgewühls und der unersättlichen Mordlust. Auch bei den Olympiern genießt er keine Achtung, ja er ist sogar verhaßt, da er stets den Streit liebt und den Kampf entfesselt. Er ist die dunkle, blutdürstige Gegenfigur zu der edlen, lichten Gestalt der Athene. Man findet ihn weder auf der Seite der Trojaner noch auf der Seite der Griechen. Er ist überall dort, wo im mörderischen Schlachten die Männer dahinsinken. Seine Begleiter und Gehilfen sind Deimos, die Furcht, Phobos, der Schrecken, und seine streitsüchtige, haßstiftende Schwester Eris, die Göttin des Zankes.

Als Gott der Mordsühne ist er Herr des alten Blutgerichtes auf dem Areopag in Athen. Speer und Brandfackel sind seine Attribute, ihm sind der Wolf und der Specht heilig.

Poseidon

Poseidon hatte in der Vorzeit ohne Zweifel einen sehr weiten Machtbereich, der sich über die ganze Welt erstreckt haben dürfte. Aber bei Homer hören wir, daß seine Herrschaft nur auf das Meer beschränkt war. Er ist der Bruder des Zeus, sein Ursprung ist wohl griechisch, im Trojanischen Krieg war er auf seiten der Griechen. Als Schutzgott der seefahrenden Hellenen stand er in großen Ehren.

Er ist der furchtbar-gewaltige Gott des Erdbebens; wenn er die Erde erschüttert und sie spaltet, flutet Salz- und Süßwasser aus ihr hervor. So wird er auch der Gott der Quellen und Flüsse. Seine Gattin ist *Amphitrite*, Königin der Meere und Mutter des Triton, der, auf einer gewundenen Seemuschel (Tritonshorn) blasend, die Fluten aufwühlt und besänftigt. Poseidon stritt mit Athene um den Besitz von Attika, die Reliefs im Westgiebel des Parthenon künden davon. Er ist der Schöpfer und Spender des Rosses, nach dem er den Beinamen *Hippios* führt. Pferdeopfer bluten für ihn, Wagen mit dahinrasenden Rossen stauben zu seiner Ehre durch die Rennbahn. Der Gewaltige hatte einst selbst den Blitz geschleudert, sein Dreizack, der nichts anderes als der Blitz war, erinnert noch an verschwundene Macht. Der Tridens und der von vier Pferden gezogene Wagen sind seine Kennzeichen. Bei Korinth ehrte man ihn durch die Isthmischen Spiele. Seine Tempel haben überall Heimatrecht erworben, einer grüßte den Schiffer von der Kaphöhe Sunions, ein anderer hält die Grenzwache am Rande von Großgriechenland in Paestum. Heilig ist ihm die Fichte, die das Material zum Schiffsbau liefert, heilig das Roß und der Delphin, das Sinnbild des ruhigen Meeres.

Kleinere Wassergottheiten waren der alte Meergreis *Nereus* und seine fünfzig Töchter, die Nereiden. Dazu gesellten sich viele Flußgötter und Nymphen der Quellen und Flüsse.

Demeter

Eine hochverehrte Gottheit der Erde war *Demeter,* die Kornmutter. Sie war die Göttin und Lehrerin des Getreidebaues. Sie hieß die »Blonde«, nach der Farbe des reifen Getreides. Ihre einzige Tochter war *Persephone.* Hades raubte das Mädchen, als sie zu *Enna* in Sizilien auf einer Wiese spielte, nahm sie mit sich in die Unterwelt und machte sie zu seiner Gemahlin. Als Demeter vom Schicksal ihres Kindes erfuhr, irrte sie in armseliger

Kleidung und voll tiefer Trauer in Menschengestalt über die Erde, wurde in *Eleusis* bei Athen erkannt und dort gastlich bewirtet. Man errichtete ihr einen Tempel zur Wohnung. Erzürnt über Zeus, daß er dem Raub zugestimmt hatte, ließ sie die Frucht der Felder verdorren, und eine große Hungersnot zog in die Welt. Da tat Zeus den Schiedsspruch, daß Persephone die eine Hälfte des Jahres dem Reich des Hades, die andere aber der Oberwelt angehören sollte. So entstand der Wechsel zwischen fruchttragender Sommerszeit und kahlem Winter. Demeter beschenkte *Triptólemos* aus Eleusis mit den Gaben der Feldfrüchte. Er zog damit in die Welt und lehrte die Menschen den Ackerbau und besänftigte dadurch die wilden Sitten der Urmenschen, die das Brot noch nicht kannten. So wurde Demeter auch zur Förderin jeglicher höheren Kultur, von Recht und Gesetz, von gesellschaftlicher und staatlicher Ordnung. Sie wurde zu Eleusis in den alljährlichen Festspielen, den Eleusinischen Mysterien, gefeiert. Ihre Attribute sind Ährenkranz und Getreidekorb, ihre Kultstätten waren in Eleusis, in Athen und auf Sizilien.

Diónysos

Der Gott der üppigen Fruchtbarkeit ist *Diónysos,* der Sohn des Zeus und der Semele, der Tochter des Thebanerkönigs Kadmos. Als seine Mutter, vom Blitz des Göttervaters getroffen, sterbend das Kind gebar, übergab es Zeus den Nymphen zur Pflege. Die Verehrung dieser Gottheit dürfte aus Phrygien auf die griechische Halbinsel gekommen sein und hat sich über den Bereich des jonischen Siedlungsgebietes und über dessen Nachbarschaft ausgedehnt.

Diónysos war der Förderer der feineren Formen des Landbaues, der Garten- und Obstkultur und vor allem der Verbreiter und Heger des Weinstocks. Er weckte mildere Sitten und freundliche Geselligkeit, wurde Stifter der staatlichen Ordnung und höheren Kultur. Er bildete mit seiner schäumenden Lebensglut, seiner grenzenlosen Raserei eine ungeahnte Ergänzung zur stillen Klarheit und maßvollen Ruhe apollinischer Lebenshaltung. Wilde Frauen waren seine Begleiterinnen. Sie trugen langes Gewand, Efeu im Haar und schwangen den Thyrsos, einen langen Stab mit einem Pinienzapfen an der Spitze. Er zog mit ihnen, die ihn unter den Tönen der Flöten und Pauken umtanzten, durch die Lande und pflanzte den Weinstock. Er ließ die Menschen durch seinen berauschenden Trank, den man das Blut der Erde genannt hat, bis zur Auflösung des Bewußtseins erglühen. Als Sorgenbefreier führt er den Beinamen *Lyaios,* »Löser«. Durch die Kraft seiner heiligen Verzauberung weckt er musische Kräfte im Menschen und wird zum Schöpfer der großen attischen Tragödie, der höchsten und unvergänglichen Leistung des Menschengeistes. Man erzählt von Dionysos, daß er gestorben und beim Erwachen der Natur wieder zum Leben auferstanden sei. Dies ist der alte Vegetationsmythos der sich immer wieder erneuernden Natur. Neben Dionysos trug der Gott auch den Namen *Bakchos,* d. h. Rufer, nach dem Lärm seiner Begleiterinnen.

Seine Gattin war *Ariadne*, die Helferin des Theseus bei der Ermordung ihres Bruders, des tierköpfigen Minotaurus. Adiadne war Theseus auf seiner Heimfahrt nach Athen gefolgt, er ließ sie aber auf der Insel Naxos zurück, und von dort hat sie dann der Gott Dionysos als seine Frau geholt.

Er wurde alljährlich im März bei dem Frühlingsfest der Dionysien gefeiert. Den glanzvollen Gipfelpunkt dabei bildeten die viertägigen Aufführungen neuer Tragödien, Satyrspiele und Komödien. Durch Dionysos kam in die alte Religion der Griechen ein mystischer und ekstatischer Zug.

Seine Kultstätten sind Theben, Naxos und in Athen das Lenaion und der Tempel des Dionysos Eleuthereús mit dem großen Theater. In der Skulptur tritt uns seine Gestalt in jugendlicher Schönheit entgegen, mit der Weinranke im gelockten Haar und dem Thyrsos in der Hand, Löwen und Panther begleiten ihn. Ihm sind der Efeu und der Bock heilig.

Pan Im Gefolge des Dionysos erschien auch oft der Hirtengott *Pan*, der Freund der Jäger, der Hüter des Kleinviehs, ein Berg- und Walddämon mit Bockshörnern, Bocksbeinen und bärtigem Gesicht. Mit ihm wanderten die Nymphen durch Wald und Flur; er umkreiste sie mit seinem Liebeswerben und führte ihren nächtlichen Reigen. Am Morgen hielt er Ausschau von den Bergen, zu Mittag schlief er (die Stunde des Pan) und konnte sehr bösartig werden, wenn man seinen Schlaf störte. Am Abend spielte er vor seiner Grotte auf der Syrinx, der aus einer Reihe von Rohrpfeifen bestehenden Hirtenflöte. Sein plötzliches Auftauchen in der Stille der Natur konnte dem überraschten Menschen einen riesigen – panischen – Schrekken einjagen.

Hades Der dritte Sohn des Kronos, *Hades*, beherrschte die Unterwelt. Nach ihm erhielt auch der Ort seiner Herrschaft, die ewige Wohnung der Toten, seinen Namen. Der Name Hades oder seine ältere Form Aides heißt wahrscheinlich der »Unsichtbare« oder der »Unsichtbarmachende«. Man durfte den schrecklichen Todesgott nicht anschauen, der alles Lebende verschwinden ließ, man durfte seiner finsteren Majestät nur mit abgewandtem Gesicht opfern. Er führte auch den Namen *Pluton*, der »Reichtumspendende«, nach den Schätzen der Tiefe und den in ihr verborgenen Kräften des Erdsegens.

Vor seinem Reich wacht der Höllenhund *Kerberos*, das gierige Ungeheuer, dreiköpfig und mit furchtbar dröhnender Stimme und einer Schlangenmähne. An der Seite des Totengottes thront als seine Gemahlin Persephone, die er von einer Blumenwiese auf Sizilien mit seinem goldenen Wagen in rücksichtslosem Raube entführt hat.

Er wurde verehrt an den vermeintlichen Eingängen zu Unterwelt, so an dem durch finstere und tiefe Schluchten fließenden Acheron, am

Avernersee und in Kumä in Italien. Dargestellt wurde er sitzend, mit dem Herrscherstab und Schlüssel in der Hand und der Helmkappe, die ihn unsichtbar machte, wenn er sie aufsetzte.

Religiöse Kulte

Die Verbindung zwischen Göttern und Menschen bildeten Weihehandlungen. Die einfachsten bestanden darin, daß man auf dem häuslichen Herd vor jeder Mahlzeit Speise und Wein zum Opfer brachte. So wie die einzelne Familie taten es auch die Gemeinschaft der Sippe, des Stammes, und endlich die Stadt. Auch sie unterhielt eine ewige Flamme auf dem Altar im Prytaneion, im Rathaus. Erfüllte in der Familie der Hausvater zugleich auch priesterliche Aufgaben, so war in der Stadtgemeinde der höchste Beamte zugleich der Oberpriester der Staatsreligion. Das religiöse Leben durchzog die ganze Gesellschaftsordnung und Staatsführung, man hielt den Kult für unerläßlich für das Gedeihen der staatlichen Gemeinschaft. Der Besitz der Religionsgemeinschaften wurde von staatlichen Beamten beaufsichtigt und verwaltet.
Ursprünglich gab es keine eigenen Gebäude für kultische Handlungen, man traf sich beim Opferaltar oder an geheiligten Plätzen in der Natur, wie z. B. im heiligen Hain zu Dodona. Die Zeremonien bestanden in Prozessionen, Opfern und Gebeten. Vor dem Altar suchten die Gläubigen mit Opfer und Gebet die Hilfe des Gottes zu erlangen oder einen Fluch abzuwehren. Unbedeckten Hauptes, in heiliger Stille, Gesicht und Hände dem Sitz der Gottheit zugewandt, verrichtete der Grieche seine Gebete. An die Bitte schloß sich das feierliche Versprechen einer Gegenleistung, wenn das Gebet erhört würde. Der Eid wurde durch Trank- und Blutopfer bekräftigt und endete in Selbstverwünschung im Falle des Meineides oder Eidbruches.
Man kannte unblutige Opfer: Statuen, Reliefs, Waffen, Kleider, Früchte des Feldes und der Gärten, Weinspenden und Räucherwerk. Im Staatskult herrschte das blutige Opfer vor; man opferte vor allem Stiere, Schweine, Schafe. Sie wurden, wenn es sich um eine olympische Gottheit handelte, vom Gott, von den Priestern und den Gläubigen in einer gemeinsamen Mahlzeit verzehrt. Die größeren feierlichen Opfer hießen Hekatomben, Hundertopfer. Handelte es sich um eine der alten Erdgottheiten, so wurde das Tier restlos verbrannt. Es folgte keine Mahlzeit, man scheute sich, den Gott zur Teilnahme zu rufen. Von Menschenopfern hören wir nur in frühester Zeit und in den seltensten Fällen.
Um den Willen der übernatürlichen Mächte zu erfahren, befragten die Griechen die Orakel und ließen sich die von der Gottheit als Zeichen oder innere Eingebung vermittelten Offenbarungen von Weissagern deuten. *Orakel*

Das berühmteste Zeichenorakel war das Orakel des Zeus von *Dodona* in Epiros, wo man aus dem Rauschen einer heiligen Eiche und dem Gemurmel einer Quelle, die an ihrer Wurzel entsprang, seinen Willen deutete. Nicht nur Volksstämme und Städte, griechische, aber auch ausländische, baten hier Zeus um Rat, sondern auch Privatpersonen suchten Rat in ihren persönlichen Angelegenheiten, wie in Besitzfragen oder Heiraten. Auch zu *Olympia* in Elis befragte man Zeus aus den Eingeweiden der Opfertiere und der Art, wie die Fleischteile verbrannten.

Am bekanntesten und machtvollsten war jedoch das Spruchorakel in *Delphi*. Die eigentliche Orakelstätte war ein Erdschlund; über ihm stand der Dreißuß der Priesterin, die Pythia genannt wurde. Die aus der Erde aufsteigenden Gase umschleierten das helle Bewußtsein der Priesterin und ließen sie geheimnisvolle Worte ausstoßen, die die Priester in Versen, später auch in Prosa deuteten. Dabei ließ der Schluß gewöhnlich einen doppeldeutigen Sinn zu, so daß die Unfehlbarkeit des Orakels unbedingt gewährleistet war. Nicht zu unterschätzen war der sittliche Einfluß der Delphipriester, die wiederholt zur politischen Einsicht und Mäßigung rieten, auf die Einführung bestimmter Gesetze und auf die Sklavenfreilassung drängten.

Einen prophetischen Sinn legte man auch in die Himmelserscheinungen, wie Donner und Blitz, Regenbogen, Sonnen- und Mondesfinsternisse, Sternschnuppen, Erdbeben, Überschwemmungen, weiters in den Vogelflug, wobei der auf der Ostseite fliegende Vogel als glückverheißend galt, und in die Eingeweideschau, d. h. das Wahrsagen aus Farbe und Form der Eingeweide der Opfertiere.

Der griechische Kalender verzeichnete eine Reihe von alljährlichen Feiern, in denen sich der festfrohe Sinn des Volkes spiegelte.

Feste

Die bedeutendsten Festtage waren die zu Ehren des Dionysos und die großen Panathenäen. Sie wurden in jedem dritten Olympiadenjahr, Mitte August, wenigstens sechs Tage hindurch, mit besonderer Pracht gefeiert. Sie umfaßten Vorträge der Homerischen Gedichte, gymnastische Wettkämpfe, Reiterspiele und Wagenrennen. Den Höhepunkt bildete nach dem vierten Tag die feierliche Prozession, die das für das Standbild der Göttin Athena im Erechtheion von vornehmen Jungfrauen gewebte safrangelbe Prachtgewand, den Peplos, auf die Akropolis brachte. An dem großen Altar vor dem Tempel weihte man ihr die Opfer einer Hekatombe, verbunden mit einer festlichen Volksspeisung. An dem Festzug beteiligten sich die höchsten Würdenträger der Stadt, mit Ölzweigen bekränzt, daran schloß sich die Bürgerschaft. Die männliche Jugend erschien in vollem Waffenschmuck, zu Fuß und zu Pferde und auf Streitwagen. Würdig und vornehm schritten die Jungfrauen einher, Opfergeräte in den Händen. Auch die Opfertiere wurden im Zuge mitgeführt. Diesen Panathenäenzug zeigt jener berühmte Fries, der um die Außenseite der

Zella des Parthenon lief. Die Ausstattung dieser Festzüge kostete riesige Summen, die teilweise der Staat, vorwiegend aber die reichen Bürger aufbrachten. In den Zwischenjahren der Olympiaden wurden die kleineren Panathenäen an zwei Tagen und in schlichterer Form abgehalten.
Zu Ehren des Dionysos wurden die kleinen Dionysien beim Herannahen der Weinlese gefeiert. Die großen Dionysien wurden als Frühlingsfest im März mit großem Prunk begangen. Die Statue des Dionysos als eines fremden Gottes wurde feierlich von der Bergfeste *Eleutheriai,* das mit Theben um den Ruhm stritt, Geburtsort des Gottes zu sein, eingeholt und zu seinem Tempel in Athen geleitet. Mit musischen Wettkämpfen, mit Gesang und Tanz vergingen die festlichen Tage, an denen sich nicht nur die Bürger Athens, sondern auch die vielen Fremden erfreuten, die auf dem wieder schiffbar gewordenen Meer nach Athen gekommen waren.

Mysterien

Neben den allen zugänglichen religiösen Feiern gab es noch Mysterien, Geheimzeremonien, die nur Eingeweihten, den mystai, zugänglich waren und bei denen heilige Symbole enthüllt und symbolische Riten vollzogen wurden. Solche Geheimdienste wurden in vielen Orten Griechenlands abgehalten, aber keine konnte sich an Größe und Bedeutung mit den für Athen und darüber hinaus für alle Hellenen so bedeutsamen Feiern von *Eleusis* messen. Sie galten der Verehrung der bäuerlichen Gottheit Demeter und des unter dem Namen Jakchos verehrten Dionysos. Zur Zeit der Mandelblüte feierte man die kleinen Mysterien in Athen, im September die großen Mysterien in Eleusis, die ihre Wurzel in einem herbstlichen Fest des Pflügens und Säens hatten. In festlicher Prozession zog man den 20 km langen »heiligen Weg« von Athen nach Eleusis, wobei man das Bild des Jakchos vorantrug. Bei Fackellicht kam man spät am Abend in Eleusis an und lagerte beim Heiligtum. Während der Nacht wurden Fackeltänze aufgeführt; das Umherirren der Lichter, ihr Verschwinden und Wiederauftauchen sollten das mühevolle Suchen Demeters nach ihrer Tochter Persephone symbolisieren. Die Geheimfeier fand im Innern der großen Mysterienhalle, dem *Telestérion,* statt. Dort stellte man in einem Weihespiel das Leiden der Demeter nach Persephones Raub durch Hades, das Wiederzusammentreffen der beiden Göttinnen und die Einführung des Ackerbaues in Attika dar. Daran schloß sich eine Reihe von Zeremonien – die feierliche Enthüllung der Reliquien und Heiligenbilder und eine sakrale Mahlzeit – an. Die Gläubigen zogen unter Fackelbeleuchtung durch düstere unterirdische Höhlen, die den Hades darstellten, und dann in einen hellerleuchteten Raum, die Stätte der Seelen. Verbreitet war der Glaube, daß denjenigen, die die Weihe in Eleusis empfangen hatten, im Jenseits ein neues Leben des Glücks bestimmt sei, so, wie der Same in der Frucht wiedergeboren wird, während die anderen nur ein armseliges, schattenhaftes Dasein führten.
Zur Erlangung der Weihen waren läuternde Vorbereitungen nötig, die den Menschen reinigen sollten, aber nicht nur äußerliche Gebräuche des Badens

und Fastens, des Tragens einer bestimmten Kleidung, sondern auch eine innere Wandlung im Sinne jener ehemaligen wunderbaren und tiefsinnigen Inschrift auf dem Asklepiostempel zu Epidauros: *»Nur wer rein ist, betrete die Schwelle des duftenden Tempels. Niemand aber ist rein, außer wer Heiliges denkt.«*

Das Geheimnis der mystischen Riten in Eleusis wurde während des ganzen Altertums streng gewahrt. Selbst der aus Eleusis stammende Aischylos konnte nur mit Mühe der Verurteilung entgehen, wegen einiger Verse, die das Geheimnis hätten entschleiern können. Daher entziehen sich die Vorgänge bei den eleusinischen Feiern unserer Kenntnis.

Das griechische Mittelalter 1000—500 v. Chr.

Die dorische Wanderung

Die frühhellenische Epoche wurde durch den Einbruch der Dorier abgeschlossen. Man gab den Jahrhunderten, in denen sich die dorische Herrschaft befestigte, den Namen »das griechische Mittelalter«. Denn der Zeitabschnitt erinnert an den Untergang des Römerreiches, seine morsche Kultur sowie an gesellschaftliche Erscheinungen und die Vorherrschaft des ritterlichen Adels. Als die Sitze der Dorier galten Thessalien und Doris, in Wirklichkeit aber waren diese Gegenden nur eine Etappe auf ihrem Zug aus den nordwestgriechischen Gebirgslandschaften, wo sie sich auch mit illyrischem Blute gemischt hatten, nach dem Süden. Die Sage läßt sie um 1100 v. Chr. den Golf von Korinth unter Führung der Herakliden, der Nachkommen ihres Stammesheros Herakles, überschreiten. Sie drangen in die Peloponnes ein, legten sich in der Argolis, in Lakonien und Messenien über den alten achaiisch-jonischen Siedlungsraum und dorisierten ihn. Mit dieser Wanderung fand die große, schon im dritten Jahrtausend einsetzende Völkerbewegung, die die ganze Ägäis erschütterte, ihren Abschluß.

Das kriegerisch-kraftvolle, aber noch kulturlose Bauernvolk der *Dorier* überflutete die griechische Halbinsel, wich aber vor den in Attika und auf den ihm vorgelagerten Inseln wohnenden *Joniern* aus oder wurde von ihnen zurückgeschlagen. Die Burg Korinth fiel nach langer Belagerung, auch Mykenä ist bezwungen worden. Die Eroberer machten selbst an der Küste nicht halt und drangen von der Argolis aus zu den südlichen Kykladen, den Sporaden, nach Rhodos und an die kleinasiatische Küste um Halikarnassos vor. Kythera und Kreta besetzten sie von Lakonien aus. Die Raumverteilung der Stämme in dieser Epoche zeigt bereits die Gliederung der späteren geschichtlichen Zeit. Nur wenige Landschaften blieben von der Verschiebung der Stämme verschont. Das war vor allem *Attika*, das jonisch blieb. Die Jonier dürften hier vielleicht schon vor den Achaiern eingewandert sein, sie waren einst auch die Herren der peloponnesischen Nord- und Nordostküste, wurden aber daraus von den *Achaiern* verdrängt. Weiters blieb das Hochland in der Mitte der Peloponnes, Arkadien, im Besitze der Achaier. Diese wohnten in geschichtlicher Zeit außerdem im südlichen Thessalien und in der nördlichen Peloponnes, in Achaia. Bei

Homer findet sich ihr Stammesname, Achaier, als allgemeine Bezeichnung für alle Griechen.
Die *Äolier,* sprachlich den Achaiern nahestehend, bewohnten das Gebiet nördlich von Attika. Dazu gehörten vor allem die beiden bedeutenden Städte Orchomenos und Theben. Äolier und Jonier waren schon in mykenischer Zeit über das Ägäische Meer gegangen. Aber durch den Druck der Dorier bekommt die Ausdehnung über das Meer einen neuen Auftrieb. Die Äolier besetzten außer dem Küstenstreifen Kleinasiens auch die Insel Lesbos. Die Jonier schufen sich eine Inselbrücke über Andros nach Chios und Samos und weiter zum kleinasiatischen Westrand mit Ephesos und Miletos. Jetzt erst wurden die Inseln der Ägäis hellenisiert, die Ägäis ein griechisches Meer, und Griechensiedlungen säumten in dichter Folge die Gestade Kleinasiens.
In den weiteren Jahrhunderten beteiligten sich die dorischen Staaten hervorragend an der Kolonisation der Mittelmeerküsten. Die Dorier traten überall in so überlegener Zahl und mit so rücksichtslosem Nachdruck auf, daß in den von ihnen eroberten Gebieten auch ihre Sprache die ausschließlich herrschende wurde. Viele der alten Bewohner der Peloponnes wanderten aus nach Attika, auf die Inseln und bis hinüber nach Kleinasien. Was nicht aus dem Lande wich, wurde entrechtet und zu Staatssklaven, wie die Heloten Spartas.
Völkerverschiebungen betrafen aber auch andere Stämme. So brachen die *Thessalier* aus dem Bergland Epiros auf und fielen in die fruchtbare Peneiosebene ein, die seitdem den Namen Thessalien führt. Die heimischen Bewohner machten sie zu Leibeigenen, den sogenannten Penesten.
Alle diese Verschiebungen vollzogen sich langsam und dürften im Mutterland früher zum Stillstand gekommen sein als auf der kleinasiatischen Küste. Bald nach der Wende zum achten Jahrhundert wurde der Schiffskatalog der Ilias gedichtet, und er zeigt bereits alle Teile Griechenlands im Besitz seiner späteren Bewohner.

Die Welt Homers

Es folgte eine verhältnismäßig stille Zeit, die aber reich an innerer Entwicklung war. Für das materielle und geistige Leben der folgenden Epoche haben das neunte und achte Jahrhundert auf religiösem und politischem Gebiet und im Bereich der Sitte, Kunst und Literatur charakteristische Formen geschaffen. Die Führung bei diesem Umbildungsprozeß hatten die kleinasiatischen Griechen, vor allem die betriebsamen, lebensfrohen, jedem Fortschritt aufgeschlossenen Jonier, inne.
Aus dieser Zeit stammen zwei gewaltige Epen, Ilias und Odyssee, die eine reiche Quelle für die damaligen Kulturzustände sind.

Der Staat im griechischen Mittelalter und auch vielfach noch später war der Stadtstaat, der Gemeindestaat, die Polis, zu dessen städtischem Mittelpunkt noch ein größeres oder kleineres Landgebiet gehörte.

Königtum

An der Spitze des Gemeinwesens stand ein König, der, aus gottentsprossenem Geschlecht, die königliche Würde in seiner Familie weitervererbte. Als Zeichen seiner Herrschaft führte er das Zepter. Dreifache Macht vereinigte er in sich. Er war höchster Priester und vertrat den Staat gegenüber der Gottheit. Er war der höchste Heerführer, sammelte und befehligte das Heer, verhandelte mit Gesandten und schloß Verträge. Im Frieden hatte er die oberste Leitung der Gemeindeangelegenheiten. Als oberster Richter beschränkte sich seine Tätigkeit noch lange auf die Rechtsprechung im Schiedsgericht.

Der König besaß ein Krongut, ein Témenos. Im Krieg erhielt er einen größeren Anteil der Beute. Sonst bekam er Geschenke bei besonderen Gelegenheiten, wie z. B. bei einer Rechtsprechung.

Rat der Alten

Dem König zur Seite stand ein Rat der Alten. Es war Gewohnheitsrecht, daß der König schon früh gehalten war, bei wichtigen Fragen den Rat der Adelshäupter, der Geronten, einzuholen, und daß die Versammlung der Volksgemeinde zu allen den gesamten Staat betreffenden Fragen ihr Votum abzugeben hatte. Der König war nicht gebunden, aber gewohnheitsgemäß nahm er Bedacht darauf.

Die Griechen siedelten ursprünglich in offenen Dörfern. Das bearbeitete Land gehörte anfangs der Gemeinde; in gleichen Ackerlosen wurde es an die einzelnen Familien zur Nutznießung abgegeben. Erstreckte sich die Benutzung auf längere Zeiträume, so ging der Pachtgrund in Privateigentum über.

Die urtümlichen Dorfgemeinschaften schlossen sich zu Städten zusammen, weniger aus dem Bedürfnis nach größerer Sicherheit, denn die Städte waren noch ohne Mauerschutz, sondern wegen der notwendig werdenden gesteigerten Arbeitsteilung.

In der Stadt hatten alle politischen und kulturellen Einrichtungen ihren Sitz. Dort waren die Königsburg, das Heiligtum der Stadtgottheit, der Staatsherd, nach dem Sturz der Monarchie auch das Amtsgebäude der regierenden Beamten. Hier wurden festliche Tafeln für Gesandtschaften und besondere Gäste abgehalten. Unweit davon stand das Haus für die Tagungen des Ältestenrates. Die Volksversammlung, als Vertreter aller stimmberechtigten Bürger, tagte auf einem Platz unter freiem Himmel.

Bürger

Politai, Bürger der Polis, waren alle freien Bewohner des Stadtgebietes, soweit sie alten Geschlechterverbänden oder Kultgenossenschaften durch Geburt oder Gemeindebeschluß angehörten. Die Kultgenossenschaften waren ursprünglich echte Familienverbände, Phratrien. Ihnen oblag auch der Rechtsschutz der Blutsühne und der Rache. Denn mit dem öffentlichen Schutz war es im allgemeinen schlecht bestellt. Mord oder Totschlag zu bestrafen, war nicht Sache des Staates, sondern der Familie. Sie hatte das Recht zur Blutrache oder wenigstens auf Sühnegeld. In solchen Fällen sollten die Phratrien den Schutz der Einzelpersonen gewährleisten. Daß auch der Staat durch eine Untat betroffen würde und daher den Frevler bestrafen müßte, diese Rechtsvorstellung hatte sich im Volke noch nicht durchgesetzt.

Herren- und rechtlos war vor allem das Meer. Seeraub galt als ein mehr oder weniger ritterliches, durchaus nicht entehrendes Gewerbe. So betrieben die Phöniker einen sehr einträglichen Menschenraub. Rechtlos war auch der Fremdling. Ihn schützte nicht der Staat, sondern nur die religiöse Ehrfurcht vor Zeus, dem gewaltigen Schirmherrn aller Fremden, dem Zeus Xeínios.

Neben den Vollbürgern gab es noch Bewohner mit verschieden abgestuftem Rechtsanspruch, je nach Kriegsrecht und wirtschaftlicher Entwicklung. So die Metöken, Fremde, meist Handel treibende Schutzbürger, die zu bestimmten Abgaben und gewöhnlich auch zum Heeresdienst verpflichtet waren, weiter die Periöken, die kein Bürgerrecht besaßen, aber frei und grundeigentumsberechtigt waren und als Hopliten dienten.

Sklaven

Völlig rechtlos waren die Sklaven. Man wurde Sklave durch Abstammung von einem Sklaven, durch Kriegsgefangenschaft oder durch Raub und Verkauf. Sie standen oft, besonders in patriarchalischer Zeit, in einem vertrauten Verhältnis zu ihrem Herrn. Verwendet wurden sie als Knechte und Handwerker, als Bergwerksarbeiter und Schiffsruderer.

Die Verdichtung der Dorfgemeinschaften zur Stadt, zur Polis, schmälerte nicht die einfachen, auf Ackerbau und Viehzucht beruhenden Wirtschaftsformen. Größe und Blüte des landwirtschaftlichen Betriebes zeugten von der Macht des Adels. Auch Könige rühmten sich der Geschicklichkeit, den Pflug zu führen. Herakles und der Königssohn Paris trieben selbst die Tiere auf die Weide. Bodeneigentum und Viehzucht waren der wichtigste Besitz. Vor allem wurden Schafe und Ziegen, die Milch, Fleisch und Bekleidung lieferten, aber auch Schweine gezüchtet. Rinder hielt man weniger. Auch für die Pferdezucht war das Land im großen und ganzen nicht sonderlich geeignet; nur in den fruchtbaren Ebenen von Thessalien, Elis und Argos zog man Pferde für den Kriegsbedarf und die Wettrennen. Als Zugtiere dienten Esel und Maultiere.

Als Wertmesser für Kauf und Tausch verwendete man nicht Metallgeld, dafür diente das Vieh, besonders das Rind. Edelmetalle wurden hoch geschätzt, aber man gebrauchte sie nur als Schmuck.

Der Feldbau wurde so betrieben, daß man die Äcker jedes zweite Jahr brachliegen ließ. Auf schlechterem Boden, wo das Getreide nicht fortkam, pflanzte man die genügsame, aus dem Orient eingeführte Olive. Ihre Früchte wurden roh oder eingelegt gegessen, und das Öl in der Küche, zur Körperpflege und zur Beleuchtung verwendet. An sonnigen Hängen pflanzte man den Weinstock. Auch die Feige und anderes Obst gediehen in manchen Gegenden vortrefflich. Feines Gemüse wurde nur vereinzelt gezogen.

Waffen und Kleidung

Die Tierhäute wurden zu Kleidung und Waffen verarbeitet. Helm, Schild und Panzer von Stierhaut, letztere oft mit Metall beschlagen, und der zottige Mantel waren in Krieg und Frieden nötig. Denn man trug in archaischer Zeit auch im Frieden ständig Waffen. Die Verarbeitung der Schafwolle besorgten die Frauen; sie spannen und webten. Die Männertracht bestand aus einem bis zu den Füßen reichenden, genähten Untergewand aus weißem Linnen, dem Chiton, mit kurzem Ärmelansatz, und dem wollenen Oberhemd, der Chlaina. Der Kopf blieb unbedeckt, der Schmuck der Freien war das lange Haar. »Haupthaarumwallt« nennt Homer die Griechen. Nur auf längeren Wanderungen setzte man zum Schutz gegen Regen eine Kappe aus Tierfell oder eine Filzmütze auf. Das Hauptgewand der Frau war der dorische Peplos aus Wolle, der rechts und links auf der Schulter und auf der linken Seite mit Fibeln (Sicherheitsnadeln) gehalten und durch einen Gürtel zusammengefaßt wurde. Später hat man die Teile genäht, statt sie mit Nadeln zusammenzustecken. Ein langes linnenes Kopftuch fiel vom Hinterkopf über die Schultern herab. Baumwolle und Seide verwendete man nur selten, sie kamen durch phönikische Händler ins Land. Die einzige Schuhform des homerischen Menschen war die Sandale.

Wie die Kleider, so wurden auch andere gewerbliche Erzeugnisse meist im Hause hergestellt. Doch begann infolge der verfeinerten Technik die Arbeitsteilung, und die Zahl der gelernten Handwerker nahm zu. Es werden aus dieser Zeit Zimmerleute für Haus- und Schiffsbau, Maurer, Wagenbauer, Tischler, Lederarbeiter, Drechsler, Schmiede, Goldarbeiter und Töpfer erwähnt. Bei diesem treffen wir schon den Übergang vom Handwerker zum bildenden Künstler.

Keramik

Für die Keramik ist die dorische Wanderung ein Neuanfang. Der feudalen Ackerbaukultur der Dorier entspricht wie in den gleichen Kulturen auf der ganzen Erde der geometrische Stil, der nach 1200 v. Chr. beginnt und bis um 700 v. Chr. dauert. Der geometrische Stil wirkt wie ein Sturz ins Primitive, er ist aber in Wirklichkeit ein strenger, männlicher Bauernstil. Die früheren Gefäße tragen spärliche Streifen- und Wellenornamente auf dunklem Glasurgrund. Lineal und Zirkel kommen in Gebrauch. Das charakteristische Symbol des neuen Stils ist der im 10. Jahrhundert v. Chr. auftauchende Mäander, jenes echt hellenische, rechtwinkelig gebrochene Streifenband. Ein festgefügtes Netz geometrischer Streifen und Figuren überspannt die Vasen. Dazu treten später als wichtigste Neuerung Tierfriese und menschliche Szenen: Totenklagen, Wagenrennen, Kämpfe. Menschen und Tiere werden stark geometrisiert. Seinen Gipfel erreicht dieser Stil in den monumentalen, zu Grabschmuck bestimmten Amphoren (zweihenkeligen

Kannen) und Kratéren (Mischkrügen), bis 1,80 m hoch, den sogenannten Dipylonvasen. Sie stammen vom Dipylon, dem Doppeltor beim athenischen Töpferviertel *(Kerameikos)*, in dessen Nähe sich ein Friedhof befand, wo man eine große Zahl solcher Gefäße ausgegraben hatte.

Demiurgen

Vertreter der Berufsstände, die höhere Kenntnisse und Geschicklichkeit erforderten, die Demiurgen, d. h. Leute, die für jeden in der Gemeinde und nicht nur für ihren Haushalt arbeiteten, waren die Seher, Sänger, Herolde, Baumeister und Ärzte. Von diesen nennt die Ilias zwei, *Machaon* und *Podaleirios*, die Söhne des *Asklepios*, von denen der eine Tätigkeiten chirurgischer, der andere interner Art durchführte. Die öffentlichen Herolde waren hoch angesehen, und es galten sowohl sie selbst als auch ihre Begleiter, denen sie Schutz boten, beim Feinde als unverletzlich. Man achtete auch die übrigen Männer, wenn sie ihre Kunst verstanden. Aber zur herrschenden Gesellschaftsschicht zählten sie alle nicht; jeder noch so kleine Grundbesitzer fühlte sich über sie erhaben.

Handel und Seefahrt

Auch der Beruf des Seefahrers und Händlers galt nicht als vornehm. Ihn betrieben fast nur Leute ohne Grundbesitz. Selbst dann noch, als der Gewinn, den Seefahrt und Handel abwarfen, den landwirtschaftlichen Gewinn überflügelte, erfreuten sich See- und Handelsleute nur geringen Ansehens. Tauschhandel trieb man mit Erz, Eisen, Rindshäuten, Rindern, Töpferwaren und auch mit Sklaven. Das Aufblühen des Seefahrer- und Handelsstandes war für die künftigen großen Kolonisationsaufgaben der Griechen und der damit verbundenen Verbreitung griechischer Kultur in der ganzen Welt von besonderer Bedeutung. Die Griechen hatten trotz ihrer betonten Absonderung zu Homers Zeiten unter dem Zwang notwendigen Warenaustausches Siedlungen an der kleinasiatischen Küste und auf den Inseln angelegt.

Der Seehandel setzt eine hochausgebildete Technik im Schiffsbau voraus. Der Verkehr führte nach Süden bis Ägypten, im Norden bis an die Küsten des Schwarzen Meeres; die Seefahrt auf dem Ägäischen Meer war besonders rege, den Westen mied man als eine fremde Welt, man stieß noch selten in das insellose, offene Meer hinaus.

Die geographischen Kenntnisse waren für diese frühe Zeit ganz erstaunlich. Homer kennt die Gestade der Ägäis und die Süd- und Westküste Griechenlands bis Ithaka, ferner die kleinasiatischen Landschaften Phrygien, Mysien, Lydien und Karien, Zypern und die wichtigsten Städte in Phönikien und Ägypten. In der Odyssee weitet sich der geographische Horizont bis nach Sizilien, Italien und Libyen, allerdings in etwas abenteuerlichen Vorstellungen, die auf Berichte phönikischer Seefahrer zurückgehen dürften. Auch das Gesamtbild der Erde ist in dieser Zeit noch recht phantastisch. Man stellt sich die Erdoberfläche scheibenförmig vor; in der Mitte liegt das Ägäische Meer. Dieses denkt man sich als Binnenmeer, rings von einem Inselkranz umgeben, und jenseits davon dehnt sich das unabsehbare Außen-

Karte der Erdscheibe nach Home

meer, das der Okeanosstrom am äußersten Rande der Erde, in sich zurückfließend, im Kreise umschließt. An ihm wohnen die Äthiopen, das Fabelvolk der Pygmäen, die Kimmerier und Hyperboreer im hohen Norden, ein glückliches Volk, dem Krieg und Krankheit unbekannt sind; im Westen liegen das Elysische Gefilde und die Schattenhaine der Persephone. Aus dem Okeanos steigt die Sonne und versinkt wieder in ihm, und die Gestirne baden sich in seinen Fluten.

Das Haus der Griechen war der typische indogermanische Rechteckbau aus Lehmziegelfachwerk mit hölzernem Giebeldach und einem aus den anten-(wand-)förmig vorgezogenen Seitenwänden gebildeten Vorraum. Es führte den Namen Megaron. Das Megaron war Wohn- und Schlafraum der Männer mit einem Herd in der Mitte. Das Obergeschoß war für die Frauen bestimmt. Unter den Möbeln zeichneten sich die Sitzgelegenheiten durch Schönheit und Mannigfaltigkeit aus.

Man aß in diesen Zeiten stets sitzend bei Tisch. Außer dem Frühstück gab es zwei Hauptmahlzeiten, das deipnon um Mittag und das dorpon bei Sonnenuntergang. Sie bestanden aus Brot und Fleisch, am Spieß gebraten. Man benützte kein Eßbesteck, das Fleisch wurde schon vorher zerteilt und in kleinen Stücken vorgelegt. Vor und nach dem Essen wurden die Hände gewaschen. Es gab auch Fische, Käse, Bohnen, Erbsen und Gemüse von Feldkräutern. Der Wein wurde im Mischkrug (Kratér) mit Wasser gemischt und aus diesem in Becher geschöpft. Während des Essens erfreuten oft Jünglinge die Gäste mit Gesang und Tanz. Die Mahlzeit beschloß der Grieche mit einem Trankopfer für die Götter.

Ein im ganzen natürliches und anheimelndes Bild bietet das Familienleben dieser Frühzeit. In der Regel herrschte die Einehe, im Gegensatz zur Vielweiberei bei den troischen Feinden. Der Bräutigam kaufte die Braut dem Schwiegervater mit vielen Gaben ab. Die Ehefrau hatte im Gegensatz zu der späteren Zurückdrängung des weiblichen Elementes eine würdevolle, kameradschaftliche Stellung neben ihrem Gatten. Sie stand den Geschäften des Hauses vor, gebot dem Gesinde und leitete die Erziehung der Kinder. Erst in späteren Jahrhunderten und vor allem bei den Doriern trat die Gemeinschaftserziehung in den Vordergrund. Das Verhältnis der Kinder zu den Eltern erscheint in der Überlieferung von Pietät getragen. Auch in den Beziehungen zwischen Herrenschicht und Dienerschaft hatte das den Griechen stets innewohnende Gefühl für Gerechtigkeit und kluge Verteilung der Lasten die Konfliktmöglichkeit eingeschränkt.

Schrift Es wurde öfters die Frage aufgeworfen, ob zur Zeit Homers die Griechen schon die Schrift gekannt oder ob sie die dichterischen Werke nur mündlich, aus dem Gedächtnis, weiterverbreitet hätten. Man kann wohl annehmen, daß sich dieser allen Kulturgütern so aufgeschlossene, hochbegabte Stamm der Jonier auch die Schrift frühzeitig angeeignet habe, um so mehr, als sich die Nachbarländer der Hethiter, Kreter und Phöniker ebenso wie die Ägypter und Babylonier der Schrift bedienten. Sie dürfte durch phönikische Händler in Griechenland nach dem Jahre 1000 v. Chr. Eingang gefunden haben. Man verwendete sie bereits im 7. Jahrhundert v. Chr. zur Aufzeichnung öffentlicher Urkunden. Die Übernahme der Schrift wurde zu einem großen Ereignis nicht nur für Europa, sondern überhaupt für die ganze Welt. Die Griechen haben die von den Phönikern übernommene Buchstabenschrift, die ebenso wie die ägyptische Bilderschrift nur die Konsonanten ausdrückte, durch Hinzufügung von Vokalzeichen zur lautgetreuen

Wiedergabe des Gesprochenen und zugleich zur Zahlenandeutung geeignet gemacht.

Kriegsdienst und Waffen

Zum vollständigen Bild der homerischen Welt, die reich war an Kriegstaten und Heldentum, gehört noch ein kurzer Hinweis auf die Waffen und Kampfesweisen dieser Zeit. Die älteste Bewaffnungsart begegnet uns in der Sage des Herakles, der mit einem Schild aus Tierhaut, Keule und Bogen gerüstet war. An seine Löwenhaut erinnert der Ziegenfellschild, die Aigis des Zeus. Die Kämpfer aus der Zeit der Wanderungen trugen den mit Ornamenten und Schweif geschmückten Helm, Lederpanzer, den im Mittelfeld vielfach reliefartig gezierten Rundschild und Beinschienen, dazu ursprünglich nur den Speer und später auch das Schwert. Der Bogen und der den rüstungslosen Mann ganz deckende Turmschild gehören einer früheren Zeit an. Er bedingte wegen seiner Größe und Schwere den Gebrauch des Streitwagens. Von diesem aus kämpfte man gelegentlich in der Schlacht, meist verließ man aber den Wagen und focht zu Fuß.

An Truppenteilen unterschied man die Schwerbewaffneten mit der wuchtigen Kriegslanze und die Leichtbewaffneten mit kleinerem Schild und leichtem Speer. Man trat in Einzelkämpfen, in der Phalanx der Schwerbewaffneten und in Massenkämpfen an. Diese lösten sich bald in Einzelkämpfe auf. Wie groß die damaligen Heere waren, ist unbekannt; überlieferte Zahlenangaben beruhen nur auf mutmaßlichen Berechnungen. Jeder Vollbürger mußte seinen Kriegsdienst erfüllen, daneben waren auch die Metöken und Periöken wehrpflichtig. In Zeiten höchster Not hat man mancherorts auch Sklaven aufgeboten und ihnen bei tapferem Verhalten die Freiheit versprochen.

Die Schiffe, die die Griechen in homerischer Zeit bauten, hatten in der Mitte einen Mastbaum, der nur ein Segel trug. Dieses gebrauchte man während der Fahrt; beim Abfahren und Landen sowie bei ungünstigem Wind bediente man sich der Ruder, die nur in einer Reihe angebracht waren. Die Schnelligkeit der Fahrt betrug im Durchschnitt vier Seemeilen (= 4×1852 m). Die Besatzung zählte von 50 bis 120 Mann. Bei einer Landung benutzte man statt der noch unbekannten Anker schwere, durchlöcherte Steine, die an Tauen befestigt waren. Bei längerem Aufenthalt zog man das Schiff mit dem Hinterdeck in einer zu diesem Zweck gegrabenen tiefen Furche ans Land und hielt es durch Stützbalken im Gleichgewicht.

Homer und Hesiod

Die großen Epen genossen vom Altertum an bis auf die Gegenwart eine besondere Hochschätzung und galten als das älteste Zeugnis des europäischen Geistes. Seit dem 18. Jahrhundert geht der bis heute unentschiedene

Streit der Wissenschaft um ihre Entstehungsgeschichte. Bisher steht wohl nur fest, daß ihre Anfänge bis in die mykenische Zeit zurückreichen und Jahrhunderte vergingen, bis sie die abschließende Gestalt gewannen.
Wollen wir uns von der ursprünglichen Dichtung eine Vorstellung machen, so müssen wir an balladenartige Lieder denken, die durch adelige Sänger der heroischen Zeit, die Aoiden, und durch die rezitierenden Rhapsoden der jüngeren Periode geformt und überall in griechischen Landen bewundernden Zuhörern vorgetragen wurden. Daß nun aus diesen Gesängen zwei große Epen von Weltgeltung erwuchsen, muß wohl das Werk überragender Dichterpersönlichkeiten gewesen sein. Sie waren schon für das Altertum heiliges Vermächtnis und bewundertes, unerreichtes Vorbild und blieben es auch für spätere Zeiten.
Die Handlung jedes der beiden Epen schließt sich in straffer, planmäßiger Gliederung zu einem formvollen Ganzen. Auf zwei Motive baut der Stoff der Ilias auf: Achills Groll gegen Agamemnon wegen der Beleidigung seiner Ehre und Achills Rache für den Tod seines Freundes Patroklos. Die Motive werden ineinander verflochten, indem Patroklos sich verpflichtet fühlt, entscheidend in den Kampf für die Sache der Griechen einzugreifen, weil das Fernbleiben Achills vom Kampfe die Stellung der Troer fördert. In der Odyssee verbindet sich die Telemachie, der Abwehrkampf des Telemachos gegen die zudringlichen Freier, mit der Irrfahrt und Heimkehr des Odysseus. Wesentliche Unterschiede der Vorstellungswelt, der geographischen und gesellschaftlichen Verhältnisse in den beiden Dichtungen ließen die Ansicht aufkommen, daß die Odyssee ungefähr hundert Jahre nach der Ilias geschaffen worden sei. Auf diese Weise müßten wir auch zwei Dichter annehmen. Sprachgeschichtliche und archäologische Momente weisen die Ilias in die Zeit um 850 v. Chr. und die Odyssee in die Zeit um 750 v. Chr.

Homer

Über den Dichter *Homer* wissen wir nichts. Schon das Altertum erzählte, daß sieben Städte, Smyrna, Rhodos, Kolophon, Salamis, Chios, Argos und Athen, um die Ehre stritten, seine Heimat zu sein. Die Kunde, daß er blind war, entspringt wohl nur der künstlerischen Idee, durch das physische Blindsein um so mehr das mythische Bild tiefster Verinnerlichung seines göttlichen Geistes zu wecken. Die Epen dürften vor allem aus sprachlichen Gründen dem jonischen Küstenraum Kleinasiens entstammen. In diesem Neuland haben die durch die Wanderungen verdrängten Griechenstämme ein geistiges und wirtschaftliches Leben von ganz besonderer Kraft und sittlicher Verbundenheit mit der Volksgemeinde entfaltet. Diese jungen Mächte spüren wir aus dem Gegensatz zwischen den Hauptthelden der Ilias, Achilleus und Hektor. Während Achilleus aus persönlichem Groll zum Verräter an der Allgemeinheit wird, ordnet sich Hektor den neuen Gemeinschaftsforderungen unter, obwohl er um sein unentrinnbares Ende in diesem Zweikampf weiß.

Aristoteles sah in Homer den ersten Philosophen. Der Dichter schätzt dieses irdische Leben als die einzige Möglichkeit, die Kraft seines Schaffens und Fühlens zu entfalten. In die Welt der tatenlosen Gespenster, wo auch Achilleus statt eines Schattenkönigs lieber ein Höriger im Reiche des Lichtes wäre, lockt kein Weg; dieser sonnenbeglänzten Welt und seinen Menschen gehört die ganze Liebe des Dichters. Und diese Liebe umfaßt alle Höhen des Glücks und alle Schmerzensabgründe und läßt uns zum erstenmal den abendländischen Menschen mit seinen kulturschaffenden Kräften, seinem schöpferischen Denken und seinem Unsterblichkeitsglauben an seine Werke erstehen. Die homerische Dichtung schließt mit ihrer reichen, alle Lebenskreise umfassenden Schilderung eine sonst undeutbare Lücke zwischen 1200 und 800 v. Chr.

Hesiod

Neben Homer steht als ältester Dichter der Griechen *Hesiod*. Aber während wir von Homers Leben nichts wissen, ist Hesiod der erste europäische Dichter, der uns mit seinem Namen, seinen Schicksalen und seinen Forderungen entgegentritt. Seine Familie stammte aus dem kleinasiatischen *Kyme*, aber sein Vater war nach dem bescheidenen Dorfe *Askra* in Böotien in die uralte Heimat seines Stammes zurückgekehrt. Dort wurde Hesiod um 700 v. Chr. geboren. Als er am Hang des Helikon die Schafe weidete, erhielt er von den Musen seinen dichterischen Auftrag. Die kleinbäuerliche Herkunft und sein persönliches Erleben standen im schärfsten Gegensatz zu der glanzvollen Ritterwelt der homerischen Epen. Seine umfangreichen Dichtungen vereinen Mythenbericht mit persönlichem Geständnis.

»Theogonie«

Seine »Theogonie« enthält 1022 Verse und erzählt die Entstehung der Welt aus dem Chaos, die Herrschaft des Uranos, Kronos und Zeus und dessen Kämpfe mit den Titanen. In den sich ablösenden Göttergenerationen spiegelt sich die Geschichte des Menschengeistes. Die ungeheuren und furchtbaren Mächte der Vorzeit werden durch menschlichere überwunden. Aus der zweiten Ehe des Göttervaters Zeus mit Themis, der Göttin des Rechts, erwuchsen die Schicksalsgöttinnen, Eunomia, die gesetzliche Ordnung, Dike, das Recht, und Eirene, der Frieden. Durch diese Verbindung wurde die Welt unter die Idee des Rechtes gestellt und Zeus zu dessen Schützer erhoben, von dem man Gerechtigkeit erbittet. Das Werk nennt ungefähr 300 Götternamen, die der Dichter alle in eine klare Ordnung bringt und zu einem Kosmos vereint. Indem er, der schollengebundene und traditionsgehemmte Kleinbauer, dabei in grübelndem Erkenntnisdrang die Frage nach dem Wesen alles Seins aufwarf, sprengte er die Fesseln archaischen Lebensgefühls und gab den ersten Anstoß zu philosophischen Problemstellungen. Aber noch war er nicht imstande, sich aus der Geborgenheit mythischen Denkens zu lösen. Erst hundert Jahre später suchte die griechische Philosophie diese Frage rational zu beantworten.

»Werke und Tage«

Seine zweite Dichtung, »Werke und Tage« *(Erga kai Hemerai)*, umfaßt 828 Verse und ist noch persönlicher als die Theogonie. Als seinem Bruder Perses bei der Teilung des väterlichen Vermögens von den Richtern ungerechte Vorteile zuerkannt worden waren, richtete er die »Werke und Tage« als ernstes Mahnlied an den Bruder, der ihn um sein Vermögen gebracht hatte und das Erbe zu vergeuden drohte, und an die unbilligen Richter. Wir erfahren, daß der Vater, ein Adeliger, aus Kyme ausgewandert sei, um der Armut zu entgehen, sich in dem »erbärmlichen« Dorfe Askra angesiedelt habe, Hesiod hier geboren und noch niemals über das weite Meer gefahren sei.

Von zwei eingeschobenen Geschichten berichtet die eine vom Feuerraub des Prometheus und der Erschaffung des Weibes Pandora, die zweite von der Folge der Weltalter. Mit dem goldenen hat die menschliche Entwicklung begonnen, es ist verloren und nur unerreichbares Wunschbild, dem immer wieder das sehnende Denken der Menschen der Antike gilt. Tiefer Pessimismus führt über das silberne, eherne und heroische Zeitalter in die Gegenwart des Dichters, in die eiserne Zeit, die keine Scheu vor den Göttern kennt, die keine Eide hält, wo Recht und Reinheit keinen Platz haben, wo die Kinder ihre Eltern mißachten und der Übeltäter zu Ansehen kommt.

Die pessimistische Lebenswertung weicht im Verlauf des Werkes dem sittlichen Mahnruf zu ernster, erlösender Bauernarbeit und der Forderung, alles staatliche und private Handeln der Rechtsidee zu unterwerfen. So weitet Hesiod die persönliche Mahnung an seinen Bruder zum allgemeinen Menschheitsanspruch auf Recht und Gerechtigkeit. Nur aus ihrem Geiste konnte die griechische Polis ihr inneres Leben formen und die äußeren Beziehungen regeln. So wurde Hesiod zum großen Wegbereiter in eine neue Zeit.

Kolonisation

Neben der dorischen Wanderung bedingte auch die Kolonisation das Schicksal des griechischen Volkes in der Zeit von der Mitte des 8. bis zu der des 6. Jahrhunderts v. Chr. Die Griechen waren bis ins 8. Jahrhundert eine nur Ackerbau und Viehzucht treibende Nation. So machten sich nun die Enge und, von wenigen fruchtbaren Ebenen abgesehen, auch die Bodenarmut und die überraschend zunehmende Übervölkerung immer stärker geltend. Dazu kamen die Flucht vor dem Feind, vor der Pest, bürgerliche Unruhen und die Notwendigkeit, für das erblühende Gewerbe und den erstarkenden Handel größere Warenabsatzgebiete zu suchen. Alle diese Umstände drängten dazu, nach neuem Siedlungsraum Umschau zu halten.

Für die Anlage von Kolonien suchte man ebene, verteidigungsfähige Plätze an der Küste, die im Hintergrund von Bergen geschützt waren, gute Häfen, eine nahe Flußmündung und eine fruchtbare Umgebung hatten.
Man bediente sich bei der Wahl der Örtlichkeit des Orakels von Delphi, und es zeugt von einer fast unheimlichen Welt- und Völkerkenntnis der delphischen Priesterschaft. Sie mußte im Besitz umfassender Nachrichten, wahrscheinlich von Reisenden, gewesen sein, um richtige Ratschläge geben zu können und dadurch Vergeudung oder Zersplitterung der Kräfte zu vermeiden. Durch diese Beratungen wuchs das Ansehen des Orakels, und es strahlte seine Macht auch über die neuen Länder aus.
Die enge Verknüpfung des Kolonisationsvorganges mit religiösen Vorstellungen äußerte sich in kultischen Zeremonien. Man nahm Erde aus der Heimat mit, die man über den erworbenen Boden streute, führte das heilige Feuer für den neuen Stadtherd vom Prytaneion der Mutterstadt und die Abbilder der heimischen Götter mit sich in die Fremde. So blieb eine geistige Bindung mit dem alten Raum bestehen, selbst da, wo politische Umwälzungen oder größere Entfernung die verwandtschaftlichen Bande lockerten.
Die Richtung, in der sich die Bahnen der Ausdehnung bewegten, zeichnete das Meer vor, das schon früher auf Kriegs- und Beutezügen die Kenntnis fremder Gegenden vermittelt hatte. Dabei halfen die günstigen Verhältnisse im Mittelmeerraum. Denn es gab außer dem von den Phönikern gegründeten *Karthago*, das nach der Sage im 8. Jahrhundert v. Chr. von der tyrischen Königstochter Dido angelegt worden war, keine bedeutendere Macht, die eine umfassende Kolonisationstätigkeit entfaltet hätte. Karthago hatte zwar viele Kolonien ausgesandt, aber diesen fehlte jedes politische Eigenleben. Nur die Mutterstadt, reicher als das damalige Persien, war der Mittelpunkt der Herrschaft und der einzige Handelsplatz des Reiches. Nur ihr Hafen stand den Schiffen aller Nationen offen. In einer Kolonialstadt durfte bei Strafe des Versenkens kein fremdes Schiff landen. Die Begründung: Es sollten auf den Märkten der Karthager nicht Ausländer durch niedrigere Preise die punischen Waren unterbieten können. Die Mutterstadt genoß Vorteile aller Art, indem sie in den Kolonialstädten den Zoll, Tribut und die Bergwerke beaufsichtigte, und ihre Bewohner hatten Steuerfreiheit. Karthago griff nach Sizilien, Malta, Sardinien und Korsika über und stellte sich in scharfen Gegensatz zu den griechischen Kolonialbestrebungen. Dennoch öffneten sich im Westen die Küstenränder Spaniens, Galliens und Italiens mit seinen reichen Inseln der griechischen Besiedlung, weil die neuerstehende Polis die Freiheit der urtümlichen Bevölkerung nicht einschränkte. Sie tauschte gern die Produkte ihres Bodens, vor allem die Schätze ihrer Berge gegen die sehr brauchbaren Waren der Fremden. In mancher Kolonie hatten sich die Griechen mit den Ureinwohnern vermischt, in anderen wieder, wie in Sizilien und Unteritalien, entstanden

Karthago

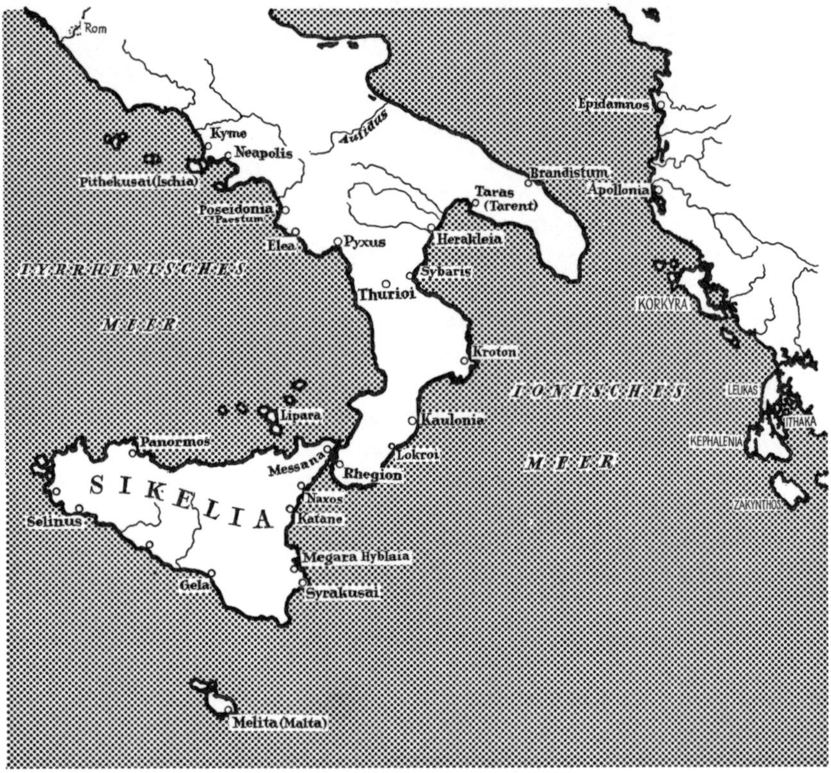

Die Kolonien von Süditalien und Sizilien

größere, zusammenhängende Siedlungsräume mit rein griechischer Bevölkerung, ein *»Großgriechenland«*. Aber überall behauptete sich die griechische Sprache, überall blieben die Hellenen stets Hellenen, so bereitwillig sie auch fremde Einflüsse in sich aufnahmen. Da die Kolonisation schon vor der Zeit der höchsten griechischen Geistesblüte erfolgte, so sicherte sie neben den handelspolitischen Vorteilen auch für die Zukunft eine gewaltige Ausdehnung geistiger Güter.

Kolonien in Italien

Die älteste griechische Kolonie, die von *Chalkis*, der Hauptstadt der Insel Euboia, aus um das Jahr 750 v. Chr. gegründet wurde, war *Kyme*, die am weitesten nördlich vorgeschobene Stadt an der Küste von Kampanien. Sie gewann historische Bedeutung für das nichtgriechische Hinterland Latium und Etrurien, da von hier die Mythen und Kulte Griechenlands, kunstgewerbliche Erzeugnisse und auch das Alphabet in der chalkidischen Form in das italische Hinterland verbreitet wurden. Noch heute erinnern an die uralte Stadt gewaltige Reste der Umfassungsmauern. Der Burgfelsen, von Stollen durchzogen, enthielt eine künstliche Grotte, in der die Sybille von Kyme ihre Orakel gab.

Einem weiteren Vordringen der Kolonisation nach Norden standen die unwirtlichen Sümpfe entgegen. Dagegen breiteten sich die griechischen Siedler um so mehr nach Süden aus. Von Kyme aus ließ man sich in der Tochterstadt *Parthénope* – Neapel – nieder. Südlich davon zeugen heute noch die Tempelruinen von *Paestum*, dem alten Poseidonia, von der Kolonisationstätigkeit der Achaier. Diese waren von den Doriern auf den nördlichen Küstenraum der Peloponnes zusammengedrängt und zum Teil zur Auswanderung getrieben worden. Sie stießen vor allem gegen den Golf von Tarent vor und legten hier *Sybaris* um 709 v. Chr. an, das durch seinen Handel zu großem Reichtum gelangte, wegen seiner Sittenverderbnis aber sprichwörtlich geworden war. Es fand 510 v. Chr. den Untergang durch seine Rivalin *Kroton*, das ebenfalls eine achaische Gründung war (708 v. Chr.).

Die machtvolle Stadt, die dem Golf von *Tarent* den Namen gab, war die einzige dorische Kolonie in Süditalien; sie wurde von Sparta um 705 v. Chr. angelegt.

Kolonien in Sizilien

Die älteste Siedlung auf Sizilien, ebenfalls von Chalkis ausgegangen, ist das 741 v. Chr. gegründete *Naxos* südlich von Taormina. Dessen Töchterstädte sind *Katane* (Catania) und *Leontinoi* (Lentini), ferner *Zankle* (wohl wegen der Form der Landzunge nach dem griechischen Wort zanklon, *Sichel*, genannt) und gegenüber auf dem Festland *Rhegion* vor 700 v. Chr., das heutige Reggio. Nach Zankle flüchtete ein Teil der von Sparta besiegten Messenier, nach denen die Stadt den Namen *Messana* (heute Messina) erhielt. Etwas später entstand noch eine Gründung der Chalkidier an der Nordküste Siziliens, *Himera* (650 v. Chr.).

735 v. Chr. gründeten die Korinther *Syrakus*, das im 5. Jahrhundert v. Chr. seine Herrschaft fast über die ganze Insel ausdehnte; es wurde die Mutterstadt von *Enna*. Das antike Syrakus erhob sich vor allem auf der Insel *Ortygia*, wo jetzt noch viele Ruinen an die große Vergangenheit erinnern.

Die Südküste Siziliens besiedelten die Dorier, besonders Kolonisten aus Rhodos und Megara. Die mächtigste Gründung Megaras war *Selinunt* (629 v. Chr.), das heute noch Europas umfangreichstes Ruinenfeld von sieben dorischen Tempeln bedeutender Größe aufweist. 688 v. Chr. entstand die dorische Kolonie *Gela*, an die Reste von zwei dorischen Tempeln und zwei Nekropolen (Begräbnisstätten) erinnern. Zwischen diesen beiden Städten lag das von Gela aus um 580 v. Chr. gegründete *Akragas*, das Agrigentum der Römer, heute Agrigento genannt. Es war in seiner Blütezeit eine sehr große und reiche Stadt. Sie beherrschte um 570 v. Chr. der Tyrann *Phalaris*, der durch seinen ehernen Stier, in dem er Menschen verbrannt haben soll, zum Inbegriff eines blutdürstigen Gewaltherrschers geworden ist. In den Mauern von Akragas erhob sich der gewaltigste Tempel Siziliens und einer der größten der antiken Welt, der Tempel des *olympischen Zeus*, und ein zweiter, der besterhaltene aller griechischen Heiligtümer nach dem Hephaisteion in Athen, nämlich der *Concordiatempel.* Die Stadt tauschte Öl und Wein nach Afrika; ihr blühender Handel erlaubte sehr viel Luxus.

Die Karthager störten anfangs nicht die Einwanderung der Griechen, sondern besiedelten den westlichen Teil der Insel und schoben sich auf dem Nordrand bis *Panormos* (Palermo) vor, das trotz seines griechischen Namens (pánormos = Allhafen) eine karthagisch-phönizische Anlage ist.

Siedlungen in Südfrankreich und Spanien

Kaufleute aus Phokäa, der nördlichsten jonischen Stadt an der Küste von Kleinasien, gründeten auf ihren fernen Reisen an der südfranzösischen Küste *Massalia* (Marseille). Daran schlossen sich gegen Osten *Antipolis* (Antibes), *Nikäa* (Nizza) und *Monökos* (Monaco) an. Von diesen Städten aus liefen die Handelsstraßen die Rhonefurche aufwärts weit ins Hinterland und sollen bis nach England gereicht haben. Von Massalia wurde die Ostküste Spaniens bis in die Nähe von Gibraltar mit etlichen Pflanzstädten besetzt.

Chalkis, das den ersten Kolonialvorstoß in den italisch-sizilischen Raum unternommen hatte, breitete sich auch im Norden der Ägäis aus und besiedelte ein geschlossenes Gebiet mit mehr als dreißig Städten auf der Halbinsel *Chalkidike*, die nach ihm den noch heute geltenden Namen bekam. Megara besetzte den Bosporus und die Zufahrt zum Schwarzen Meer mit *Chalkedon* (677 v. Chr.) an der kleinasiatischen Küste und zehn Jahre später mit *Byzantion* am europäischen Ufer.

Kolonien in Kleinasien und am Schwarzen Meer

Die Jonier dehnten ihre Niederlassungen über die Kykladen aus, deren meist felsige Natur zwar wenig fruchtbares Land, aber kostbare Mineralien bot und mit den meist guten Häfen eine natürliche Brücke zu den reichen kleinasiatischen Gestaden bildete. Die von ihnen angelegten Städte *Miletos* und *Priene* in der Mäanderebene, dann *Ephesos* und *Kolophon* an der Mündung des Kaystros und *Smyrna* waren schon in homerischer Zeit zu hoher Blüte gelangt. Miletos entfaltete später unter den jonischen Städten die stärkste Kolonisationstätigkeit, besetzte das gesamte Pontosgebiet mit einem dichten Saum von rund neunzig Pflanzstädten, darunter *Sinope* (heute Sinob), *Apollonia* (Burgas), *Trapezus* (Trapezunt), *Odessos* (Varna), *Tomoi* (Constanza), dem Verbannungsort des Dichters Ovid, *Chersones — Herakleia* (Sewastopol), *Pantikapäon* (Kertsch). Von diesen Städten aus fanden die Griechen den Zugang zu den fruchtbaren Weizengebieten des Hinterlandes, das zu einer Kornkammer von Hellas wurde. Die Berührung mit den dort wohnenden indogermanischen Skythen führte zu reger Ausfuhr der von den Barbaren gern aufgenommenen Kulturgüter.

Durch diese Kolonisierung wurde das als unwirtlich geltende Schwarze Meer *(Pontos Axeinos)* zum gastfreundlichen *(Pontos Euxeinos).* Miletos selbst hob sich an politischem und kulturellem Einfluß zur ersten Stadt des

ganzen hellenischen Lebensraumes, bis mit der Eingliederung der von Parteizwist zerrissenen Städte Joniens in das Persische Reich durch Kyros das große Zeitalter Milets vorüber war.
Siedler aus Korinth legten im Jonischen Meer an dem epirotisch-illyrischen Küstensaum Plätze an und besetzten *Kerkyra* (Korfu) um 734 v. Chr. Diese Niederlassung wurde bald so stark, daß sie sich gegen ihre Mutterstadt erhob und dieser Zwist den Auftakt zu dem späteren Peloponnesischen Krieg gab.

Kolonien in Afrika

An der Nordküste Afrikas stellten sich dem Eindringen griechischer Kolonisten unüberwindliche Hindernisse entgegen. Die Uferstrecke gegen Westen hielten die Karthager besetzt, und es hatten sich hier die anfänglichen Faktoreien (Handelsniederlassungen) zu blühenden Städten entwickelt. Der Ostteil war in den Händen Ägyptens, das keine Siedlungsrechte einräumte.
Nur dem sehr spannkräftigen Miletos gelang es schon um 650 v. Chr., im Nildelta eine Handelsgründung, *Naukratis*, anzulegen, die bald der eigentliche Hafen des griechisch-ägyptischen Warenaustausches wurde. Die Pharaonen duldeten die Handelsniederlassung, weil sie reiche Zolleinnahmen brachte, und erlaubten einige Sonderkulte des Zeus, der Hera und des Apollon. Aber diese Kolonie erlangte niemals die Selbständigkeit.
Seltsamerweise war das Hochland von Barka am Nordrand Afrikas, das zwischen dem phönizischen Machtbereich und Ägypten lag, freigeblieben und wurde nun Ziel der Dorier, die hier, am Ausgangspunkt wichtiger Karawanenstraßen, *Kyrene* anlegten. Diese Stadt wurde durch Ackerbau und Viehzucht wohlhabend, trieb einen schwunghaften Handel mit Silphion, einer vielbegehrten Pflanze, die als Arznei und würziges Gemüse diente. Von dem Umfang und der Bedeutung dieser alten Hauptstadt der Kyrenaika, einer der reichsten und glänzendsten Orte der griechischen Welt, zeugen die ausgegrabenen Überreste der Straßenzüge, die Ruinen der Akropolis, des Marktes, der Tempel und Thermen.
Bei der Kolonisierung standen im Vordergrund jene Mutterstädte, die durch eine für den Handelsverkehr günstige Lage ausgezeichnet waren, wie Korinth, das den Landweg aus Mittelgriechenland nach der Peloponnes und die Seebrücke zwischen Ost und West beherrschte, ebenso Chalkis an der Meerenge der Euböischen Bucht. Die mutterländischen Gemeinden blieben in engem Güteraustausch mit den Pflanzstädten, wie es Bodenfunde bezeugen, und diese waren wieder wichtige Umschlagplätze für das Nachbarhinterland. Daraus ersieht man die große handelspolitische Bedeutung der Kolonien. Sie wirkte auf die Heimat zurück, indem dort die Gewerbetätigkeit infolge der ausgedehnten und aufnahmefähigen Absatzgebiete mächtigen Aufschwung bekam.
Die Griechen drängten die Phönizier, die vorher die erste seefahrende Nation gewesen waren, immer mehr zurück und beschränkten sie auf die

Nordwestküste Afrikas und auf Syrien. Das wirkte sich nicht nur im Warenverkehr zugunsten Griechenlands aus, sondern ermöglichte auch den Hellenen, die kulturelle Führung im Mittelmeerraum zu erringen.
Auf den Kreuzwegen ihres Handels begegnete ihnen viel Neues auf geistigem Gebiet. Sie haben es mit weltoffenen Augen aufgenommen, verarbeitet und zu ihrem Eigentum umgeprägt. Die Kolonien wetteiferten dabei mit dem Mutterland, um auch ihrerseits einen namhaften Beitrag zum Ruhm des Griechentums zu leisten. Bedeutende Dichter und Wissenschaftler sind Söhne der Kolonisten, wie z. B. *Stesíchoros* aus Himera, *Kallímachos* aus Kyrene, *Simónides* aus Keos, *Alkaios* und *Sappho* aus Lesbos, *Thales* aus Miletos, das zur Wiege der griechischen Philosophie wurde, *Heraklit* aus Ephesos, *Pythagoras* aus Samos, *Eudóxos* aus Knidos, *Demókritos* aus Abdera. Die griechische Kultur beginnt ihren Siegeslauf im Mittelmeerraum und durchdringt am stärksten das junge aufnahmebereite Italien, wo später die geistige Macht des politisch besiegten Volkes mit ihrer elementaren Kraft die ureigene Kultur des Siegers überschatten sollte.

Sparta

Durch die dorische Einwanderung war die einstige Vorherrschaft der Landschaft Argolis gebrochen. Noch zeugten die Reste der Bollwerke von Mykenä und Tiryns von der kraftvoll großen Vergangenheit, noch geisterte die Sage von ihren Zwingherren, grausig und blutig, über die Trümmer. Nur einmal noch hat der König *Pheidon* von Argos in der ersten Hälfte des siebenten Jahrhunderts v. Chr. die Argolis geeint, hat der bedrohten Insel Ägina Hilfe gebracht und sie dann in kühnem Zugriff seiner Macht einverleibt. Er hat das babylonische Maß- und Gewichtssystem und nach lydischem Vorbild ein staatlich garantiertes Münzwesen eingeführt, indem er auch in Ägina eine Münze einrichtete und Silberstücke mit den äginischen Schildkröten (dem Wahrzeichen der Insel) zum erstenmal auf dem griechischen Festland in Umlauf setzte. Pheidons Regierungszeit brachte seinem Lande eine Blüte des Handels und der Kunst, eine Vormachtstellung, wegen der man ihm vorübergehend die Leitung der Olympischen Spiele übertrug. Aber seine Nachfolger schwächten in einer langen Reihe von Kriegen mit Sparta die argivische Macht und mußten schließlich an diese aufsteigende Stadt die Führerschaft in der Peloponnes abtreten.
Die Dorier waren in die fruchtbare Ebene des Eurotas eingezogen, die im Westen vom Taygetos, im Osten vom Parnon gesäumt wird. Hier hatten die Eroberer ein festgefügtes Staatsgebilde aufgerichtet, in dem man später das Werk eines einzigen Mannes, des mythisch gewordenen und göttlich verehrten *Lykurgos*, sah, während es in Wirklichkeit das Ergebnis einer jahrhundertelangen Entwicklung war.

Die rasch sich mehrende Bevölkerung zwang zum Kampf um Neuland. Die Herrschaft dehnte sich nach Norden über Argolis, nach Westen jenseits des schroffen Taygetosgebirges über Messenien aus. Hauptsitz wurde *Sparta*, das Lagerdorf am Eurotas, von dem aus man den zähen, langdauernden Widerstand des alten Fürstensitzes *Amyklai*, ungefähr eine Wegstunde südlicher gelegen, gebrochen hatte.
Die Stadt bestand aus fünf offenen Dörfern und hatte in ihrer Blütezeit eine Bevölkerung von ungefähr 70.000 Menschen. Die Bewohner nannten sich *Spartiaten*. Heute ist Sparta eine unbedeutende Kleinstadt mit rund 10.000 Einwohnern und einem recht bescheidenen Museum.

Die Stände

Das eroberte Land wurde in unveräußerliche Einzellose unter die Sieger aufgeteilt und von den hörig gemachten achaischen Bauern, den *Heloten*, bestellt. Die Heloten mußten von dem ihnen zugeteilten Ackerlos eine bestimmte Abgabe an den Staat entrichten. Sie waren an die Scholle gebunden, aber weder ihr Boden noch sie selbst durften verkauft werden. Der Eigentümer des Ackerloses durfte einen Heloten nicht freilassen, nur der Staat hatte das Recht dazu und wendete es auch in Kriegszeiten öfters an. Das Verhältnis zwischen der Herrenschicht und den Heloten beruhte auf dem Kriegsrecht, durch das ein Helote ohne Prozeß dem Tode verfiel, falls er einer Auflehnung verdächtig wurde. Begreiflicherweise bestand unter der Herrenschicht eine fortwährende Besorgnis vor Aufständen, weil die Unterworfenen zahlenmäßig in ungefähr zehnfacher Übermacht waren.
Eine Mittelstellung zwischen Herren und Heloten nahmen die *Periöken* ein, die Siedler der Randgebiete der Eurotasebene. Sie waren persönlich frei, waren hauptsächlich in Handel und Gewerbe tätig, waren zu Steuerzahlungen und Kriegsdienst verpflichtet und hatten keinen Anteil an der Staatsführung.

Verfassung

An der Spitze des Staates standen zwei Könige, wie man sie von der Wanderzeit her übernommen hatte. Gleich den homerischen waren auch diese Könige Feldherren, Richter und Oberpriester in einer Person und bezogen ihre Einkünfte aus dem Krongut und aus bestimmten Abgaben. Anfangs zogen sie beide ins Feld, später begleitete nur einer das Heer. Auch die Außenpolitik lag in ihren Händen, bis sie auf die Ephoren überging. Das Königtum war erblich. Die königlichen Rechte wurden schon früh eingeschränkt. Nur der Vollzug der Opferhandlungen der Staatsreligion und das Kommando über das Heer blieb ihnen bis in späte Zeit.
Im Frieden waren die Könige an die Zustimmung des Rates der Alten, der Gerusía, gebunden. Die Körperschaft bestand aus 28 Spartiaten, die über 60 Jahre alt und von der Volksversammlung auf Lebenszeit durch direkte Wahl bestimmt waren, und zählte mit den Königen 30 Mitglieder. Sie übte die Gesetzgebung aus und wirkte als oberster Gerichtshof, besonders bei Prozessen über Leben und Tod.
An jedem Vollmondtag traten die männlichen, über 30 Jahre alten Bürger

zur Volksversammlung (apélla) zusammen und billigten oder verwarfen durch bloßen Zuruf, was Könige oder Gerusía vorbrachten. Sie durften aber die Beschlüsse weder durchbesprechen noch abändern. Die Versammlung war zuständig für Gesetzesanträge, die Entscheidung über Krieg oder Frieden und Bündnisse. Sie bestimmte die Beamten und wählte die Mitglieder der Gerusía, seit der Mitte des 8. Jahrhunderts v. Chr. alljährlich auch die fünf Ephoren.

Die Ephoren waren ursprünglich die priesterlichen Vorsteher der fünf Lagerdörfer, bekamen aber im Laufe der Zeit einen allbeherrschenden Einfluß. Sie hatten sogar das Recht der Himmelsbeobachtungen, um eine Königsanklage vorzubringen, beriefen Gerusía und Volksversammlung ein und verhandelten mit Gesandten. Sie beaufsichtigten die Erziehung der Jugend und bestraften ungehörige Handlungen der Bürger. Auch waren sie die einzigen, die vor den Königen nicht aufstanden.

Alle Einrichtungen in Sparta hatten das Ziel, die Bürger für den Staatsdienst geeignet zu machen und die militärische Überlegenheit der kleinen Herrenschicht durch eine von früher Jugend an einsetzende, planvolle Gemeinschaftserziehung zu gewährleisten.

Lebensformen

Die Schwächlinge unter den Neugeborenen wurden im *Taygetos* ausgesetzt. Die Knaben blieben nur bis zum siebenten Lebensjahr unter mütterlicher Obhut. Dann wurden sie in Altersklassen zusammengefaßt und unter staatlicher Oberaufsicht erzogen. Sie wurden durch Leibesübungen, Wettkämpfe und Abhärtung körperlich ertüchtigt. Auch wurden sie angehalten zu schweigen und auf Fragen in knapper Form — *lakonisch* — zu antworten. Die Knaben lernten Lesen und Schreiben, Gesang und Reigentänze. Mit zwanzig Jahren traten sie in den Kreis der Männer und verblieben bis zum dreißigsten Lebensjahre in Wohn- und Schlafgemeinschaft. Bis zum Alter von sechzig Jahren nahmen die Männer täglich ihre Hauptmahlzeiten gemeinsam ein. Für diesen öffentlichen Tisch mußte jeder Spartiate zeitweise eine bestimmte Getreidemenge und andere Vorräte abliefern, um im Genuß der vollen bürgerlichen Rechte zu bleiben. Die Kriegsdienstpflicht dauerte bis zum sechzigsten Lebensjahre. Auf sie und auf die strengen staatlichen Anforderungen war das ganze Leben abgestimmt, die gesamte Erziehung in enger Kameradschaft voll Abhärtung und Gehorsam, während die Heloten die Bauernarbeit leisteten und die Hälfte der Felderträgnisse zinsten. Der Staat war nicht zur Wohlfahrt seiner Bürger da, sondern der Bürger zur Größe des Staates. In keinem anderen griechischen Gemeinwesen war die individuelle Freiheit so stark zugunsten des Gemeinschaftsgedankens eingeschränkt. Man fürchtete deshalb die Berührung mit dem Ausland, weil sie einen zersetzenden Einfluß haben könnte. Daher schloß man sich ab und verbot Reisen in andere Länder zu persönlichen Zwecken.

Die Mädchen wurden zwar im Elternhaus erzogen, doch glich ihre körperliche Ausbildung vielfach der der Knaben. Sie übten Tanz und Ballspiel, nahmen aber auch an Lauf, Speer- und Diskuswurf und am Ringkampf teil. Als Frauen hatten sie noch die hohe und freie Stellung wie in homerischer Zeit. Die häufige, durch Jagd und Kriegszüge geforderte Abwesenheit des Mannes, das Zurücktreten des Familienlebens bedingte die Führung des Hauswesens durch die Frau.

Eroberung von Messenien

Als der Boden des Landes für die wachsende Bevölkerung zu klein wurde und die heimischen Ackerlose aufgeteilt waren, mußte Kolonisation und Eroberung Abhilfe schaffen. Vor allem lockte die fruchtbare Ebene von *Messenien* mit ihrem blühenden Reichtum. Obwohl auch dieses Land hauptsächlich von Doriern besiedelt war, die sich mit der heimischen Bevölkerung vermischt hatten, rückten doch die Spartaner ein, besetzten nach langwierigen und schweren Kämpfen das Gebiet und zwangen es unter ihr hartes Joch. Damit hatte Sparta den ganzen Süden der peloponnesischen Halbinsel unterworfen und war zum mächtigsten der griechischen Staaten geworden.

Aber im Waffenlärm und unter der eisernen Zucht der straffen männlichen Disziplin war die hohe Geistigkeit griechischen Wesens verdorrt.

Und doch hatte auch hier anfangs die Kunst geblüht, war Sparta mitten im griechischen Kulturleben seiner Zeit gestanden und hatte geistige Beziehungen mit den kleinasiatischen Kolonien unterhalten. Die Musik vor allem war auf großer Höhe gewesen, wurde aber bald in der Chorlyrik auf kriegerische Töne gestimmt. Im zweiten messenischen Kriege hat *Tyrtäos* durch seine Kampflieder Sparta zum Aufbruch begeistert und die Wehrhaftigkeit des freien Mannes gefeiert.

Von den anderen Künsten wissen wir wenig. Nur das Kunstgewerbe hat Funde von keramischen Erzeugnissen und Bronzewaren hinterlassen. Später verbrauchte sich die künstlerische Kraft in kriegerischer Leistung.

Korinth

Auf dem Wege zwischen Sparta und Athen begegnet uns die schon von Homer als reich bezeichnete, mächtige Stadt, die durch ihre vorzügliche geographische Lage an zwei Meeren, durch ihre kolonisatorische Tätigkeit und durch Handel und Gewerbe zu großer Macht gelangt war, *Korinth*.

Hier war frühzeitig das Königtum von einer Adelsherrschaft abgelöst worden. Das bedeutete aber keineswegs eine nur für diese Stadt charakteristische Änderung in der Entwicklung des griechischen Staatswesens, sondern hing mit der Entstehung und dem Wachstum der Polis zusammen. Nur in wenigen Staaten, wie in Epirus, Makedonien und Sparta, und in Kyrene blieb das Königtum bestehen. Sonst wich es überall aristokratischen Regierungsformen. Die Könige wurden meist nicht durch revolutionäre Bewegungen beseitigt, sondern ihre Macht wurde nur eingeschränkt, und sie behielten eine bevorzugte politische oder priesterliche Stellung. In den Vordergrund trat der Rat der Alten, der sich aus höchsten Beamten oder aus Mitgliedern der ältesten Adelsgeschlechter zusammensetzte. Diese unklaren Zeiten der Übergänge von einer Staatsform zur anderen, die vor allem für die breiten Schichten des Volkes recht drückend waren, nützte häufig ein einzelner für sich und schwang sich als Alleinherrscher, als Tyrann, zur Macht empor. Aber die Tyrannis war nur eine vorübergehende Regierungsform. Sie war verfolgt vom Haß des verdrängten Adels und von der Unzufriedenheit des Volkes, das mit seinen Steuern die kostspielige Hofhaltung des Tyrannen bezahlen mußte. Außerdem hing der Bestand der Tyrannis von der Persönlichkeit des Herrschers ab; sie brach zusammen, wenn sie von einem hervorragenden Geist in schwächere Hände überging. Daher überdauerte sie auch nirgends die dritte Generation und machte durch die Vernichtung der Adelsherrschaft den Weg zu demokratischen Formen frei, denen die Zukunft gehörte.

Tyrannis

In Korinth fand die Aristokratie, an deren Spitze die mächtige Familie der *Bakchiaden* stand, durch *Kypselos* ein Ende, der im Jahre 655 v. Chr. als Alleinherrscher die Macht ergriff. Er führte ein sehr kluges und volksfreundliches Regiment und legte in den dreißig Jahren seiner Herrschaft durch soziale Erleichterungen den Grund zum Wohlstand Korinths.

Periandros

Sein Nachfolger wurde sein hochgebildeter und weitblickender Sohn *Periandros* (625–585 v. Chr.), der in einer der längsten griechischen Alleinherrschaften Handel und Gewerbe förderte und die Seemacht Korinths hoher Blüte entgegenführte. Er schuf eine staatliche Münzwerkstätte und gab den Geldstücken den Pegasos als charakteristisches Münzzeichen. Das Flügelpferd Pegasos soll der Sage nach zum erstenmal gesattelt worden sein, als es aus dem berühmten Stadtbrunnen Pirene trank.

Periandros stützte sich auf die Unterschichten und bemühte sich, sie dadurch zu gewinnen, daß er gegen die Ausschweifung, den Müßiggang und den Mammon der Reichen wie auch gegen den Luxus der vornehmen Frauen durch Gesetze auftrat. Er führte anfangs eine milde und vorbildliche Regierung. Aber politischer Verrat bewog ihn, einen Boten zu seinem Freund *Thrasybulos,* dem Tyrannen von Miletos, um Rat zu schicken. Der Tyrann gab dem Abgesandten keine Antwort, lächelte nur und schlug mit seinem Stock die höchsten Ähren des Getreidefeldes ab, durch das sie gerade schritten. Periandros verstand die Geste und ließ seine einflußreichsten Gegner beseitigen.

Der drohenden Arbeitslosigkeit steuerte er durch Errichtung prunkvoller Bauten, von denen heute noch Reste, vor allem die von Architravstücken gekrönten sieben wuchtigen Säulen des Apollontempels, künden. Er dachte auch an große Unternehmungen, wie die Durchstechung der Landenge, die sich aber noch als undurchführbar erwies und erst dem 19. nachchristlichen

Jahrhundert vorbehalten blieb. Um die kleinen Betriebe vor der Unterbietung durch die großen zu schützen, verbot er eine zu weit gehende Verwendung von Sklaven. Seit früher Zeit wurde Poseidon als die wichtigste Gottheit der Stadt zwischen den Meeren verehrt, und zu seinem Gedenken hielt man alle drei Jahre die *Isthmischen Spiele* ab.
Seine prächtige Hofhaltung breitete über die Stadt den Glanz heiterer Lebensfreude. Künstler und Dichter zogen an seinen Hof, darunter auch Arion aus Lesbos, der lange Zeit in Korinth wirkte, das Musikwesen organisierte und dithyrambische Chöre (Dithyrambos = kultisches Festlied zu Ehren des Dionysos) einstudierte, aus denen sich im Laufe der Zeit das Bühnendrama entwickelte. Berühmt waren die Bronzearbeiten und Töpferwaren, die nach allen Seiten, besonders nach dem Westen, ausgeführt wurden.
Periandros war eine bedeutende Persönlichkeit. Seine Freundschaften und Bündnisse reichten weit, und er wurde auch oft in Streitfällen zum Schiedsrichter aufgerufen. Die Griechen zählten ihn wegen seiner klugen Staatsführung zu den *Sieben Weisen* des Altertums, zu denen noch Thales aus Miletos, Solon aus Athen, Bias aus Priene, Pittakos aus Mytilene, Chilon von Sparta und Kleobulos von Lindos (Rhodos) gehörten.

Die Sieben Weisen

Mit seinem Enkel *Psammetich*, der nur drei Jahre regierte, endete die Herrschaft der Kypseliden und wurde von einer gemäßigten Oligarchie, einer Herrschaft weniger Adeliger, abgelöst.
Im nahen *Sikyon*, der Gurkenstadt (ho sikyós = ὁ σικυός, die Gurke), stürzte *Orthagoras* um 660 v. Chr. die Herrschaft des Grundadels und begründete die hundertjährige Tyrannis der Orthagoriden. Eine besondere Höhe erreichte die Stadt unter einem der Nachfolger, dem sehr tüchtigen *Kleisthenes* (595—569 v. Chr.). Sikyon wurde durch die der orientalischen Kunst nahestehende Vasenmalerei berühmt und leistete auch Wertvolles im Bronzehohlguß, wozu die nahen Kupfergruben das Material lieferten.

Kleisthenes von Sikyon

Die Tyrannis als Staatsform kam um diese Zeit auch in den jonischen Siedlungen auf. Besondere Erwähnung verdient darunter die Stadt *Mytilene* auf *Lesbos*. Hier war nach einer Auflehnung des Bürgertums gegen den Stadtadel *Pittakos* zur Herrschaft gelangt, ein Mann von formloser Lebensart, aber ein großer und weiser Herrscher, dessen Bestreben es war, mit kluger Mäßigung die in ständiger Unruhe befindliche Stadt zu führen. Um die argen Ausschweifungen der Trinkgelage einzudämmen, erließ er ein Gesetz, daß ein Mann, der ein Verbrechen in der Trunkenheit beging, doppelt so schwer zu bestrafen sei wie einer, der sich in nüchternem Zustand schuldig machte. Seine Lebenszeit fällt in die seiner als Dichterpersönlichkeiten hochberühmten Landsleute, *Sappho* und *Alkaios*. Je älter er wurde, um so mehr wuchs der Ruhm seiner Weisheit. Als ihn während des Besuches in Lydien der König *Krösos* fragte, was nach seiner Meinung

Pittakos auf Lesbos

die größte Macht auf Erden sei, antwortete Pittakos schlagfertig: »Die Macht der Gesetzestafeln.« Seine Aussprüche wurden gesammelt und überall verbreitet, und er selbst wurde als einer der Sieben Weisen verehrt.

Athen

Athen liegt, vom Meer entfernt, in der Attischen Ebene, die vom *Kephissos* und *Ilissos* bewässert wird. Einen natürlichen Wall gegen Osten bildet die lange graue Kette des *Hymettos* und weiter nördlich der marmorreiche *Pentelikon.* Auf der westlichen Seite erstreckt sich die Kette des *Ägaleos* bis zur Bucht von *Salamis.* Im Süden breiten sich das Meer und die Berge von *Ägina,* und im nördlichen Hintergrund schirmt der ragende bewaldete *Parnaß* ab, zugleich Scheide zwischen Attika und Böotien.

Die Stadt, zu jener Zeit noch ein Haufen kleiner weißer Häuser an krummen Straßen, lagerte um den Burgberg, um die sich 150 m über dem Meeresspiegel erhebende *Akropolis.* Hier baute ein Herrschergeschlecht seine Burg, ähnlich der von Mykenä, an die noch Reste am Rand der Akropolis, die sogenannte *Pelasgermauer,* erinnern. Ihr alter Name *Kekropia* gemahnt an den ersten sagenhaften König *Kekrops,* unter dessen Nachkommen man *Erechtheus* als Gott verehrte und ihm später einen Tempel auf der Akropolis weihte.

Das umliegende Land war nicht gerade fruchtbar, aber dennoch wuchsen Olivenhaine über den Flußtälern, Feigen und Weinstöcke in den Niederungen des Kephissos. Auch Kornfelder dehnten sich in den Ebenen aus, und auf felsigem Boden grünte Weideland. Von den drei beieinanderliegenden Häfen *Munychia, Zea* und *Piräus* ging ein lebhafter Seehandel mit Öl als Tauschware in die Welt.

Das Land war von der großen dorischen Einwanderung verschont geblieben, aber es hatte eine mit Fremden vermischte Bevölkerung, weil es landflüchtigen Leuten vielfach Unterschlupf gewährt hatte. An der Kolonisation hatte Athen nicht teilgenommen.

Der athenische Synoikismós

Von früher Zeit an tritt uns Attika als ein Einheitsstaat mit der Hauptstadt Athen entgegen. *Theseus* soll diesen sogenannten Synoikismós, diese Einigung zu einer politischen Organisation mit einer einzigen Hauptstadt, vollzogen haben.

Alle Grundbesitzer Attikas galten als gleichberechtigte Bürger, kein Einbruch von Fremdvölkern hatte die Einwohner in Eroberer und Unterworfene geschieden wie in Sparta. Die ältesten und bodenreichsten Familien hatten führende Stellungen inne. Sie ordneten sich in Notzeiten ihren Königen unter, in Jahren der Ruhe behaupteten sie wieder ihren Einfluß auf die Königsmacht.

Im weiteren Verlaufe ging die Entwicklung der attischen Verfassung den gleichen typischen Weg wie sonst in Griechenland. Das Königtum wurde immer mehr eingeschränkt, bis dem König zuletzt nur noch kultische Aufgaben und Rechte blieben.

Die Sage nennt als letzten König *Kodros*. Die Aufhebung der Königswürde sei durch den freiwilligen Tod dieses Herrschers bei der Abwehr der herandrängenden Dorier herbeigeführt worden. Man erklärte, niemand sei seiner Nachfolge würdig, und übergab die politische Leitung einem auf Lebenszeit gewählten Oberbeamten, einem »Herrscher oder Archon«. 732 v. Chr. begrenzte man die Amtszeit des Archonten auf zehn Jahre, mit 683 v. Chr. begann die Reihe der nur für ein Jahr gewählten Archonten. Um diese Zeit verteilte man die gesamte Staatsführung auf neun Archonten. Der oberste Archon war der Archon Epónymos (= der den Namen gebende), nach dem das Jahr benannt wurde. Der Archon Basileus, der den Namen »König« trug, war mit den religiösen Aufgaben, der Archon Polémarchos, der »Kriegsoberst«, mit dem militärischen Oberbefehl betraut. Dazu kamen die sechs Thesmothéten (= Gesetzgeber), denen die Rechtsprechung zugewiesen wurde. Diese Oberbeamten waren die Erben der alten Königswürde.

Die neun Archonten

Die schon in der Königszeit bestehende Volksversammlung, die die Beamten wählte und über Krieg und Frieden entschied, und der Rat, der die Gesetze vorbereitete, blieben erhalten. Als neu kam der Areopag hinzu, der auf dem Areshügel (Areopag) gegenüber der Akropolis tagte. Ihm gehörten die gewesenen Archonten an. Er übte die höchste Blutgerichtsbarkeit aus und entschied über alle Verfassungs- und Verwaltungsfragen.

Trotz aller dieser Umwandlungen blieben die Adeligen im Besitz der Macht. Sie gründeten ihre herrschende Stellung auf das Vorrecht der Geburt. Später setzte sich daneben der durch Gewerbe und Handel emporstrebende Stand als gleichberechtigt durch. Die unteren Schichten hatten nach wie vor unter der Willkür des Adels zu leiden. Sie hafteten mit Weib und Kind und ihrem eigenen Leben für das geborgte Geld; sie verschuldeten immer mehr und verloren ihren Besitz an den Adel.

Die Bevölkerung gliederte sich nach dem Einkommen aus Grund und Boden 1. in die Eupatriden, die Adeligen, die in großer Wohlhabenheit in den Städten lebten, während Sklaven ihre Güter betreuten und Händler mit ihrem Geld Geschäfte betrieben; 2. in die Demiurgoi, die Handels- und Gewerbetreibenden und freien Arbeiter; 3. in die Georgoi, die Kleinbauern und Landarbeiter, die in stetem Kampfe um den Ertrag des Bodens und gegen die Habgier ihrer Gläubiger standen.

Die drei Stände

Die Unzufriedenheit unter Bauern und städtischen Arbeitern nützte *Kylon*, ein junger Adeliger und Olympiasieger, der Schwiegersohn des Tyrannen Theagenes von Megara, und besetzte mit Söldnern die Akropolis, um die Alleinherrschaft an sich zu reißen. Aber der Archon *Megakles*, das Oberhaupt des damals mächtigsten Adelsgeschlechtes der *Alk-*

meoniden, belagerte mit dem Landvolk die Burg und erzwang durch Aushungerung die Übergabe. Kylon konnte entweichen, ein Teil seiner Anhänger, die an den Altar der Eumeniden geflohen waren, wurde entgegen den Vereinbarungen an der heiligen Stätte ermordet. Diese Bluttat hatte langdauernde Unruhen im Gefolge. Man glaubte, ein Fluch liege seitdem auf den Alkmeoniden und damit auf dem Volke. Noch später wurde für Perikles die Abstammung von den Alkmeoniden zum Anlaß seiner Vertreibung aus Athen. Die Götter selbst schienen diesen Glauben zu bestätigen. Seuchen verheerten Athen, und Salamis ging in dem wegen der Vertreibung Kylons ausgebrochenen Kriege an Megara verloren.

Drakon

Da ließ sich der Adel herbei, einige Zugeständnisse zu machen. Die Alkmeoniden wurden aus der Stadt verbannt und der Archon *Drakon* (621 v. Chr.) beauftragt, zum erstenmal die Rechtsordnungen auf Gesetzestafeln aufzuzeichnen, um die Willkür der adeligen Richter zu unterbinden. Drakon hat das bestehende Recht durch neue Bestimmungen erweitert. Unter diesen ist besonders erwähnenswert, daß das Recht der Blutrache für Mordverbrechen, das früher nur den Verwandten zustand, allein dem Staate vorbehalten wird. Von jetzt an entschied der Areopag über Schuld und Urteil und vollzog die Strafe. Die Annahme von Sühnegeld war von nun an verboten. Um seine Rechtsordnung durchzusetzen, legte Drakon Strafen von besonderer Härte, von »drakonischer Strenge«, fest.

Aber in der dringendsten Frage, der Lösung der politischen und wirtschaftlichen Spannungen zwischen dem Grundadel und den vom Untergang bedrohten Kleinbauern und Arbeitern, versagte seine Gesetzgebung. Die Schwachen blieben auch weiterhin der Ausbeutung der Starken ausgesetzt. Die Mißstimmung im Volke wuchs immer mehr, und sie hätte Athen an den Rand des Abgrunds getrieben, wäre ihr nicht in schwerer Schicksalsstunde ein Retter erstanden, Solon.

Solon

Solon ist der erste griechische Staatsmann, dessen Leben und Absichten wir näher kennen. Denn er hat mit seinen politischen Liedern, von denen Bruchstücke auf uns gekommen sind, das Geschehen seiner Zeit begleitet und ein anschauliches Bild der Verhältnisse während der Ständekämpfe gegeben. Er sah klar, daß nicht ein unabänderliches Geschick seine Stadt mit Unheil bedrohe, sondern die Habgier seiner eigenen Bürger.

Solon stammte aus vornehmem Geschlechte, aber aus bescheidenen Verhältnissen. Er wurde Kaufmann und holte sich auf weiten Fahrten reiche Erfahrung und Kenntnis fremder Länder. Auf seinen Ansporn und Plan setzten sich die Athener in einem plötzlichen Überfall wieder in den Besitz der verlorenen Insel Salamis.

Für das Jahr 594/93 v. Chr. wählten die Athener Solon zum Archon Epónymos mit unbeschränkter Vollmacht, um die Gegensätze in der Bürgerschaft auszugleichen und eine neue Verfassung zu schaffen. Er stand großen Schwierigkeiten gegenüber, weil die aristokratische Gruppe an ihrer politischen und wirtschaftlichen Vormachtstellung nichts einbüßen wollte, radikale Elemente der Gegenseite den Ruf nach Neuaufteilung des Bodenbesitzes erhoben. Seine Menschenkenntnis und sein Gefühl für das der arbeitenden Bevölkerung zugefügte Unrecht ließen ihn mutig allen übersteigerten Forderungen entgegentreten.

Sein erster Schritt war, alle auf dem Grundbesitz liegenden Schulden Privaten wie dem Staat gegenüber durch seine »Entlastung, Seisáchtheia« aufzuheben und den durch Verschuldung in Sklaverei gekommenen Personen die Freiheit wiederzugeben. Von einer Neuaufteilung des Bodens nahm er Abstand und beließ den Besitzern alle Ländereien, auf die sie gerechten Anspruch hatten. Der Bildung eines Großgrundbesitzes trat er durch das Verbot entgegen, Boden über einen gewissen Umfang durch Kauf zu erwerben, um zu verhindern, daß die Güter in der Hand weniger Besitzer vereinigt wurden. Damit sicherte er den Fortbestand des attischen Bauerntums und führte es aus der privaten Willkür der Adeligen heraus, übertrug die Entscheidung in wirtschaftlichen und rechtlichen Fragen dem Staate, bahnte dadurch einer neuen Auffassung vom Rechtsstaat zum erstenmal den Weg und legte den Grund zur späteren Großmachtpolitik Athens.

Bei der Verfassungsreform beachtete er eine möglichste Beibehaltung der früheren Verhältnisse. Daran anknüpfend stufte er die Rechte und Pflichten nach dem Besitz und nicht nach der Geburt ab und schuf durch die Einteilung der Bürger nach dieser Richtschnur in vier Klassen eine Timokratie. Mit diesem Namen bezeichnete der Grieche jene Staatsform, bei der die politischen Rechte und Pflichten nach dem Vermögen bemessen wurden. Die vier Klassen umfaßten 1. die Großgrundbesitzer; 2. die Ritter, die zu Pferd ihren Kriegsdienst leisteten; 3. die Zeugiten, die als Hopliten in eigener Waffenrüstung kämpften; und 4. die Theten, die Arbeiter, die vom Kriegsdienst befreit waren, nur als Ruderknechte Verwendung fanden, keine Steuern zahlten und außer dem Recht der Teilnahme an den Volksversammlungen und den Gerichten keinen Zugang zu einem Ehrenamt hatten. An der Spitze des Staates standen weiterhin die neun Archonten, die aus der ersten Klasse gewählt wurden. Neben den Areopag, den obersten Gerichtshof, trat ein Rat von Vierhundert, die aus den ersten drei Klassen für ein Jahr gewählt wurden und mindestens ein Alter von dreißig Jahren erreicht haben mußten. Dieser Rat entfaltete anfangs eine vorbereitende Tätigkeit für alle Angelegenheiten des Gemeinwesens, übernahm aber später auch Befugnisse des Areopags. Die Volksversammlung bestand aus allen Bürgern über zwanzig Jahre und hatte die gleichen Rechte wie früher. Eine große Befugnis der Volksversammlung bestand darin, daß sie jederzeit die Archonten zur Verantwortung ziehen und bestrafen konnte. Wenn deren Amtszeit zu Ende ging, überprüfte die Volksversammlung die Tätigkeit während des abgelaufenen Amtsjahres und entschied über den Übertritt in den Areopag.

Timokratie

Allen Bürgern war auch die Teilnahme an den Geschworenengerichten, an der Heliaía, gestattet. Vor diese kamen alle Streitsachen mit Ausnahme der Mord- und Verratsprozesse, und man konnte dort Berufung gegen jede behördliche Maßnahme einlegen.
Die politische Neuordnung wurde durch eine Reihe von Gesetzen ergänzt, die sich mit wirtschaftlichen und privaten Angelegenheiten befaßten. Solon nahm statt der früheren äginetischen Währung die chalkidisch-jonische an; dadurch löste er Athen von seiner gefährlichen Nachbarin Ägina ab und schuf durch den weiteren Geltungskreis dieser Währung eine Erleichterung für den Warenverkehr nach dem Osten. Zur Förderung von Gewerbe und Handel erhielt das Volk das Recht der Gewerbefreiheit, das Recht, sich zu Genossenschaften zusammenzuschließen und Berufsinteressen gemeinsam zu vertreten. Die Fremden erhielten als Metöken oder Schutzbürger in Athen günstigere Bedingungen als anderswo in Griechenland, und die Bürgerrechtsverleihung wurde ihnen erleichtert. Die Ausfuhr von Bodenprodukten wurde mit Ausnahme des Olivenöls aufs strengste verboten, um die Inlandspreise zu senken.

Solons Volksstaat

Im Bereich des persönlichen Lebens verbot Solon den dauernden Müßiggang, ausschweifende Lebenshaltung, übertriebenen Luxus bei Festlichkeiten, Opfern und Begräbnissen, die üble Nachrede und den bösen Klatsch. Der Privatbesitz wurde gesichert; hatte der Erblasser Söhne, so mußte er seine Güter beim Tode unter sie verteilen. Seit Solon besteht in Athen das Recht der letztwilligen Verfügung und der gesetzlichen Vollziehung des Testamentes.
Die Stadt, die ihre Bürger rechtlich und persönlich umsorgte, verlangte aber auch, daß sich keiner eigensüchtig dem Dienst am Gemeinwohl entziehe. Daher wurde einer, der in Zeiten von Bürgerstreitigkeiten nicht Partei ergriff, mit dem Verlust des Bürgerrechts bedroht.
Besondere Betreuung im solonischen Athen galt der Erziehung der Jugend. Die Kinder aller Bürger wurden im Lesen und Schreiben sowie in der Musik unterrichtet, sie wurden angehalten, die großen Dichtungen auswendig zu lernen und sie zum Saitenspiel zu singen. Solon verordnete, daß bei Festlichkeiten die Homerischen Gedichte in geregelter Reihenfolge nach der schriftlich überlieferten Grundlage vorzutragen seien, um willkürliche Änderungen und Erweiterungen zu verhindern. Zu der geistigen Erziehung kam die körperliche Ausbildung in den Ringschulen oder Palästren.
Solon hat allen seinen Reformen einen sittlichen Hintergrund gegeben. Er wollte vergangenheitsbedingte Gegensätze versöhnen und die Menschen nicht durch Zwang, sondern durch das Bewußtsein der Verbundenheit mit dem Ganzen zu wahren Staatsbürgern erziehen. Er, der immer das Maßhalten lehrte, gab selbst das beste Beispiel, indem er, aufgefordert, die Alleinherrschaft zu ergreifen, dieses Angebot ablehnte und sein Amt gesetz-

mäßig wieder niederlegte. Nachdem er die Beamten eidlich verpflichtet hatte, während der nächsten zehn Jahre seine Gesetze unverändert zu lassen, um ihren Wert zu erproben, ging er auf weite Reisen, nach Ägypten und Lydien.
Aber schon kurz nach seinem Weggang erhoben sich alte Streitigkeiten. Die Adeligen konnten es nicht verwinden, daß ihr Besitz geschmälert worden war und daß die Unterschichten durch den Zutritt zu den Volksgerichten erhöhte Macht erlangt hatten, die Leute aus dem niederen Volke aber zürnten über die Unterlassung einer Neuverteilung von Besitz und Rechtsanspruch. Die Mitwelt wollte sein Werk nicht anerkennen, aber für die späteren Zeiten steht er als Richtungsweiser auf dem Wege Athens zur Demokratie und zur kulturellen Großmacht.
So fand Solon den Platz unter den Sieben Weisen, und die Legende überliefert ein geschichtlich allerdings recht fragliches Gespräch zwischen ihm und *Krösos*, dem mächtigen und überaus reichen König von Lydien, über das Geheimnis menschlichen Glücks. Krösos hatte viele Völker, vor allem die Griechenstädte an der Küste Kleinasiens, unterworfen und herrschte in seinem Glanz zu Sardes am Hermosfluß. Da der Weise, den Krösos alle seine Schätze sehen ließ, keine Verwunderung zeigte, fragte der König, wen er für den glücklichsten Menschen halte, und hoffte, er werde ihm selbst diesen Platz zuerkennen. Doch Solon antwortete: »Der Mensch ist ein Spielball des Glücks. Ich sehe, daß du reich bist und über viele Menschen gebietest; allein als Glücklichsten kann ich dich erst bezeichnen, wenn ich erfahre, daß du dein Leben auch glücklich beschlossen hast.«
Der König verachtete diesen Ausspruch des Weisen. Aber als später seine Hauptstadt Sardes von den Persern erobert, er selbst gefangen und auf den Scheiterhaufen gestellt worden war, rief er im Gedanken an den großen Weisen dreimal den Namen Solon. Kyros, der siegreiche Perserkönig, forschte nach der Ursache seines Ausrufes. Als er alles erfahren hatte, löste er im Bewußtsein der Nichtigkeit des menschlichen Lebens die Fesseln des gefangenen Königs und behielt ihn als Freund und Ratgeber bei sich.
Als der greise Solon nach Athen zurückkehrte, hatte sich aus den Parteikämpfen der Bürger eine Tyrannis erhoben, und sein großes Reformwerk schien wenigstens für absehbare Zeit vereitelt.

Die Herrschaft der Peisistratiden

Aus den streitenden Gruppen hoben sich allmählich drei Parteien heraus: die Bewohner der »Küste«, die Handel und Gewerbe trieben und Anhänger Solons waren; die Grundbesitzer der »Ebene« von Eleusis und Athen, die Gegner Solons; und die armen Bauern aus dem »Gebirge« des nordöstlichen Landesteiles, die »Diakrier«.

Peisistratos

Auf diese und die Arbeiter der Stadt gestützt, riß der nach Geburt, Vermögen und nach seiner Stellung dem Adelsgeschlecht zugehörige *Peisistratos* (561—528 v. Chr.) die Alleinherrschaft an sich. Er zeigte der Volksversammlung eine Wunde und behauptete, sie sei ihm von Feinden des Volkes beigebracht worden. Er verlangte deshalb eine Leibwache für sich und erhielt sie trotz dem warnenden Einwand Solons. Mit dieser bewaffneten Schar besetzte er die Akropolis und rief die Tyrannis aus. Allerdings hielt er erst nach zweimaliger Vertreibung die Herrschaft fest in Händen.

In Peisistratos einten sich Ehrgeiz mit Staatsklugheit, unversöhnliche Strenge mit großzügiger Nachsicht. Er ließ die Solonische Verfassung weiterbestehen, nur schob er auf die einflußreichen Stellen seine Verwandten und vertrauten Freunde. Er milderte seine Diktatur durch Zugeständnisse und hinterließ, sich dessen wahrscheinlich gar nicht bewußt, das Rahmenwerk Solons als ein auszubauendes Vermächtnis an die Demokratie. Immer mehr gewann er die Zuneigung seiner Mitbürger. Er verteilte Staatsgüter und den Besitz von Verbannten unter die Armen und verschaffte Arbeit durch eine umfassende Bautätigkeit. Die Schlagkraft des Heeres wurde verbessert, die Flotte ausgebaut, aber in kluger Überlegung jede kriegerische Verwicklung vermieden. Der Handel holte mächtig auf durch Straßenbauten, Befestigungen des Hafens von Munychia, durch Verträge und Besetzung von einflußreichen Plätzen an der makedonischen Küste und am Hellespont, wo das früher zu Lesbos gehörige Sigeion noch weiter an Bedeutung für den Handelsverkehr mit den Ländern am Schwarzen Meer gewann.

Besondere Aufmerksamkeit aber wendete Peisistratos der Stadt Athen zu, und er und seine Söhne schmückten sie mit monumentalen öffentlichen Bauten. Der Aufstieg zur Akropolis und ein Prachttor (die *Propyläen* des Peisistratos) wurden angelegt, der alte, schon unter Solon für die Athene Poliás auf den Grundresten des Megarons einer prähistorischen Burg erbaute Tempel, das *Hekatómpedon* (Bezeichnung für einen 100 Fuß langen Tempel), wurde mit einer Säulenhalle umgeben, und die Giebel wurden mit Figuren aus parischem Marmor geschmückt. Am Südhang des Burgberges erbaute Peisistratos den *Tempel* des *Dionysos Eleuthereus* mit einer *Orchestra* für die Chöre der großen Dionysien.

Dieser kultischen Feierlichkeit, von Peisistratos im Jahre 534 v. Chr. eingeführt, verdanken wir die Tragödie. Die Tragödie (= Bocksgesang) hat ihren Namen von den in Bocksfelle gehüllten Chorsängern, die als Satyrn Gesänge und Tänze zu Ehren des Dionysos aufführten und Erzählungen aus dem Leben des Gottes vortrugen. Mit der Zeit erweiterte sich der Umfang des Dargestellten, Mythen und Geschichten wurden mit einbezogen, und indem der Vorsänger als Sprecher dem Chor gegenübertrat und sich mit ihm in einer Wechselrede unterhielt, entwickelte sich allmählich das Drama. Als

Begründer der Tragödie wird *Thespis* genannt, Dichter und Schauspieler in einer Person, der 534 v. Chr. zum erstenmal dem Chor einen erzählenden Schauspieler gegenübergestellt haben soll. Er galt auch als der Erfinder der Theatermaske und soll, wie Horaz berichtet, auf seinem Wagen (Thespiskarren) umherreisend, seine Stücke aufgeführt haben. Er richtete in Athen das Drama als Teil der Großen Dionysien ein.

Etwas östlich vom Dionysostheater am Ilissos begann Peisistratos mit dem Bau des *Olympieions*. Dieser großartige Zeustempel, ein Dipteros mit 104 korinthischen Säulen von 17 m Höhe, ging über die üblichen attischen Maße hinaus und suchte seine Vorbilder in Ephesos und in sizilischen Tempelanlagen. An ihm baute noch die hellenistische Epoche weiter. Erst unter Kaiser Hadrian (132 n. Chr.) wurde er als Hypäthraltempel (= Tempel ohne Dach) vollendet.

Peisistratos förderte, bewußt auf das attische Kleinbauerntum ausgerichtet, den Demeterkult und erbaute für die Eleusinischen Weihefeste die große Mysterienhalle in Eleusis, das Telesterion, im Ausmaß von 2712 m².

Er begünstigte auch den Kult der Pallas Athene. Sie wurde jetzt die anerkannte Schirmherrin von Stadt und Land, und Peisistratos gestaltete das ihr zugeeignete Nationalfest der *Panathenäen* zu einer besonderen Feierlichkeit aus. Die Reichen kamen für die Kosten der Festprozession und der Opfer auf, der Staat zahlte für die ärmere Bevölkerung die theoriká, die Eintrittsgebühren zu den Spielen oder Vorführungen.

Für die anspruchsvollen künstlerischen Aufträge waren noch keine geeigneten Kräfte im Mutterland vorhanden. Die Peisistratiden beriefen daher Künstler aus dem jonischen Osten, besonders von den Inseln Chios, Naxos, Samos, die die Lehrmeister der Athener wurden. Durch ihre Bautätigkeit verwandelte sich die vorher wahllos angelegte Stadt zu einer schönen, geschlossenen Anlage. Die Kunst des jonischen Siedlungsraumes mischte sich mit dem heimischen schlichteren und herberen Schaffen und weckte die schlummernden attischen Fähigkeiten zu jener Blüte, vor der wir heute noch bewundernd stehen.

Von Peisistratos und seinen Söhnen wurde auch die Dichtkunst gefördert. *Anakreon* aus Teos und *Simonides* aus Keos lebten am Hofe der Peisistratiden. Anakreon holte man im feierlichen Geleit von Samos, wo er einige Jahre bei dem Tyrannen Polykrates geweilt hatte, nach Athen. Seine Lieder der frohen Geselligkeit, der Liebe, Musik und des Weines paßten gut in die genußfrohe Atmosphäre des athenischen Hofes, und des Simonides Hymnen und Gesänge erhöhten die Feierlichkeit öffentlicher Feste.

Als Peisistratos 528/27 v. Chr. starb, folgten ihm seine Söhne *Hippias* und *Hipparchos* unbestritten in der Regierung und führten sie mit kluger Mäßigung. Hipparch versuchte sich auch in der Dichtkunst und schmückte die Meilensteine, die er längs der neuangelegten Landstraßen in Form von

Marmorhermen aufstellen ließ, neben der Angabe der Entfernung zum nächsten Ort mit Mahnsprüchen in Versen, wie z. B. dem folgenden:
»Dies ein Denkstein Hipparchs. Gehe, Gerechtes im Sinn!«
Obwohl die Peisistratiden neben ihren segensreichen sozialen und politischen Neuerungen Athen durch die reiche Förderung der Künste aus einer bescheidenen Landstadt zu einem angesehenen Kulturzentrum gemacht hatten, so war doch die Schicksalsstunde der Tyrannis gekommen.

Polykrates

Einer der grausamsten Tyrannen war Polykrates von Samos. Er war ein Charakter mit hoher Begabung und niedriger Gier, griff, von der Unzufriedenheit der Unterschichten zur Höhe getrieben, nach dem Zepter. Seine Raubzüge mit den berühmten roten Schiffen auf allen Meeren brachten ihm und der ganzen Insel großen Reichtum, aber er suchte seine Schandtaten mit dem Hinweis zu umkleiden, daß er aus seiner Piratenbeute der Göttin Hera einen herrlichen Tempel mit 150 Säulen errichte. Als weitere Bauten schuf Polykrates eine 140 m lange Steinmole, eine Trinkwasserleitung mit einem 350 m langen Tunnel und für sich einen Palast, der sich an Größe und Pracht mit den einstigen Prunkbauten von Kreta vergleichen ließ. Die hohen Kosten seiner verschwenderischen Hofhaltung suchte er durch eine drückende Besteuerung der Adelsfamilien zu decken, so daß viele von ihnen nach Süditalien auswanderten.
Seine Außenpolitik, mit der er ein waghalsiges Wechselspiel trieb, wurde ihm zum Verhängnis. Der persische Satrap von Sardes lockte ihn nach Magnesia und ließ ihn ans Kreuz schlagen. So hing der geniale Gewaltherrscher, wie Herodot erzählt, »zwischen Himmel und Erde, gebadet vom Regen des Zeus, gesalbt von der Sonne Strahlen«.
In Athen zettelten Harmodios und Aristogeiton eine Verschwörung gegen das Haus der Peisistratiden an und ermordeten Hipparchos bei der Panathenäenprozession (513 v. Chr). Hippias konnte entkommen, ließ die Mörder hinrichten und paarte Macht mit Gewalt und Schrecken. Da wurde im Volke der Ruf nach Freiheit immer lauter, die Alkmeoniden gewannen die delphische Priesterschaft durch den prunkvollen Wiederaufbau des vom Brand zerstörten Apollontempels und auch die Waffenhilfe Lakedämons. Spartanische Truppen besetzten Athen, Hippias entsagte der Herrschaft gegen freien Abzug (510 v. Chr.), zog sich nach Sigeion zurück und suchte Verbindung mit dem Perserkönig.

Die Demokratie des Kleisthenes von Athen

In Athen entfesselten die einzelnen Parteien des Adels alte Streitigkeiten. Da rief der Alkmeonide *Kleisthenes,* der gleichnamige Enkel des Tyrannen von Sikyon, das Volk auf, um mit dessen Hilfe seine Herrschaft in der Pallasstadt zu errichten. Sparta räumte Athen, und Kleisthenes wurde

Herr in Attika. Er knüpfte an die Solonische Verfassung an, baute sie aber, dem Gebot der Stunde folgend, im demokratischen Sinne aus. Die *Demokratie*, die Volksherrschaft, hatte ihre Erfüllung gefunden. Die Zeit hatte sie ersehnt, denn wie Thukydides sagt, bedürfe es des demokratischen Regiments, damit die Armen eine Zuflucht und die Reichen einen Zügel hätten.

Die Grundlage der Verfassungsreform war eine Neueinteilung des Volkes, um eine Spaltung in Adelige und Volk, in Reiche und Arme möglichst zu verhindern. Daher beseitigte Kleisthenes die alte Geschlechtereinteilung und gliederte Attika nach natürlichen Einheiten in drei Bezirke: Athen mit Umgebung, Küste und Binnenland. Jeden dieser Bezirke teilte er wieder in zehn Unterteilungen, die er als Drittel (Trittys) bezeichnete. Durch das Los wurde je eine Trittys aus den drei großen Verwaltungsbezirken zu einer Phyle vereint, die also alle möglichen Gegensätze landschaftlicher und sozialer Aufgliederung in sich schloß und dadurch diese aufheben sollte. Jede Phyle hatte das Recht, einen der zehn Feldherren (strategoí) zu ernennen. Außerdem wählte sie fünfzig Mitglieder in den Rat (Bulé) der Fünfhundert, der an Stelle des Solonischen Rates der Vierhundert trat. Die Räte wurden durch das Los aus der Zahl der über dreißig Jahre alten Bürger gewählt. Damit waren die Vorrechte der Geburt oder des Vermögens aufgehoben und allen Bürgern das aktive Wahlrecht (das Recht, zu wählen) und das passive Wahlrecht (das Recht, gewählt zu werden) zugesprochen worden. Die Bule war die oberste Verwaltungsbehörde und hatte die Vorberatung und das Vorschlagsrecht in allen Angelegenheiten, die der Volksversammlung zur Annahme oder Verwerfung zu unterbreiten waren. Abwechselnd führten fünfzig Ratsherren (Prytanen) als eine Art Ausschuß (Prytanie) in einer durch das Los bestimmten Reihenfolge die laufenden Geschäfte. Neben dem Rat blieb der Areopag als Hüter der Blutgerichtsbarkeit bestehen.

Die Volksversammlung, die unter freiem Himmel auf der hiefür künstlich hergerichteten Terrasse der *Pnyx*, im Westen der Akropolis, tagte, bildeten alle über zwanzig Jahre alten Bürger. Sie vereinte in sich die gesamte Staatshoheit, entschied über Krieg und Frieden, Bündnisse, Gesetze und Steuern. Auch in den Volksgerichtshöfen fällte das Volk die Urteile, gegen die keine Berufung möglich war. Zum Schutze der jungen Demokratie schuf Kleisthenes die Einrichtung des Scherbengerichtes (Ostrakismos). Jederzeit konnte eine Mehrheit der Volksversammlung, die bei Anwesenheit von sechstausend Mitgliedern beschlußfähig war, durch geheime Stimmenabgabe auf Tonscherben (Ostraka) jede übermächtige, dem demokratischen Staatsgefüge gefährlich werdende Persönlichkeit auf zehn Jahre ohne Einbuße an Ehre und Vermögen aus dem Staatsgebiet verbannen.

Durch Kleisthenes war der athenische Staat eine Demokratie geworden. Es regierte ohne Rücksicht auf Geburt, Vermögen und Stand der Demos, das ist das gesamte, zu einer staatlichen Gemeinschaft vereinte Volk. Der Demos konnte sich ungestört den Staatsgeschäften widmen, weil er alle beruflichen Sorgen auf Sklaven und Halbfreie abwälzte, die politisch rechtlos waren. Die grundlegende demokratische Verfassung des Kleisthenes dauerte mit kleinen Änderungen bis an das Ende der attischen Freiheit. Sie war allerdings noch in den Anschauungen des Altertums befangen und daher nicht vollständig, sie kannte nur freie Bürger und schloß alle Frauen und die politisch nicht voll berechtigten Männer vom öffentlichen Leben aus. Aber sie bedeutete für die damalige Welt eine zuvor nie und nirgends erreichte Leistung und gab die Schwungkraft zu der folgenden Hochkultur und schnellte das Bewußtsein eigener Macht und Verantwortung hoch.

Panhellenische Kultstätten

Bewirkte das zerklüftete Relief des Landes und die Sonderart der griechischen Stämme eine starke politische Aufspaltung des Gesamtvolkes, »einen Kampf aller gegen alle«, wie Thukydides sagt, so war doch in kultureller Hinsicht ein Gemeinschaftsbewußtsein der Hellenen vorhanden. Schon in ihrer Sprache, in ihren religiösen Anschauungen fühlten sie das einigende Band, aber die Zusammengehörigkeit kam noch stärker zum Ausdruck in

Amphiktyonien

den Amphiktyonien, den religiös-politischen Verbänden von Nachbarstämmen, in der Verehrung gemeinsamer Kultstätten, in den gemeinsamen Opferfesten und Spielen.
Der verbindende Mittelpunkt der Amphiktyonien war stets ein Heiligtum. So hatten die jonischen Griechen Kleinasiens das Poseidonheiligtum auf dem Vorgebirge *Mykale* gegenüber von der Insel Samos, dann gab es solche Kultgemeinschaften auf *Delos,* auf *Kalauria,* einer Insel im Saronischen Meerbusen, an der Küste von Argolis mit einem berühmten Poseidontempel, der, wie auch der heilige Hafen, 1894 n. Chr. durch Kjellberg und Wide ausgegraben wurde. Zu dieser Amphiktyonie gehörte Athen.

Delphi

Die weitaus wichtigste Amphiktyonie aber war die von *Delphi,* die neben ihren üblichen kultischen und völkerrechtlichen Aufgaben seit 582 v. Chr. noch die *Pythischen Spiele* pflegte. Delphi lag in wilder Gebirgslandschaft, steil aufgebaut am Südhang des Parnasses dem Meere zu, und galt jahrhundertelang als geographischer Mittelpunkt der Welt. Man bewahrte dort einen heiligen Stein, wie ein halbes Ei geformt, der als »Nabel der Erde« bezeichnet wurde. Nach einer Tempellegende ließ Zeus, um den Mittelpunkt der Erde festzustellen, zwei Adler von den entgegengesetzten Enden

1 Haupteingang
2 Tempel des Apollon
3 Theater
4 Halle der Athener
5 Skulpturenhalle
6 Lesche der Knidier

der Welt auffliegen. Beim »*Omphalós*«, dem Nabelstein, trafen sie zusammen und beglaubigten so Delphi als Zentrum der Erde. Der ältere Name für Delphi war *Pytho,* weil Apollon hier den Drachen *Python* erschlagen und dadurch die Anlage ermöglicht hatte.
In scharfen und mühsamen Windungen stieg die Feststraße empor und führte die Pilger zuerst zu der berühmten Felsenquelle *Kastália.* Hier wuschen sie sich mit dem heiligen Wasser, das auch dichterische Begeisterung verliehen haben soll. Dann wies der Weg weiter zu der Umfassungsmauer, die den heiligen Bezirk einschloß. Längs der im Winkel geführten Heiligen Straße reihten sich kleinere Bauten, vor allem die Schatzhäuser der verschiedenen Staaten. Von diesen ist das Haus der Athener noch am besten erhalten. (Das kleine, quergestellte Haus kurz nach der unteren Wegbiegung, links von der Straße.) Von dem *Siphnierschatzhaus* (das dritte Haus von links an der unteren Mauer) findet sich eine vollständige Wiederherstellung der Fassade in Gips in dem reichhaltigen modernen Museum von Delphi. Sie gleicht der Zellafront eines Tempels, die von zwei Eckpfeilern eingefaßt ist und dazwischen zwei Säulen zeigt. Die Säulen sind, zum erstenmal in der griechischen Architektur, Frauengestalten, die auf dem Kopf einen sich nach oben verbreiternden Korb tragen, auf dem der wulstartige Kämpfer mit der Deckplatte als Gebälkträger sitzt.
Auf einer breiten, von gewaltigen Stützmauern getragenen Mittelterrasse, die wegen des abschüssigen Terrains aufgeführt werden mußte, lag der Tempel *Apollons,* ein dorischer Peripteros mit 6×15 Säulen und 60 m mal 24 m im Grundriß, 573 m hoch gelegen. Französische Ausgrabungen haben davon nur noch geringe Baureste bloßgelegt. Der Tempel wurde an Stelle eines alten, 548 v. Chr. durch Feuer zerstörten Baues von dem reichen Adelsgeschlecht der Alkmeoniden zur Zeit der Peisistratiden aufgebaut und mit einer Marmorfassade, wohl der ersten des griechischen Mutterlandes, geschmückt. Ein Erdbeben vernichtete ihn, und die Amphiktyonen ersetzten ihn durch einen Neubau aus der zweiten Hälfte des vierten Jahrhunderts. In dem Tempel befand sich der Omphalos und der Dreifuß der *Pythia* über dem betäubende Dämpfe ausströmenden Erdschlund.
Im Norden schloß den heiligen Bezirk ein Theater, wo bei den Pythischen Spielen die Wettgesänge vorgetragen wurden, und das von den Knidiern erbaute Versammlungshaus, die sogenannte *Lesche* (sprich: Les-che), deren Halle einst mit Wandgemälden *Polygnots* geschmückt war. Auf dem höchsten Punkt (645 m Seehöhe) oberhalb des Tempelbezirkes lag das 178 m lange Stadion, das siebentausend Zuschauer fassen konnte. Der Blick der Besucher schweifte weit hinüber bis zu den Bergen der Peloponnes und über den blauen Spiegel des Korinthischen Golfes.
Unter den vielen von frommen Pilgern im heiligen Bezirk aufgestellten Weihegeschenken blieb die herrliche, 1,80 m hohe Bronzestatue eines Wagenlenkers (um 470 v. Chr.) erhalten. Sie gehörte zu einem Viergespann,

das *Polyzalos,* der Bruder des *Hieron* von Syrakus, als Dank für einen Wagensieg Apollon weihte.
Delphi war die Weihestätte, die durch Jahrhunderte hoffende und sorgenvolle Menschen von nah und fern, Griechen und Barbaren, anzog, um die Zukunft zu erfragen. Nie aber wurde um Lenkung des Schicksals gebeten. Denn den Göttern konnte man nur das Vorauswissen zutrauen, die Gestaltung des Lebens der Sterblichen entzog sich ihrer Macht, lag im Schoß der *Moira,* der Schicksalsgöttin, deren Spruch sich selbst die Götter fügen mußten. Zukunftsfragen stellten aber nicht nur einzelne in ihren persönlichen Zweifelslagen, sondern auch die öffentlichen Körperschaften bei großen Entschlüssen über Stadt oder Staat, bei Verfassungsfragen, Entscheidungen über Krieg und Frieden oder bei Errichtung von Kolonien usw. Die delphische Priesterschaft war durch die Berührung mit Menschen aus der ganzen damaligen Welt über wichtige politische und wirtschaftliche Verhältnisse unterrichtet. Sie konnte daher sachverständigen, weise abgewogenen Rat geben und durch ihre religiös umkleideten Weisungen eine nicht zu unterschätzende sittliche Macht über alle Griechen ausüben. Durch ihr Wirken wurden die Rechtssicherheit gefördert, die Blutrache durch den Richterspruch verdrängt und als große Leitlinien des Lebens Selbsterkenntnis und weises Maßhalten (αἰδώς = Aidós) gepredigt, vor dem Übermaß (ὕβρις = Hybris) gewarnt. Dazu kam die große kunstfördernde Rolle, die diese und andere Orakelstätten durch Anhäufung von kostbaren und prächtigen Weihegeschenken spielten.

Olympia

Einen wesentlichen Beitrag zur Pflege des griechischen Gemeinschaftsbewußtseins lieferten die an bedeutenden Kultstätten in gewissen Abständen abgehaltenen Festspiele, bei denen die Hellenen ihre besten Leistungen in körperlicher Kraft und Gewandtheit zu Ehren der Götter zeigten. Am bekanntesten wurden die Spiele zu *Delphi, Nemea,* in der Landschaft Argolis, auf dem *Isthmos von Korinth* und vor allem die zu *Olympia.*
Olympia war nie eine eigentliche Stadt, sondern nur ein heiliger Bezirk mit Tempeln und öffentlichen Gebäuden und wenigen Wohnhäusern. Es lag nahe der Westküste der Peloponnes in dem sanft zum Meer abfallenden Hügelland *Elis,* wo die Flüsse *Kladeios* im Westen und *Alpheios* im Süden eine liebliche Ebene einwinkeln. Im Norden schirmt sie der von hellgrünen Aleppokiefern bestandene Kronoshügel gegen die Bora ab. Dieses Gebiet erhielt schon früh den Namen: Das olympische Land. Die Namen Olymp – Olympia werden von »lampo [λάμπω] = ich glänze, leuchte« abgeleitet. Es war ein friedlicher Wiesenplan, der fern von größeren Ansiedlungen in stiller Zurückgezogenheit lag und nur alle vier Jahre von dem Fest-

jubel der Olympischen Spiele belebt wurde. Da bewegten sich Menschen aus allen griechischen Gauen und Kolonien über den Festplatz, *Altis* (Hain) genannt, ein unregelmäßiges, von einer Mauer umgebenes Viereck von 200 m Länge und 175 m Breite. Die Spiele fanden zur Zeit des ersten Vollmondes nach der Sommersonnenwende statt. Monate vorher ließ Elis, das seit etwa 580 v. Chr. im Besitze des Heiligtums war, durch Herolde allenthalben die Spiele ansagen und den Gottesfrieden (Ekecheiría) verkünden, der die Vorbereitung, die Hinfahrt, die Zeit der Spiele und den Heimweg der Festteilnehmer vor jeder feindseligen Handlung schützen sollte. Dreißig Tage vorher kamen die Kämpfer und unterzogen sich, in Zeltlagern untergebracht, einem strengen Training. Die Leitung lag in Händen der Kampfrichter, der Hellanodiken. Die ersten Spiele (Kampfspiel = ἀγών Agón) wurden vermutlich um 776 v. Chr. veranstaltet. Seither rechnete man die Zeit nach Olympiaden zu je 4 Jahren. Mit Beginn der Festspiele bedeckte sich die weite Ebene am Alpheios mit Zelten, in denen die Besucher wohnten und schliefen. Denn die wenigen vorhandenen Gebäude reichten als Herberge für die Menschenmenge nicht aus. Viele stellten ihre Verkaufsbuden auf, fahrende Zirkusleute zeigten ihre Kunststücke. Aber auch Redner und Sophisten hielten ihre Ansprachen und Rezitationen. Die Spiele währten wohl ursprünglich nur einen Tag, dann dehnte man sie auf drei und seit 470 v. Chr. auf fünf Tage aus, da sich die Zahl der Kampfesarten vermehrte. Anfangs begnügte man sich mit dem Wettlauf, nach dem Sieger benannte man die Olympiade. 708 v. Chr. kam der Fünfkampf, 648 v. Chr. das Wagenrennen mit Viergespann, 520 v. Chr. der Wettlauf in voller Rüstung hinzu. Der Besuch der Kampfspiele war Frauen, außer den Priesterinnen, verboten.

Der erste Tag der Spiele gehörte der Aufstellung der Kämpferliste, der Auslosung der Paare und der Angelobung der Spieler und Hellanodiken vor dem Standbild des Zeus Horkios (ὅρκιος) = Rächer des Meineides im Bouleuterion. Am zweiten Kampftag traten die Herolde und Trompeter zum Wettstreit vor der Echohalle an. Dann begannnen der Kampf der Knaben und die Wagenrennen. Der Agon der Wagen galt als der vornehmste und konnte nur von einer begüterten Minderheit durchgeführt werden. Er war sehr gefährlich, und mancher Wagenlenker verlor dabei sein Leben. Der dritte Tag, der Vollmondstag, brachte die große prunkvolle Festprozession. Die Fackeln wurden am Altar der Hestia im Prytaneion entzündet. Hierauf setzte sich der feierliche Zug unter der jubelnden Teilnahme aller Anwesenden in Bewegung. Voraus Herolde und Trompeter, dann die Hellanodiken in Purpur, Priester und Seher folgten, dann wurden die Opfertiere geführt. Dem weiteren Zug voran schritten die Mitglieder der Behörden und der Festgesandtschaften. Den Beschluß machten die Reihen der Wettkämpfer und die Pferde und Wagen. Man zog längs der West-Altis-Mauer bis zum Prozessionstor und durch dieses zum Zeustempel. Nach den heiligen Opfern, nach den von Gesängen und Flötenspiel umrahmten Gebeten schloß der Festtag mit dem Opferschmaus. Den vierten Tag füllten die Wettkämpfe der Männer und Jünglinge. Die Arten des Fünfkampfes, des Pentathlon, waren: Wettlauf, Weitsprung, Diskuswerfen, Speerwerfen und Ringen. Später kam noch das Pankration auf, eine Verbindung von Faust- und Ringkampf. Dabei trugen die Kämpfer zur Erhöhung der Schlagkraft Riemen an den Händen, später sogar mit eingefügten Blei- und Eisenstücken. Der Kampf war sehr hart, alle Mittel und Griffe waren erlaubt, nur der Griff gegen die Augen und Beißen verboten. Oft endete er mit lebensgefährlichen Verwundungen oder gar tödlich. Der fünfte und letzte Tag war der Preisverteilung gewidmet. Herolde riefen die Namen der Sieger, die ihrer Väter und ihrer Heimatstädte aus. Knaben schnitten Olivenzweige vom heiligen Ölbaum beim Zeustempel, und die Hellanodiken bekränzten damit die Sieger. Der Jubel um die Olympioniken war brausend, die Verehrung fand keine Schranken, sie hatten das Recht, sich in der Altis ein Standbild errichten zu lassen. Auch nach der Rückkehr in die Heimat setzte sich die Siegerehrung fort, und je nach der Stadtgemeinde wurden den Gefeierten verschiedene, meist lebenslängliche Vorrechte eingeräumt, wie Geldsummen, kostenlose Speisung im Prytaneion für Lebenszeit, Freiheit von Abgaben, Errichtung einer Statue. Um so trauriger war das Los der Unterlegenen. Sie kehrten auf Nebenwegen in die Vaterstadt zurück, und Mißachtung überschattete ihr weiteres Leben.

Der Festraum mit seinen Gebäuden ruhte vergessen durch anderthalb Jahrtausende unter Schutt und Erdreich. Erst der deutsche Altertumsforscher *Winckelmann* wies mit Nachdruck auf diese Ruinenstätte hin, und 1875 bis 1881 n. Chr. wurden die wissenschaftlichen Ausgrabungen unter der Leitung von *Curtius, Dörpfeld* und *Furtwängler* durchgeführt. Mit der griechischen Regierung wurde das Recht der Publikation und der Gipsabformung der Fundgegenstände vereinbart. 1890 bis 1897 erschien das Monumentalwerk »Olympia« in fünf Textbänden und fünf Tafelbänden. Die Fundgegenstände verblieben am Fundort und sind jetzt im Olympiamuseum, das nach den Plänen der deutschen Architekten *Adler* und *Dörpfeld* erbaut und zu Ehren des Griechen *Syngros,* der die Mittel zum Bau gab, *Syngreion* genannt wurde.

Die Einschließung des Ruinenfeldes durch eine noch ungefähr 1 m hohe Mauer erleichtert die Orientierung bei einem Besuch. Wir betreten durch das nordwestliche Tor den allen Griechen heiligen Raum der Altis. In nächster Nähe des Prytaneions, des noch in seinen Grundresten erkenntlichen Verwaltungsgebäudes der Prytanen mit dem Hestiaaltar und seinem ewigen Feuer, mit dem großen Speiseraum für die Prytanen, Olympioniken und vornehmen Festgäste stoßen wir gleich auf den ältesten Tempel Griechenlands, das Heraion. Es entstand im siebenten Jahrhundert v. Chr.,

geht aber auf einen noch früheren, vermutlich aus Holz aufgeführten Bau aus der Zeit um 1000 v. Chr. zurück. Über einem noch heute gut erhaltenen Steinsockel erhob sich ein Lehmmauerwerk mit einem ursprünglichen Holzsäulenumgang. Es war ein dorischer Peripteros im Grundriß 50 m mal 28 m mit 6 × 16 Säulen. Bruchstücke von 36 Säulen und 20 dorischen Kapitellen zeigen noch durch ihre Verschiedenheit im Durchmesser und im Stil, wie die Steinsäulen allmählich frühere verwitterte ersetzt haben. Zwei Säulen an der Südostecke hat man im Jahre 1905 wieder aufgerichtet. Die älteste zählte sechzehn Kannelüren, die anderen zwanzig. Sie hatten eine Höhe von bloß 5 m. Die Kapitelle sind je nach ihrem Alter weiter ausladend bis straffer aufstrebend. An den stehenden Säulen sieht man Einarbeitungen für Votivbilder. Vom Heraion stammt wohl der Kolossalkopf der Hera aus dem sechsten Jahrhundert, der jetzt im Olympiamuseum ist. Dort findet sich auch der wunderbare Hermes von Praxiteles, der, eingehüllt in das feine Pulver des Schuttes der einstigen Lehmziegelwände des Heratempels, 1877 gefunden wurde.
Schmiegte sich noch der Heratempel an die Senke des Kronoshügels und ließ ehrfurchtsvoll den heiligen Hain frei, so erhob sich der mächtige Zeustempel aus dem Altisraum und beherrschte ihn mit seinen stattlichen Maßen. Er wurde von dem Eleer Libon in den Jahren 468 bis 457 v. Chr. erbaut. Er ist ein dorischer Peripteros im Grundriß von 64 × 27 m und 20 m Höhe mit 6 × 13 Säulen, die einen Durchmesser von 2¼ m und eine Höhe von 10½ m hatten. Noch liegen die kolossalen, 2 m dicken Trommeln in ihrer gewaltigen Wucht aneinandergeschichtet, an der Südseite des Tempelstylobates, wie sie ein gewaltiges Erdbeben am Ausgang der Antike hingestreut hatte. Den Tempeln fehlt noch der Glanz des Marmors. Es weht der herbe Hauch des Archaischen aus dem Baumaterial, dem heimischen Muschelkalk mit Stucküberzug und Farbenanstrich, ein für unsere heutige Vorstellung von antiken Tempelbauten völlig ungewohntes Bild.
Am Ostgiebel war das Marmorrelief der bevorstehenden Wagenkämpfe zwischen Pelops und Oinomaos, im Westgiebel der Kampf der Lapithen dargestellt. Dieses immer wiederkehrende Thema symbolisiert den Zwist zwischen Heiligem und Tierischem im Menschen. Peirithoos und Theseus helfen den Lapithen, deren Frauen die Zentauren rauben wollen.
Über das Gebälk der Zellastirnseiten flossen prachtvolle Metopenbänder mit je sechs Metopen, die in wohlausgewogenen und gelegentlich dramatisch bewegten Reliefs die zwölf Taten des Herakles schildern. Teile des plastischen Schmuckes, die bei den französischen Grabungen im Jahre 1829 aufgedeckt wurden, befinden sich jetzt im Louvre zu Paris. Von den deutschen Archäologen wurde die ganze übrige Reihe wenigstens in Bruchstükken gefunden und bildet nun, nach Rekonstruktionsversuchen zu einem Gesamtbild zusammengefaßt, den sehenswerten Wandschmuck des großen Saales des Olympiamuseums.

In der Zella thronte die berühmte, 12 bis 13 m hohe Goldelfenbeinstatue des Zeus von Pheidias. Wir können uns aus Münzbildern und der Schilderung des Reiseschriftstellers *Pausanias* eine Vorstellung von der Erhabenheit des Werkes machen, das in der Antike unter die sieben Weltwunder gerechnet wurde. Pausanias gibt folgende Schilderung: »Der Gott, eine Goldelfenbeinstatue, sitzt auf seinem Thron, ein Ölzweigkranz ruht auf seinem Haupte. In der Rechten hält er die Nike, die Siegesgöttin, auch sie aus Gold und Elfenbein. Die Linke umfaßt das Zepter mit dem Adler an der Spitze. In den goldenen Mantel des Gottes sind Figürchen und Lilien eingelegt. Der Thron ist aus Gold, Edelstein, Ebenholz und Elfenbein bunt zusammengefügt.« Nach der gewöhnlichen Überlieferung des Altertums zählten noch folgende berühmte Bau- und Kunstwerke zu den sieben Weltwundern: die ägyptischen Pyramiden, die hängenden Gärten der Semiramis in Babylon, der Tempel der Artemis in Ephesos, der Pharos (Leuchtturm) von Alexandrien, der Koloß (Apollonstatue von 34 m Höhe) zu Rhodos und das Grab des Mausolos (Mausoleum) in Halikarnassos.
Am Nordrand der Altis schloß sich an den Heratempel die Exedra des *Herodes Attikos.* Sie stellte den monumentalen, von einer hohen Halbkuppel überwölbten Abschluß einer Wasserleitung dar, die der besonders an Festspieltagen so nötigen Wasserversorgung diente. Sie wurde von dem sehr vermögenden griechischen Rhetor Herodes Attikos (101 bis 177 n. Chr.) in den Jahren 157 bis 160 n. Chr. erbaut.
Östlich davon reihten sich auf einer Terrasse außerhalb des Altisgeländes die Schatzhäuser (thesauroi), die sich die einzelnen griechischen Städte für die Aufbewahrung ihrer Weihegeschenke (Anathemen) errichteten. Es waren Vierecksbauten mit oder ohne Säulenvorhalle. Vor den Schatzhäusern stand ein bescheidener Tempel, der Muttergöttin *Rhea* geweiht, das Metroon, ein dorischer Peripteros von 20 m × 10 m im Grundriß mit 6 × 11 Säulen, von dem heute nur noch die Fundamente zeugen.
Die Griechen versuchten jeden ihrer heiligen Bezirke auf eine mythische Gründung zurückzuführen und dadurch dem Platz die besondere Weihe zu geben. Dies trifft auch für Olympia zu. Schon Herakles soll im Raum von Olympia zur Feier des Sieges über den König Augias von Elis Wettkämpfe abgehalten haben. Aber erst Pelops, der durch seine berühmte Wagenwettfahrt die Tochter des Oinomaos, Hippodameia, als Kampfpreis erhielt, wurde zum heroischen Vorbild der olympischen Kämpfer, und er und seine Gattin erhielten im heiligen Hain je ein Heroenmal, eine hügelige Erhebung. Auf der westlichen Hälfte wahren das Pelopion, auf der östlichen das Hippodameion die mythische Erinnerung an das Heroenehepaar Pelops und Hippodameia. Zu den Schatzhäusern zählt seinem Charakter nach das am Westrand der Altis nahe dem Heraion gelegene Philippeion, ein zierlicher Rundbau mit einem jonischen Peripteros, dessen Zella mit korinthischen Halbsäulen geschmückt war. Der Bau wurde von Philipp II. von

Makedonien zur Feier des Sieges bei Chäroneia (338 v. Chr.) begonnen und von Alexander dem Großen zu Ende geführt.

Gleichfalls aus der Zeit Alexanders stammt die den Ostrand der Altis abschließende 98 m lange Echohalle mit 44 Säulen im dorischen Stil. Die Benennung ist eine Anspielung darauf, daß von deren Stufen die Stimmen der Herolde und Trompeter einen siebenfachen Widerhall fanden.

Hinter der Halle erstreckt sich das Stadion in einer Länge von 192 m. Es war rechtwinkelig, nicht elliptisch, wie gewöhnlich. Auf dem Erdwall an den Längsseiten bot es für ungefähr 45.000 Zuschauer Platz. Steinsitze gab es nicht. Jetzt sind die schmalen Steinplättchen der Startlinie und das Ziel freigelegt. Der übrige Teil ruht unter dem vom Alpheios angeschwemmten Schlamm. Der Zugang führte durch einen 32 m langen Tunnel, von dem ein Bogen wieder aufgerichtet ist. Der Hippodrom wurde durch die Überflutung des Alpheios gänzlich zerstört.

Am äußeren Westen und am Südrand der Altis zeichnen noch Mauerreste die Grundrisse früherer Baulichkeiten ab. Im Süden lag das Bouleuterion, das Rathaus, in dem während der Spielzeit die Ratsversammlung von Elis tagte, und weiter südlich davon die Südhalle.

In der Südwestecke breitete sich das Leonidaion, das umfangreichste Gebäude von Olympia, aus. Es war um einen von 44 dorischen Säulen umfriedeten, viereckigen Hof (Peristyl) angeordnet. Sein Zweck ist unbekannt, wahrscheinlich war es Wohnung für vornehme Gäste. Dann folgte gegen Norden ein schmaler Bau, den man als Werkstatt des Pheidias bezeichnete, weiter das Theokóleon, die Priesterwohnung, die Palästra mit großem, von Säulen umgebenem Hof, von denen einige wieder aufrecht stehen, und endlich ganz im Norden das Gymnasion, von dem nur der Süd- und Ostteil freigelegt ist. Die Westseite hat das Hochwasser des Kladeios weggerissen.

Länger als 1000 Jahre diente diese Stätte dem Kult, bis sie nach den letzten Spielen im Jahre 393 n. Chr. durch ein Edikt des Kaisers *Theodosius des Großen* 394 n. Chr. verboten wurden. 426 n. Chr. zündete man auf Befehl des Kaisers *Theodosius II.* die Tempel an. Dieser Ort vollbrachte das Wunder, die Griechen wenigstens für kurze Zeit von ihrem immer wieder aufflammenden Streit zu lösen. Er einte die Völker im Gottesfrieden der Spiele, und ein schlichter unscheinbarer Ölbaumzweig weckte das Streben nach höchster Leistung. Aus der Vollkommenheit der schönen Körper dieser Kämpfer erblühte jenes Idealbild des Menschen, nach dem die Griechen ihre Götter und Menschen formten und das Maß der Schönheit in Marmor bannten.

Die unvergängliche Idee der Festspiele aber erneuerte das 1894 von Baron *Pierre de Coubertin* aus Paris gegründete Olympische Komitee und weitete sie aus über die nationale Enge eines Volkes zum Begriff des Zusammenschlusses sämtlicher Nationen.

Das äußere Leben des Mannes spielte sich, wie heute im Süden, ehedem mehr in der Öffentlichkeit ab als in unseren Gegenden. Der Markt (ἀγορά = Agorá) war das Zentrum des Verkehrs. Hier war der eigentliche Platz für das Männergespräch, hier entfaltete sich das politische Leben. Aber auch die kultischen Feiern, die Volksversammlungen und das Theater waren nur vom freien Himmelszelt überdacht.

Das Haus

Das Haus war Schutz gegen die Sonne, Arbeitsraum für die Handwerker und Frauen, aber auch der Ort der Geselligkeit und der Ruhe. Es war anspruchslos, das Äußere eine glatte Mauer mit Kalkverputz, später oft mit Stucküberzug. Die Häuser waren klein, mit schmalem Eingang, oft einstöckig und drängten sich in den winkeligen, schmutzigen und fensterlosen Gassen zusammen. Es gab nämlich nur wenige Fenster, vielfach nur auf den Oberstock beschränkt; sie waren nicht mit Glasscheiben, sondern mit Läden verschlossen. Licht und Luft drang in die Räume vom Hofe her, gegen den sie sich fast alle öffneten. Miethäuser waren selten. Fast jeder Bürger hatte sein Eigenheim.

Das Haus wahrte noch den alten Typ des Megarons. Durch einen Vorbau (Próthyron) gelangte man von der Straße in den Hof (Aulé). An seinen beiden Seiten lagen kleinere Räume, Schlafzimmer, Wirtschaftskammer, Werkstätten usw. und dem Eingang gegenüber der als Wohn- und Empfangszimmer dienende Hauptraum (Männersaal = Andrón) mit einer Säulenvorhalle. Neben dem Andron oder bei Stockwerksbauten im Oberstock wohnte die Hausfrau mit den Kindern und der Dienerschaft (Frauengemach = Gynaikonítis). Diese Hausform erfuhr Änderungen je nach Lage sowie nach den Bedürfnissen und Mitteln des Eigentümers. Erst in hellenistischer Zeit kam jener uns von Pompeji her wohlbekannte Haustypus auf, bei dem der Hof an allen Seiten gleichmäßig von einer Säulenhalle (Peristyl) und den dahinter liegenden Wohnräumen umgeben war. Dieses Peristylhaus verbreitete sich im zweiten Jahrhundert immer mehr und wurde auch in Italien zur herrschenden Bauanlage. Gärten waren in den Städten selten, aber auch auf dem Lande galten sie wegen der kostspieligen künstlichen Bewässerung als Luxus.

Die Inneneinrichtung war einfach. Erst später steigerte sich mit dem größeren Prunk der ganzen Bauform auch die Ausstattung. Die Ziegelwände waren mit Mörtel verputzt und getüncht, in hellenistischer Zeit mit Marmor belegt oder mit Marmorimitation bemalt. Der Fußboden war festgestampfte Erde oder Steinplattenbelag. Bei vornehmen Besitzern traf man Mosaikböden mit geometrischen Mustern oder kostbaren Bildern. Die Heizung während der wenigen kalten Monate erfolgte durch Heizbecken, der Rauch suchte seinen Weg durch die Tür auf den Hof.

Die Wohnungsausstattung des Durchschnittshauses war dürftig: Tische,

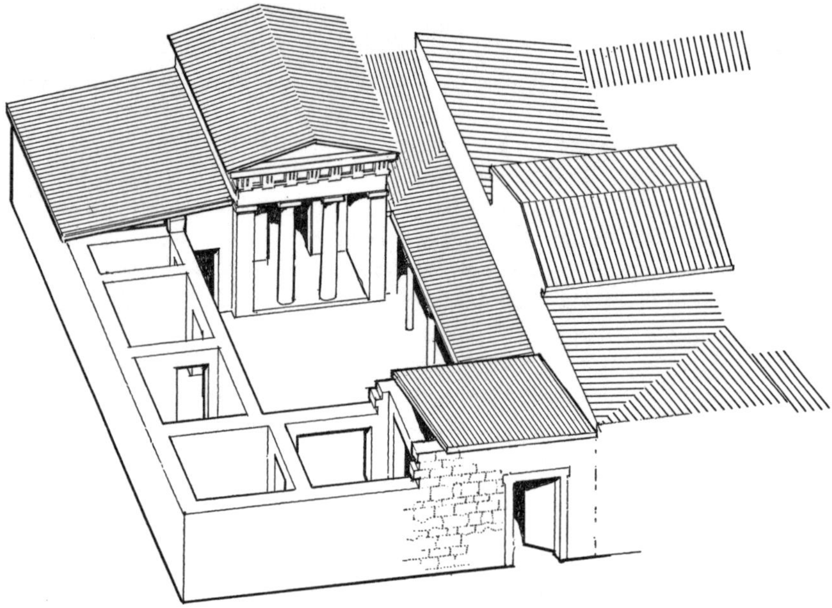

Das griechische Haus

Stühle, Truhen und das Speisesofa. Die Tische waren klein und gewöhnlich dreibeinig. Man trug sie mit dem Essen herein und schaffte sie nachher wieder hinaus. Die Stühle hatten bequeme Lehnen für Rücken und Arme, daneben gab es auch Klappsessel. Die oft kostbar mit Edelmetall, Elfenbein und Figuren gezierten Truhen bargen wie unsere Kleiderkasten die Garderobe, dienten aber auch zum Sitzen. Die Ruhebetten (Klinen), besondere Zierstücke der Wohnung, verwendete man nicht nur zum Schlafen, sondern auch zum Liegen bei den Mahlzeiten, als sich diese orientalische Sitte unter den Männern ganz Griechenlands immer mehr durchsetzte. Frauen und Kinder saßen bei den Tischen wie ehedem. Weiche Kissen und kunstvolle Decken luden zum Ruhen ein. Öllampen aus Ton oder Metall hingen vom Plafond herab oder waren mit Kettchen an Ständern angebracht.

Essen und Trinken

Die Mahlzeiten nahm die Familie gemeinsam ein. Die Griechen waren mäßige Esser und gaben sich mit zwei Mahlzeiten im Tage zufrieden. Kamen männliche Gäste, so zogen sich Frau und Kinder in ihre Zimmer zurück. Diener nahmen den Gästen die Sandalen ab, wuschen ihre Füße und boten Wasser zum Händereinigen. Die Teller waren aus Ton, später aus Silber. Messer und Gabel waren unbekannt, man verwendete nur den Löffel. Feste

Trinkgelage (Symposion). Man lag beim Symposion auf der Kline, den linken Ellenbogen auf einen Polster gestützt. Links spielt einer auf dem Tympanon, vorn ein Mädchen mit einer Doppelflöte.

Speisen aß man mit den Fingern, die man sich während der Mahlzeit mit Brotkrumen, nachher mit Wasser reinigte. Den Wein verdünnte man im Mischkrug (Kratér) mit Wasser und schöpfte ihn in die Trinkbecher.
An die Mahlzeit (Deipnon) schloß sich nach Sonnenuntergang das Trinkgelage (Symposion). Kränze schmückten die Häupter, der Weihrauch duftete, ein köstlicher Geruch feinsten Weines stieg aus dem Kratér. Ein durch Los oder Wahl bestimmter Vorsitzender, ein Symposiarch, leitete das Gelage. Er legte die Folge der Unterhaltung, den Vortrag von Flötenspielerinnen, die Vorführung von Kunststücken der Gaukler fest, man freute sich an gemeinsamen Gesängen, an Gesellschaftsspielen. Ein beliebtes Spiel war der Kottabos. Bei diesem spritzte man Wein auf geschickte Weise aus einem Gefäß in ein anderes. Aus der Art des Aufschlages suchte man allerlei Vorzeichen, zumal in Liebessachen, zu deuten und fand Anlaß zu Scherzen. Aber vielfach vertiefte man sich in geistreiche Gespräche. Nach den alten Schriftstellern galt es den Griechen als Seligkeit, sich bei den Symposien, bekränzt mit dem Lorbeer Apollons, mit dem Efeu des Bakchos, götternah zu fühlen und in gedankentiefer Unterhaltung Gespräche von hoher Kultur zu führen. Sie waren ein wesentliches Gegenstück zu den politischen Besprechungen auf der Agora. Wie viel sie den Grie-

chen bedeuteten, spürt man noch aus den Trauerreden, in denen man den Toten nachrief, daß sie nicht mehr an einem Gelage teilnehmen können. Viele Vasenbilder bezeugen noch heute die Freude der Griechen an den Symposien.

Die Stellung der Frau

Die starke Beanspruchung durch das öffentliche Leben hielt den Mann dem Hause und seiner Familie fern, er gehörte vor allem dem Staate und der Politik. Die Frau aber verlor im Gegensatz zur homerischen Zeit stark an Einfluß, durch ihre Abgeschlossenheit auch an Bildung und Lebenserfahrung. Ihr blieb nur die beschränkte Tätigkeit in der Verwaltung des Hauswesens, in der Erziehung der Kinder und der Aufsicht der Sklavinnen. Ihre Rolle in der Gesellschaft war bedeutungslos. Auch die Töchter wuchsen in streng umhegter Zurückgezogenheit heran. Sie durften sich als Unvermählte auswärts niemals ohne Schleier zeigen. Es war das Vorrecht der Eltern, für ihre Kinder die Gattenwahl zu treffen. Eine Bekanntschaft zwischen Bräutigam und Braut war meist ausgeschlossen.

Vor der Heirat wurde der Ehevertrag aufgesetzt, der die Mitgift und die Ausstattung bestimmte. Die Hochzeitsfeier selbst war von einer Reihe von religiösen Gebräuchen umrahmt, mit Gebet und Opfern, die schon am Vorabend begannen. Den Hochzeitstag füllte das Festmahl im Hause des Brautvaters. Am Abend führten die Verwandten und Freunde die junge Frau im feierlichen Zuge in ihr neues Heim. Hochzeitslieder begleiteten die Festgäste, und Fackeln erleuchteten den Weg. Ihre Mutter entzündete mit der Brandfackel, die sie vom elterlichen Herde mitgenommen hatte, das Feuer im Hause des Brautpaares. Bräutigam und Braut umschritten mit den beiden Müttern den Herd. Am nächsten Tag brachten Verwandte und Freunde der jungen Frau Geschenke, und bald darauf wurde sie in den Geschlechterverband, die Phratrie, ihres Mannes aufgenommen und diese Feierlichkeit mit einem Opfer und Festmahl beendet.

Bei der Geburt eines Kindes stand es dem Vater frei, dieses anzuerkennen oder aussetzen zu lassen. Die Aufnahme des Kindes in die Familiengemeinschaft erfolgte am häuslichen Herd unter religiösen Zeremonien. Es erhielt dabei Geschenke und den Namen. Gewöhnlich trug der Grieche nur einen einzigen Namen. Um Verwechslungen zu vermeiden, konnte der Name des Vaters oder der des Geburtsortes beigefügt werden.

Erziehung der Knaben

Die Mädchen verblieben unter der Obhut der Mutter bis zu ihrer Verehelichung, der Knabe wurde im Alter von 6 bis 7 Jahren der Aufsicht eines zuverlässigen und gebildeten Sklaven (Paidagogós = παιδαγωγός) übergeben, der ihn auch auf seinem Schulweg begleitete. Er hatte vor allem das äußere Verhalten des ihm anvertrauten Zöglings zu überwachen, auf sein Benehmen und seine Kleidung zu achten und ihm jene feinen Umgangsformen beizubringen, die die spätere Stellung von dem jungen Manne erfordern würde. Die Schulen waren in privaten Händen. Der Schulbesuch erstreckte sich meist bis zum 16. Lebensjahr. Das Erziehungsziel war die

Kalokagathía, d. h. die körperliche und geistige Vollkommenheit. In den Schulräumen standen nur Bänke. Die Schüler hielten ihre Leserollen und ihr Schreibmaterial auf den Knien. Eine kleine Vorstellung von einem solchen Unterricht kann man sich heute noch aus den vielen Vasenbildern machen. Die Kenntnis des Lesens, Schreibens und Rechnens konnte man fast bei allen Volksschichten voraussetzen, an Analphabeten gab es nur eine verschwindend kleine Anzahl. Die Fächer umfaßten: Lesen, Schreiben, Rechnen, die der Elementarlehrer (Grammatist) unterrichtete, und Gesang und Saitenspiel, die der Musiklehrer (Kitharist) lehrte. Zum Lesen und Auswendiglernen dienten besondere Stellen aus Homer, Hesiod u. a., zum Schreiben und Rechnen verwendete man wachsüberzogene Holztäfelchen, in die man Buchstaben und Ziffern mit dem Stilus ritzte. Die lyrischen Dichtungen sprach und sang man zum Klang der Kíthara oder

Links: Längsschnitt einer attischen Triere. Rechts: Querschnitt der Rudereinrichtung. Die Anordnung dreier Ruderreihen übereinander gibt die Möglichkeit des gleichzeitigen Einsatzes aller Ruder.

der Lyra. Die Kithara wurde mit einem goldenen oder elfenbeinernen Stäbchen, dem Plektron, geschlagen, die Lyra war das ältere und kleinere Instrument und wurde mit den Fingern gespielt. Das wichtigste Blasinstrument war die Flöte (Aulos = αὐλός), die die Chöre und Solopartien im Drama begleitete.

Die leibliche Ausbildung wollte dem Körper Gesundheit, Kraft und Gewandtheit geben, gute Haltung und feinen Anstand wecken. Je älter die Knaben wurden, desto mehr Gewicht wurde auf die Vorbereitung zum künftigen Kriegsdienst gelegt. Als sportliche Erziehung betrieb man Laufen, Springen, Speerwerfen, Jagen und Wagenlenken. Diesen Übungen dienten die Gymnasien (von gymnós = γυμνός = nackt), die vom Staate erhalten wurden. Denn diesem lag sehr viel an einer ausreichenden Ertüchtigung der Jünglinge. In Athen gab es drei Gymnasien: die *Akademie,* das *Lykeion* und das *Kynosarges.* Die Entstehung der Gymnasien kann man vor dem siebenten vorchristlichen Jahrhundert annehmen. Allmählich entwickelten sie sich aus einfachen Anfängen zu ausgedehnten, mit Säulenhallen geschmückten Prachtanstalten mit einem Stadion, einer Ringschule, Badezimmern und allerlei Nebenräumlichkeiten. Neben den Gymnasien gab es auch bescheidene Privatanstalten, die sogenannten Palästren.

Den Körper rieb man zu Beginn der Übungen mit Öl ein und bestreute ihn mit feinstem Sand, den man nachher wieder mit einem mondsichelförmigen Schabeisen abkratzte, wie es uns heute noch das Standbild des *Apoxyómenos des Lysippos* vor Augen führt. Als militärische Vorübung diente der Lauf in voller Hoplitenrüstung. Auch das Schwimmen wurde nicht vernachlässigt.

Die Erziehung und Bildung der Mädchen leitete die Mutter. Sie wurden im Spinnen, Weben und Nähen sowie in den hauswirtschaftlichen Aufgaben unterwiesen. Die vornehmen Kreise ließen ihre Töchter auch im Lesen und Schreiben unterrichten.

Kriegerische Ausbildung

Mit 18 Jahren wurden die Jünglinge, Epheben, in die Reihen der soldatischen Jugend eingestellt und erhielten durch zwei Jahre ihre kriegerische Ausbildung. Das altgriechische Heer war ein Bürgerheer, den Soldaten wurden je nach ihrer Steuerklasse die Kosten für ihre Ausrüstung vorgeschrieben. Die Kerntruppe bildeten die schwerbewaffneten Hopliten. Sie waren mit Helm, Panzer, Schild, Beinschienen, einer $2^1/_2$ m langen Lanze und einem kurzen Schwert gerüstet.

In der Kriegsflotte traten an Stelle der alten Ruderschiffe mit einer Ruderreihe die langen Kriegsschiffe mit drei Ruderreihen, die sogenannten Trieren. Sie erreichten, von den nach Kommandoruf und dem Takt des Flötenspieles gleichmäßig bewegten Rudern und, wenn es anging, vom Segelwind angetrieben, eine ziemlich hohe Schnelligkeit. Ihre Angriffskraft bestand weniger in der Waffentechnik der Matrosen als in der Manövrierkunst, mit dem eisernen Rammsporn die Flanken des feindlichen Schiffes zu zerbrechen oder es durch Abstreifen des Ruderwerkes wehrlos zu machen. Die Kriegsschiffe dienten neben ihren militärischen Aufgaben auch dem Schutz der Handelsflotte in der Ägäis gegen Piraten.

Totenbestattung

Hatte sich ein Todesfall ereignet, so war die Bestattung des Leichnams höchste Pflicht der Angehörigen, die Vernachlässigung eine Sünde gegen den Toten, der ohne Beerdigung keinen Einlaß in den Hades erlangen konnte, und gegen die Götter der Ober- und Unterwelt.

Man schloß dem Toten die Augen, badete und salbte ihn mit wohlriechenden Salben und hüllte ihn bis zum Kinn in Leintücher. Das Haupt schmückte man mit einem Kranz. Dann bahrte man die Leiche öffentlich auf, in Athen im Trauerhause, an anderen Orten vor den Türen. Klagende Frauen umgaben die Bahre.

Am dritten Tage wurde der Tote im feierlichen Zuge unter Vorantritt von Flötenspielerinnen durch die Straßen getragen; in der Zeit der Adelsherrschaft entfaltete sich dabei eine maßlose Pracht. Wagen und Gruppen zu Fuß folgten dem prunkvollen Leichenwagen (Ekphorá). Die Leichenverbrennung hielt sich neben dem Erdbegräbnis. Die Verbrennung dürfte noch aus der Wanderzeit stammen, wo der Ortswechsel keine Betreuung der Grabstätte ermöglichte. Die Verbrennung erfolgte im Grabe selbst oder auf besonderen Brandplätzen. Dann wurde die Asche in einer Urne beigesetzt. Bei Erdbestattungen wurden die Leichen je nach dem Vermögen in Ziegelplatten- oder Holzsärge gebettet. Reiche wurden in Sarkophagen aus Porosstein oder Marmor beigesetzt. Gern legte man dem Toten reichliche Gaben ins Grab, kleine Götterbilder, Menschen- oder Tierfigürchen, Trinkgefäße, Waffen, Hausgeräte, den Frauen Spiegel, Schmuckkästchen,

Salb- und Ölfläschchen, den Kindern Spielzeug, Siegern in den Wettkämpfen ihre Siegespreise. Erst in späteren Zeiten legte man dem Toten einen Obolos zwischen die Zähne als Fahrgeld für Charon, der die Toten über den Styx zum Hades übersetzte. Die Friedhöfe lagen draußen bei den Stadttoren. Am meisten durchforscht und soweit wie möglich wiederhergestellt ist der Friedhof vor dem *Dipylon*, dem Doppeltor im Westen Athens an den Hauptstraßen nach *Eleusis* und zum *Piräus*.

Am Grabe brachte man Opfer von Stieren und anderen Tieren dar. Die Erde und das Grab tränkte man mit Wein und dem Öl, von dem man den Toten gesalbt hatte. Das Öl verwahrte man in besonderen einhenkeligen Kännchen mit zylindrischem Körper und dünnem Hals, den sogenannten Lekythen, die später ausschließlich für den Totenkult verwendet wurden.

Vor dem hochaufgeworfenen Grabhügel standen die Grabdenkmäler, zuerst lebensgroße Statuen, nackte Jünglinge, sogenannte Kouroi, oder schmale Stelen (kleine steinerne Pfeiler mit Relieffiguren). Erst später, bis zum Ende des 4. vorchristlichen Jahrhunderts, entwickelten sich die berühmten attischen Grabreliefs. Der Verstorbene begegnet uns darauf allein oder im traulichen Beisammensein mit Angehörigen und Freunden. Nach dem Abschied vom Toten wurde im Trauerhause das Leichenmahl gehalten, nachdem eine sühnigende Reinigung des Hauses und seiner Bewohner vorangegangen war.

Die Gebeine der in der Schlacht Gefallenen wurden gesammelt und am Ende des Jahres auf dem Staatsfriedhof des *Kerameikos* außerhalb der Befestigungsmauern im Nordwesten Athens beigesetzt, wobei ein vom Volk erwählter, bedeutender Bürger die Leichenrede hielt.

Für jene Toten, deren Leichname nicht gefunden werden konnten, wie z. B. für die, die im Meer ertrunken waren, errichtete man leere Grabmäler, sogenannte Kenotaphien.

Die bei den Römern übliche Bestattung an Straßenrändern kam auch bei den Griechen vor. Viele monumentale, als Schmuck der Gräber verwendete Vasen fanden sich in Bruchstücken auf der alten Begräbnisstätte beim Dipylon in Athen und geben mit ihren Darstellungen von der Aufbahrung und der feierlichen Fahrt zum Grabe ein Bild der alten Bestattungssitten.

Handel

Mit der zunehmenden Bevölkerung Attikas wuchs das Ansehen Athens immer mehr, und es ordnete sich mit seinem regen Handelsleben und Fremdenverkehr würdig in die Reihe der großen Städte Kleinasiens und Siziliens ein.

Die Lage Griechenlands und die bessere Fahrtmöglichkeit auf dem Meer gaben schon früh dem Seeverkehr den Vorzug vor dem Landtransport. Dieser war durch große Unsicherheit, durch schlechte Straßen und die Saumseligkeit der Ochsengespanne behindert. Der Hafen Piräus blühte zu einem Hauptumschlagplatz des Handels auf. Von hier gingen Öl, Wein,

Wolle, Marmor, solid gearbeitete handwerkliche Erzeugnisse, wie Waffen, Töpferwaren, Geräte, aber auch Kunstgegenstände auf die ausländischen Märkte. Eingeführt wurden vor allem Getreide aus Ägypten, Sizilien und von den Küsten des Schwarzen Meeres, andere Lebensmittel, Holz, Eisen, Kupfer, Zinn, Salben und Farbstoffe, auch Sklaven, aus den Kolonien und dem Ausland.

Die sich in einem einzigen Jahrhundert von der Hauswirtschaft über die Gemeindewirtschaft entwickelnde internationale Wirtschaft verlangte nach einem geeigneten Tauschmittel. An Stelle des ursprünglichen Naturalhandels kam schon im 7. Jahrhundert v. Chr. das Metallgeld auf, dessen Kenntnis Kreta und Lydien nach Griechenland vermittelten.

Geld

Zuerst verwendete man Silberbarren, die oft zum Schutz gegen Metallverschlechterung oder Gewichtsverfälschung vom Staate abgestempelt wurden. Später ging man zur Rundgeldprägung über. Die Münzen waren aus Elektron, einer Legierung aus Gold und Silber, oder aus Silber. Dieses Metall lieferte für Athen in zureichender Menge das Bergwerk Laurion in Attika. Dem Kleinhandel dienten Scheidemünzen, Kupfer- oder kleine Silberstücke. Sie trugen anfangs nur einseitig ein wappenartiges, für die einzelnen Städte charakteristisches Bildsymbol, eine Schildkröte, Biene, Traube, Leier usw., erst später tauchten Gestalt und Kopf eines Menschen, eines Götterbildes auf der Vorderseite auf, und das Wappen deckte die Kehrseite. Die kleinen Silbermünzen hießen Obolen. Sechs Obolen bildeten eine Drachme. Hundert Drachmen eine Mine und sechzig Minen ergaben ein Talent (Tálanton). Von dem Wert des Geldes kann man sich ungefähr eine Vorstellung machen, wenn Solon nach Plutarch die Drachme gleich dem Wert eines Schafes setzt.

Geld gegen Zinsen zu verleihen war schon in früher Zeit bekannt. Als Banken dienten die Tempel, die an Einzelpersonen und Stadtgemeinden gegen einen mäßigen Zins Geld verliehen. Besonders der Apollontempel zu Delphi wurde zu einer Zentralbank für ganz Griechenland. Daneben gab es auch Geldwechsler, bei deren Tischen (trápeza) man Geld einlegen oder entlehnen konnte. Diese Bankiers (trapezítai) erlangten eine immer größere Bedeutung und schufen eine beträchtliche Erleichterung des gesamten Handelsverkehrs.

Zum Gesamtbild des antiken Lebens gehört auch das Sklavenwesen. Soweit wir in der Überlieferung zurückschauen können, begegnen uns Sklaven. Die Haltung von Sklaven dürfte von den *Phönikern* ausgegangen sein, die den Menschenraub betrieben und daraus ein sehr einträgliches Geschäft machten.

Sklavenwesen

Die Sklaven waren Kriegsgefangene, Opfer von Menschenjagden, Kinder von Sklaven und Verbrechern, vorwiegend Angehörige von Fremdvölkern, von Geten, Skythen, kleinasiatischen Stämmen, wie Lydern, Phrygern, Karern, Paphlagoniern, Syrern. Griechen waren in Griechenland sehr selten

Sklaven. Man kaufte die Sklaven wie eine Ware auf den Märkten von Sklavenhändlern. Sie wurden in der Landwirtschaft und in den Städten verwendet. Hier dienten sie im Haushalt, im Gewerbe, im Handel und im Geldwesen. Auch der Staat setzte Sklaven als Schreiber, Diener, als untergeordnete Beamte und Polizisten ein. Eine sehr große Anzahl arbeitete in den Bergwerken. Der Staat konnte auch gegen Entschädigung des Besitzers Sklaven für den Kriegsdienst einberufen. Man verwendete sie zu Hilfsdiensten, wie Waffentragen, und als Ruderer auf den Kriegs- und Handelsschiffen.

Die Besitzer liebten es, Sklaven verschiedener Stämme zu nehmen. Sprachliche Schwierigkeiten scheinen kein Hindernis gewesen zu sein, weil sie bis auf die schwerfälligen Skythen bald das Griechische erlernten.

Die Behandlung der Sklaven war nach Städten und vor allem nach der Persönlichkeit ihrer Herren sehr verschieden. Schon die Tatsache ihrer Unfreiheit, die Schutzlosigkeit gegen Züchtigung und Mißhandlung, die Verachtung und das Mißtrauen, das man ihnen entgegenbrachte, und die Schwere der Arbeit bedeuteten ein unglückliches Los. Der Herr konnte über sie nach Belieben verfügen, nur die willkürliche Tötung war durch Gesetze verboten.

Das bitterste Leben hatten die Sklaven in den Großbetrieben, wie z. B. in den Waffenschmieden und in den Bergwerken. Diese armen Menschen wurden nur so weit betreut, daß sie notdürftig ihre Arbeitskraft erhielten. Während der Zeit außer ihrer schweren Arbeit legte man ihnen Fesseln an, um die Flucht zu verhindern.

Doch standen solchen verhärteten Auffassungen vom Sklaventum im weiteren Ausmaß, vor allem in Athen, auch Beispiele von Menschenfreundlichkeit entgegen. Es gab Griechen, die gut für ihre Sklaven sorgten, sie wie Familienmitglieder behandelten und beim Herannahen des Todes ihre treuesten Sklaven mit der Freilassung belohnten.

Für eine Erleichterung des Loses der Sklaven wurden auch unter den Philosophen immer mehr Stimmen laut, und die Priesterschaft der Tempel unterstützte diese Bestrebungen, indem sie Sklaven ankaufte, um ihnen die Freiheit zu geben. So war also die Idee der Aufhebung des Sklaventums schon wach geworden, aber die Durchschnittsgriechen konnten sich, wenn sie auch noch so umgänglich mit ihren Sklaven verkehrten, eine Welt ohne Sklaverei nicht vorstellen.

Selbst Aristoteles meinte, das Sklaventum müßte in irgendeiner, wenn auch noch so humanen Form so lange weiterbestehen, bis alle körperliche Arbeit von Maschinen verrichtet werden könnte.

Die Erlösung vom Sklavenleben war möglich, wenn der Herr den Sklaven freiließ, wenn Verwandte und Freunde ihn loskauften oder wenn er sich selbst mit seinen Ersparnissen freikaufen konnte.

Im ganzen gesehen, waren die griechischen Zustände der Sklaverei viel milder als im Römerreich. Daher gab es in Griechenland zwar öfters ernste Spannungen zwischen der Herren- und Sklavenschicht, aber es kam nie zu offenen Aufständen oder zu kriegerischen Auseinandersetzungen wie in Italien.

Zeitrechnung

Die ersten Kalender der Frühzeit sind eigentlich nur Verzeichnisse der Festtage, daher auch für die einzelnen Städte verschieden. Etwa um 800 v. Chr. begann man mit der Jahreszählung und betraute mit der Aufzeichnung die Priester und Jahresbeamten.

Grundlage für die Zeiteinteilung waren die Mondphasen. Da sich aber nach der Mondberechnung die Feste alljährlich verschoben wie heute noch unser Osterfest, so ging man zu dem sogenannten gebundenen Mondjahr über, wobei auf die Sonne Rücksicht genommen wurde. Dadurch wurden die Feste auf bestimmte Tage des Jahres und zugleich auf eine bestimmte Jahreszeit festgelegt. Die Übereinstimmung des Mond- und Sonnenjahres suchte man durch periodische Einschaltung von Zwischenzeiten zu erreichen.

Im attischen Kalender berechnete man die Monate nach dem Mond abwechselnd zu 29 und 30 Tagen. Somit zählte das Jahr 354 Tage. Um das Jahr aber mit dem Sonnenlauf übereinzustimmen, schaltete man im Abschnitt des sogenannten großen »attischen Jahres«, einer Periode von acht Jahren (Oktaëteris), im 3., 5. und 8. Jahr einen Monat zu 30 Tagen ein und brachte dadurch diese Jahre auf je 384 Tage. Somit bestand die Oktaëteris aus $(354 \times 5) + (384 \times 3) = 2922$ Tagen. Es ergab sich also ein Jahresdurchschnitt von $365^1/_4$Tagen. Dadurch wurde die Übereinstimmung mit dem Sonnenlauf annähernd erzielt.

Die frühen Griechen, besonders die Athener, fingen das Jahr mit dem ersten Neumond nach der Sommersonnenwende, also zur Zeit der Ernte an. Die Monate hießen: 1. Hekatombaión = Juli, 2. Metageitnión = August, 3. Boedromión = September, 4. Pyanepsión = Oktober, 5. Maimakterión = November, 6. Poseideón = Dezember – im Schaltjahr wurde hier ein zweiter Poseideón eingeschoben –, 7. Gamelión = Jänner, 8. Anthesterión = Februar, 9. Elaphebolión = März, 10. Munichión = April, 11. Thargelión = Mai, 12. Skirophorión = Juni. Der erste Monat hatte 30, der zweite 29 Tage, und so abwechselnd bis zum letzten Monat, der 29 Tage hatte. Ein Monat von 30 Tagen hieß ein voller, von 29 Tagen ein hohler Monat. Jeder Monat war in drei Dekaden oder Zeiträume von zehn Tagen (bzw. neun Tagen in der letzten Dekade bei hohlen Monaten) geteilt. Gewöhnlich zählte man in der letzten Dekade rückwärts, also der 29., 28. usw. Der letzte Monatstag hieß »der alte und der neue (Mond)«.

Sprache und Schrift

Sprache Die griechische Sprache gehört dem indogermanischen Sprachstamm an und wurde im Altertum in Griechenland, an den kleinasiatischen Küsten, auf den Inseln der Ägäis, in den griechischen Kolonien Unteritaliens und Siziliens sowie in einzelnen Gegenden Afrikas (Kyrene) und Galliens (Massalia) gesprochen. Bis zum Jahre 1453 n. Chr., als die Türken Konstantinopel, die Hauptstadt des Oströmischen Reiches, eroberten, war das Altgriechische, von Altersveränderungen abgesehen, die geschriebene und gesprochene Staats- und Literatursprache im Byzantinischen Reiche. Heute zählt es zwar zu den toten Sprachen, lebt aber, wenn auch von fremden Wörtern und Formen slawischen und türkischen Ursprungs durchsetzt und weitergebildet, in der Sprache der Neugriechen und in einer Menge griechischer Wortbildungen fort, die im Laufe der Jahrhunderte in unsere Sprache eingedrungen sind.

Nach den drei Hauptstämmen, den Joniern, Äoliern und Doriern, werden drei mundartliche Gruppen des Griechischen, das Jonische, Äolische und Dorische, unterschieden. Das sich vom Jonischen abzweigende Attische, die Sprache Athens, der politisch, wirtschaftlich und kulturell unbestritten zur Vorherrschaft aufsteigenden Hauptstadt des Landes, setzte sich allmählich als Schriftsprache durch, die als Sprache des Thukydides, Xenophon, Platon, Demosthenes und der großen Tragiker dem Griechisch unserer Gymnasien zugrunde liegt. Mit dem Aufkommen dieser gemeingriechischen Schriftsprache, der sogenannten Koine (Koiné diálektos), starben die alten Mundarten allmählich aus.

Die Griechen nannten sich Hellenen und ihr Land Hellas. Der Name taucht um 700 v. Chr. auf und geht angeblich auf den Namen eines kleinen Gebietes Südthessaliens zurück. Die Bezeichnung Griechen stammt von den Römern. Mit dem Erwachen eines gesamthellenischen Volksbewußtseins grenzten sie sich von den anderssprechenden Völkern ab und nannten diese Barbaren, das sind die unverständlich Plappernden. Die Koine erwarb sich in Alexanders Riesenreich Weltgeltung und wurde dann, da sich das Neue Testament ihrer bediente, zum Künder der Christenlehre bei allen Völkern des hellenischen Kulturkreises.

Schrift Wie schon früher erwähnt, haben die Griechen die Schrift von den Phönikern übernommen und das Alphabet für ihre Bedürfnisse umgeformt, indem sie es durch Vokalzeichen ergänzten. Denn das phönikische Alphabet kannte wie alle semitischen Alphabete nur Konsonantenzeichen. Mit den Schriftzeichen übernahmen die Griechen die allerdings etwas veränderten Namen der einzelnen Buchstaben (aus den Namen der beiden ersten griechischen Buchstaben Alpha und Beta ist das Wort »Alphabet« gebildet). Die Kenntnis der Schrift verbreitete sich sehr rasch über das Mutterland und durch Handel und Verkehr auch über die ganze Mittelmeerwelt. Die

Pflege der Schrift wurde ein Hauptgegenstand des Unterrichtes. Die auf den Marktplätzen der Städte auf weiß getünchten, um eine Achse drehbaren Holz- und Bronzetafeln und an Wänden aufgezeichneten Gesetze und Verordnungen, die schriftliche Stimmenabgabe auf Tontäfelchen in den Volksversammlungen, Inschriften, Umschriften auf Münzen zeugen von der weitverbreiteten Kenntnis des Lesens und Schreibens.
Für schriftliche Aufzeichnungen im Alltagsgebrauch verwendete man mit Wachs überzogene Holztäfelchen, in die man Schriftzüge mit einem Griffel einritzte (graphein = einritzen, schreiben), mit dessen abgeplattetem Ende man Schreibfehler durch Glattstreichen tilgte. Auch bedienten sich die Griechen wie die Ägypter der Tonscherben (óstraka). Die Phöniker vermittelten den Griechen den ägyptischen Gebrauch des Pápyros, eines aus den Stengeln der Papyrospflanze hergestellten Schreibmaterials. Der Text wurde spaltenweise auf sieben bis zehn Meter lange Papyrosrollen aufgeschrieben, die um einen Stab herumgewickelt wurden. Den Papyros verdrängte immer mehr das Pergament, das seinen Namen nach dem bedeutendsten Herstellungsort Pergamon in Kleinasien führt. Es wurde aus Tierhäuten, vor allem aus Schaffellen, gewonnen und erhielt durch Behandlung mit Ölen große Geschmeidigkeit; die Schrift konnte durch Abreiben beseitigt und das Pergament neuerlich beschrieben werden. Ein solches wiederverwendetes Pergament heißt Palimpsést.
Das griechische Alphabet umfaßt 24 Lautzeichen vom A bis zum langen O, dem Ómega. Die auf der nächsten Seite stehende Tabelle gibt eine Übersicht über das griechische Alphabet.
Das in unserem Alphabet am Ende stehende Z befindet sich wie bei den Phönikern an 6. Stelle. Die Römer, die diesen Laut nicht hatten und nur in Fremdwörtern, vor allem in griechischen, verwendeten, fügten ihn am Schluß an, und so ist er auch in unser Alphabet in Endstellung gekommen. Eine Anzahl der großen griechischen Lautzeichen wie A, B, E usw. ist unverändert über die Römer zu uns gekommen. Der Konsonant H wurde im Griechischen nur durch den Spiritus asper (ʽ) ausgedrückt, den man bei großen Selbstlauten vor, bei kleinen über den Anlaut des Wortes setzte. Außerdem erhielt auch jedes anlautende R den Spiritus asper. Daraus erklärt sich unsere Schreibung in den aus dem Griechischen stammenden Fremdwörtern wie z. B. Rhapsodie, Rhetor, Rheuma, Rhombus. Hat ein anlautender Vokal keinen Spiritus asper, so erhält er einen Spiritus lenis (ʼ), der für die Aussprache bedeutungslos bleibt. Das Sch wird im Griechischen stets getrennt gesprochen, also s + ch: Ais-chylos. Die Betonung der Wörter wird durch den Akzent bezeichnet. Man unterscheidet Akut (´), Gravis (`) und Zirkumflex (῀).
Das Griechische weist eine Fülle von Möglichkeiten auf, alle Wortarten (Substantiv, Adjektiv, Pronomen, Numerale, Verbum, Präposition) zur Bildung neuer zusammengesetzter Wörter zu verwenden. Darin ist es dem

deutschen Sprachgeist zum Unterschied von den Romanen eng verwandt. Als wenige Beispiele für jede dieser Arten seien angeführt: Demo-kratie = Volksherrschaft, Makro-kosmos = die große Welt, Auto-didakt = ein durch Selbstunterricht Gebildeter, Hexa-meter = sechsfüßiger Vers, Mnemo-technik = Gedächtnisübung, Hyper-bel = Übertreibung.

Groß- und Kleinbuchstaben	Lautgeltung	Name	Groß- und Kleinbuchstaben	Lautgeltung	Name
Α α	a a	Alpha	Ν ν	n	Ny
Β β	b	Beta	Ξ ξ	x	Xi
Γ γ	g	Gamma	Ο ο	o	Omikron
Δ δ	d	Delta	Π π	p	Pi
Ε ε		Epsilon	Ρ ρ	r(h)	Rho
Ζ ζ	z	Zeta	Σ ς σ	s	Sigma
Η η	e ä	Eta	Τ τ	t	Tau
Θ ϑ	th	Theta	Υ υ	y y	Ypsilon
Ι ι	i i	Jota	Φ φ	ph	Phi
Κ κ	k	Kappa	Χ χ	ch	Chi
Λ λ	l	Lambda	Ψ ψ	ps	Psi
Μ μ	m	My	Ω ω	o	Omega

Personennamen

Die Griechen hatten, wie ursprünglich die Römer und Deutschen, bloß einen Namen. Nur zur besonderen Kennzeichnung setzte man den Namen des Vaters im Genitiv hinzu, also: Sokrates, (Sohn) des Sophroniskos.

In den Eigennamen spiegelten sich vielfach die Wesenheit und die Beschäftigung eines Volkes. Die griechischen Namen deuten vorwiegend auf edle Eigenschaften und Betätigungen hin. Das beweist die Fülle der Namen auf -klēs (= Ruhm): Périkles = hochberühmt, Sóphokles = durch-Weisheit berühmt, Themístokles = durch Gerechtigkeit berühmt, Dámokles = volksberühmt, Kleóphanes = ruhmstrahlend. Viele Namen verraten eine Sinnesart: Thrasybúlos = kühn im Rat, Demósthenes = volksgewaltig. Die Freude an Pferden künden die Namen wie Phílipp = Pferdefreund, Hípparchos = Reiteroberst, Hippókrates = Rossegebieter, Hyppólytos = Rosseausspanner, Xanthíppos = gelbes Pferd.

Alexánder ist der Männerabwehrende, Andréas = der Mannhafte, Dädalos = der Künstler, Diógenes = der Sohn des Zeus, Eugén = aus edlem Geschlecht, Herodót = das Geschenk der Hera, Nikoláos = der Volkssieger, Oréstes = der Bergbewohner, Pláton = der Breitstirnige, Théodor = das Gottesgeschenk, Theóphilos = der von Gott Geliebte. Wie früh die demokratische Gesinnung bei den Hellenen die Oberhand gewonnen hat, zeigen Namen wie Aristágoras = der Beste in der Volksversammlung, Protágoras = der Erste in der Volksversammlung.
Auch in den Frauennamen spiegeln sich Wert und Vollkommenheit. Agatha = die Gute, Agnes = die Heilige, Aspásia = die Liebliche, Dorothéa = die Gottesgabe, Eléktra = die Strahlende, Eudóxia = die Berühmte, Hélena = die Glänzende, Iphigénia = die Kraftgeborene, Irene = die Friedliche, Katharina = die Reine, Medea = die Kundige, Sophia = die Weisheit, Thekla = die Gottberühmte, Therésia = die Jägerin.
Das Griechische lebt in einer Fülle von Fremd- und Lehnwörtern in unserer Sprache weiter, die sich vorwiegend auf die Gebiete der Wissenschaft, der Kirche und der Technik beziehen. Hier nur eine kleine Auslese:
Amnestie, Anatomie, Arzt, Atlas, Autogramm, Biologie, Diplom, Drama, Echo, Geographie, Grammatik, Horizont, Hypnose, Keramik, Mathematik, Museum, Physik, Politik, Sympathie, Typus; Apostel, Bischof, Engel, Kirche, Mönch, Pfingsten, Priester, Theologie; Hydrant, Technik, Theater, Zepter, Zone, Zylinder.
Dazu kommt eine Menge von Namen für Instrumente, chemische Präparate und Heilmittel, die aus willkürlich zusammengesetzten griechischen Wortstämmen zu neuen Begriffen geformt wurden: Seismograph, Teleskop, Barometer.

Die Dichtung

Die Kunstform der Dichtungen Homers und Hesiods war der Hexámeter, der in seiner ausladenden Breite und seinem bewegten Wechsel von Daktylen (= ein dreisilbiger Versfuß, bestehend aus einer langen und zwei kurzen Silben mit dem Ton auf der ersten Silbe [–́ ◡◡], der Spondeus [–́ —] ist ein zweisilbiger Versfuß, bestehend aus zwei langen Silben mit dem Ton auf der ersten Silbe; diese beiden Versfüße gehören zusammen mit dem Trochäus [–́ ◡], der aus einer langen und kurzen Silbe besteht, dem fallenden Rhythmus an) und Spondeen das geeignete Versmaß der Erzählung und der Betrachtung ist. Mit dem Hexameter verband sich früh sein rhythmisches Gegenspiel, der Pentámeter, das Elegeion, zum Distichon, zur Elegeia.

Elegie Die Elegie war ursprünglich Trauergesang, Totenklage. Sie ist bei den asiatischen Joniern entstanden und bedeutet den ersten Schritt, den der Hellene über das Epos hinaus in die Lyrik wagt.

Noch liegt ein Hauch des heroischen Zeitalters auf dieser Poesie, die, halb gesungen, zu den strengen Rhythmen der Flöte, des Aulós, vorgetragen wurde.

Als einer der ersten Dichter dieser Gattung begegnete uns *Kallínos* aus Ephesos (Anfang des 7. Jahrhunderts v. Chr.), der mit dieser neuen Form die Bürger zur Abwehr der thrakischen Kimmerier aufrief.

Um dieselbe Zeit ertönten zu Sparta die Kriegslieder des *Tyrtaios,* des größten Meisters der älteren Elegie. Er mahnte mit seinen markigen Elegien die Spartaner zum Pflichtbewußtsein gegen Volk und Staat und begeisterte sie im 2. Messenischen Krieg (um 640 v. Chr.) durch seine Marschlieder zum Kampf. Von seinen fünf Büchern Elegien sind nur Bruchstücke erhalten.

Mit dem Staatsmann *Solon* trat Athen zum erstenmal in die Dichtung ein. Ihm war die Poesie vor allem Mittel, seinen staatsmännischen Gedanken Nachdruck zu verleihen. Er leuchtete in die Schäden des Staates hinein und warnte vor der Habsucht und Herrschbegierde der Mächtigen. Seine Elegien sind Zeugnis einer maßvollen Gesinnung, mit der er Rechte und Pflichten ausgleichend verteilt hat, und seiner hohen Staatsweisheit.

Einen persönlichen lyrischen Ton rein gefühlsmäßiger Aussage ohne erzieherischen Nebenzweck zeigen die Gedichte des Schöpfers der Liebeselegie, des Joniers *Mimnérmos* aus dem kleinasiatischen Kolophon. Er besingt die Liebe und die Jugend, trauert über das rasche Dahinschwinden der Blütezeit des Lebens und malt mit düsterem Grauen die Beschwernis des Alters.

Das Distichon gab auch den willkommenen Rahmen für Aufschriften auf Gräbern, Weihegeschenken und sonstigen Denkmälern. Es entsprach dem Geiste der Griechen, tiefsinnige Gedanken in möglichst knapper und kraftvoller Kürze und Schärfe auszudrücken, und daher hielt sich die Form des Epigramms bis spät in die hellenistische Zeit.

Ein Meister des Epigramms war *Simónides* von Keos. Er galt als großer Dichter seiner Zeit und kam als fahrender Sänger an den Hof Hipparchs nach Athen sowie im Alter an den Hof Hierons I., des Tyrannen von Syrakus. Er war der erste, der gegen Bezahlung Gedichte schrieb und es damit begründete, daß auch die dichterische Leistung wie jede andere Anspruch auf Entgelt habe. Ihm schrieb man, vielleicht mit Unrecht, das berühmte Epigramm zu, das man über der Grabstätte der Thermopylenkämpfer in Stein meißelte:

> Wanderer, kommst du nach Sparta, verkündige dorten, du habest
> uns hier liegen gesehen, wie das Gesetz es befahl.

Archilochos

Elegien finden sich auch bei *Archílochos* von Paros (um 650 v. Chr.), obwohl er eigentlich Schöpfer und Vollender einer anderen Dichtungsgattung ist: der jambischen Gedichte.
Den schon im volksmäßigen Vers heimischen Jambus führt er in die hohe Dichtung ein. Der Jambus (= ein zweisilbiger Versfuß, bestehend aus einer kurzen und einer lange Silbe, mit dem Ton auf der zweiten Silbe [◡–́]) schreitet von der kurzen zur langen Silbe, erhebt sich von dem schwachen Taktteil zum betonten. Aus sechs solchen Füßen bildete Archilochos den Trimeter (das metrische Schema des Trimeters ist ◡–|◡–|◡–|◡–|◡–|◡–), einen Vers voll Angriffslust, bereit, dem Unmut und dem Spott als Waffe zu dienen. Er ist leicht beweglich, keck, gegenwartsnah. Archilochos nützte den Vers zu allen Freiheiten, geistreichem, scharfgewürztem Spott und karikierender Übertreibung, aber auch zu einem rücksichtslosen, seinen Ruf nicht schonenden Selbstbekenntnis. Eine große Zukunft war dem Jambus beschieden. In diesen Vers kleideten die attische Tragödie und Komödie das Widerspiel des Dialoges, und von dem griechischen Drama ging er dann in das Drama und die Lyrik fast aller europäischer Völker über.
Eine zweite Schöpfung des Archilochos war der tanzartige trochäische Versfuß. Der schwächere Taktteil folgt auf den tontragenden. Archilochos einte ihn, viermal gesetzt, zu dem Tetrameter. Er neigt zu gewichtigem Pathos, aber auch zu launigem und überlegenem Spott.

Hipponax

Ungefähr 100 Jahre später erschien in den Straßen von Ephesos ein Bettler, klein und bucklig, namens *Hippónax.* Er war ein großer Spötter, vor seiner bösen Zunge waren hoch und niedrig nicht sicher. Von ihm stammt der Hinkjambus (die Eigentümlichkeit besteht darin, daß der jambische Trimeter mit einem rhythmisch verkehrten Versfuß, also einem Trochäus, schließt: ◡ –́ –́ ◡ statt ◡–́◡–́. Diese Versform heißt choliambischer Vers, der Versfuß Choliambus oder Hinkjambus), der später öfters verwendet wurde, auch von den römischen Dichtern *Catull* und *Martial.*
Vom 7. Jahrhundert v. Chr. an trat neben die Lyrik das eigentliche vielgestaltigere Lied, das der Dichter sang und sich dabei selbst auf der Lyra, später auf der Kithara begleitete.
Ein solches Einzellied (Melos) übernahm vom alten Volksgesang die strophische Form. Diese melische Lyrik bildet die Strophenform zu kunstvollen vier- oder mehrzeiligen Strophen aus, die bis herauf in die Gegenwart ein nicht mehr wegzudenkender Bestandteil aller Kunstlyrik geworden sind. *Catull* und vor allem *Horaz* haben sie zuerst in die lateinische Dichtung eingeführt. *Hölderlin* hat den beiden bekanntesten und meistgebrauchten Strophen, der alkaiischen und sapphischen, die klassische deutsche Form gegeben, noch Dichter des 20. Jahrhunderts, wie Rudolf Alexander *Schröder* und Josef *Weinheber*, haben sie mit hoher Meisterschaft nachgebildet.

Die Heimat der melischen Lyrik ist Lesbos, die melische Lyrik erhielt auch die Bezeichnung lesbische Lyrik.
Etwas später entwickelte sich neben dieser Gattung ein eigener Zweig, nämlich die Chorlyrik. Auch diese nahm von der Insel Lesbos mit dem Lesbier *Terpandros* ihren Ausgang, der sie nach Sparta brachte, von wo aus sie sich im dorischen Raum entfaltete.

Alkaios

Als Hauptvertreter der melischen Lyrik begegnet uns *Alkaios* aus Mytilene, auf der Ostseite der Insel Lesbos gelegen (um 600 v. Chr.).
Durch seine Dichtung lärmt der Aufruhr seiner Zeit, er hat Kriegslieder und politische Gedichte geschrieben. Aber er hat auch Lieder der Liebe und des Weines gedichtet.
Von seinen in zehn Büchern zusammengefaßten Gedichten sind nur Fragmente auf uns gekommen. Aber diese atmen trotz des schweren Schicksals seines Lebens einen unverwüstlichen Lebensmut, der sich durch Not nicht unterkriegen läßt und jedes flüchtige Glück der Liebe und Geselligkeit dankbar festhält. So wird Dichtung und Leben eins. Dazu kommt der Reichtum der metrischen Formen. Die alkaiische Strophe, die nach ihm benannt ist, besteht aus vier Verszeilen*. Die beiden ersten sind gleich und setzen sich aus einer in aufsteigendem und einer in fallendem Rhythmus gehaltenen Hälfte zusammen. Den dritten Vers beherrscht ganz der jambische Takt, der vierte Vers aber fällt wieder ab mit dem bewegten, zweimal gesetzten Daktylus und verebbt in zwei beruhigenden Trochäen.

Sappho

Die jüngere Zeitgenossin und engste Landsmännin des Alkaios war *Sappho*. Die Griechen rechneten sie unter die Zahl ihrer größten Lyriker, und Platon nannte sie in begeisterter Verehrung die zehnte Muse:

> Einige zählen neun der Musen; doch wahrlich, zu wenig!
> Zähle die zehnte dazu: Sappho von Lesbos ist's.

Sie stammte von *Eresos*, einer auf der Westseite von Lesbos gelegenen Hafenstadt (612 bis 557? v. Chr.). Wie Alkaios gehörte auch sie zum lesbischen Adel, wurde wie er aus Lesbos verbannt und verbrachte fünf Jahre im Exil zu Syrakus. Die Amnestie des Pittakos führte sie wieder nach Mytilene, der Hauptstadt von Lesbos, zurück.
Einem seltsamen Zufall verdanken wir die Kenntnis einiger Gedichte Sapphos. Als man Friedhöfe bei *Oxyrhynchus* in Fayum und an anderen

* Das metrische Schema der alkaiischen Strophe ist:

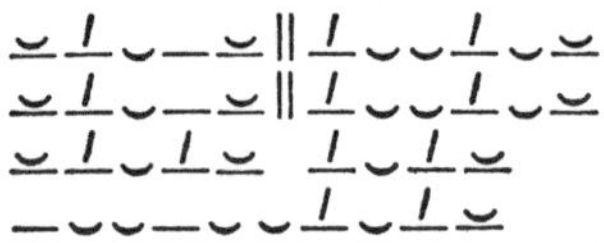

Stellen in Ägypten ausgrub, entdeckte man Särge aus gepreßtem Papier, für die man Fetzen alter Schriften verwendet hatte. Auf diesen Papierstücken fand man Fragmente verlorener Literatur, darunter auch solche von Sapphos Gedichten.

Von ihr stammt die sapphische Strophe*. Von den vier Zeilen der Strophe sind die drei ersten Verse gleich gebaut. Zwei ruhig schreitende Trochäenpaare umfangen in der Mitte einen rasch bewegten Daktylus. Der Schlußvers, der Adonius, klingt mit einem Daktylus und einem Trochäus aus.

Horaz hat 600 Jahre später wieder an die lesbische Lyrik, vor allem an Alkaios und Sappho, angeknüpft.

Die Insel Lesbos soll um diese Zeit noch einen Dichter hervorgebracht haben, von dem zwar nichts erhalten ist, der aber durch den sagenhaften Bericht in Herodots Geschichte zu einem großen Namen kam: *Aríon.* Er soll lange am Hofe Perianders zu Korinth geweilt und dort dithyrambische Chöre mit Strophe und Gegenstrophe einstudiert haben.

Anakreon

Anakreons Name wird für die Dichtergruppe der Anakreontiker im 18. Jahrhundert n. Chr. zum Aushängeschild, die, seinem Vorbild folgend, Liebe und Wein zum Hauptthema ihrer Lyrik erwählten. *Anákreon* war um 560 v. Chr. in Teos geboren und ist dort um 480 v. Chr. gestorben. Von seinen weltmännisch feingeschliffenen und jonisch-heiteren Trinkliedern und Liebesgedichten haben wir nur noch Fragmente erhalten. Aber wir spüren aus diesen den eleganten Fechterhieb des Spottes und der Selbstironie, die sie von den späteren süßlichen anakreontischen Liedern unterscheiden.

Der deutsche Lyriker *Eduard Mörike* hat uns Übersetzungen aus den Fragmenten hinterlassen.

An dem Hof des Polykrates tauchte auch ein Dichter auf, dem Anakreons Liebeslieder zum Muster wurden, der aber in Nachfolge des Stesichoros aus Himera chorische Lieder sang, *Ibykos* aus dem italischen Rhegion (um 530 v. Chr.). Von seinem Werk hat sich fast nichts erhalten. Sein legendäres tragisches Ende durch Mörderhand auf dem Wege zu den Isthmischen Spielen und die Entdeckung der Verbrecher durch den Zug der Kraniche erwähnen im Altertum einige Quellen. (*Schiller* hat uns das Begebnis in seiner Ballade von den »Kranichen des Ibykus« erzählt.)

Chorische Lyrik

Aus dem Gemeinschaftsgefühl der Polis erwuchs im Gegensatz zu der persönliches Erleben darstellenden melischen Lyrik die chorische Lyrik. Sie war, gemäß dem Charakter des dorischen Stammes, besonders auf der

* Das metrische Schema der sapphischen Strophe ist:

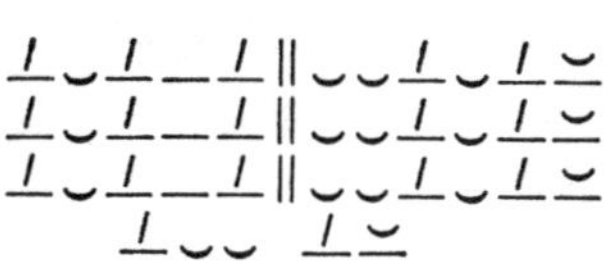

Peloponnes in Blüte, aber auch in Sizilien ausgebildet. Bei den Doriern war der starke, alle Stammesgenossen beseelende Gemeingeist schon durch Rücksichten der Selbsterhaltung der herrschenden Minderheit gegenüber der großen Menge der leibeigenen oder politisch nicht vollberechtigten Bevölkerung geboten. Diese straffe, durch Standessitte und Staatsgesetze geforderte Zucht und würdevolle Haltung unterscheidet die Dorier wesentlich von dem freieren und individuellen Leben der Jonier auf politischem und geistigem Gebiet.

Diese Richtung greift auch in der Dichtung durch. Die Poesie der Dorier ist die des gemeinschaftlichen Lebens. Bei den Festen trugen schreitende und tanzende Chöre von Männern und Knaben, von Frauen und Mädchen unter Begleitung der Flöte oder der Kithara ihre Reigenlieder vor. Den Bewegungen des Tanzes und der Massenbeteiligung entsprechend, waren die Gesänge sehr schwierig und kunstvoll, Strophe wechselte mit Gegenstrophe und verhallte im refrainartigen Abgesang. Sie waren zunächst ein Teil des Götterdienstes, dann auch Ausdruck des patriotischen Gefühls. Sie lehnten sich gern an die alte Heldensage an, in der sich die Weltanschauungen des Stammes verdichtet hatten, und setzten den gegenwärtigen festlichen Anlaß mit ihr in ausdeutende Beziehung. Ruhmeslieder verherrlichten die Sieger in den großen Wettkämpfen, Hochzeitschöre und Trauergesänge bei Leichenfeiern begleiteten das Leben des Volkes. Bei Festspielen traten die Sängergruppen unter Leitung ihrer Chorführer in künstlerischen Wettstreit. Von den Liedern sind nur wenige Bruchstücke erhalten, aber wir können uns aus der überlieferten szenischen Aufmachung solcher Darbietungen eine Vorstellung von ihrer großen Bedeutung machen.

Den Reigen der chorischen Dichter eröffnet *Alkman,* der in der zweiten Hälfte des 7. Jahrhunderts v. Chr. aus Sardes nach Sparta einwanderte. Er fand hier als Chormeister einen ihm sehr zusagenden Wirkungskreis. Denn der kriegerische Adel Spartas war der Dichtung und Musik nicht abhold, soweit diese Künste den Staatszwecken dienten.

Nach ihm ist die Alkmanische Strophe benannt, die Horaz nachgeahmt hat. Sie besteht aus zwei gleichen Verspaaren, in denen der sogenannte Alkmanische Vers, ein daktylischer Tetrameter, auf einen daktylischen Hexameter folgt.

Tisias, der nach seiner Tätigkeit als »Choraufsteller« den Namen *Stesíchoros* erhielt, war ein Bürger Großgriechenlands aus dem dorischen Himera, dem heutigen Termini Imerese, an der Nordküste Siziliens. Er lebte ungefähr von 630 bis 550 v. Chr., spielte im politischen Leben keine unwichtige Rolle und starb hochbetagt als Flüchtling in Katane (Catania). In Himera sah noch Cicero sein Standbild. Er hat dem Chorlied die seither stehend gewordene Form der Dreistrophigkeit gegeben. Der Chor bewegte sich bei den beiden ersten gleichgebauten Strophen zuerst nach links und dann nach rechts und stellte sich bei der Schlußstrophe um den Altar auf. Stesichoros verflocht in die Lyrik das epische Element, indem er Stoffe der Heldensage, z. B. des Trojanischen Krieges, der Orestie, als verklärende Spiegelbilder der eigenen Zeitläufte verwertete.

In diesem Zusammenhang ist nochmals *Simónides* (559 bis 469 v. Chr.) zu nennen, den wir schon als Meister des Epigramms kennengelernt haben. Er hat in seinen Chorliedern den Personen die feinsten und wesentlichsten Züge abgelauscht und über seine Schilderungen den zarten Hauch der Landschaft und der Jahreszeiten gebreitet.

Ebenfalls von der Insel Keos stammte der jüngere Landsmann und Neffe des Simonides, *Bakchýlides,* der um 450 v. Chr. lebte. Auch ihn zog es wie seinen Oheim in den Glanz der Fürstenhöfe und musenfreundlichen Städte, wo er in flüssiger Sprache und leichtbeschwingten Rhythmen Lieder von Wein und Liebe, aber auch Hymnen und Epinikien (Siegeslieder) sang.

Aus Böotien, dem alten Bauernland, erhob sich eines der größten lyrischen Genies der Antike, der bedeutendste Dichter der dorischen Chorlyrik, *Pindar.* Er wurde 522 v. Chr. zu Kynoskephalä bei Theben geboren und stammte aus altadeligem Hause. *Pindar*

Seine Dichtung wurzelt in dem altertümlichen Gefüge der dorischen Welt mit ihrer patriarchalisch strengen Satzung, dem Ahnenstolz, dem Sinn für den äußeren Glanz des Lebens mit seinen Waffenspielen und gastfreien Tafelfreuden.

Er hat 17 Bücher mit verschiedenen Gattungen von Liedern gefüllt, von denen uns nur ein kleiner Teil erhalten geblieben ist. Horaz hebt vier Arten hervor: die Dithyramben, Hymnen zum Preise der Götter und Heroen, Epinikien (Loblieder auf die Sieger in den großen Wettspielen) und endlich die Threnen (Trauergesänge bei Leichenfeiern). Vollständig liegen uns 45 Epinikien vor, die zum Teil für die vorläufige Feier am Abend des Sieges, meist aber für das eigentliche Fest in der Heimat des Siegers bestimmt waren. Davon galten 14 den olympischen, 12 den pythischen, 11 den nemeischen und 8 den isthmischen Siegesfesten. Sie erstrahlen im Glanz einer bilderreichen, die bewegten Gefühle und Gedanken in unentrinnbar dichte Worte bannenden Sprache. Diese ist von seherhaftem Flug, von einer Besessenheit und Glut des Herzens und einer dithyrambisch lyrischen Gewalt.

Aus dem Orient übernahmen die Griechen die Fabeldichtung und haben sie zu einer hohen künstlerischen Ausgestaltung gebracht, so daß die griechische Fabel für die Entwicklung und Geschichte dieser Dichtungsgattung zu großer Bedeutung gekommen ist. War sie früher nur ein einfaches Tiermärchen, das noch keine lehrhafte Absicht verfolgte, so bekam sie vor allem bei den Griechen einen aus den allgemein bekannten Tiercharakteren gefolgerten, geistvoll-witzigen Schluß, der eine gleichnishafte Betrachtung über die Menschen und ihr alltägliches Leben anstellte.

Äsop Der weitaus größte Teil der in Prosa überlieferten Fabeln wurde dem *Äsóp* zugeschrieben. Von seinem Leben erzählen wenig glaubwürdige und oft sich widersprechende Nachrichten. Er soll in Phrygien um die Mitte des 6. Jahrhunderts v. Chr. geboren und als Sklave nach Samos gekommen sein. Später habe er, freigelassen, Reisen zu Solon und zum Lyderkönig Krösos unternommen. Als ihn dieser mit Geld nach Delphi schickte und Äsop es verschwinden ließ, sollen ihn die empörten Delphier erschlagen haben.

Seine Fabeln bringen die bekannten Tiergestalten, vor allem den Löwen, Fuchs, Esel, an deren Treiben er menschliche Schwächen aufzeigt. Die Fabeln wurden gern gelesen und bildeten einen beliebten Stoff für Sprech- und Denkübungen in den Rhetorenschulen. Er galt den Griechen als der ausgesprochene Vertreter der Fabeldichtung und der Nachwelt als derjenige, der die Fabel erstmalig als eigene Gattung pflegte und ausbildete.

Die Musik

Die umfassende Bedeutung der Musik für die Griechen geht schon daraus hervor, daß ihre Herkunft auf mythische Stiftung zurückgeführt wird. Die Musik erhielt ihren Namen von den Musen, die uns bereits in der frühesten Dichtung als Sängerinnen begegneten. Den ersten uns erhaltenen Vers der Griechen läßt Homer mit dem Anruf der Muse beginnen:

Singe den Zorn, o Göttin, des Peleiaden Achilleus.

Den Gesang der neun Musen begleitete Apollon mit seiner Leier. Er war der Gott der geordneten Welt, des Kosmos. Aus der Regellosigkeit und der Willkürlichkeit des alltäglichen Treibens formte er durch die Musik die Welt zur festlich geschmückten Ordnung, deren Wahrung ihm ja vor allem am Herzen lag.

Eine solche Auffassung der Griechen entsprang aus einer ganz anderen Beziehung der Musik zum Leben, als es in der Gegenwart der Fall ist. Die willkürlichen musikalischen Aufführungen, wie sie uns als Konzerte und als Zugaben zu Feiern, abgesondert von dem allgemeinen Leben, zu ästhetischem Genuß und zur Zerstreuung geboten werden, waren den Griechen unbekannt. Ebenso war es ihnen fremd, religiöse Musik, losgelöst vom Kultort, zu spielen, wie wir Messen, Oratorien und Requiem im Konzertsaal aufführen. Für die Griechen gab es lange keine musikalischen Veranstaltungen als Selbstzweck. Wie es sich bei der bildenden Kunst vor allem um Weihegeschenke, also um kultgebundene Kunstwerke handelte, so war auch die Musik ein wesentlicher Bestandteil kultischer Vorgänge, ein unmittelbarer Anruf und eine Ehrung der Götter und zugleich für den Menschen ein magisches Mittel der Reinigung und Erlösung.

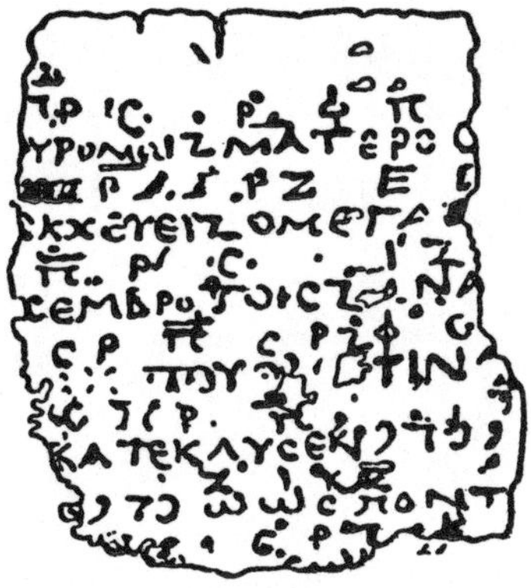

Papyrosfragment zu »Orest« von Euripides mit Notenzeichen über dem Text

Bei der nach griechischer Vorstellung engen Verbindung des eigenen Lebens zu dem Weltdasein mußte sich auch das Weltall mit Musik erfüllen. Nach der mythisch-poetischen Ansicht der Griechen zogen selbst Himmelskörper im harmonischen Einklang mit der Musik der Sphären ihre Bahnen über den Himmel.

Wenn also Musik die ordnende Grundlage für den Kosmos bildete, so mußte sie unerläßlich auch im Leben des Menschen eine bedeutende Rolle spielen. Noch gab es keine Scheidung in Ausübende und abgesonderte Zuhörer. Von Jugend auf ging die Musik als Gefährtin mit den Menschen. Schon unter Solon wurde der Musikunterricht zum Pflichtgegenstand erhoben. Man lernte singen, das Spiel der Lyra und das Flötenblasen. Da also jeder musikalische Ausbildung genossen hatte, konnte sich niemand, wenn er aufgerufen wurde, der Mitwirkung entziehen.

Das Lied ertönte bei der Arbeit und gab ihr den Gemeinschaftsrhythmus, es erklang im Frauengemach und im Männersaal beim Symposion, es regelte den Reigentanz, verschönte den Hochzeitszug und klagte bei der Totenfeier. Marschmusik begleitete die feierlichen Aufzüge bei Opferprozessionen und bei den großen Festspielen, und endlich fehlte auch die Musik nicht bei den dramatischen Aufführungen.

Überdenkt man die vielen Gelegenheiten musikalischer Darbietungen, so wird einem klar, daß die griechische Musik ebenso wie die griechischen Standbilder nicht an einen Innenraum gebunden sein kann, sondern ins Freie, in die Sonnenhelle und Klarheit des attischen Tages gehört. Die Errichtung eines Gebäudes für Konzerte erfolgte erst später, so das durch seinen Erbauer Perikles berühmte Odeion in Athen, das 445 v. Chr. eröffnet wurde.

Die Musik der Griechen ist dem endgültigen Untergang anheimgefallen. Wir können uns nur noch aus gelegentlichen Berichten antiker Schriftsteller und vor allem aus Vasenbildern über die Musik und über Gattung und Gestaltwandel der Instrumente ein annäherndes Bild machen.

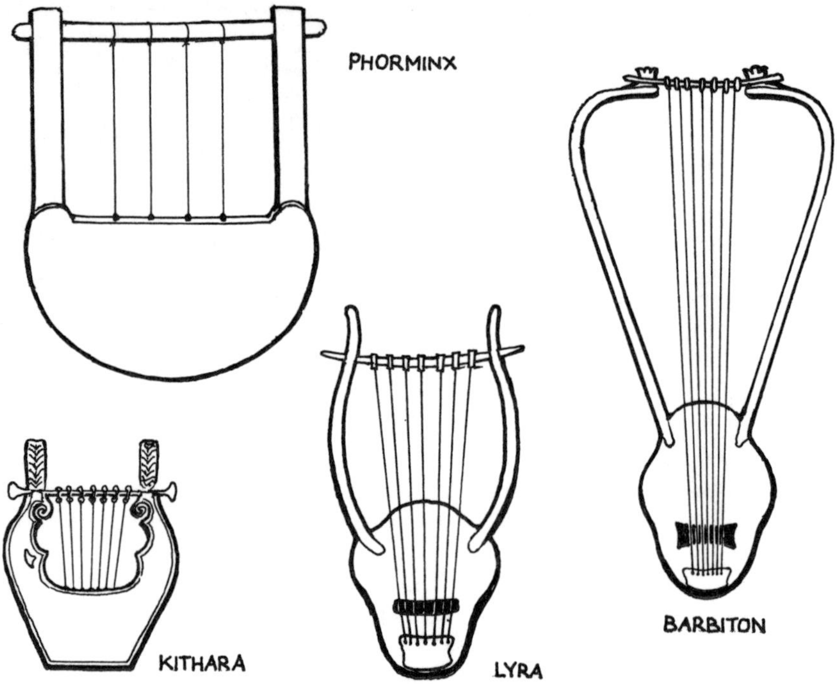

Notenschrift Die Griechen kannten noch keine eigene Notenschrift, sondern verwendeten dafür die Buchstaben des Alphabets, die sie durch Quer- und Umstellungen und Hinzufügung von Punkten und Strichen bis auf 64 Zeichen vermehrten. Geringe Bruchstücke dieser eigenartigen Notenschrift sind uns erhalten, und man hat sie auch entziffert. Trotzdem ist unser Wissen um das Wesen der griechischen Tonkunst sehr gering.

Wie die Dichtung der Hellenen keinen Reim kennt, sondern nur einen Rhythmus, so findet sich auch in ihrer Musik kein Zusammenklang der Töne, kein Akkord, es herrscht nur die rhythmische Bewegung vor. Die Gesänge waren einstimmig, es gab weder eine kontrapunktische noch
Tonleiter harmonische Mehrstimmigkeit. Die Grundlage der Musik bildete die Tonleiter. Anfangs bestand sie nur aus fünf Tönen und kannte keine Halbtöne. Die spätere Entwicklung führte zur siebenstufigen Skala, umfaßte also nach unserer Ausdrucksweise die weißen Tasten der Klaviatur. Sie hieß die diatonische Tonleiter. Man ermittelte eine Reihe von Tonarten, deren gebräuchlichste folgende waren: die dorische, kriegerisch und feierlich; die phrygische, leidenschaftlich und ungestüm; und die lydische, zärtlich und klagend.

Die Dichter waren zugleich die Komponisten ihrer Lieder, und daher gehören sie auch der Geschichte der griechischen Musik an. Diese Einheit drückt das Zeitwort melopoiein (μελοποιεῖν), ein Lied in Töne setzen, aus.

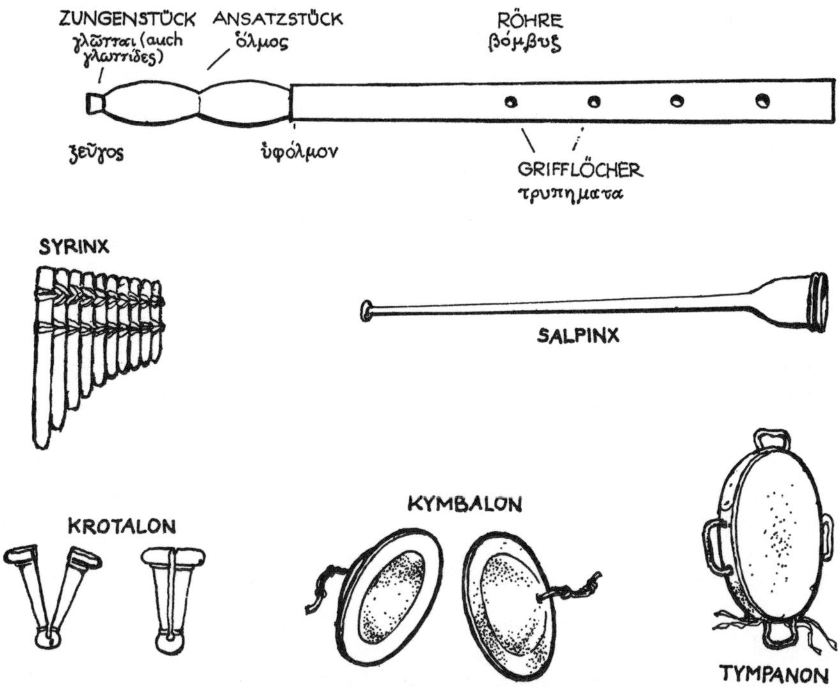

Das Melos besteht aus Logos (Text), Harmonia (Tonart) und Rhythmus (Takt). Harmonia ist natürlich mit Rücksicht auf das Fehlen der Mehrstimmigkeit nicht der Zusammenklang mehrerer in Terzen übereinandergelegter Töne, also der Akkorde, sondern nur das Verhältnis zwischen den aufeinanderfolgenden Tönen. Der Rhythmus wurde durch die Länge und Kürze der Wortsilben gegeben und setzte sich beim Chorlied in das Maß langer und kurzer, langsamer und schneller Schritte um. Der Ausfall der harmonischen Mehrstimmigkeit und der verhältnismäßig geringe Tonumfang verschoben zwangsläufig das Hauptgewicht auf den Rhythmus. Den Begriff Lied, wie er bei uns auch für das bloße Gedicht angewendet wird, kannten die Griechen nicht. Für sie ist Lied (Melos) eine selbstverständliche Einheit aus Wort, Gesang, Instrumentalbegleitung und rhythmischer Gebärde und Bewegung. *Das Melos*

Der Sänger begleitete selbst sein Lied mit dem Saiteninstrument, beim Gesang zur Flöte wirkte ein eigener Aulet mit. Die Ehrung für den Sänger bestand in einem besonderen Mahl, in ehernen Dreifüßen und in ruhmvoller Verbreitung seines Namens.

Die bekanntesten lyrischen Gattungen waren der Hymnus, das feierliche Kultlied, der Paian, das Preislied, das Hyporchema, das Tanzlied, der Dithyrambos, das begeisterte Chorlied zu Ehren des Dionysos, der Hymenaios, das Brautlied, der Threnos, die Totenklage, das Epinikion, das

Siegerlied, das Embaterion, das Marschlied, und das Skolion, das Trinklied.

Instrumente Von den Instrumenten der Griechen haben wir hauptsächlich aus den Vasenbildern eine ziemlich umfassende Kunde. Die Griechen kannten Saiten-, Blas- und Schlaginstrumente.

Unter den Saitenspielen fehlten die Streichinstrumente, die heute aus der Kammer- oder Orchestermusik nicht mehr wegzudenken sind. Man erzeugte bei den Saitenspielen den Ton durch Zupfen mit dem Finger oder durch Anschlagen mit einem Stäbchen, dem Plektron.

Das älteste, schon bei Homer erwähnte Saiteninstrument war die Phorminx. An einen segmentförmigen Schallkörper schlossen sich zwei kurze, oben durch ein Querholz verbundene Halter an. Von dem Quersteg liefen zum Schallkörper vier Saiten. Die Phorminx war ein Begleitinstrument zum Tanz.

Aus der Phorminx wurde die Kithara entwickelt. Sie hatte einen großen hölzernen Schallkasten, über dessen flache Oberseite ursprünglich sieben Saiten gespannt waren, deren Zahl sich später gelegentlich vergrößerte. Sie wurde nur stehend und bloß von Männern gespielt.

Die Erfindung der Lyra führt eine arkadische Sage auf Hermes zurück. Er soll als Klangkörper eine Schildkrötenschale verwendet haben. An dieser befestigte er zwei Arme, Tierhörnern ähnlich, verband sie mit einem Querholz und bespannte das Gefüge mit sieben Schafdarmsaiten. Die Vermehrung der Saitenzahl auf sieben wurde dem *Terpander* aus Antissa auf Lesbos zugeschrieben, der, wenn schon die Erfindung nicht von ihm stammen sollte, doch diese Saitenzahl zur Norm für die Leier gemacht hat.

Durch die Verschiedenheit der Form, hauptsächlich der weitgeschwungenen Arme, hebt sich das Bárbiton von den genannten Saiteninstrumenten ab. Seine Gestalt war schlank, der Schallkörper klein. Das Saitenspiel dürfte eine geringere Tonkraft gehabt haben als die infolge ihres mächtigen Schallkastens tragfähigere Kithara. Das Barbiton war das Begleitinstrument der Lyriker Alkaios, Sappho und Anakreon.

Die Griechen kannten schon die Harfen, und zwar die Winkelharfen, bei denen der Klangkörper und der Saitenhalter in einem verschieden großen Winkel aneinandergefügt waren. Sie waren vielsaitig, die Saiten hatten verschiedene Länge und wurden mit den Fingern gezupft.

Das wichtigste Blasinstrument war der Aulós, der, wenn man es spieltechnisch genau betrachtet, zu Unrecht mit der Flöte verglichen wird. Denn bei der Flöte werden die Öffnungen unmittelbar überblasen, beim Aulos aber wurde die Luftsäule der Röhre durch ein doppeleiförmiges Mundstück zum Schwingen gebracht. Der Aulos wurde aus Schilfrohr, aber auch aus Holz, Knochen und Elfenbein hergestellt. Das Rohr hatte vier Grifflöcher. Fast immer wurden Doppelauloi verwendet. Die olympischen

Götter lehnten dieses Blasinstrument ab, weil das Flötenspiel das Gesicht verzerre. Die Verwendung der Auloi ist sehr mannigfach und ungemein verbreitet. Man findet sie bei festlichen Anlässen, bei Hochzeitszügen und Leichenbegängnissen, als Begleitinstrument dramatischer Chöre und in der häuslichen Geselligkeit. Vielfach haben die Auloi die früheren Saiteninstrumente verdrängt. Wie Vasenbilder bezeugen, war das Zusammenspiel der Auloi mit dem Barbiton recht häufig. Ansonsten aber war es für die griechische Musik charakteristisch, möglichst jedes Instrument allein in seiner ihm eigentümlichen Wirkung zur Geltung zu bringen und eine vielfache Besetzung zu meiden.

Zu den Blasinstrumenten gehörte noch die Syrinx, aus 5, 7 oder 9 Rohrpfeifen zusammengesetzt, die Panpfeife der Hirten. Endlich die Salpinx, ein langgestrecktes Bronzerohr, das sich am vorderen Ende glockenförmig erweiterte. Sie war kein musisches Instrument, sondern die Kriegstrompete und das Heroldsignal bei Wettspielen und kultischen Aufzügen.

Neben den vielen Saitenspielen und den Blasinstrumenten gab es noch einige Schlaginstrumente, das Krotalon, eine Handklapper, dann das Kymbalon, das Metallbecken. Endlich ist noch das Tympanon, die Handtrommel, zu erwähnen. Es ist ähnlich unserem Tamburin und wurde mit den Fingern der Rechten getrommelt. Es begleitete hauptsächlich die dionysischen Umzüge. Die Schlaginstrumente sind erst später im Gefolge der Dionysosfeier in Griechenland eingeführt und besonders zum Tanz verwendet worden. Früher begleitete man den Reigen mit Händeklatschen.

Neben gymnastischen Wettkämpfen fanden auch musische Agone statt, bei denen große Meister und ganze Chöre um den Siegespreis stritten.

Den Vorrang vor der Instrumentalmusik hatte der Gesang als die natürlichste Form des Musizierens. Nach dem Tonumfang der Menschenstimme richtete sich anfänglich auch der der Instrumente. Bloße Instrumentalmusik war in Griechenland nicht beliebt und konnte sich trotz gelegentlicher Versuche nicht durchsetzen.

Die Griechen hatten die erzieherische Macht der Musik erkannt. Von ihrer ordnenden, wunderwirkenden Kraft erzählt schon frühzeitig die Sage, daß Amphion mit seinem Leierklang die wuchtigen Steinblöcke bewegte und zur Mauer um Theben fügte. Und in ähnlichem Sinne erzählten die Orpheus- und Arionsagen von der besänftigenden und erregenden Gewalt der Musik, die wilde Tiere auflauschen läßt und die Schatten der Unterwelt bezwingt. In Apollon symbolisierte sich die magische Heilkraft der Musik, die den Menschen von niedrigen Leidenschaften befreite, von sündiger Schuld löste, böse Geister bannte, ja sogar die Pest bezwungen haben soll und der Polis Sitte und Ordnung gab.

Der Tanz

Eng verschwistert mit der Dichtung und Musik war der Tanz. Er entstand aus dem mimischen Wunsch, durch rhythmisch schöne Bewegungen des Leibes, der Arme und Beine seelische Vorgänge zu gestalten.
Er war ein Teil des Kultes und wurde von beiden Geschlechtern ausgeübt. Man umfing sich nicht beim Tanzen, sondern bewegte sich getrennt im Reigen. Es gab vielerlei Tanzarten, die nach ihrem Zweck und ihrer landschaftlichen Zugehörigkeit verschieden waren und sich von einfachen Bewegungen zu sehr schwierigen und verwickelten Formen steigerten.
Der Vorübung für den Krieg diente der Waffentanz, die Pyrrhiche, der vor allem in Sparta zu Hause war. Dort führten die Knaben auch sportliche Tänze auf, die an die Übungen in der Palästra anknüpften. Ein reiches Feld für chorische Reigentänze boten der Götterdienst und die Siegesfeiern nach den Festspielen, für die bedeutende Dichter, wie z. B. Pindar, die Reigen mit dem erlesenen Wort, mit Musik und Tanzschritt ausstatteten. Anlaß zu Volkstänzen gaben Festlichkeiten aus dem Leben und dem Arbeitskreis des Volkes und aus dem Lauf der Jahreszeiten. Der Tanz ist auch nicht wegzudenken aus den chorischen Partien der Tragödie und Komödie.
Erinnerungen an die Tänze halten noch Vasenbilder und Reliefdarstellungen von Frauen fest, deren zarte Gewänder sich im wirbelnden Drehen um ihre Körper schmiegten.

Die Philosophie

Die frühesten Spuren der griechischen Philosophie deckt die verstandesmäßig noch nicht durchgeformte Dämmerung mythischer Vorstellungen. Aber schon fallen in diese Dunkelheit da und dort helle Lichtstreifen kritischen Erkenntnisstrebens.
Die erste philosophische Frage lotet in rätselhafte Tiefe; sie sucht voraussetzungslos und unvoreingenommen nach dem Ursprung, nach einem einheitlichen Urprinzip alles Seins. In dieser Frage ist aber die Überzeugung enthalten, daß die Welt einer Gesetzmäßigkeit unterliegt. Die Antwort darauf kommt nicht aus Griechenland selbst, sie kommt aus dem jonischen Kolonialland. Hier, fern von den alten Bindungen heimatlicher Überlieferung, in weltweiter Fühlung mit den großen Kulturen des kleinasiatischen Ostens und Ägyptens, an den Reibeflächen wetteifernder Religionen, an den Schnittpunkten des Handels, geboren in wirtschaftlichem Wohlstand und Luxus, führte die Muße zu Wissenschaft und Philosophie in einer Zeit, in der sich im Mutterland das Tor ins Reich der gelehrten Erkenntnis noch nicht erschlossen hatte. Auf diesem Boden, in der reichsten Stadt des griechischen Lebensraumes, Milet, erstanden jene vielseiti-

gen Persönlichkeiten, die zuerst die Frage nach dem Urgrund der Welt zu beantworten suchten.

Als erste deutlicher umgrenzte Gestalt erhebt sich aus dem Dunkel der Vergangenheit *Thales*, der früheste der Naturphilosophen (etwa 624 bis 546 v. Chr.). Ägypten und der vordere Orient vermittelten ihm ihre Bildung. Er berechnete die Höhe der Pyramiden aus ihrem Schatten zu der Tageszeit, in der die Schattenhöhe eines Mannes so groß war wie er selbst. Er befaßte sich mit Geometrie, fand einige Lehrsätze (z. B. über die Winkel im Halbkreis) und befreite die Astronomie von astrologischer Scheingelehrsamkeit. Eine seiner für die damalige Zeit großen wissenschaftlichen Leistungen war die Vorausbestimmung der Sonnenfinsternis des Jahres 585. Mit Thales schlug die Geburtsstunde der Wissenschaft. *Thales*

Seine Hauptfrage war die nach dem einheitlichen Urstoff der Welt, aus dem sich die Fülle der Einzeldinge herleiten ließ. Er glaubte, das Urprinzip im allbelebenden Wasser zu erblicken. Denn ihm erschien die Wandelbarkeit des Wassers in den verschiedenen Aggregatzuständen am ehesten geeignet, das Entstehen und Vergehen der Dinge erklärbar zu machen. Damit hat er es zum erstenmal unternommen, sich von der Welt mythischer Befangenheit der Wirklichkeit zuzuwenden.

Diesem tastenden Versuch folgte sein jüngerer Landsmann und Schüler *Anaximánder* (um 611—547 v. Chr.). Auch er befaßte sich mit astronomischen Fragen, konstruierte eine Sonnenuhr, auf der er die Planetenbahnen darstellte, und entwarf eine Landkarte der bewohnten Welt. *Anaximánder*

Die Gedankenreihe des Thales setzte er fort. Ihm schien, daß ein einzelner Stoff der Forderung nach stetigem Wechsel von Entstehen und Vergehen der Dinge nicht genüge, er müßte sich bald erschöpfen. Nicht ein einzelner Stoff, sondern nur das Unendliche ohne eine umgrenzende Form, das Apeiron (von peras = Grenze), könnte dies leisten. So tauchte zum erstenmal der Gedanke der Unendlichkeit auf, der allerdings von einer strengen mathematischen Fassung noch sehr weit entfernt ist.

Im frühen antiken Denken galten als Grundstoffe jene sogenannten »vier Elemente«, die sich im volkstümlichen Bewußtsein durch die Jahrhunderte unter diesem Namen erhalten haben und von denen noch Schiller sagt: »Die Elemente hassen das Gebild aus Menschenhand«, nämlich Feuer, Wasser, Luft und Erde.

Eines dieser Elemente, die göttliche Luft, war für den dritten milesischen Naturphilosophen *Anaxímenes* (585—525 v. Chr.), den Schüler Anaximanders, der Urstoff, der alldurchdringende Geist, aus dem sich durch Verdünnung oder Verdichtung alle anderen Stoffe bilden. *Anaximenes*

Diese erste Sicht der Grundlagen des Seins wurde als Philosophie der belebten Materie mit dem Namen Hylozoismus (von Hyle = Holz = Baustoff, Materie und von Zoé = Leben) bezeichnet. Dieser Ansatz der jonischen Naturphilosophie ging in den Stürmen der Perserangriffe unter.

Im Gegensatz zu den Hylozoisten, die die Frage nach der Stofflichkeit der Welt stellten, suchte Pythagoras den Urgrund aller Dinge in der Form.

Pythagoras *Pythágoras* (um 580–500 v. Chr.) wurde auf der Insel Samos geboren. 529 gründete er zu Kroton in Süditalien eine Philosophenschule, in die er nach dem Grundsatz der Gleichberechtigung der beiden Geschlechter – zum erstenmal in der Geschichte – nicht nur Männer, sondern auch Frauen aufnahm. Seine Gemeinde war auf aristokratischer, strenge Unterordnung unter die Autorität des Meisters fordernder Grundlage aufgebaut. Er verlangte von seinen Mitgliedern Einfachkeit in der Lebenshaltung und Kleidung, Selbstbeherrschung und Freundschaft untereinander bis in den Tod. Schiller hat den Triumph der Freundschaft in seiner Ballade »Die Bürgschaft« verherrlicht.

Durch Pythagoras wurde die Geometrie zu einer ernsten Wissenschaft, und er unterbaute sie mit einer Reihe von Lehrsätzen, die er entdeckt hatte. Die wichtigsten davon sind: Die Summe der Winkel in einem Dreieck beträgt 180°, und in jedem rechtwinkeligen Dreieck ist das Quadrat über der Hypotenuse gleich der Summe der beiden Quadrate über den beiden Katheten ($c^2 = a^2 + b^2$). Er entdeckte durch Experimente die Abhängigkeit der Tonhöhe von der Länge und Dicke der Saiten und konnte dadurch jedes musikalische Intervall mathematisch berechnen. Die Zahl bekam für ihn solche Bedeutung, daß sie ihm zur Grundlage im Bau des Alls wurde. Er suchte also den Urgrund nicht mehr im Stoff, sondern in den Zahlenverhältnissen, und so erschien ihm die Welt als ein wohlgeordneter, auf volle Harmonie aufgebauter Kosmos.

Von den Demokraten wurde Pythagoras aus Kroton vertrieben und übersiedelte nach Metapontion, wo sich die Gemeinde der Pythagoräer trotz wiederholter Anfeindungen bis ins vierte Jahrhundert v. Chr. erhielt und in vielen Gruppen über ganz Griechenland verbreitete.

Schon zu seinen Lebzeiten umgaben seine Anhänger ihn mit dem Glanz himmlischer Verehrung und erhöhten ihn zu einem Propheten und Wundermann. Seine wissenschaftlichen Erkenntnisse haben heute noch Geltung. Seine philosophischen Anschauungen verlaufen über Parmenides und Heraklit zu Platon.

Xenóphanes Wie Pythagoras war auch ein anderer jonischer Philosoph nach dem Westen ausgewandert, *Xenóphanes* (ungefähr 565–470 v. Chr.) aus dem kleinasiatischen Kolophón. Er kam nach Élea, dem römischen Velia, an der Küste von Lukanien, und gründete dort die eleatische Schule, deren Hauptvertreter nach ihm Parmenides und Zenon waren.

Xenophanes bekämpfte die Vorstellung Homers von der Göttervielheit, tadelte die durch niedrige Leidenschaften und Verirrungen entwürdigten Charaktere der Götter, stellte ihnen den einzigen, ewigen und allmächtigen Gott gegenüber und setzte diesen dem Weltall gleich. Gott und Welt sind also ein einheitliches Sein (Seinspantheismus). Aus Meeresfossilien und

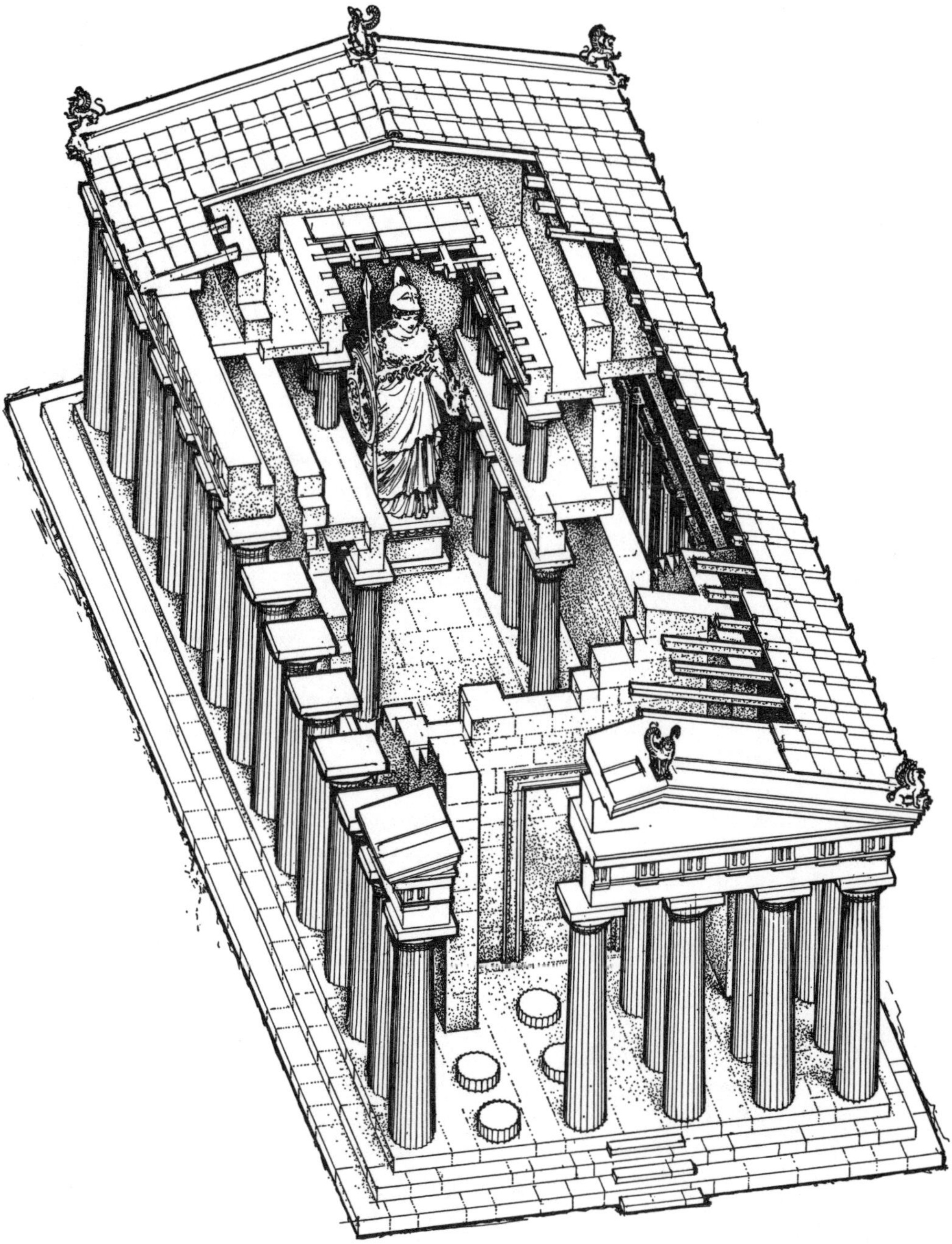

Aufbau und Inneres eines großen Tempels

Muscheln, die er mitten im Lande und auf Bergen in Sizilien fand, schloß er, das Wasser habe einmal fast die ganze Erde bedeckt.

Parmenides Fortsetzer und Vollender der Lehre des Xenophanes war sein Schüler *Parménides* (um 500 v. Chr.) aus Elea, der im Auftrag seiner Vaterstadt ein Gesetzbuch für die Eleaten herausgab. In seinem hexametrischen Lehrgedicht, das er poesievoll als Offenbarung einer Göttin verkündete, erklärte er, für ihn gebe es kein Werden und Vergehen, das wechselnde Bild von Vielfalt und Veränderung, das uns die Wahrnehmung zeige, sei nicht die Wahrheit, sondern bloßer Sinnentrug. Wahrheit sei das ewig gleiche, unbewegliche Sein, das sich im Denken enthülle. Denn die Dinge existierten nur für uns, soweit wir ihrer bewußt seien. Was nicht existiere, sei auch undenkbar. Sein und Denken sind ihm identisch.

Zenon Die immer schärfer werdende Gedankenformulierung streifte das poetische Gewand ab und bediente sich der prosaischen Lehrschrift. Die Lehre des Parmenides führte sein Schüler *Zenon*, ebenfalls aus Elea (um 460 v. Chr.), weiter und suchte den Nachweis zu erbringen, daß die Annahme der Vielheit und der Bewegung der Dinge zu unlösbaren Widersprüchen führe. Den Scheincharakter der Bewegung suchte er durch Schlüsse darzulegen. Der schnellste Läufer Achilleus könne die langsame Schildkröte niemals einholen, sobald sie nur den geringsten Vorsprung vor ihm habe. Denn sooft Achilleus den Punkt erreichte, den die Schildkröte einnehme, habe diese ihn schon wieder verlassen. So werde also der Wegunterschied nie überwunden. Auch der Schluß vom fliegenden Pfeil soll die Nichtwirklichkeit der Bewegung erweisen. Er sei eigentlich in Ruhe. Denn er befinde sich in jedem kleinsten Zeitteilchen des Fluges ja nur an einem einzigen Ort, er sei also bewegungslos.

Heraklit Im Gegensatz zu den Eleaten lehrte die heraklitische Schule, es gebe kein beharrendes Sein, sondern nur Werden und Veränderung. *Heraklit* (um 540–480 v. Chr.) stammte aus Ephesos. Er war der berühmteste Sohn dieser reichen Stadt, deren prächtiger Artemistempel mit seinen 127 Säulen als der größte griechische Tempel galt. In ihm legte er sein Buch als Weihegeschenk nieder. Es ist in einer gehobenen, symbolreichen Prosa geschrieben, voll von orakelhaften Sprüchen, die als dunkel und schwer deutbar galten und nach denen er den Beinamen »der Dunkle« erhielt. Etliche Fragmente seiner Philosophie sind heute zusammengefaßt und geben uns einen Einblick in seine Lehre, die er in der Einsamkeit der Berge geformt hat. Wie die Naturphilosophen hat auch er nach dem Urprinzip gegrübelt. Er erblickte es in dem ewig lebenden und ewig sich verändernden Feuer. Diesen Ausdruck deutete er sowohl symbolisch als Lebenskraft als auch wörtlich als Feuer. Heraklit fragte aber nicht nur wie die Naturphilosophen, was die Dinge seien, sondern auch nach dem Werden, und kommt dabei zu der Beobachtung, in der seine Philosohie gipfelt, daß alles fließt, panta rhei (πάντα ῥεῖ). Dadurch leugnet er jedes Sein und löst es in Werden auf. Alles ist ein beständiger Wechsel, alles ändert sich, man kann nicht zweimal in denselben Fluß steigen, das Wasser, das uns umgeben hatte, ist schon längst vorübergeflossen. In diesem ewigen Wandel »ist der Krieg der Vater aller Dinge«, weil alles Weltgeschehen sich im ewigen polaren Gegensatz vollzieht von Werden und Vergehen, Tag und Nacht, Mann und Frau, Jugend und Alter, Sommer und Winter. Er wendet sich gegen die, die ein Ende des Kampfes auf Erden wünschen. Dieser Kampf ist nötig, um z. B. das Bewußtsein der Ruhe nach der Arbeit, das Gefühl der Sättigung nach dem Hunger zu bekommen. Ohne diese Gegensatzspannung gebe es keinen Einklang, keine Harmonie, in der ja beide Elemente wirksam bleiben. Allen Kreislauf beherrscht ein Naturgesetz, die Weltvernunft, der Logos. Heraklit hat damit einen Begriff geschaffen, der zum bleibenden Besitz des Abendlandes geworden ist.

Die bildende Kunst

Architektur

Die kretischen und mykenischen Kulturen kannten noch kein Gotteshaus. Ihrem bildlosen Kult genügte ein in der freien Natur abgeschlossener Weiheplatz mit dem darin aufgestellten Altar für die blutigen Opfer. Noch waren es vorwiegend Naturkräfte, die man als Götter im heiligen Bezirk verehrte. Solche heilige Opferstätten erhielten sich durch die Jahrhunderte in großer Zahl. Erst als man anfing, die göttliche Idee in idealisierter Menschengestalt zu vergegenständlichen, ergab sich die Notwendigkeit, dem Götterbild einen abgeschlossenen Raum zu schaffen. Man baute nun ein kleines Haus im heiligen Hain, über der Stätte alter Heroengräber, auf einsamen wogenumbrandeten Felsen, auf bevorzugter, erhabener Bergeshöhe im Stadtbezirk. Und erst später ist der Gott in sein Heiligtum mitten im menschlichen Wohnkreis eingezogen. Diese Plätze blieben auch weiterhin bis in die christliche Zeit geweihte Bereiche, so daß z. B. in Syrakus die Reste des aus dem Anfang des 5. Jahrhunderts stammenden dorischen Athenetempels in den christlichen Dom der Stadt umgebaut wurden.

Als Vorbild für den Tempelbau diente der schon hochentwickelte Profanbau, das seit frühester mykenischer Zeit in Griechenland heimische Megaron. Es war ursprünglich als einräumiges, längliches Viereck mit dem Eingang an der Schmalseite. Allmählich vergrößerte man den Hauptraum durch die vorgezogenen Längswände (Anten) um eine Vorhalle und grenzte diese später mit (im allgemeinen zwei) Säulen ab. Die ältesten uns erhaltenen, sehr geringen Tempelreste stammen aus dem späten 8. Jahrhundert v. Chr. Diese Bauten waren zuerst aus Holz aufgeführt, dann bestanden die Wände aus luftgetrockneten Ziegeln mit dazwischengelegten Balken und hatten

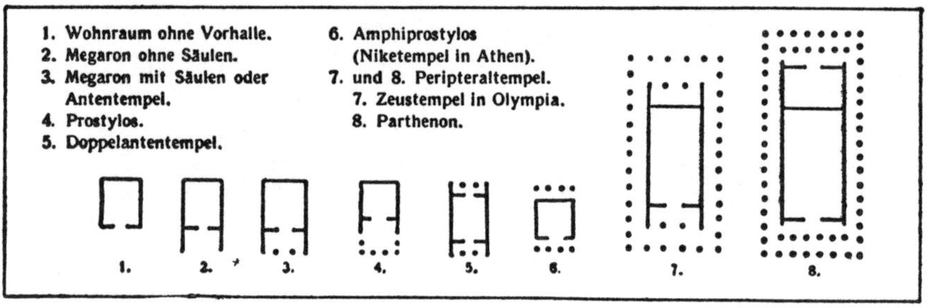

Tempelformen

Bretterverschalung an den Stirnseiten. Die Säulen waren aus Holz, und die flache Decke trug einen Lehmbelag. Der Tempelinnenraum, die Zella, wurde nun die Wohnung (Naós, ναός) des Gottes. Der Tempel war also nicht, wie in unserer heutigen Vorstellung, der Versammlungsraum der betenden Gemeinde, sondern er beherbergte nur das vollplastische Götterbild und den Räucheraltar. Die Andächtigen standen vor dem Eingang im Freien um den Opferaltar, wo das Tieropfer dargebracht wurde.

Tempelformen

Die älteste Tempelform war im engsten Anschluß an das altgriechische Haus der Antentempel mit der fensterlosen, das Licht durch die Eingangstür empfangenden Zella, dem aus den vortretenden Längswänden und den Säulen gebildeten Vorraum. Wiederholte sich die gleiche Vorhalle auf der Hinterseite des Tempels, so hieß er Doppelantentempel. War der Zella eine säulengetragene Vorhalle vorgelegt, so trug der Bau den Namen Prostylos. Eine Abwandlung dieser Form war der Amphiprostylos (amphi, ἀμφί, adv. = auf beiden Seiten), mit Vorhallen auf beiden Stirnseiten.

Allmählich erhöhte man das Flachdach zu einem mäßig geneigten Satteldach, dessen dreieckige Querschnitte, die Giebelfelder, Raum zur Aufnahme von Hochreliefs oder plastischen Gruppen boten. Den First und die beiden Ecken des Giebels schmückte man mit tönernen Aufsätzen, den Akroterien, in Form von lebhaft gefärbten Akanthusranken, Palmetten und Figuren. Die Zella erhielt als Behüterin des Götterbildes ihren Schmuck in einer ringsumlaufenden Säulenhalle (Peristasis), zuerst bescheiden aus Holz, dann aber kunstvoll aus Kalkstein und endlich aus Marmor. Sie umhüllte wie ein durchsichtiger Mantel den Raum und gestaltete den ganzen Bau zu einem von allen Seiten ähnlichen, frei dastehenden plastischen Kunstwerk. Diese »ringsum beflügelte« (peripteros) und eigentlich klassische Form des griechischen Tempels führte den Namen Perípteros. Schlang sich eine doppelte Säulenreihe um die Zella, so bezeichnete man den Tempel als Dipteros. Beim Pseudoperipteros tragen nur die Vollsäulen der Vorhallen das Gebälk, alle übrigen treten als Halbsäulen rings aus der Zellawand. Beim Pseudodipteros fehlt von den beiden umlaufenden Säulenreihen die innere, so daß die äußere doppelt so weit von der Zellawand absteht wie beim Peripteros. Der Typus des säulenhallenlosen Tempels erhielt sich in den von den einzelnen Staaten im heiligen Bezirk errichteten kleinen Tempelschatzhäusern. Der auf kreisrundem Grundriß aufgebaute offene Tempel mit säulengetragenem Dach findet sich sehr selten. Man nennt ihn Monopteros (Tempel der Roma auf der Akropolis zu Athen).

Eine weitere Sonderform des Tempels ist der von einem Säulenkreis umgebene Rundbau, die Tholos.

Der griechische Tempel, als Außenbau gedacht, erhielt seine künstlerische Gestaltung durch die um einen geschlossenen Mauerkern gelegte Säulenhalle. Diese setzte sich zusammen aus den Säulen als dem tragenden und dem Gebälk als dem lastenden Element. Der Gesamtrhythmus des griechischen Tempelbaues beruht auf dieser wunderbaren Ausgeglichenheit von Stütze und Last. Er beherrscht alle Bauten bis ans Ende der Antike. Nur in unwesentlichen Änderungen, die nicht die bauliche Werkform, sondern die künstlerische Ausschmückung betrafen, prägten sich die zeitgebundenen Stilmerkmale aus.

Als die Tempel im 6. und 5. vorchristlichen Jahrhundert entstanden, haben sich vor allem die Dorier der Peloponnes und die Jonier an seiner Ausgestaltung beteiligt und die dorische und jonische Säulenordnung geschaffen, denen sich bald darauf die Neuerung des korinthischen Stiles anschloß.

Der dorische Stil

Die dorische Säulenordnung ging vom mittleren und südlichen Griechenland aus. Sie ist in ihren Gleichgewichtsverhältnissen zwischen Tragen und Lasten sehr klar, und ihr einzigartiges harmonisches Ebenmaß läßt die sparsamen Schmuckformen nicht als Mangel erscheinen.

Die dorische Säule steigt ohne Unterlage (Basis) direkt aus der Grundfläche (Stylobat) des Tempels. Sie ist in der ersten Zeit verhältnismäßig niedrig, mißt nur ungefähr 5 untere Säulendurchmesser, erreicht in der klassischen Zeit 6 und erhebt sich später in schlankem Wachstum bis zu $7^{1}/_{2}$ Durchmessern. Der Schaft verjüngt sich ursprünglich nach oben, aber je mehr die Höhe im Laufe der Zeit zunimmt, desto geringer wird die Abnahme des Durchmessers. Die frühdorische Säule zeigt in ihrem unteren Drittel eine sanfte Schwellung des Schaftes (Entasis); sie erweckt dadurch den Eindruck, als leiste sie mit dieser elastischen Erweiterung einen Widerstand gegen den Druck der auf ihr liegenden Last.

Die Säule besteht aus mehreren aufgeschichteten Säulentrommeln, das sind zylindrisch geformte Stücke, die nicht durch ein Bindemittel, sondern durch Holzzapfen übereinander befestigt werden, die in quadratischen Vertiefungen der Trommelmitte stecken. Als Ausnahmen finden sich bei einigen Tempeln Säulen aus einem einzigen Steinblock gehauen, sogenannte Monolithen. Scharf aneinanderstoßende senkrechte Rillen (Kannelüren), gewöhnlich 20 an Zahl, tragen den betonten Ausdruck des Aufstrebenden.

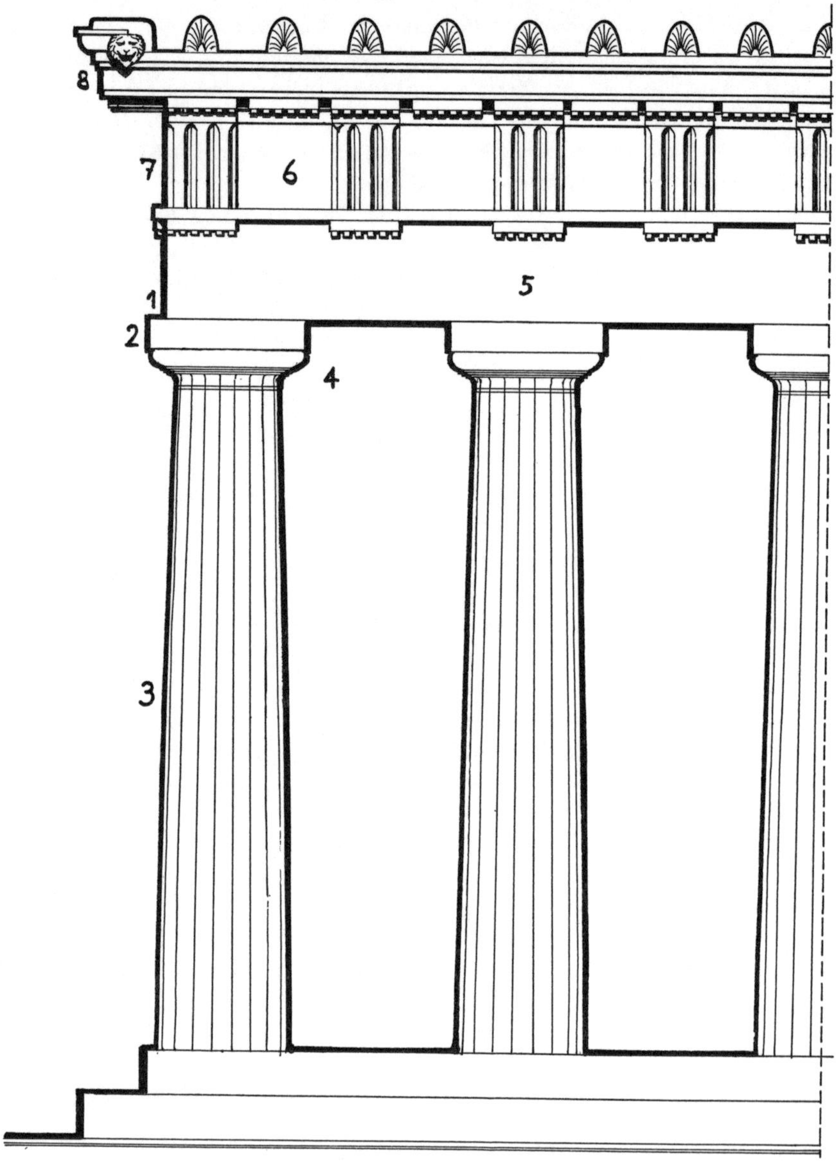

Dorische Säulenordnung

1 Abakus
2 Echinus
3 Säulenschaft
4 Ringe, Anuli
5 Architrav
6 Metopen
7 Triglyphen
8 Geison

Querrillen am Säulenhals deuten auf die kommende Umbiegung in die Horizontalbewegung. Drei Ringe schließen die Säule ab. Darauf sitzt der kreisrunde Wulst (Echinus), der bei den ältesten Tempeln wuchtig in die Breite quillt, bei den späteren mehr der abgeschrägten Vertikallinie folgt, denn der Wegfall der Verjüngung des Säulenschaftes macht die starke Ausbuchtung überflüssig. Die auf dem Echinus ruhende quadratische Auflageplatte (Abakus) dehnt die Tragkraft der Säule auf ein vergrößertes Feld aus. Echinus und Abakus zusammen bilden das Kapitell und dienen dem Übergang aus der senkrechten zylindrischen Stütze zur waagrechten prismatischen Last.

Der Abstand der Säulen voneinander beträgt durchschnittlich $1^1/_2$ Säulendurchmesser. Die Säulenzahl eines Tempels wird gewöhnlich durch die Formel: Anzahl der Frontsäulen × Anzahl der Säulen der Langseite, also z. B. 6 × 13, ausgedrückt. Dabei muß aber berücksichtigt werden, daß die Ecksäulen doppelt gezählt sind. Somit gelangt man zur Gesamtsumme, wenn man von der doppelten Summe der Säulen der Stirn- und Langseite also [(2 × 6) + (2 × 13) = 38] 4 abzieht. Es hat folglich ein Tempel 6 ×13 insgesamt 34 Säulen (z. B. der Concordiatempel in Agrigent, Sizilien), ein Tempel 6 × 14 insgesamt 36 Säulen (z. B. der Athenetempel in Syrakus). In der Front standen meist 6 Säulen, ihre Zahl gab der Bauform den Namen Hexastylos. Die Langseiten der ältesten Tempel hatten 15 oder 16 Säulen (Heraion in Olympia), ja der Tempel C in Selinunt (Sizilien) wies sogar 17 Säulen auf. Die allmähliche Verkleinerung des Grundrisses in der Längsrichtung führte auch zu einer Verringerung der Säulen an den Langseiten, so daß der Hexastylos mit der doppelten Säulenanzahl an den Langseiten zur Normalform wurde.

Das Gebälk besteht aus dem Architrav, dem Fries und dem Kranzgesims. Der Architrav ist ein ungeschmückter mächtiger Steinbalken, der Säule mit Säule verbindet und oben durch eine vorspringende Leiste abgegrenzt wird. An ihrer Unterseite sind in bestimmten Abständen über der Mitte jeder Säule und des Säulenzwischenraumes Leistchen (Regulae) mit je 6 tropfenförmigen Pflöckchen (Guttae) angebracht.

Im alten Holzbau trug der Architravbalken senkrecht zu ihm die vierkantigen Deckenbalken, deren Enden mit dem Architrav abgeglichen waren. Zwischen den Hauptbalken ergaben sich quadratische bis viereckige Öffnungen. Im Steinbau liegt auf dem Architrav der Fries. Er ist abwechselnd mit vertikal dreifach gerillten Platten, den Triglyphen (Dreischlitzen) und den Metopen (Relieffeldern), geschmückt, die mythologische Szenen (Kämpfe der Zentauren, Arbeiten des Herakles) darstellen. Nach antiker Deutung entsprechen die Triglyphen den mit Brettchen verkleideten Balkenköpfen und die Metopen den Zwischenfeldern zwischen den Hauptbalken. Die durch rhythmischen Wechsel zu einem Ganzen verbundenen Triglyphen und Metopen bilden den Triglyphenfries.

Der oberste Teil des Gebälks ist das Kranzgesims, Geison. Es kragt mit starkem Schlagschatten über den Fries vor und schützt die Fassade vor dem ablaufenden Regenwasser. Darum hat auch die Hängeplatte in rhythmischer Übereinstimmung mit dem Triglyphenfries an ihrer vorderen Unterseite dünne Leistchen (Mutuli) angebracht, von denen, ähnlich wie bei der Deckplatte des Architravs, je 6 Tropfen, in drei Reihen hintereinander geordnet, herunterhängen. Das waagrechte Geison der Langseite setzt sich auch auf den Schmalseiten fort, teilt sich aber an den Ecken der Front, steigt von dort zum Dachfirst auf und umrahmt das dreieckige Giebelfeld oder Tympanon.

Auf dem Geison liegt die eigentliche, nach aufwärts gekrümmte Dachtraufe, die Sima. An ihr entlang läuft das Wasser durch die Löwenköpfe des Wasserspeiers zur Erde. Die flache Decke des Säulenumgangs war aus Stein, und die Deckenplatten trugen an ihrer unteren sichtbaren Fläche regelmäßige vertiefte Felder (Kassetten), deren Schmuck goldene Sterne auf blauem Grund bildeten. Die Zella hatte stets eine hölzerne Decke, die in ähnlicher Weise geziert war. Bei größeren Bauten teilte eine Säulendoppelreihe den Innenraum in ein breites Mittelschiff und zwei schmälere Seitenschiffe. Da die Mauern fensterlos waren, flutete nur, wenn man die hohen Torflügel öffnete, das Licht der südlichen Sonne in die Zella und umgoldete das in magischem Dämmerlicht stehende Götterbild. In wenigen Ausnahmefällen blieb die Zella ungedeckt. Solche Tempel hießen Hypäthraltempel (vom griechischen hypaithros = ὕπ-αιϑρος = unter freiem Himmel). Sonst bestand das Dach aus Ton- oder Marmorziegeln.

Nach landläufiger Meinung stellen wir uns die antiken Tempel sonnenüberflutet im hellen Schimmer des Marmors oder bei Verwendung von Kalkstein in der weißen Farbe des Stucküberzuges vor. Das war auch die Ansicht Winckelmanns und seiner Zeitgenossen. Da entdeckte im 19. Jahrhundert n. Chr. der Kölner Architekt *Hittorf* bei genaueren Untersuchungen der Tempelruinen in Sizilien, daß die griechischen Bauten bemalt waren, und veröffentlichte dieses Ergebnis in seinem Buch (1830). Vor allem bemalte oder tönte man mit farbigem Putz die vorspringenden Bauteile wie Triglyphen, Reguale, Mutuli, Guttae, die untere Seite des Geison, die Sima, den Metopengrund, wobei Blau, Schwarz und Rot vorherrschten. In buntfarbigem Schmuck leuchteten die Kassettendecken des Säulenganges und der Zella ebenso wie die Akroterien.

Farbige Tempel

Der dorische Tempel erhebt sich auf einem gewöhnlich dreistufigen Unterbau. Das im Boden liegende Fundament ist der Stereobat, die oberste Stufe, auf der die Säulen stehen, der Stylobat. Hohe Stufen führen zu ihm. Sie wecken in mühsamem Steigen das Bewußtsein, der Weg sei kein alltäglicher, er weise zur Gottheit. Im Säulenumgang und in der Vorhalle stellte man die Weihgeschenke für die Gottheit auf und hängte die erbeuteten Waffen an die Wände.

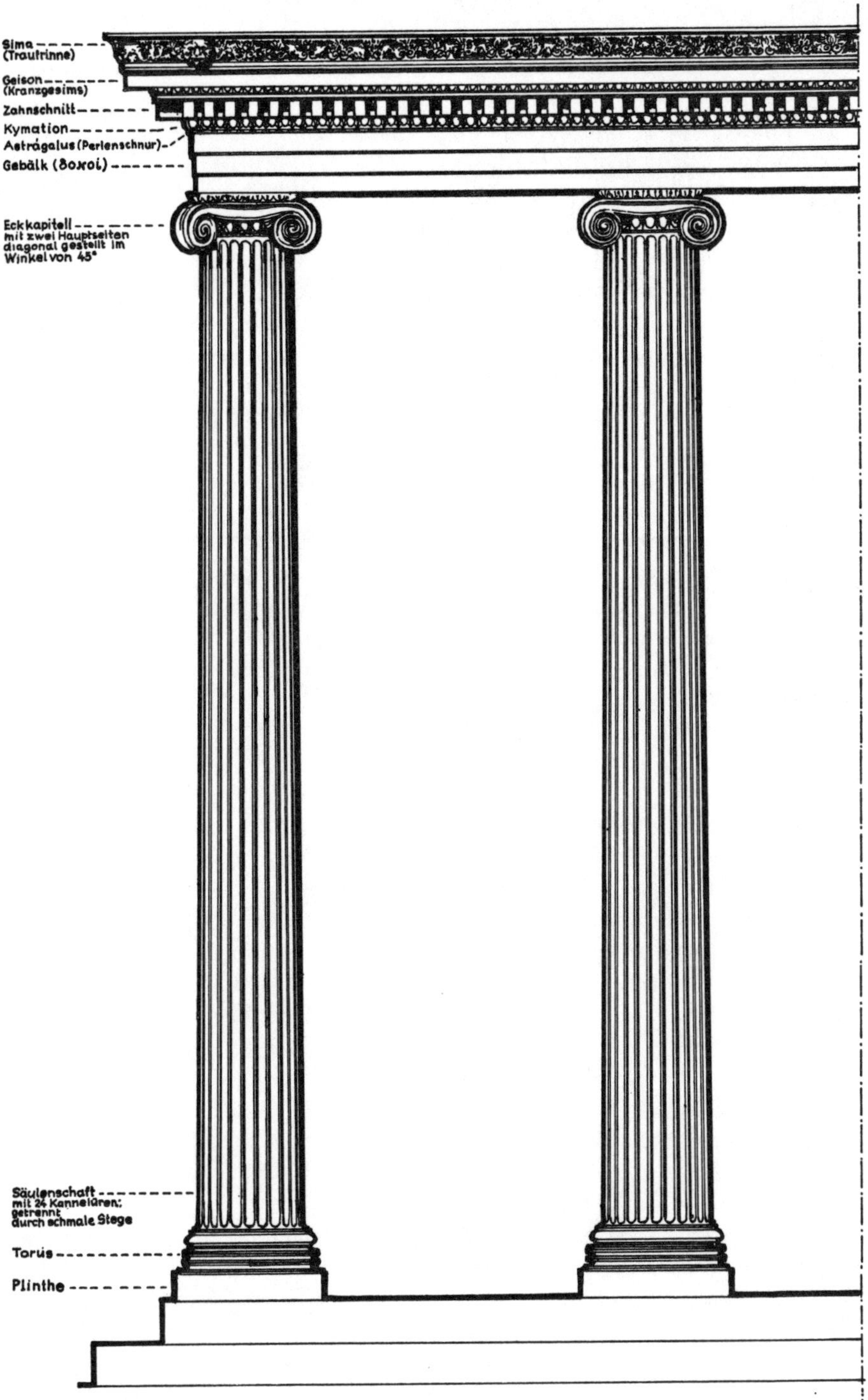

Jonische Säulenordnung

Der griechische Tempel steht immer allein, stößt nie an einen weltlichen Raum. Er ist in seiner Geschlossenheit und Harmonie der Teile eine wunderbare Einheit. Bis in die feinsten Proportionen sind alle Teile zum Ganzen ausgewogen. Erst genauere Messungen entdeckten die leise Einwärtsneigung der Säulen im Peripteros, die Verstärkung der Ecksäulen und die Verringerung des Säulenbestandes an der Front gegen die Seiten hin, ebenso die leichte Aufwölbung des Unterbaues gegen die Mittellinie zu. Die klare Geschlossenheit des Tempels ist so groß, daß kein Teil geändert werden kann, ohne die anderen mitzuziehen, und daß er keine Nebenräume, keine Anbauten duldet; mit der Einfügung des letzten Quadersteines ist sein Bau beendet, er kann nicht mehr im Laufe der Zeiten wachsen, wie manchmal unsere Dome. In seiner Selbstgenüge ist er ein Ebenbild der griechischen Polis.

Uns begegnen heute in Griechenland und in Sizilien gut erhaltene dorische Tempel, die ein klares Bild dieser vorzeitigen Bauten geben.

Der jonische Stil

Der mit der dorischen Säulenordnung fast gleich alte jonische Stil hat seine Heimat nicht im Mutterland, ist daher nicht mehr so deutlich mit der herben, männlich-heroischen Kultur verbunden, sondern stammt aus den Griechensiedlungen an der kleinasiatischen Küste und den Städten der ägäischen Inseln. Aus der Vermischung mit fremden Einflüssen erklären sich seine weicheren, schmuckfreudigeren Formen.

Den wesentlichen Unterschied zeigt vor allem die Säule. Sie erhebt sich nicht baumartig unmittelbar vom Boden, sie hat eine mannigfaltig geformte Basis. Im allgemeinen besteht sie aus einer quadratischen Sockelplatte (Plinthe), die den Stylobat ersetzt. Darüber liegen abwechselnd kreisrunde Wülste und Hohlkehlen, aus denen der Schaft steigt. Attika bildete diesen Sockel zur attischen Basis um. Die Plinthe fehlt, die Basis beginnt mit einem mächtigen, runden Wulst (Torus), der mit einer zweiten, meist ornamentierten Ausbuchtung eine tiefe Hohlkehle (Trochilus) einschließt. Da der zweite Wulst von kleinerem Umfang ist, so bildet er durch seine Verschmälerung eine rhythmische Überleitung zu dem schlanken Säulenschaft. Dieser ist höher als in der dorischen Ordnung und beträgt $8^1/_2$ bis $9^1/_2$ untere Säulendurchmesser. Der Zwischenraum der Säulen vergrößert sich auf 2 Durchmesser. Die Kannelüren, 24 an Zahl, stoßen nicht in scharfen Kanten aneinander, sondern sind durch Stege getrennt, tiefer ausgehöhlt und werden vor dem unteren und oberen Säulenende durch halbkreisförmige Bogen abgeschlossen.

Am eigenartigsten ist das Kapitell. Eine Perlenschnur — perlenähnliche Kugeln zu einer Schmuckleiste aneinandergereiht — leitet vom Schaft zum Echinus über. Ihn umkleidet das Ziermotiv des Eierstabes. Dieser — auch jonisches Kymation genannt — besteht abwechselnd aus eiförmigen und pfeilspitzenartigen Gebilden. Darüber liegt statt des einfachen Abakus ein breiter, nach unten durchhängender Polster, der sich nach außen in kräfti-

Korinthische Säulenordnung

gen Spiralen (Voluten) zusammenrollt. Zwischen die lebendig beschwingten Voluten und den Architrav ist eine dünne, verzierte Platte eingeschoben. Die jonische Säule wurde wegen ihrer schlankeren Proportionen zunächst im Innenbau verwendet.

Das Gebälk gleicht in der Einteilung dem dorischen, unterscheidet sich aber in der Ausgestaltung. Der Architrav besteht aus einem dreigliedrigen Balken. Dadurch wird ihm viel von der dorischen Schwere genommen. Ein reiches Ornamentenband trennt ihn von dem Fries. Dieser findet sich allerdings nur auf Bauten des klassischen jonischen Stils, und für ihn ist die griechische Bezeichnung Zóphoros (Bildträger) sinnvoll, denn er trägt ein das ganze Viereck umlaufendes, zusammenhängendes Figurenrelief. Zu seinem Schutze mußte das jonische Kranzgesims besonders weit vorkragen. Um ihm ein gefälliges und mehr entlastetes Aussehen zu geben, wurde es mit allerlei Blattleisten geziert und dort, wo der Figurenfries fehlte, mit dem Zahnschnitt erleichtert. Die Zähne entsprechen den dorischen Triglyphen, die Zwischenräume den Metopen. Die Decken- und Dachanlage sowie die Wasserspeier ähneln der dorischen Stilordnung. Die Vielfalt des ornamentalen Zierates mit seinen betonteren Licht- und Schattenwirkungen läßt die farbige Ausschmückung der jonischen Tempel mehr in den Hintergrund treten.

Der korinthische Stil

Die korinthische Säulenordnung hat sich nicht zu einer selbständigen Gattung entwickelt, sondern ist nur eine aus phantasievoller Neigung zu spielerisch üppigen und prachtentfaltenden Schmuckformen hervorgegangene, elegantere Abart des jonischen Stils. Die neue künstlerische Leistung zeigt sich im Kapitell, dessen Erfinder der korinthische Bronzearbeiter *Kallimachos* gewesen sein soll. Allerdings waren schon Vorbilder in Ägypten, wo dieses korbförmige, von einem Blätterkranz umsäumte Kapitell häufig vorkommt. Aber erst die Griechen haben es zu der reich gegliederten Anmut gebracht.

Den unteren Teil des Kapitells bilden gewöhnlich zwei Reihen aufrechtstehender, stilisierter Akanthusblätter (Bärenklau, eine Distelgattung), deren Spitzen sich graziös nach außen neigen. Aus dem Blätterkelch wachsen Ranken zu der Abakusplatte empor, die sich in der Mitte der vier Seiten zu palmettenartigen Blumen einen, an den Ecken zu Voluten runden und die Platte tragen. So vermitteln sie zwischen dem Säulenrund und dem Deckquadrat. Die Basis und die Kannelierung der Säule entsprechen dem jonischen System.

Mit der gleichartigen Ausbildung aller Seiten, mit der Möglichkeit, sich dekorativ weiterzuentwickeln und für alle Aufgaben im baulichen Organismus verwenden zu lassen, hat die korinthische Säulenordnung in späterer Zeit große Beliebtheit erlangt und diente, zum sogenannten Kompositkapitell verändert, den Römern als beliebte Stilart für ihre sakralen und profanen Prunkbauten.

Plastik

Die griechische Baukunst hat in archaischer Zeit bereits alle Grundformen im Tempelbau gefunden, und spätere Jahrhunderte konnten nur mehr durch unwesentliche Änderungen und Vermehrung der Schmuckformen den Stil weiterbilden. Ebenso führte in der Bildhauerkunst die Entwicklung aus ganz einfachen Anfängen zu beträchtlichen Leistungen, wenn auch die Höhe in dieser Epoche noch nicht erreicht wurde.

Zuerst bediente man sich nur des Holzes als Material und des nachgiebigen Kalksteins (Poros), später des Marmors. Von Holzskulpturen ist uns nichts erhalten. Sie lassen sich nur aus dem Stil der Steinplastiken erschließen. Die ältesten Götterbilder, von denen wir hören, waren aus Pfählen oder dicken Brettern geschnitzt. Dieses Blockhafte, Starre, zeigen auch noch die ersten Figuren. Sie erinnern mit ihrem ganz allgemein gehaltenen Gesichtsausdruck, ihrer Gebundenheit der Arme an den Rumpf und den aneinandergepreßten Beinen, ihrem Zusammenschluß von Kopf und Hals durch die steifen Haare stark an ägyptische Vorbilder. Die Griechen ahmten auch darin die Ägypter nach, daß sie die Figur aus der Verhaftung an den Stein lösten, jedes Bein für sich gesondert formten und den linken Fuß vorstellten.

Kouros und Kore

Solche lebens- oder überlebensgroßen Figuren von Jünglingen (Kouroi) und Mädchen (Koren), meist in Marmor, sind uns in größerer Zahl erhalten. Die Darstellung des nackten männlichen Körpers verlangt eine sorgfältige Durchformung der Muskelgliederung und der Gelenke. Der Typus des Kouros wird immer mehr vervollkommnet. In deutlicher Frontalität wird der Körper zwischen Ruhe und Bewegung ausgewogen. Unbändige Kraft und Energie zur Tat liegt in dieser Haltung, aber noch nicht im Gesichtsausdruck.

Schon mit dieser frühen Kunst beschritt der Grieche den Weg, der ihn zur Erkenntnis der Würde des Menschen führte. Er hat aus dem Bewußtsein seines göttlichen Ursprungs die menschliche Gestalt als das Höchste angesehen, was er den Göttern weihen konnte. Diese Statuen waren Opfergaben an die Götter.

Hat sich der Körper der Kouroi schon früh aus der starren Haltung gelöst, so förderte bei den Koren, die man in großer Zahl unter dem Schutt der Akropolis fand, die Bekleidung das Blockhafte der Körperdarstellung. Erst nach und nach befreiten sich auch diese Figuren aus der steifen Gestrecktheit durch die Bewegung der Arme und die geschwungenen und gebauschten Linien des Gewandes.

Als eine besondere Art der Weihegeschenke sei der Kouros mit dem Stierkälbchen genannt. Nach der Basisinschrift des »Kalbträgers« ist es die Weihegabe eines Mannes namens Rhombos, der sich hier um 570 v. Chr. in Marmor nachbilden ließ, wie er ein Kälbchen auf den Schultern zum

Opfer bringt. Das Tier wirkt viel naturwahrer als der Mann mit seinen symmetrisch gewinkelten Armen, dem perlenschnurartig eingekerbten Haar, den großen, einst mit anderem Material eingesetzten Augen. Und doch spricht aus der ganzen Gestalt ein lebenskluger, gerader Sinn, eine demutsvolle Unterwerfung unter eine höhere Macht.

Neben den Rundfiguren ist auch das Relief erwähnenswert für die Steinplastik dieser Zeit. Es findet sich in Verbindung mit der Architektur als *Metope* Metope oder Fries und selbständig als Grabrelief. Den Entwicklungsgang der Reliefkunst können wir jetzt gut an den Metopen verfolgen. Die ältesten Metopen aus der Mitte des 6. Jahrhunderts v. Chr. sind eine Europa auf dem Stier und eine Sphinx, die beide durch die Flachheit des Reliefs sehr altertümlich wirken. Um die Mitte des 5. Jahrhunderts v. Chr. entstand die Metope des Tempels E mit Zeus und Hera, schon fortgeschritten in der Darstellung der Figuren und in der Bewegung.

Giebelfiguren In der Mitte zwischen Rundplastik und Relief stehen die Giebelfiguren der Tempel. Zu den ältesten, auf der Akropolis gefundenen, zählen jene jetzt im Akropolismuseum verwahrten Fabelwesen mit menschlichem Oberkörper, der sich in Fisch- oder Schlangenleib fortsetzt und damit eine sehr geeignete Füllung der Giebelwinkel abgibt. In der linken Eckgruppe ringt der kniende Herakles mit dem fischleibigen Triton, in der rechten schaut ein dreiköpfiges Ungeheuer mit ineinandergewundenen Schlangenleibern neugierig in die Welt. Es leuchtet in Farben, Gesicht und Oberkörper sind braun, der Bart blau, die Lippen rot, die Schlangenleiber blau, rot, weiß.

Grabstele Als Beispiel für eine Grabstele aus dieser Zeit sei das Grabrelief eines Waffenläufers aus dem Jahre 520 v. Chr. erwähnt, das sich jetzt im Nationalmuseum zu Athen befindet. Das Relief wird oben von einer dem jonischen Kapitell ähnelnden Platte mit Voluten abgeschlossen. Der Körper des Kriegers ist niedergesunken und berührt mit dem rechten Knie fast den Boden. Dadurch liegt noch ein Hauch von Leben über dem wankenden Körper, ein letztes Aufbäumen gegen den Tod. Die Unterarme drücken sich an den Körper, als wollten sie ihn im Fall auffangen. Aber der gebeugte Kopf mit seiner der Bewegung des Vorwärtsschreitens entgegengesetzten Wendung überschattet das ganze Bild mit der Todestragik des Endes. Der zu harmonischem Ausgleich gebrachte Gegensatz (Kontrapost) zwischen Lebenswille und Untergang gibt die wunderbare Gestaltungsmöglichkeit des Todes.

Wir sehen schon aus diesem einen Beispiel, wie weit sich die Griechen von den blockhaften Anfangsversuchen in verhältnismäßig kurzer Zeit entfernt haben. Wo sie zu dieser Zeit anlangten, sind die Ägypter und andere stehen geblieben.

Der Kampf um die Freiheit 500—448 v. Chr.

Sparta und Athen

Am Ende des sechsten Jahrhunderts war Griechenland an einer großen Wende angelangt. Die fortwährenden Kämpfe zwischen Adel und Volk hatten die alten Ordnungen und bestimmenden Gesellschaftsschichten mit ihren patriarchalischen Lebensformen erschüttert, sie wichen der Herrschaft der Gemeinschaft, der Gesamtheit des Volkes. Aber noch waren die Griechen zerspalten in einzelne Stämme und Städte. Unter diesen waren allerdings zwei in bedeutende Vormachtsstellungen gerückt. Es waren Sparta und Athen.

Nach dem zweiten Messenischen Krieg wurde *Sparta* der mächtigste Staat des griechischen Mutterlandes und versuchte, seinen Einfluß auch auf die Gemeinden der nördlichen Peloponnes auszudehnen. Es kam zum Peloponnesischen Bund mit dem Hauptsitz in Sparta. Alle Bundesgenossen wurden zu einem Freundschaftsverhältnis ohne Schmälerung ihrer eigenen Hoheitsrechte verpflichtet, nur unterstanden sie im Falle eines Bundeskrieges dem Oberkommando Spartas. Seine Macht war so groß, daß sie über die Peloponnes hinaus auch in den mittelgriechischen Raum reichte. Durch fast zwei Jahrhunderte behauptete Sparta diese Vorrangstellung, und seine größte Leistung war die Sammlung aller Kräfte des Mutterlandes zur Verteidigung der Heimat gegen die Perser.

Sparta hatte nur eine Rivalin, das war *Athen*. In dieser Stadt sammelten und entfalteten sich die vorwärtsdrängenden wirtschaftlichen, politischen und geistigen Kräfte. Es kam nun darauf an, daß sich diese beiden wichtigen Städte zur Abwehr zusammenfanden; denn schon brachen die Feinde zum verabredeten Großangriff auf, die Karthager im Westen, die Perser im Osten.

Karthager und Perser

Karthago und Sizilien

Im Westen hatten die Phöniker mit der Gründung Karthagos einen sehr günstigen Platz an der Nordküste Afrikas besetzt, der ihnen eine vorzügliche Angriffsmöglichkeit auf das lockende Sizilien gab. Diese Insel bot ihnen großen Reichtum an Olivenhainen, Weinbergen und Obstgärten, hatte Honig und Holz in Fülle, und der Überfluß an Weizen ließ die Insel

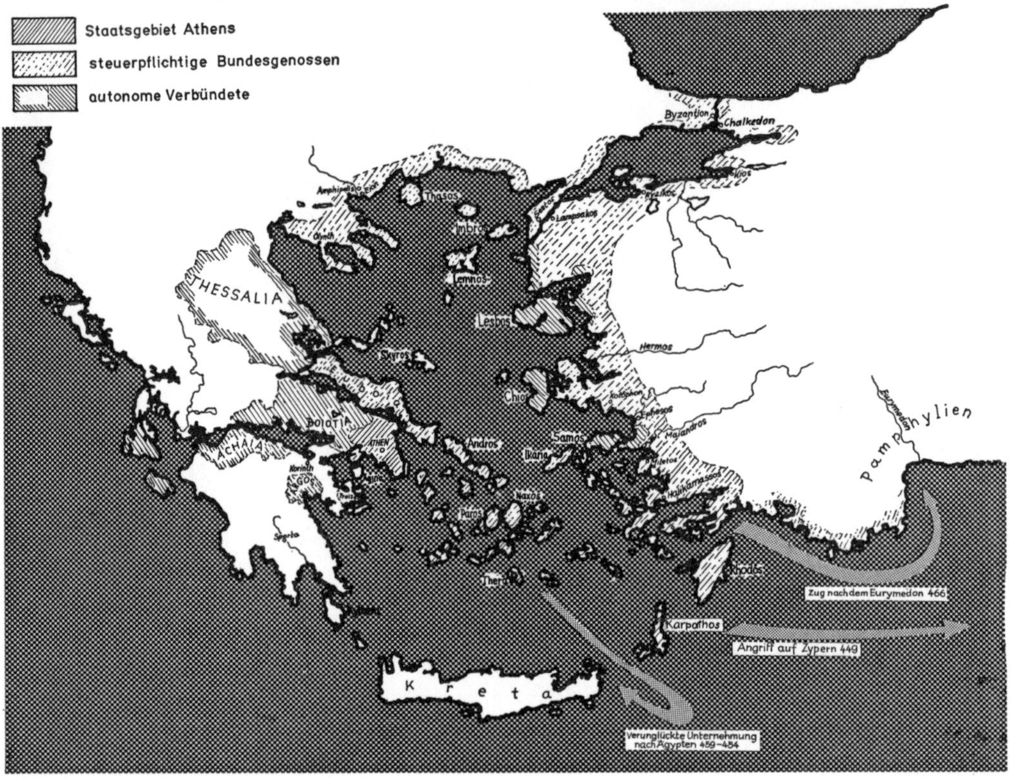

Reich der Griechen und Perser

zum Lieblingssitz der Göttin Demeter werden. Die Karthager hatten die Westküste Siziliens besetzt und warteten auf eine passende Gelegenheit, um ihre Macht zu vergrößern. Die eingewanderten Griechen aber verdrängten sie aus etlichen Siedlungen und bedrohten Karthago und seine Einflußsphäre. Da stellten sich einige westsizilische Städte unter punischen Schutz, und die Karthager behaupteten nach langem Ringen den Westen der Insel, während die Griechen auf der Ostseite ihre Herrschaft festigten. Aber das mächtige Karthagerreich blieb mit seinem großen Staatsgebiet, seinen Hilfsvölkern aus Spanien und seiner gewaltigen Flotte eine dauernde Bedrohung für die griechischen Kolonien. Unter dem Zwang der Karthagernot schloß *Gelon,* der von *Gela* aus im Jahre 485 v. Chr. das von den Kämpfen zwischen Adel und Volk geschwächte *Syrakus* unterworfen und es zur mächtigsten griechischen Stadt gemacht hatte, mit *Theron* von

Akragas (Agrigent) ein Bündnis und einte das gesamte griechische Kolonialvolk zu einer festen Abwehrfront gegen einen künftigen Angriff Karthagos.

In einer ähnlich gefahrvollen Lage befanden sich die Griechen an der kleinasiatischen Küste, nachdem an ihrer Ostgrenze unter dem sagenhaften König *Gyges* das Reich der Lyder entstanden war. Die Lyder ertrugen es schwer, daß die Endpunkte der Handelsstraßen aus dem Landesinnern zur Küste in griechischem Besitz waren. So brachten sie die Städte Joniens nach und nach unter ihre Herrschaft. Den Griechen fiel der Verlust ihrer Freiheit leichter, weil durch den Anschluß an das weite Hinterland ihrem Handel ein großes Absatzgebiet erschlossen und ihre kulturelle Unabhängigkeit gewahrt wurde.

Kyros

Die Lage änderte sich aber, als der Perserkönig *Kyros* der Ältere 546 v. Chr. den letzten König von Lydien, *Krösos,* besiegte, dessen Reich eroberte und die griechischen Küstenstädte bis auf Milet unterwarf. Milet wurde ein Bündnis bewilligt.

Kyros war ein bedeutender Staatsmann. Er führte das kriegerische Bauern- und Hirtenvolk der Perser, das in dem schwer zugänglichen Gebirgsland des südöstlichen Iran wohnte, zu einem Großreich, das ganz Vorderasien bis an die Grenze Indiens umfaßte. Seinem Volke blieb er unvergessen, und auch die Griechen, wie Platon und Xenophon, gedachten seiner voll Verehrung.

Nachfolger war sein Sohn *Kambyses*; er regierte von 529 bis 522 v. Chr. Erstreckten sich die Eroberungen seines Vaters nur auf den vorderasiatischen Raum, so zog Kambyses nach Nordafrika und unterwarf 525 v. Chr. Ägypten. Während seines ägyptischen Aufenthaltes brach in Persien ein Aufstand aus, an dessen Spitze der Magier *Gaumata,* ein Meder, stand, der sich für *Smerdis,* den früher ermordeten Sohn des Kambyses, ausgab. Auf diese Kunde hin kehrte der König heim, verletzte sich aber auf dem Rückweg und starb. Da er keinen thronfähigen Sohn hinterließ, ging die Herrschaft an eine Seitenlinie, an *Dareios* (lat. Darius) (521 bis 485 v. Chr.), über. Es gelang ihm, den Magier zu beseitigen und die persischen Provinzen, die sich während des Aufstandes unabhängig gemacht hatten, durch glückliche Feldzüge wiederzugewinnen.

Dareios

Nach Beendigung der militärischen Sicherung des Reiches ging Dareios daran, die inneren Angelegenheiten des ungeheuren Staates zu ordnen. Wie alle orientalischen Reiche war auch Persien eine despotische Monarchie. Da alle Beamten als Vollzugsorgane des Königs von der Gunst und Laune des Herrschers abhingen, so suchten sie sich ihm mit allerlei Schmeicheleien unterwürfig zu zeigen und erhoben ihn schließlich zu einem Beauftragten der Götter. Er war von einem glanzvollen Hofstaat umgeben, dessen Dienste nach einem strengen Zeremoniell geregelt waren.

Dareios teilte das Reich in 20 Verwaltungs- und Militärbezirke, die die

Griechen unter Vereinfachung des persischen Ausdruckes Satrapien (= das Königtum schützend) nannten. An der Spitze stand der Satrap, ein Vizekönig, der, vom Großkönig ernannt, das Amt des höchsten Verwaltungsbeamten, Richters und militärischen Oberkommandanten führte. Die Macht dieser Statthalter war also eine sehr große und verlockte auch öfters zu Aufständen gegen die Zentralregierung. So war der Abfall von Provinzen nichts Seltenes, besonders in Zeiten schwacher Herrschaft. Die Satrapien mußten die Kosten für ihre Verwaltung selbst aufbringen und darüber hinaus noch eine beträchtliche Summe an den königlichen Hof abführen. Die Einnahmen setzten sich aus Geld- und Naturalsteuern, aus Hafen- und Zollgebühren und dem Ertrag der Krongüter zusammen. Das Heer bestand in Friedenszeiten aus der königlichen Leibgarde, den Wachen der Satrapen und den Garnisonen der Grenzsicherungen. Neben den Persern leisteten auch Söldner militärische Dienste. Im Kriege wurde das Heer durch Aufgebote aus den Provinzen verstärkt.

Der König residierte abwechselnd in Susa, Babylon, Ekbatana und Persepolis. Diese Hauptstädte waren durch sehr gute Straßen untereinander und mit den Provinzen verbunden, auf denen Reiter und Läufer den Verkehr mit den entlegensten Teilen des Reiches herstellten. Längs den Straßen waren Stationen errichtet, die für die Boten und reisenden Beamten Rasträume boten und Pferde bereit hielten. Die Pflege der Straßen und die Haltung der Pferde gingen zu Lasten der umwohnenden Bevölkerung. Die Königsstraße führte von Ephesos über Sardes, Ninive und Susa zum Persischen Golf in einer Länge von rund 3000 km (ungefähr die Strecke Wien–Lissabon).

Für den Handelsverkehr ließ der König eine Goldmünze, den »Dareikos«, prägen, der das Bild des bogenschießenden Königs trug und im ganzen Orientverkehr ein gangbares Tauschmittel war.

Die Perser huldigten ursprünglich einer einfachen Naturreligion. Die Naturkräfte erschienen ihnen als die Götter des Lichtes und der Finsternis. Der Kult des iranischen Lichtgottes *Mithras* verbreitete sich über ganz Vorderasien, und wir begegnen ihm auch seit dem 1. Jahrhundert v. Chr. im Abendland. Im 6. vorchristlichen Jahrhundert vertiefte der Begründer der

Zarathustra

nach ihm benannten Religion, *Zarathustra* (Zoroaster), die Vorstellung von dem Gegensatz der Naturkräfte zu der sittlichen Idee des Ringens zwischen Gut und Böse. Seine Lehre, der Zoroastrismus, wurde in dem Avesta, der persischen Bibel, niedergelegt. Nach ihm zerfällt die Welt in zwei Reiche, in das Lichtreich *Ahuramazdas* und in den dunklen Herrschaftsbereich des bösen Geistes, *Ahriman.* Alles Tun der Menschen wird geadelt, wenn sie den Kampf gegen die Widersacher der Welt, die schädlichen Tiere und Pflanzen, aber auch gegen die Laster und Sünden führen. Die Lehre fordert sogar vom Menschen, auf der Seite des Lichtgottes mitzuhelfen, das Böse zu überwinden. In dieser Religion fand das persische Volk seinen Halt und

die Kraft, sich in Notzeiten durchzusetzen. Ahuramazdas Segen schützte den König, verpflichtete ihn aber auch, gerecht über seine Untertanen zu herrschen.
In der Kunst der Perser machen sich fremde Einflüsse bemerkbar, sie ist nicht aus dem Volk entstanden, sondern dient in ihren Palast- und Tempelbauten nur dem höfischen Glanz und der Reichsidee. Es wurde überliefert, daß der Großkönig griechische Künstler beschäftigte. Die Eigenform, die die Perser im Staatswesen und in ihrer religiösen Lehre gefunden haben, konnten sie in der Kunst nicht erreichen.
Schon Kyros hatte beabsichtigt, die Nordgrenze Persiens gegen die Skythen zu sichern. Aber die Nomaden vereitelten den Versuch. Dareios nahm den alten Plan wieder auf und wollte gegen den unfaßbaren Feind von der Donau her vorstoßen. Mit großer Heeresmacht rückte er im Mündungsgebiet vor und ließ über den gewaltigen Strom von hellenischen Ingenieuren eine Brücke schlagen. An ihr stellte er griechische Fürsten, die er als Statthalter in den jonischen Städten eingesetzt hatte, als Wächter auf, er selbst zog weiter in die russischen Steppen gegen die Skythen. Als Dareios nach 60 Tagen, der vereinbarten Zeit, nicht zurückgekehrt war, riet der Athener *Miltiades,* der die Statthalterschaft in Thrakien führte, die Brücke unverzüglich abzubrechen. Denn mit dem Untergang des Königs würden Europa und die in Asien wohnenden Griechen frei werden. Diesem Plane trat *Histiäos,* der Tyrann von Milet, entgegen und setzte seine Ansicht durch. Miltiades, der des Dareios Rache fürchtete, floh nach Athen.
Der Perserkönig hatte vergeblich versucht, die ihm in dem weiten Raum immer wieder ausweichenden Skythen zu einer Entscheidung zu zwingen. Da außerdem seine Soldaten unter großem Hunger und unter Krankheiten litten, zog er mit seinem erschöpften Heere zurück und rettete sich über die erhalten gebliebene Brücke in die Heimat. Aber er hatte mit dem Zuge auf europäischem Boden festen Fuß gefaßt, hielt mit starken Besatzungen die thrakischen Küstengebiete bis an die Donau fest in Händen und dehnte seine Macht nach Süden bis Makedonien aus. Der Bogen um den griechischen Siedlungsraum rundete sich immer enger und bedrohlicher.

Der jonische Aufstand

Schwer lastete das persische Joch auf den kleinasiatischen Griechen. Sie schauten neidvoll auf die großen politischen Errungenschaften des Mutterlandes, wo die Volksherrschaft die Tyrannen vertrieben und die Adelsvorrechte beseitigt hatte. Diese Menschen empfanden den Gegensatz zu ihrer eigenen bedrückten Lage um so schwerer, weil sie sich schon seit langer Zeit einer hohen kulturellen Blüte und eines materiellen Reichtums erfreut hatten. Die persische Regierung verfolgte mit großer Aufmerksamkeit die

steigende Gärung in den jonischen Städten und schritt zu Gegenmaßnahmen. So berief der König seinen Günstling Histiäos unter ehrenvollem Vorwand an seinen Hof nach Susa und hielt ihn dort fest. An dessen Stelle führte sein Schwiegersohn *Aristagoras* die Regierung. Histiäos sah ein, daß er nur durch einen Aufstand eine Gelegenheit zur Rückkehr in die Heimat erlangen könnte. Man erzählte, er habe einem treuen Sklaven die Haare abscheren und auf dessen Kopfhaut die Aufforderung zur Erhebung tätowieren lassen. Als die Haare wieder nachgewachsen waren, schickte er ihn an Aristagoras mit der Weisung, dieser möge ihm die Haare schneiden. Als Aristagoras zu seinem Erstaunen die Schrift erblickt hatte, entflammte er ganz Milet zum Abfall. Bald folgte diesem Beispiel die Mehrzahl der griechischen Städte Kleinasiens. Sie vertrieben ihre Vögte und setzten Volksregierungen ein. Man suchte auch Unterstützung im Mutterland, vor allem in Sparta, der größten Landmacht. Die Spartaner, in innere Streitigkeiten verwickelt, lehnten ab. Dafür kamen Athen und Eretria zu Hilfe. Ein folgenschwerer Schicksalsschritt war damit getan: das Mutterland wurde in die Auseinandersetzungen mit Vorderasien verflochten.
Den Joniern gelang es anfänglich, den Angriff bis Sardes, der alten lydischen Hauptstadt, vorzutragen und die Stadt zu zerstören (499 v. Chr.). Aber bald darauf wurden sie bei Ephesos geschlagen, und die Truppen des Festlandes kehrten heim. Die eifersüchtige Uneinigkeit, Mangel an Zucht, Streit um den Oberbefehl und um die Verteilung der Kriegslasten schwächten die Angriffskraft der Griechen. Sie wagten keine Entscheidung zu Lande mehr, sondern zogen nach wenigen Jahren planloser Gegenwehr ihre Flotte bei der Insel Lade vor dem Eingang zum Hafen von Milet zur letzten Entscheidung zusammen. Die Griechen wurden von der persischen Übermacht vernichtend geschlagen, Milet, die mächtigste Stadt Kleinasiens, wurde für immer zerstört (494 v. Chr.). Diese Nachricht wirkte so erschütternd auf die anderen griechischen Kolonien, daß niemand mehr Widerstand wagte und sich auch die letzten Aufständischen unterwarfen. Der Perserkönig hatte die Westküste Vorderasiens und eine Reihe von Inseln wieder fest in der Hand und seine Streitkräfte zu einem Angriff auf das europäische Festland frei.

Der erste Perserkrieg 493—481 v. Chr.

Mit der Unterdrückung des jonischen Aufstandes war die Zeit höchster Entfaltung in Philosophie, Kunst und Dichtung beendet.
Athen spielt auch in dem beispiellosen Abwehrkampf die entscheidende Rolle. Das erklärt sich vor allem aus der neu errungenen demokratischen Verfassung dieses Stadtstaates. Durch sie wurden die Bürger zu persönlicher Freiheit und sittlichem Selbstbewußtsein geweckt, zu jener verant-

wortungsvollen Vaterlandsliebe, die ihnen den unerschütterlichen Glauben an ihre hohe menschliche Überlegenheit gab. Nur so ist die Tatsache zu verstehen, daß die kleine Zahl von Städten mit ihren wenigen Tausenden tapferer Krieger die Probe vor der erdrückenden feindlichen Übermacht bestehen konnte.

Wenn auch die einfachen Transportmöglichkeiten und die weiten Entfernungen dem Perserkönig nur die Aufbietung eines verhältnismäßig kleinen Teiles seiner Streitkräfte gestattete, so war doch das Heer, mit dem 493 v. Chr. Mardonios, der Schwiegersohn des Königs, den Hellespont überquerte, für die Griechen ein übermächtiger Gegner. Mardonios begann zu Wasser und zu Lande gleichzeitig den Angriff. Er unterwarf die makedonische Insel Thasos ohne Widerstand und zwang die Makedonier, die schon früher einmal unterworfen waren, aber sich in der Sicherheit ihrer Berge immer wieder erhoben, unter die persische Herrschaft. Auch der Weitermarsch gegen Süden war siegreich. Der Flotte jedoch ging es schlechter. Sie hatte Befehl, Mardonios im Thermaischen Meerbusen zu erwarten. Als sie das Vorgebirge Athos umsegelte, wurde sie in dem klippenreichen Meer von einem heftigen Sturm vernichtet. Mardonios trat den Rückzug an, der Zusammenstoß mit den Griechen war hinausgeschoben.

Von Susa ergingen Befehle zu neuen Rüstungen, und 491 v. Chr. schickte der Großkönig Gesandte nach Griechenland, die Erde und Wasser zum Zeichen der Unterwerfung fordern sollten. Die Inseln demütigten sich fast ausnahmslos, ebenso viele Städte. Selbst Ägina, damals die erste Seemacht von Hellas, ergab sich. Nur Sparta und Athen ermordeten wider das Völkerrecht die Gesandten Persiens.

Dareios erkannte, daß ihn nur die Waffen zum Oberherrn von Hellas machen könnten, und er rüstete in allen Küstenländern, um von der See her mit einer starken Flotte und einem schlagkräftigen Heer den Angriff zu beginnen. Eine griechische Seemacht, die den Persern mit Erfolg hätte gegenübertreten können, gab es nicht. Die Athener hatten unter Miltiades' Einfluß vor allem ihre Landmacht vergrößert.

Als 490 v. Chr. der Angriff einsetzte, standen die persischen Land- und Seestreitkräfte unter der Führung des Meders *Datis* und des Neffen des Königs, *Artaphernes*. Die Flotte lief von der kilikischen Küste aus und hielt an Delos vorbei Kurs auf Euböa.

Die wichtigste Stadt der Insel, *Eretria,* war das erste Angriffsziel, weil sie den aufständischen Joniern zu Hilfe gekommen war. Obwohl die Bürger anfangs von Athen Unterstützung bekamen, wagten sie den Kampf nicht in offener Feldschlacht, sondern verteidigten sich hinter ihren Mauern. Aber schon nach sechstägiger Belagerung drangen die Perser durch Verrat in die Stadt ein und zerstörten sie als Vergeltung für den Brand von Sardes.

Der weitere Weg gegen Attika war frei; denn die Thebaner standen feindlich abseits, und die Spartaner verschanzten sich hinter religiösen Bedenken. Im Lager der Perser befand sich der einstige Tyrann von Athen, der Peisistratide Hippias, der seine verlorene Macht mit Persiens Hilfe zurückzugewinnen hoffte. Er riet zur Landung an der Strandebene von *Marathon*, von wo einst sein Vater gegen Athen vorgerückt war. Die Perser folgten Hippias und landeten bei Marathon, wo ein Vorgebirge den Schiffen Sicherheit gegen den Nordsturm bot.

Marathon

Athen stand ganz allein, nur das böotische Landstädtchen *Platää* leistete mit tausend Hopliten Waffenhilfe. Auf den Rat des *Militiades*, der sich schon bei dem Skythenzug einen Namen gemacht hatte, verließ man Athen und zog dem Feind entgegen. Das Hoplitenheer besetzte die Höhenränder und wartete tagelang auf einen Angriff. Einige der Strategen wollten wieder nach Athen zurückkehren, andere entschieden sich aber für die Ansicht des Miltiades, hier den feindlichen Angriff abzuwarten. Das letzte Wort hatte der Archon Polemarchos *Kallimachos*, den Miltiades zum Bleiben überredete. Die Strategen übertrugen dann durch freiwilligen Beschluß den Oberbefehl auf Miltiades.

Das versumpfte Gelände von Marathon zwang die Perser zur Aufgabe ihrer zuwartenden Haltung. Bei Beginn des Angriffes ließ Miltiades die Seinen im Laufschritt vorrücken, damit sie dem Pfeilhagel entgingen. Miltiades hatte, um seine Schlachtlinie der feindlichen gleich auszudehnen, beide Flügel verstärkt und die Mitte unter Aristides und Themistokles in nur geringer Tiefe aufgestellt. Die Barbaren durchbrachen das Mitteltreffen und drängten die Griechen zurück. Der Sieg war aber entschieden, als die beiden hellenischen Flügel sich zur Mitte drehten und den Feind gleichsam in einer engen Gasse einschlossen. Die Frohbotschaft des Sieges brachte ein Läufer von Marathon über die 42 km lange Strecke nach Athen. Darauf brach er tot zusammen.

Datis und Artaphernes aber, durch die Niederlage nicht abgeschreckt, unternahmen noch einen Versuch, sich der Stadt Athen durch einen Handstreich zu bemächtigen. Sie segelten um das Vorgebirge Sunion und an der Küste entlang nach der Reede von Pháleron. Aber Miltiades kehrte nach der Schlacht in einem Gewaltmarsch zum Schutze der von ihren Verteidigern entblößten Stadt zurück. Als die Perser von der griechischen Abwehrbereitschaft erfuhren, unterließen sie die Landung und steuerten heimwärts in die asiatischen Gewässer.

Marathon war aber nur der Anfang kriegerischer Auseinandersetzungen. Dareios wollte mit verstärkten Mitteln den Angriff erneuern. Im Jahre 485 v. Chr. starb er. Neue Unruhen beim Thronwechsel in Persien brachten einen weiteren Aufschub des Kriegszuges. So gewannen die Griechen zehn Jahre Zeit, die sie zu einer ansehnlichen Aufrüstung der Flotte nützten.

Um den Persern die Möglichkeit zu nehmen, sich bei einem Angriff auf Athen der ägäischen Inseln als Stützpunkte zu bedienen, fuhr Miltiades mit einem Geschwader von 70 Schiffen gegen einige kleinere Inseln und steuerte dann nach Paros. Hier stieß er aber auf so tapferen Widerstand, daß er unverrichteter Dinge heimkehren mußte. Dieser Mißerfolg zu See gab seinen Gegnern Auftrieb, die seinem Vorhaben, Athen zu einer Landmacht zu machen, ihre Seepolitik entgegenstellten. Sie erhoben gegen den großen Staatsmann und ruhmreichen Feldherrn die Anklage. Er wurde, da er in den Kämpfen vor Paros schwer verwundet worden war, auf einer Tragbahre in die Volksversammlung gebracht. Wegen seines bedenklichen Zustandes konnte er sich nicht verteidigen, und nur mit Mühe retteten ihn seine Freunde vor der Todesstrafe. Das Volksgericht verurteilte ihn zum Ersatz der Kriegskosten. Bevor er die große Summe aufbringen konnte, starb er in der Gefängniszelle.

Der zweite Perserkrieg 480—449 v. Chr.

Themistokles

Der Sturz des Miltiades machte jedoch den Weg zu einer neuen und, wie die spätere Zeit bestätigte, sehr erfolgreichen Entwicklung frei. Daran hatte *Themistokles* (um 527—460 v. Chr.) besonderen Anteil. Die athenische Verfassung bot jedem Fähigen, so auch ihm, die Möglichkeit, seine Pläne vor die Volksversammlung zu bringen und ihnen durch die rednerische Macht der Überzeugung zum Durchbruch zu verhelfen. Im Gegensatz zu seinen Mitbürgern, die die neue, noch bedrohlichere Gefahr nicht sehen wollten, war er sich des ganzen Ernstes der Lage bewußt und erkannte die Zwecklosigkeit eines Widerstandes zu Lande dem zahlenmäßig vielfach überlegenen Feind gegenüber. Den einzigen Ausweg erblickte er in dem Aufbau einer modernen und schlagkräftigen Flotte.
Dieses Flottenprogramm des Themistokles wurde von *Aristides,* dem Führer des Adels und dem Gegner der fortschreitenden Demokratisierung Athens, scharf bekämpft. Er sah in dem Bauern das Rückgrat des Volkes und hielt es für das beste, die Bürger würden ihr Leben auf dem Grundbesitz aufbauen, nicht aber auf dem unsicheren Gewinn, den Handel und Verkehr boten. Solches Tun entferne von den altbewährten Vätersitten und der früheren Anspruchslosigkeit. Die Landmacht habe sich bei Marathon hervorragend bewährt, an ihr müsse man auch fernerhin festhalten.
Themistokles spürte, daß er durch die Anschauungen des Aristides in all seinen Plänen gehindert werde, und verlangte daher eine Entscheidung durch den Ostrakismos.
In überzeugenden Reden brachte er die Mitbürger auf seine Seite, während Aristides im Bewußtsein seiner lauteren Absichten jede Werbung für seine Anschauungen unterließ.
Das Scherbengericht verurteilte 482 Aristides zur Verbannung auf zehn Jahre, und Themistokles bekam freie Hand.

Zum Ausbau der Flotte benötigte er Geld. Ein glücklicher Zufall ließ im Gebirge Laurion neue Silbergruben finden. Hatte man bisher den Gewinn aus der Verpachtung der staatlichen Gruben unter die Bürger verteilt, so beantragte jetzt Themistokles, den Erlös für die Errichtung einer Flotte von hundert Dreiruderern zu verwenden. Der Antrag wurde angenommen.

Mit Eifer wurden der Schiffsbau gefördert und junge Seeleute ausgebildet. Zur Vermehrung des Schiffspersonals mußten die Theten (die besitzlose Masse der athenischen Bevölkerung) herangezogen werden, und als diese nicht ausreichten, die Halbfreien (Metöken) und verläßliche Sklaven. Dadurch wurde die Vorherrschaft der bevorzugten Klassen gebrochen, die bisher die Kerntruppen gebildet hatten, und die Besitzlosen erreichten durch die Kriegsdienste die politische Gleichstellung mit den Besitzenden.

Da für dic vergrößerte Flotte die offene Reede von Phaleron kein geeigneter Ankerplatz mehr war, verlegte Themistokles die Marinestation nach den drei Häfen um die Burghöhe Munychia und baute deren größten, den *Piräus,* zu einem befestigten Kriegshafen aus.

Xerxes

Nach Dareios' Tode hatte 485 v. Chr. sein Sohn *Xerxes* die Regierung übernommen. Seine ehrgeizige Mutter Atossa und der nach seinem Mißerfolg wieder zu Ehren gekommene Oberfeldherr Mardonios trieben ihn an, die Leitung des neuerlichen Feldzuges gegen Griechenland zu übernehmen. Xerxes bereitete sich in vier Jahren auf den Kriegszug vor, sammelte von allen Teilen des Landes Truppen, aus den verschiedensten Nationen zusammengewürfelt, vielsprachig und je nach Landesweise gekleidet und als Fußsoldaten, Reiter, Streitwagenlenker, Elephantenführer gerüstet. Die Bewegungen der Truppen sollten von See her durch die Flotte unterstützt werden.

Nach Abschluß der Vorbereitungen wurde die Riesenarmee in Kappadokien zusammengezogen und marschierte über Phrygien nach Lydien, wo sie die Winterquartiere bezog. Um diese Zeit schickte *Xerxes* Weisungen an die Karthager, das persische Unternehmen durch einen Vorstoß gegen die Griechen Siziliens zu fördern.

Im Frühjahr 480 v. Chr. erreichte der Heerzug bei Abydos den Hellespont. Xerxes hatte über die Meerenge eine Schiffsbrücke schlagen lassen. Ein Sturm zerstörte sie in der Nacht. Nach Wiederherstellung setzte das Heer ohne Schwierigkeiten in sieben Tagen und Nächten über.

Die griechischen Staaten hatten sich unter dem Eindruck der gemeinsamen Gefahr zum erstenmal zu einem Bund der Stadtgemeinden zusammengeschlossen und alle Streitigkeiten begraben. Nur Thessalien, Theben und Argos schienen zur Unterwerfung bereit zu sein. Die Verhandlungen mit Kerkyra, Kreta und Syrakus wegen einer Hilfeleistung blieben erfolglos. Der mächtige Tyrann von Syrakus, Gelon, war selbst in Erwartung eines bevorstehenden Angriffes der Karthager.

Diese Absagen aber konnte die Absicht der Griechen nicht ändern. Der

Gedanke, aus freien Bürgern zu Sklaven eines despotischen Herrschers zu werden, gab ihnen die Kraft zum Widerstand.
Dem vereinten Angriff von Heer und Flotte der Perser stellten auch die Griechen die geeinte Verteidigung von Landtruppen und Seestreitkräften entgegen. Zuerst dachte man an eine Abwehrstellung längs des Tempetales in Thessalien. Aber der Abfall der Thessalier und die Gefahr der Umgehung zwangen zur Aufgabe und damit zur Räumung von Thessalien.
Jetzt aber blieb nur noch eine günstige Stellung übrig, um den Vormarsch der Perser nach Mittelgriechenland wenigstens eine Zeitlang abzuriegeln, bis zur See eine Entscheidung gefallen war. Dies waren die *Thermopylen*, der Engpaß zwischen dem Öta und dem Meer. Ein Hohlweg zwischen steilabfallenden Bergwänden, der an manchen Stellen kaum für einen Wagen genügend Platz bot, und die am Fuße des Gebirges entspringenden warmen Schwefelquellen, die Thermopylai = (Θερμοπύλαι) = warmen Tore, gaben der Wegsperre den Namen. Sie besetzte der spartanische König *Leonidas* mit 7000 Mann, davon 300 Spartanern. Vergeblich rannte der Feind gegen diese Stellung an; erst als durch Verrat der Paß umgangen war, fiel Leonidas mit seinen Getreuen auf verlorenem Posten. Unterdessen feierten die Griechen nach alter Gepflogenheit in Olympia ihre Festspiele.

Thermopylen

Nach dem Durchbruch durch die Thermopylen mußte die vereinte griechische Flotte, die sich bei *Artemision* an der Nordküste Euböas mit der feindlichen Übermacht unentschieden geschlagen hatte, südwärts nach *Salamis* zurückfahren, um Athen zu decken. Denn die persische Landmacht rückte nun durch Mittelgriechenland und besetzte Lokris, Phokis und Böotien. Die peloponnesischen Truppen hatten sich zum Isthmos zurückgezogen, um an dieser Landenge den feindlichen Vormarsch aufzufangen. In Athen selbst herrschten Bestürzung und Ratlosigkeit. Die Stadt lag schutzlos der Vernichtung preisgegeben. In höchster Not versammelte Themistokles das Volk von Athen um sich, und mit dem Einsatz seiner ganzen Beredsamkeit verkündete er einen delphischen Orakelspruch. Dieser versprach den Athenern Schutz hinter hölzernen Mauern. Sie sollten ihre Frauen und Kinder nach der Peloponnes und auf die Insel Salamis bringen, die Stadt räumen und sich selbst auf ihre wohlgerüstete Flotte flüchten und, gedeckt von deren hölzernen Planken, die Isthmosenge verteidigen. Der Areopag erhob Themistokles' Vorschlag zum Staatsbeschluß, und die Athener verließen die Stadt, ihre Polis, ihr Heiligstes, Sitz ihrer Götter und Heimat ihrer Ahnen. Der Feind marschierte ein. Nur wenige zurückgebliebene Männer leisteten letzten, zwecklosen Widerstand, die Akropolis wurde erstiegen, Feuergarben flammten aus den Tempeln und kündeten den athenischen Schiffsbesatzungen, daß ihre Heimat in den Bränden untergegangen war.
Als die Spartaner, an allem verzweifelnd, schon abrücken wollten, nahm Thermistokles zu einer kühnen Kriegslist Zuflucht. Er ließ dem Perserkönig,

unter dem Schein eines freundschaftlichen Rates, die Nachricht zukommen, die Griechen wollten im Schutze der Nacht davonsegeln. Wenn er nicht sofort zum vernichtenden Schlage aushole und die Griechen umzingle, müßte er deren Schiffe in vielen und vielleicht recht unsicheren Einzelkämpfen niederringen. Dadurch zwang er den Großkönig zu raschem Handeln. In dem engen Sund von Salamis konnten die Perser ihre Übermacht nicht entfalten, die große Zahl ihrer Schiffe war mehr hindernd als fördernd. In Einzelkämpfen von Schiff zu Schiff fiel die Entscheidung. Die überlegene Seetüchtigkeit und Taktik der Griechen entschied zu ihren eigenen Gunsten. Xerxes, der in vollem Waffenschmuck am Fuße des Ägaleos gegenüber von Salamis auf einem errichteten Thron die Operationen zur See verfolgte, wurde Augenzeuge der Niederlage seiner Flotte (480 v. Chr.).

Salamis

Xerxes wagte nach dieser Niederlage trotz seiner an Zahl den Griechen noch immer überlegenen Flotte keinen neuerlichen Angriff, weil die völlig entmutigte Haltung seiner Truppen keinen Erfolg mehr erhoffen ließ. Er befahl daher ihren Rückzug zum Hellespont, um die Verbindung der Kontinente für die Heimkehr des Heeres zu sichern. Mardonios, der sich für hauptschuldig an dem Mißerfolg hielt und für seine Stellung fürchtete, wollte den Großkönig mit neuer Hoffnung aufrichten. Er legte ihm dar, daß eine solche Riesenarmee, zusammengesetzt aus verschiedenen Völkern von ungleichen militärischen Fähigkeiten, nur von Nachteil sei, ein kleineres, aber durchaus kampftüchtiges Heer die schwachen und unter sich uneinigen Stämme Griechenlands bald bezwingen werde. Der König ließ sich gern zu neuer Zuversicht ermutigen und vertraute seinem Oberbefehl auserwählte Truppen an. Mardonios überwinterte in Thessalien. Das übrige Heer aber wurde auf dem Heimmarsch durch Überfälle wilder Stämme, durch Hunger und Seuchen stark verringert.

Der Sieg bei Salamis hätte den Krieg zugunsten der Griechen entschieden, wenn sie ihn nach der Forderung des Themistokles ausgenützt und die persische Verbindungslinie nach Asien beim Hellespont abgeschnitten hätten. Die Athener aber wendeten sich ganz ihrer Vaterstadt zu und bauten sie vor der nahen Winterszeit notdürftig auf.

Im Frühjahr brach Mardonios mit seiner Heerschar auf, die er infolge des Abzuges der Schiffe verringert hatte. Er zog langsam durch die Thermopylen, ohne den geringsten Widerstand zu finden. Lokrer, Böotier und Phoker schlossen sich ihm an, freiwillig oder gezwungen. Mardonios hoffte auch die Athener zu gewinnen, indem er ihnen den Wiederaufbau ihrer Stadt, Vergrößerung ihres Gebietes, völlige Freiheit und die Oberherrschaft über Griechenland anbot. Aber trotz der ehrenvollen Verlockung gab der Rat der Fünfhundert mit Zustimmung des ganzen Volkes die denkwürdige Antwort: »Solange die Sonne ihre Bahn am Himmel wandelt, werden wir mit Xerxes keinen Bund schließen, sondern ihm beherzt entgegengehen im

Vertrauen auf die Hilfe der Götter und Heroen, deren Heiligtümer er frevelhaft verwüstet hat.«

Die Abweisung des Friedensangebotes war auch im Sinne der Spartaner, von denen die Athener eine rasche Mobilisierung der gesamten Streitkräfte forderten. Sparta zögerte anfangs; indessen zog das Landheer des Mardonios durch Griechenland. Die Bewohner Athens flüchteten wie im Vorjahr nach Salamis und auf die Schiffe, ihre Stadt wurde neuerlich völlig zerstört. Als endlich die Spartaner heranrückten, zog sich Mardonios aus dem völlig gebrandschatzten Attika gegen Böotien zurück, wo ihn das befreundete Theben bei der Verproviantierung der Truppen unterstützte. Er stellte sich am Fuße des Kithäron in der Ebene von *Platää,* die ihm für seine Hauptwaffe, die Reiterei, sehr geeignet schien, zum Kampfe. Die griechischen Truppen standen unter dem Oberbefehl des Spartaners *Pausanias,* der, selbst aus königlicher Familie stammend, für Leonidas' Sohn die Königsherrschaft in Sparta führte. Die Griechen griffen nach feierlichem Gebet an, obwohl ihre Stellung sehr ungünstig war, und siegten (479 v. Chr.). Mardonios fand den Tod, und auf diese Nachricht hin flohen die persischen Truppen eilig nach Norden. *Platää*

Hellas war von diesem bedrohlichen Feind frei. Eine unendliche Beute an Gold und Silbergerät fiel den Griechen in die Hände. Der Zufall bewahrte ein ansehnliches Bruchstück aus dem Beuteteil, der den Göttern geweiht wurde. Es ist die sogenannte »Schlangensäule«, die eherne Mittelstütze zu einem 8 m hohen Dreifuß mit einer goldenen Schale am oberen Ende. Die goldene Schale raubten schon im 4. Jahrhundert die Phoker, die eherne Schlangensäule aber ließ Kaiser Konstantin nach Konstantinopel schaffen, wo sie heute noch zu sehen ist.

Auf den Landsieg bei Platää folgte bald der große Erfolg zur See. Eine griechische Flottenabteilung, die noch in später Stunde die Landtruppen entlasten wollte, stieß bei *Mykale,* dem Hauptsammelplatz ganz Joniens, auf die Reste der persischen Reichsflotte. Unter Führung des Spartaners *Leotychides* und des Atheners *Xanthippos* wurde das persische Geschwader vernichtet (479 v. Chr.). *Mykale*

Nach diesem Doppelsieg setzte es Athen durch, daß den kleinasiatischen Griechen die wiedergewonnene Freiheit durch den Schutz des Mutterlandes gewahrt bleiben sollte. Während die Spartaner weiter ihre Kräfte ungeteilt nur ihrem Vaterland zukommen ließen und dadurch in alten Bahnen weitergingen, hatten die Jonier neue, kühnere Pläne gefaßt. Aber zuerst gingen sie an den Wiederaufbau ihrer zerstörten Heimat. In Athen dachte man vor allem an die Sicherung der Stadt durch Mauern. Da forderte Sparta mit seinen Bundesgenossen, alle Städte außerhalb der Peloponnes müßten unbefestigt bleiben, um dem Feind keinen geschützten Schlupfwinkel zu bieten, von dem aus er ernstlich Widerstand leisten könnte. Themistokles sah die große Gefahr, die seiner Vaterstadt für ihre Weiterentwicklung drohte. Daher reiste er nach Sparta und zog die Verhandlungen so lange hin, bis zu Hause die Mauern notdürftig von jung und alt, Männern und Frauen aus den Trümmern der zerstörten Tempel und Wohnhäuser, ja selbst aus Grabsteinen aufgeführt waren. Als er von der Beendigung der Arbeiten und von der Festhaltung der spartanischen Gesandtschaft in Athen als Ausgleich zu seiner Sicherheit gehört hatte, erklärte er unverhüllt vor der Gerusia: Athen brauche einen Schutz durch starke Mauern; kein Staat habe das Recht, es am Bau zu hindern.

Themistokles ging auch daran, den Hafen *Piräus* (griech.: Peiraieus) zur stärksten hellenischen Seefestung auszubauen. Er verband ihn mit Athen durch die »Langen Mauern« und sicherte die Hafeneinfahrten durch Steindämme, die ins Meer vorsprangen. Dadurch wurde der Hafenmund verengt, und man konnte ihn durch Ketten absperren.

Themistokles hatte den Athenern den Weg zu einer machtvollen Seepolitik freigemacht und damit Spartas Plan, den Ausgang der Kämpfe gegen die Perser zur Erreichung einer dauernden Führerstellung in Griechenland zu nützen, durchkreuzt. Athen war auf dem Weg zur Höhe seiner Macht.

Die Entscheidung im Westen

Während in der Heimat die Würfel zugunsten Griechenlands fielen, schlug auch im Westen die Stunde der Entscheidung. Der Anstoß ging von Gela an der Südküste Siziliens aus. Dort hatte *Hippokrates* ein mächtiges Reich errichtet, das manche Griechenstädte und auch alte Siedlungen der Sikuler umfaßte. Sein Plan, auch Syrakus, die angesehenste Stadt, in seinen Herrschaftsbereich zu bekommen, wurde von seinem Nachfolger, dem Reiteroberst *Gelon,* verwirklicht. In Syrakus herrschten andauernde Kämpfe zwischen der aristokratischen Grundherrnklasse und den später Zugewanderten, die von Handwerk, Handel und Schiffahrt lebten. Diese inneren Zwistigkeiten benützte Gelon und bemächtigte sich der Stadt. Er unterwarf auch die umliegenden Griechenstädte und siedelte deren Bewohner zum großen Teil in Syrakus an. So wurde die Stadt zur volkreichsten und bedeutendsten der Insel, wenn nicht gar im gesamtgriechischen Raum. Eine mächtige Tyrannis, wenn auch an Umfang kleiner, begründete in *Akragas* (Agrigent) der Schwiegervater Gelons, *Theron,* der von Pindar als Sieger in den Olympischen Spielen gefeiert wurde. Die Familienverbindung zwischen den beiden Tyrannen faßte beinahe das ganze griechische Sizilien zusammen, und es spielte daher keine Rolle, daß noch einige Gemeinden wie *Selinunt* im Südwesten und *Rhegion* auf dem Festland auf seiten Karthagos standen. Karthago sah sich also einer geschlossenen Front gegenüber, und der eigene Wunsch, seine Stellung auf Sizilien zu sichern, kam der Aufforderung Persiens entgegen, gleichzeitig mit ihm die Griechen von Westen her anzugreifen. Mit starken heimischen Kräften, unterstützt von Söldnern aus Spanien und Ligurien, schlossen die Karthager Theron in der Festung *Himera* an der Nordküste Siziliens ein. Aber Gelons Ersatzheer warf den Feind zurück (480 v. Chr.), während Karthagos König und Oberfeldherr *Hamilkar* im Lager opferte. Als dieser von der schweren Niederlage erfuhr, beging er Selbstmord. Diesem Siege folgte ein zweiter bei *Kyme* (Kyme = Cumae, alte griechische Kolonialstadt an der Küste von Kampanien, 474 v. Chr.) über die Etrusker, den die Bewohner Unteritaliens mit Hilfe *Hierons,* des Bruders Gelons, errangen. Hieron war Gelon in der Herrschaft gefolgt, weil Gelons Sohn wegen seiner Jugend noch nicht regierungsfähig war. Nach der Niederlage bei Kyme schwand langsam der etruskische Einfluß in Süditalien; die Vormachtstellung zur See ging an Syrakus über. So wurden die Griechen Siziliens die Schrittmacher für die Befreiung der Italiker von dem Joche der *Etrusker.*

Der Jubel dieses Sieges fand seinen monumentalen Ausdruck in den prunkvollen dorischen Tempeln von *Poseidonia* (Paestum), *Syrakus, Akragas,* aber auch von *Selinunt,* an dem Gelon keine Rache genommen hatte. Alle diese Tempel künden heute noch in ihren Ruinenfeldern von der Pracht und Größe jener Zeit.

Der Delisch-Attische Bund

In dem schweren Kampf zwischen Recht und Gewalt, zwischen den freien Bürgern der Polis und den Untertanen der Weltmächte im Osten und Westen, hatten die Griechen gesiegt.

Im Mutterland waren aus dem Krieg vor allem Sparta und Athen als führende Mächte hervorgegangen. Die großen Ereignisse hatten die beiden zu gemeinsamer Sache zusammengeführt, aber die spätere Zeit zeigte, daß zwischen diesen Staaten Spannungen bestanden, die nicht überbrückbar waren und früher oder später zu einer bewaffneten Auseinandersetzung führen mußten.

Die größere Beweglichkeit und vorwärtsdrängende Kraft Athens, sein Ausdehnungstrieb zur See, sein materieller Aufschwung und endlich seine hohe geistige und künstlerische Begabung sicherten nach den Perserkriegen dieser Stadt die Vormachtstellung in Griechenland.

Die lockere Einigung der griechischen Stämme, wie sie in den Kriegen zustande gekommen war, konnte nicht dauernd weiterbestehen, sondern die Zeit verlangte einen engeren Zusammenschluß, um gegen künftige Angriffe gesichert zu sein. Die Griechen Kleinasiens hatten sich an Athen gewendet, die Führung zur See im Kampfe gegen Persien zu übernehmen, weil die attische Hauptstadt schon bisher über die mächtigste Flotte verfügt hatte. Dadurch wurde Athen die Vorkämpferin der mutterländischen und kleinasiatischen Griechen. Die Vormachtstellung nützte Aristides, indem er mehr als zweihundert griechische Städte zum Zusammenschluß führte und den Delisch-Attischen Bund gründete (477 v. Chr.). Der Bund umfaßte Attika, Platää, Euböa, die Inseln des Ägäischen Meeres, die Griechenstädte der Halbinsel Chalkidike und der thrakischen Küste. Seine Aufgabe war der Schutz gegen neue persische Angriffe und die Förderung des Handels. Die Bundesgenossen mußten Schiffe stellen und jährlich bestimmte Abgaben an die Bundeskasse zu *Delos* leisten. In Delos tagte auch der Bundesrat, das höchste Organ der Vereinigung. Nach dem Hauptsitz auf der Insel Delos erhielt der Bund seinen Namen. Aristides setzte den Gesamtbetrag der Zahlungen mit jährlich 460 Talenten fest. An diesen Bund verloren die Perser Zypern, Lykien, Karien und den thrakischen Chersones. Die Führung hatte Athen, das aber außerdem noch im Peloponnesischen Bund verblieb. Diese Doppelstellung mußte zwangsläufig später zu Spannungen zwischen den beiden Staaten führen.

Athens bedeutender Staatsmann Themistokles erkannte früh den drohenden Zwiespalt, und sein ganzes Streben war darauf gerichtet, Athen zur ersten Seefeste auszubauen und seine Großmachtpolitik durch eine starke Flotte zu fördern, wofür er die Erträgnisse neuer Silberadern des Lauriongebirges verwendete. Aber seine Politik, vor allem seine Gegnerschaft gegen Sparta fand Ablehnung in den an alter Überlieferung festhaltenden Adelsklassen. Er wurde durch das Scherbengericht verbannt, floh nach Argos und wollte dort zum Widerstand gegen Sparta aufrufen. Die Spartaner brachten ihn mit dem Hochverrat des Pausanias in Verbindung und warfen ihm hinterhältige Beziehungen zum Perserkönig vor. Seine Gegner in Athen griffen diese Anschuldigung auf und verurteilten ihn zum Tode. Themistokles flüchtete über Kerkyra zum Molosserkönig *Admetos* in Epiros und von dort weiter in abenteuerlicher und gefahrvoller Fahrt nach Kleinasien. *Artaxerxes*, der Nachfolger des Xerxes, nahm ihn auf und gab ihm die Stadt *Magnesia* zum Wohnsitz, aus deren Einkünften er seinen Lebensunterhalt fürstlich bestreiten konnte. Er ist in Magnesia 459 v. Chr. gestorben. Seine Gebeine holte man später heim und bestattete sie auf der Halbinsel *Akte* gegenüber dem Hafen Piräus, der durch Themistokles für Athens Schiffe ausgebaut worden war.

Pausanias Wie Themistokles hatte sich auch Pausanias als Sieger von Platää große Verdienste um die Sache Griechenlands erworben. Man betraute ihn mit dem Oberbefehl über die Bundesflotte, um die Perser aus den letzten europäischen Stützpunkten zu vertreiben. Pausanias fuhr zum Bosporus, belagerte Byzanz und eroberte es nach kurzer Zeit. Dieser Sieg gab seinem maßlosen Hochmut Auftrieb. Er behandelte die freiheitsgewohnten Griechen wie ein unumschränkter Machthaber. Als man Beweise für seine hochverräterischen Verbindungen zu Persien hatte, riefen ihn die Ephoren nach Sparta und wollten ihn festnehmen. Da gelang es Pausanias, in den Athenetempel zu fliehen. Aber man deckte das Tempeldach ab, vermauerte das Tor und hungerte ihn aus. Den Sterbenden schleppte man aus dem Heiligtum, um es nicht durch seinen Tod zu entweihen (468 v. Chr.).

Nach dem Sturz des Themistokles kam *Aristides* zu Ansehen und Führung. Hatten die vergangenen Notzeiten einen rücksichtslos entschlossenen Zugriff erfordert, so brauchte die neue Lage einen Mann von ausgleichendem Wesen, der die demütigende Art des Pausanias vergessen ließ. Diese Fähigkeiten besaß Aristides. Ihm gebührte das Verdienst, daß nun Athen und nicht Sparta zur führenden Macht in Griechenland wurde. Die Griechen Kleinasiens wendeten sich an Athen, das Oberkommando zur See zu übernehmen. Athen hatte die größte Flotte, war schon im jonischen Aufstand den kleinasiatischen Städten zu Hilfe gekommen und hatte sich in dem schweren Abwehrkampf vor Salamis bewährt. Mit der Übernahme der Leitung des Delisch-Attischen Bundes beschritt es den Weg zu seiner weltgeschichtlichen Größe. Im Dienste dieses Bundes baute es seine Flotte von Jahr zu Jahr mehr aus, ordnete die ursprünglich gleichrangigen Bundesgenossen als Untertanen immer mehr unter seine Oberleitung und strafte auch, wenn sich jemand den Bundespflichten entzog oder aus dem Bunde ausscheiden wollte. *Aristides*

Nach Aristides' Tod (467 v. Chr.) wurde der Sohn des Miltiades, *Kimon*, Erbe der Macht. Von kluger staatsmännischer Begabung und hohen strategischen Fähigkeiten, lenkte er 20 Jahre die Geschicke Athens. Er führte mit der großen Flotte des Delisch-Attischen Bundes die Verteidigung Griechenlands in den Angriffskrieg gegen Persien über. In Thrakien fiel eine persische Besitzung nach der anderen in die Hand der Griechen, und an der *Strymon*mündung wurde die rasch erblühende Stadt *Amphipolis* gegründet. Die Insel Naxos, die als erste versuchte, von dem Bund abzufallen, wurde von der athenischen Übermacht bezwungen, mußte ihre Befestigungen schleifen, ihre Schiffe abliefern und verlor ihre Freiheit. Noch war kein Friedensvertrag zwischen Persien und Griechenland zustande gekommen. Eine starke persische Flotte kreuzte kampfbereit an der Südküste Kleinasiens. Kimon fuhr ihr entgegen und schlug sie und das Landheer vernichtend im Mündungsgebiet des *Eurymedon* an der Südküste Kleinasiens (466 v. Chr.). Dadurch erreichte er die Räumung der kleinasiatischen Küste. *Kimon*

Aber schon kurze Zeit danach drohte eine neue Gefahr, indem sich die Insel *Thasos* gegen die Ausbreitung Athens an der thrakischen Küste erhob. Die Gefahr wurde noch dadurch vergrößert, daß Sparta sich zur Waffenhilfe für Thasos bereit erklärte. Es konnte aber nicht eingreifen, weil ein furchtbares Erdbeben sein Gebiet verheert hatte und die Heloten in Lakonien und Messenien die Naturkatastrophe zu einem Aufstand nützten. So gelang es Athen, ungehindert die Bewohner von Thasos zur Übergabe zu zwingen.

Dieser Vorfall ließ Kimon klar erkennen, daß Sparta jede Gelegenheit benützen werde, um eine Vorrangstellung zu erlangen. Er hielt es also diplomatisch für den besten Weg, eine Versöhnung mit Sparta herbeizuführen. Damit stieß er aber in der Volksversammlung auf Widerstand, und die allgemeine Meinung wendete sich gegen ihn. Noch schwieriger wurde seine Stellung durch die folgenden Ereignisse.

Sparta suchte sich mit Mühe der aufständischen Heloten in einem dritten Messenischen Kriege (465–459 v. Chr.) zu erwehren. Die Aufständischen hatten die Bergfeste *Ithome* besetzt und leisteten hier zähen Widerstand. Die Spartaner baten Athen um Waffenhilfe. Perikles stand gegen dieses Ansuchen, Kimon aber, in Verfechtung seiner Idee des Zusammenschlusses aller Griechen, befürwortete es. Tatsächlich wurde Kimon mit viertausend Hopliten nach Ithome geschickt. Da aber diese Hilfstruppen keine Änderung der Lage erreichen konnten, so verlangte Sparta ihren Rückzug. Die Athener empfanden diese Heimsendung als eine entehrende Schmach, und ihr Unwille richtete sich vor allem gegen Kimon, der zu dieser Expedition geraten hatte. Er hatte dadurch sein ganzes Ansehen verloren und wurde durch das Scherbengericht auf zehn Jahre aus der Heimat vertrieben. Aber schon nach fünf Jahren holte man Kimon zurück und übertrug ihm die schwere Aufgabe, zwischen Athen und Sparta einen Frieden zu vermitteln. Es kam nur zu einem Waffenstillstand. 450 v. Chr. entsandte man ihn mit einem starken Geschwader gegen Zypern, damit er diese perserfreundliche Insel erobere. Schon hatte er den größeren Teil eingenommen, als er bei der Belagerung der Stadt *Kition* erkrankte und starb. Ihm war es nicht mehr beschieden, den Frieden mit Persien abzuschließen, so wie auch die Zukunft seine politische Sehnsucht nach Zusammenschluß der beiden mächtigsten Staaten Griechenlands nicht verwirklichte.

Das goldene Zeitalter unter Perikles 447—431 v. Chr.

Perikles' Persönlichkeit

Perikles (499–429 v. Chr.) war ein Sohn des *Xanthippos,* des Siegers von Mykale, und der *Agariste,* einer Nichte des Kleisthenes, die aus dem alten Adelsgeschlechte der Alkmeoniden stammte. Vor seiner Geburt träumte die Mutter, sie habe einen Löwen geboren. Man fand in diesem Traum eine Hindeutung auf die künftige Größe des Sohnes und verwendete daher doppelte Sorgfalt auf die Erziehung. Er erhielt von bedeutenden Lehrern Unterricht in Musik und Literatur; zu seinem vertrauten Umgang gehörten wenige Menschen, darunter waren keine Politiker, nur Denker wie der Philosoph *Anaxagoras* und der große Künstler *Pheidias.* Seine Ausbildung war nicht einseitig. Er vereinte ein für seine Zeit sehr umfangreiches Wissen in Kunst, Philosophie und Wirtschaft und befaßte sich auch mit Staatskunst und Militärwissen.

Perikles' innerpolitisches Wirken

Innerpolitisch knüpfte er an die Entwicklung der vergangenen Zeit an. Je weitere Kreise des Volkes die Schrecknisse des Krieges getragen hatten, desto mehr Rechte mußten ihnen zugebilligt werden. Noch hatte der Areopag trotz verschiedenen Verfassungsänderungen eine machtvolle Stellung aus früheren Tagen in die neue Zeit herübergerettet und war durch sein weitgehendes Aufsichtsrecht, besonders in Gesetzesfragen, ein politischer Faktor ersten Ranges geblieben. Gegen ihn richtete sich der Volksbeschluß, der ihn aller politischen Rechte entkleidete und sie auf die Volksversammlung und die Volksgerichte übertrug, so daß er nur die Blutgerichtsbarkeit und gottesdienstliche Aufgaben behielt.

Auch die Wahlordnung für das Archontat wurde im demokratischen Sinne abgeändert. Während früher die Archonten ausschließlich aus den obersten Steuerklassen hervorgingen, konnten sie jetzt auch aus den Reihen der Zeugiten genommen werden. Ihre Bedeutung sank allerdings dadurch, daß sie nicht gewählt, sondern mit schwarzen und weißen Bohnen erlost wurden. Waren es bisher die besten Männer, die nach Jahresfrist als lebenslängliche Mitglieder des Areopags die tatsächliche Oberleitung des Staats innehatten, so lieferte jetzt die Zufälligkeit des Loses die Vertreter für das höchste Staatsamt und für die höchste beratende Körperschaft des Landes.

Die Strategie

Dafür kam ein anderes Amt zu hohem Ansehen, das der Strategie. Miltiades stand nicht als Archon, sondern als Stratege an der Spitze seiner siegreichen Truppen bei Marathon. Als Strategen machten Themistokles, Aristides und Kimon die attische Politik. Jährlich wählte man zehn Strategen, jede Phyle stellte einen. Die Strategen konnten, was bei den übrigen Ämtern, wenigstens für das nachfolgende Jahr, verboten war, wiedergewählt werden. Bei diesen Beamten ersetzte man auch nie die Wahl durch die bloße Auslosung. Die Strategen waren zunächst Offiziere, bald bekamen sie aber auch diplomatische Aufgaben. Sie waren der Pflicht der Rechenschaftslegung enthoben. Alle bedeutenden Männer strebten nach diesem einflußreichen Amte. Auch Perikles erwarb seine Verdienste um den Staat als Stratege. Das Strategenamt bringt die Lösung der Frage, wieso sich Perikles' Herrschaft über dreißig Jahre in einer Demokratie erstrecken konnte, deren Grundsatz es doch war, jede Macht durch Teilung zu beschränken und auch die beschränkte Macht nur auf kurze Zeit zu übertragen, um das Aufkommen diktatorischer Bestrebungen zu unterbinden. Perikles regierte den Staat, ohne eine seiner Einrichtungen zu verletzen oder zu umgehen. Denn er regierte ihn, von der Bürgerschaft Jahr für Jahr in freier Zustimmung gewählt. Infolge dieser dauernden Betrauung mit dem höchsten Amt und der dadurch erlangten Erfahrung bekam er ein großes Übergewicht über die anderen alljährlich erlosten und wechselnden Beamten. In dieser verantwortungsvollen Stellung war es aber sein Bestreben, das Vertrauen seines Volkes täglich neu zu erringen, indem er den toten Buchstaben des Gesetzes durch sein Wesen und sein Verhalten zum Leben erweckte. Pflichtbewußt und untadelig ging er seinen Weg; dadurch erwarb er und erhielt er sich die Gunst seines Volkes, nicht dadurch, daß er es umschmeichelte.

Die Staatsämter waren bisher unbesoldet. Die Stellen der Ratsherren, Richter sowie der meisten übrigen Beamten konnten daher nur Begüterte annehmen, denn der kleine unbemittelte Mann konnte nicht für längere Zeit seine Bauernwirtschaft oder seine Werkstätte im Stich lassen. Hier klaffte also im demokratischen Gefüge eine merkbare Lücke. Daher führte Perikles nicht nur den Kriegssold für die Hopliten, Matrosen und Ruderer, sondern auch die Amtsbesoldung und die Taggelder (Diäten) ein. Die Ratsherren erhielten eine Drachme täglich, die Richter drei Obolen, die Teilnehmer an der Volksversammlung eine Drachme. Man ermöglichte auch der ärmeren Bevölkerung die Teilnahme an den Festen und Opfermahlzeiten und beteilte sie mit Getreidespenden und Eintrittsgeldern für den Theaterbesuch. Die dadurch erwachsenden Ausgaben wurden durch Zölle, Hafengebühren, Verkaufssteuern, Leistungen der besitzenden Klassen, die Erträgnisse der staatlichen Erzgruben und den Tribut der Untertanenstädte gedeckt. Die Finanzlage unter Perikles war so günstig, daß sie trotz der beispiellosen

Kosten für die umfangreichen Bauten einen stets steigenden Überschuß aufwies. Diese ersparten Summen wurden in Griechenland in den Tempeln der Stadtgottheit, in Athen also im Parthenon, aufbewahrt.

Ständische Umschichtung

Der wirtschaftliche Aufschwung hatte auch eine ständische Umschichtung zur Folge. Die Adeligen, deren gesellschaftlicher und politischer Einfluß auf dem Landbesitz beruhte, wurden zurückgedrängt. Sie blickten sehnsüchtig auf die Verhältnisse im spartanischen Staate, die nach ihrer Meinung die Rechte der Aristokratie am besten zu wahren vermochten. In Athen formte das Großbürgertum das politische und geistige Gesicht der Zeit; denn es war als Schiffsherr, Kaufmann, Handwerker der Nutznießer der neuen wirtschaftlichen Lage. Es rückte neben dem Adel zur Gruppe der bevorrechteten Bürger auf. Ihm standen alle politischen Rechte, Wahl- und Stimmrecht in der Volksversammlung und die Erlangung von Staatsämtern, offen. Dagegen waren die Schutzbürger (Metöken), obwohl auch sie freie Bürger Athens waren und alle Staatslasten, wie Steuern und Kriegsdienst, mitzutragen hatten, von allen politischen Rechten ausgeschlossen. Auf der Arbeit der Metöken und Sklaven beruhte aber großenteils der Wohlstand Athens. Es war also auch noch für die Zeit des Perikles, wie überhaupt für die ganze Antike, kennzeichnend, daß die demokratische Verfassung niemals dem ganzen Volke gleiche Rechte gab, sondern immer nur bevorzugte Gruppen kannte. Freilich war die Zahl dieser Berechtigten erweitert worden, sie hing nicht mehr vom Grundbesitz und von adeliger Abstammung ab.

Perikles hatte seine Ansicht über den Volksstaat in der Rede ausgesprochen, die uns der Geschichtsschreiber Thukydides überliefert hat: »Die Demokratie darf die Staatsmacht nicht einer Minderheit, sondern nur dem ganzen Volke anvertrauen. Die Gleichheit aller vor dem Gesetze bedingt, daß alle Mitbürger die gleichen Rechte genießen, daß kein Volksteil seine Sonderinteressen auf Kosten der übrigen Bürger durchzusetzen versucht.« Diese Worte blieben nur eine Idealforderung.

Kleruchien

Den ständigen Zuwachs der Bevölkerung, die notwendige Folgeerscheinung des wirtschaftlichen Aufschwunges, suchte Perikles durch Verpflanzung ganzer Gruppen athenischer Bürger als Kolonisten, der sogenannten Kleruchen, in die Bundesgebiete abzuleiten. Diese Kleruchien dienten gleichzeitig zur Sicherung unzuverlässiger oder strategisch wichtiger Orte.

Nach den schweren Schäden in der Heimat durch die Perserkriege war ein umfangreicher Aufbau nötig. Vor allem lag Perikles daran, für den Fall einer neuen kriegerischen Verwicklung eine gesicherte und ungestörte Verbindung Athens mit seinem Hafen Piräus herzustellen, ein Gedanke, den schon Themistokles teilweise verwirklicht hatte. Perikles baute daher die schon früher begonnenen »Langen Mauern« weiter aus und legte Arsenale, Werften und Speicher an. Sein weiteres Augenmerk wendete er der Hauptstadt zu. Sie und ihren Burgberg, die Akropolis, schmückte er mit pracht-

ATHEN

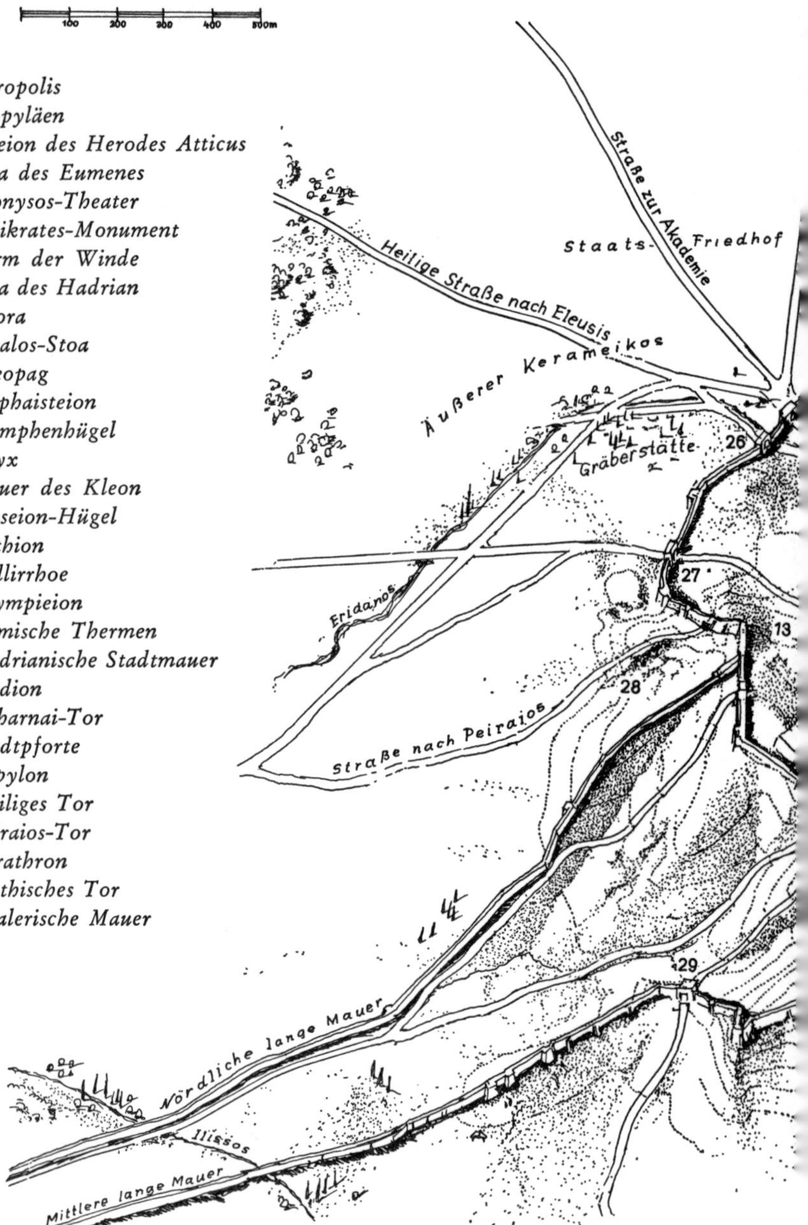

1 Akropolis
2 Propyläen
3 Odeion des Herodes Atticus
4 Stoa des Eumenes
5 Dionysos-Theater
6 Lysikrates-Monument
7 Turm der Winde
8 Stoa des Hadrian
9 Agora
10 Attalos-Stoa
11 Areopag
12 Hephaisteion
13 Nymphenhügel
14 Pnyx
15 Mauer des Kleon
16 Museion-Hügel
17 Pythion
18 Kallirrhoe
19 Olympieion
20 Römische Thermen
21 Hadrianische Stadtmauer
22 Stadion
23 Acharnai-Tor
24 Stadtpforte
25 Dipylon
26 Heiliges Tor
27 Peiraios-Tor
28 Barathron
29 Methisches Tor
30 Phalerische Mauer

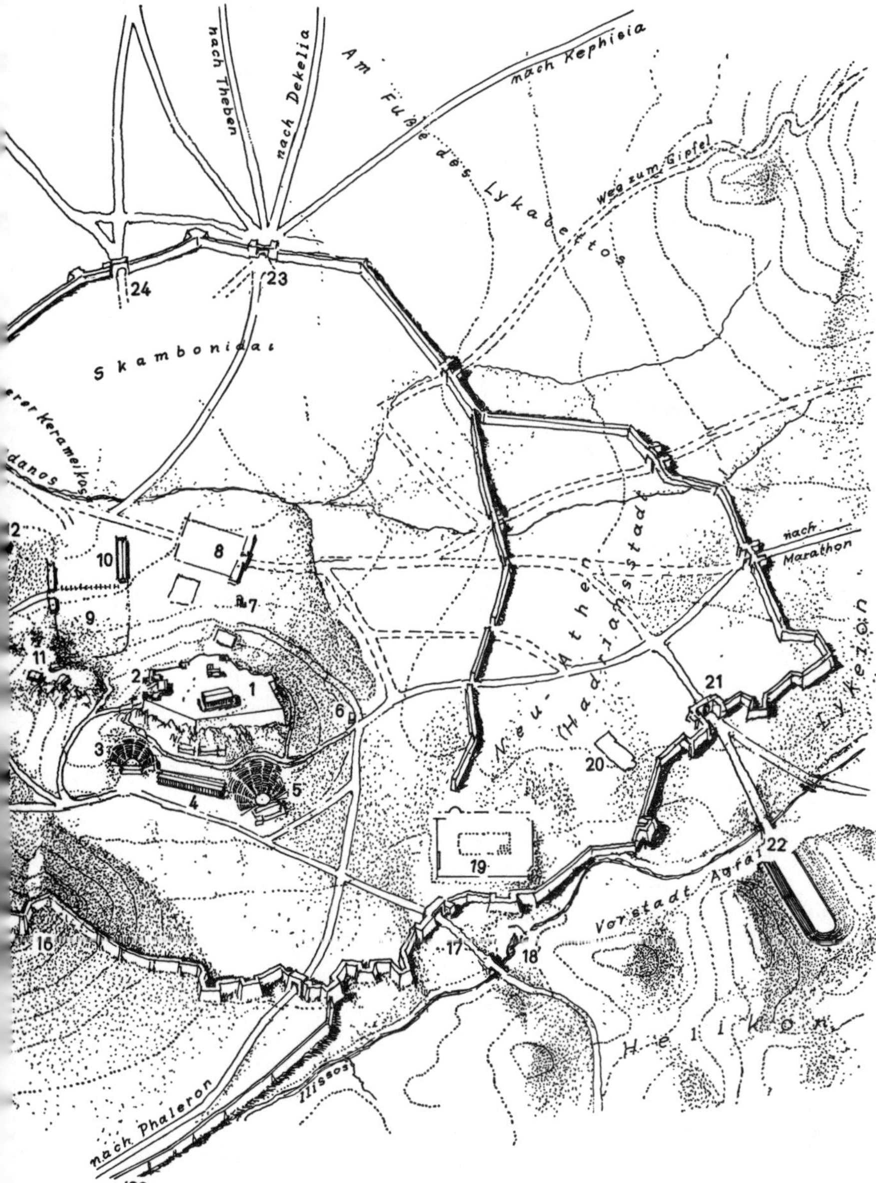
nach Theben
nach Dekelia
Am Fuße des Lykabettos
nach Kephisia
Weg zum Gipfel
Skambonidai
Keramelkos
danos
nach Marathon
Neu-Athen
(Hadriansstadt
Lykeion
Vorstadt Agrai
Helikon
Ilissos
nach Phaleron
1
2
3
4
5
6
7
8
9
10
11
16
17
18
19
20
21
22
23
24

30

vollen Tempeln und vereinigte in den Zweckbauten, wie in Theatern, Gymnasien und öffentlichen Gebäuden, Schönheit mit Nutzen.
Die Einigung der gesamten jonischen Welt im Delisch-Attischen Bund unter Athens Führung war ein erster Ansatz des Überganges von der Poliswelt zum Volksstaat. Aber diese Entwicklung wurde gehemmt, weil der Stadtstaat den Bundesgenossen das attische Bürgerrecht verweigerte und daher die einzelnen Gliedstaaten nicht durch gleiche Rechte zu einer großen Gemeinschaft zusammenfügte. Perikles hielt vielmehr die Bundesgenossen in einer Art von Untertanenverhältnis, gelegentlich auch gegen deren Willen. Er wollte nicht durch die Eigenpolitik irgendeiner kleinen Inselstadt die mit so viel Blut erkaufte Einheit Griechenlands und die Sicherheit des Meeres in Frage stellen lassen. Durch die Beseitigung aller Sonderbestrebungen innerhalb des Attischen Bundes führte er die ursprünglich föderalistische Ordnung, die den Einzelstaaten noch ein gewisses Maß von Selbständigkeit und Freizügigkeit beließ, in einen straff gegliederten Zentralstaat über. Alle Teile wurden von einem übergeordneten Willen gelenkt, der sich auf die politischen, wirtschaftlichen und rechtlichen Interessen auswirkte. Die Bundesgenossen waren sogar genötigt, vor den attischen Geschworenengerichten ihr Recht zu suchen. Athen wurde aus einer Bundesführerin zur Herrscherin, die Bundeskassa, die sich bisher auf der Insel Delos befand, wurde nach Athen gebracht. Zunächst gewannen allerdings die Bündner eine Reihe von Vorteilen, vor allem die ungestörte Sicherheit ihrer Seefahrt, die ihrem Handel Reichtum und Wohlstand brachte, aber die Neuordnung legte den Keim zu kommenden Zwistigkeiten, und der Bund konnte nur von so langer Dauer sein, als eine so machtvolle Persönlichkeit wie Perikles die gesamten Geschicke lenkte.

Außenpolitische Aufgaben

Nach außen hin hatte Perikles zwei große Aufgaben zu lösen, nämlich endlich die Auseinandersetzung mit Persien zu bereinigen und zu Sparta, der ernsten Feindin Athens, in ein erträgliches Verhältnis zu kommen.
Nach dem Tode Kimons bezwang das athenische Geschwader bei *Salamis* an der Ostküste Zyperns die persische Reichsflotte und ihre Bundesgenossen zur See und vernichtete auch die Landtruppen in einer Doppelschlacht, durch die Athen den letzten ansehnlichen Sieg über die Perser davongetragen hatte (449 v. Chr.). Perikles verzichtete darauf, den Waffenerfolg weiter auszunützen, da die Südküste und Zypern für Griechenland zu weit abgelegen und daher nur schwer dauernd zu halten waren. In Persien war Xerxes ermordet worden (465 v. Chr.). Unruhen wegen der Thronfolge und Aufstände in Ägypten schufen für Persien eine ungewisse Lage. Mit Mühe setzte sich Xerxes' Sohn, *Artaxerxes Makrocheir* (= Langhand), als

Nachfolger durch und unterdrückte den Aufstand in Ägypten (456 v. Chr.). Bei den unsicheren Verhältnissen und seiner geschwächten militärischen Stellung waren ihm Perikles' Friedensvorschläge sehr willkommen. Der Athener *Kallias* wurde als Unterhändler an den persischen Hof geschickt und brachte den Friedensvertrag zustande, der fälschlich Kimon zugeschrieben und daher als Kimonischer Friede bezeichnet wurde. Man vereinbarte eine Hoheitsgrenze zwischen Persern und Griechen, und der Großkönig leistete auf die schon früher von den Hellenen besetzte kleinasiatische Küstenzone bis drei Tagemärsche landeinwärts Verzicht. Damit war 449 v. Chr. der Krieg beendet, und Perikles konnte sich wieder den Aufgaben im Mutterlande zuwenden.

Im Vordergrund stand die schon lange währende Spannung zwischen Athen und Sparta oder, weiter gefaßt, zwischen den Doriern und Joniern. Auf der einen Seite wuchs eine starke Landmacht heran, voll höchster Kampfkraft und eiserner Zucht, auf seiten der Athener zeigte sich ein ungeheurer materieller Aufschwung und ein unaufhaltsamer maritimer Ausdehnungsdrang. Ernste Staatsmänner sahen das drohende und unfehlbar vernichtende Unwetter ansteigen, sie wußten, daß es nicht aufzuhalten war, höchstens sich durch große Staatsklugheit nur immer wieder aufschieben ließ. Im Waffenstillstand von 451 v. Chr. hatte Sparta nur widerwillig Athens Stellung in Mittelgriechenland anerkannt. Es zog schon zwei Jahre später unter dem Vorwand eines heiligen Krieges über den Isthmos und befreite Delphi aus der Abhängigkeit von Phokis. Perikles sah diesem Einfall ruhig zu, um nicht durch sein Eingreifen frühzeitig einen Krieg zu entfachen. Aber nach Abzug der Spartaner stellte er die alte Bindung Delphis wieder her.

Die spartanische Einmischung gab den alten Feinden Athens wieder neuen Auftrieb. Böotien siegte über eine athenische Abteilung bei *Koroneia,* Athen mußte sich aus Böotien zurückziehen, das wieder unter die Führung Thebens kam. Diese Stadt schloß ein Bündnis mit Sparta. 446 v. Chr. fielen Euböa und Megara. Ein spartanisches Heer rückte in Griechenland ein, aber es kam zu keinem Waffengang, die Spartaner zogen wieder ab, und man schloß einen dreißigjährigen Frieden. Sparta erkannte den Attischen Seebund an, dafür verzichtete Athen auf die Führerschaft zu Lande und räumte seine Stellungen in der Peloponnes und auf dem Isthmos. Der Friede dauerte allerdings nur bis 431 v. Chr. Aber es gelang Perikles, in diesen kurzen Jahren Athen zur höchsten Blüte zu bringen.

Die Baukunst

Die gesteigerte Bautätigkeit, vornehmlich in Athen, entsprang nicht nur dem erhöhten Glücksgefühl des errungenen Sieges, sondern vor allem der Notwendigkeit, aus den Trümmern des Krieges neues Leben zu schaffen.

Aber aus dem Zusammenklang dieser beiden Antriebe entstanden jene unvergleichlichen Bauten, die uns auch heute noch in ihren Ruinen mit Staunen erfüllen.
Den Übergang von dem strengen Stil der früheren Zeit zu dieser lebensfrischen Gegenwart bezeichnet am besten der Tempel auf der Insel Ägina. Der Archäologe Furtwängler hat den Tempel der aus Kreta stammenden und der Artemis verwandten Gottheit *Aphaia* zugeschrieben, die auf Ägina verehrt wurde. Das Heiligtum war ein prachtvoller dorischer Peripteros, der mit seinen schlanken Säulen leicht und luftig wirkt. Seine wundervollen Giebelskulpturen stellen Kämpfe äginetischer Heroen gegen die Troer dar. Die Figuren sind vollplastisch, auf Vorder- und Rückseite gleichmäßig ausgearbeitet und zeigen in abwechslungsreichen Stellungen lebensvolle Bewegungen. Die Skulpturgruppen sind zu Beginn des 19. Jahrhunderts ausgegraben worden, und König Ludwig I. von Bayern hat sie für die Glyptothek in München erworben.
War dieser Tempel noch aus einfachem Sandstein erbaut, mit Ausnahme des marmornen Daches und der Giebelfiguren, so kommt in den folgenden Bauten zu der harmonisch vollendeten Form noch das kostbare Baumaterial des Marmors hinzu.
Wenn wir uns jetzt den Bauwerken Athens zuwenden, so wollen wir auch die erwähnen, die erst in nachperikleischer Zeit entstanden sind, um so einen Gesamtüberblick über die bedeutendste Stadt Griechenlands zu gewinnen.

Athen

Nach der völligen Zerstörung Athens durch die Perser hat Themistokles die neu auflebende Stadt mit einem Mauerring umgeben. Elf Haupttore öffneten dem Verkehr nach fern und nah die Wege. Im Norden lag das Acharnische Tor, von dem die Straßen strahlenförmig ins Weite führten. Im Nordwesten durchbrach die Festungsmauer das Dipylon, so genannt nach den beiden nebeneinanderliegenden Durchgängen. Vor dem Tor breitete sich der äußere Kerameikos, der Töpfermarkt, aus, der eine ganze Vorstadt bildete, wo nach der Sitte des Altertums Gräber des Staatsfriedhofes die Landstraße rechts und links säumten. Umfangreiche Grabungen haben hier die antiken Reste bloßgelegt und eine große Anzahl der berühmten Dipylonvasen zutage gefördert. Nach dem Stadtinnern verstärkte den Schutz ein zweites Doppeltor, das mit dem Außentor duch starke Seitenmauern verbunden war. Beide Tore waren überragt von je zwei wuchtigen Türmen.
Vom Dipylon führte die Straße (Dromos) durch den inneren Kerameikos
Agorá zur Agorá, dem von Hallen und öffentlichen Gebäuden umgebenen rechteckigen Hauptplatz der Stadt, auch dem Mittelpunkt von ganz Attika, auf

dem sich das politische, religiöse und geschäftliche Leben Athens abspielte. Die Agora diente den Volksversammlungen, hier zog die Panathenäenprozession vom Dipylon zur Akropolis durch, hier mündeten alle Hauptstraßen der Stadt, von ihrer Mitte aus berechnete man die Wegentfernungen. Bei der Einfahrt der Straße in die Agora stieß man an ihrer Westseite auf eine stattliche Halle, außen mit dorischen, innen mit jonischen Säulen geschmückt. In der Überlieferung wird sie als Halle des Zeus oder Königshalle bezeichnet. Im südwestlichen Winkel lagen das Metroon, der Tempel der Göttermutter mit dem Staatsarchiv, das Bouleuterion, das Rathaus, wo die fünfhundert Ratsmitglieder ihre Sitzungen abhielten, und die Tholos, wo die fünfzig Prytanen am Staatsherd opferten und speisten. Die ganze gegenüberliegende Ostseite begrenzte die von *Attalos* II., dem König von Pergamon, im zweiten Jahrhundert v. Chr. erbaute und nach ihm benannte Säulenhalle, die Stoa des Attalos. Sie war 116 m lang, zwei Stockwerke hoch, schaute unten mit 45 dorischen, oben mit 45 jonischen Säulen zur Agora und war eine Ehren- und Kaufhalle. Im Norden erhob sich die berühmte Stoa Poikile (poikílos = bemalt), die Ruhmeshalle der Athener, mit Polygnots berühmten Wandgemälden aus der griechischen Sage und der Schlacht bei Marathon.

Um 1860 begann die griechische archäologische Gesellschaft mit den Ausgrabungen der Agora, an denen sich um 1890 deutsche Wissenschafter beteiligten.

Nordwestlich von der Agora liegt auf einer Erdschwelle der besterhaltene aller griechischen Tempel, das sogenannte Theseion. In Wirklichkeit ist er ein Hephaisteion. Der Name »Theseion« kam im Mittelalter auf und leitet sich vielleicht von den Reliefdarstellungen aus der Theseussage auf dem Metopenfries ab. Viel wahrscheinlicher aber ist es, daß der Tempel dem Hephaistos zu Ehren von den umwohnenden Zünften der Waffenschmiede und Töpfer gestiftet wurde. Er ist ein dorischer Peripteros, 6×13, entstanden 450—440 v. Chr. Er ruht auf einem dreistufigen Unterbau, dessen unterste Stufe aus Poros (= Kalkstein), die beiden anderen sowie der gesamte Bau aus pentelischem (Pentélikon, Gebirgsstock nordöstlich von Athen, im Altertum berühmt durch seinen weißgelblichen Marmor) Marmor sind. Die Skulpturengruppen der beiden Giebel sind verloren. Die 18 Metopen, mit Reliefs aus parischem Marmor (von der ägäischen Insel Paros) geschmückt, sind größtenteils erhalten und schildern die Kämpfe des Theseus und des Herakles. Der Fries des Pronaos stellt Kampfhandlungen dar, für die noch keine einheitliche Erklärung gefunden ist. Der Fries des Opisthodomos bringt die Kämpfe zwischen Zentauren und Lapithen während der Hochzeit des Peirithoos. Der Tempel verdankt seine gute Erhaltung wohl dem Umstand, daß er im Mittelalter von den Christen als Georgskirche eingerichtet wurde. Aus dieser Zeit stammen das breite Tor an der Westseite und die gewölbte Decke der Zella.

Hephaisteion

Von der Agora führte eine Hauptverkehrsader über den alten Ölmarkt, wo sich später der römische Marktplatz ausdehnte. Noch erinnern daran die Reste des Stadttores, ein Giebel, getragen von vier dorischen Säulen.
Neben dem Ölmarkt baute *Hadrian* eine Stoa, ein Gymnasion und eine prachtvoll geschmückte Bibliothek.

Turm der Winde

Südlich davon erhebt sich der Turm der Winde aus dem ersten Jahrhundert v. Chr., eine Stiftung des *Andronikos* aus *Kyrrhos* in Nordsyrien. Es ist ein achteckiger Turm von 8 m Durchmesser und 12 m Höhe, ganz aus weißem Marmor. Die Wandflächen tragen die Symbolfiguren der acht Hauptwindgötter mit den eingravierten Namen vom Nordwind, dem Boreas, bis zum Südwind, dem Notos. Ein beweglicher bronzener Triton auf der Spitze des Pyramidendaches streckte je nach dem Wind seinen Stab über eines der acht Wandreliefs aus und diente als Windfahne. Sechs Sonnenuhren zeigten nach außen hin die Tageszeiten an. Vor den beiden Eingängen waren Vorhallen mit je zwei korinthischen Säulen. Tritt man ins Innere, so erblickt man am Boden die Spuren einer sehr komplizierten Wasseruhr, einer sogenannten Klépsydra. Sie wurde durch eine 50 m höher liegende Quelle gespeist und zeigte auf einer Skala die Stunden an.
Vom Turm der Winde in südlicher Richtung gegen den Burghügel lag das Prytaneion, das einstige Regierungsgebäude des solonischen Athen, in dessen geräumigen Hallen die fremden Gesandten, die Sieger in den Nationalspielen und die Ehrengäste der Stadt empfangen wurden.
Von diesem Bauwerk dürfte die berühmte Tripodenstraße (Dreifußstraße, jetzt wieder so genannt) ihren Ausgang genommen haben, die sich um die Ostseite der Burg zog und an deren Rändern die sogenannten choregischen Denkmäler aufgestellt waren. Diejenige Phyle nämlich, deren Chor im Theater gesiegt hatte, erhielt als Preis einen bronzenen Dreifuß. Dem Choregen (Chorführer), der für seine Phyle die großen Kosten der Ausstattung und der Ausbildung des Chores getragen hatte, fiel auch die Ehrenpflicht zu, den errungenen Tripous (Dreifuß) auf einem monumentalen Unterbau aufzustellen. Unter diesen Denkmälern befanden sich auch Werke hochberühmter Künstler.

Tor des Hadrian

Das Tor des Hadrian öffnet den Zugang in das neue, von Hadrian gegründete Ostviertel der Stadt. Erbaut wurde es als zweistöckiges Prunktor aus pentelischem Marmor, beiderseits mit korinthischen Säulen und Pilastern geschmückt. Noch künden die Aufschriften von dem gewaltigen römischen Cäsaren, von dem größten Philhellenen und Bewunderer Athens. Die Stadtseite trägt die Worte: »Αϊδ εισ' 'Αθῆναι, Θησὲως ἡ πρὶν πόλις = Das ist Athen, des Theseus alte Stadt«, und die der Neustadt zugewendete Seite: »Αϊδ εἰσ' 'Αδριανοῦ καὶ οὐχι Θησὲως πύλις = Das ist des Hadrian und nicht des Theseus Stadt.«

Olympieion

In nächster Nähe des Tores ragen noch 15 korinthische Säulen als Zeugen eines riesigen Zeustempels, des Olympieions. Er zählte mit den Kolossaltempeln von Ephesos, Selinunt und Agrigent zu den großen Tempelbauten der Antike. Das Olympieion wurde schon in der Zeit der Peisistratiden um 515 v. Chr. begonnen, um 160 v. Chr. im Auftrag des syrischen Königs *Antiochos* aus Marmor weitergebaut und erst in der Zeit Hadrians um 135 n. Chr. vollendet. Der Tempel ist ein korinthischer Dipteros, 8×20. Ein Säulenwald von 140 Säulen umgab die Zella. Die Säulen sind 17 m hoch und haben einen oberen Kapitelldurchmesser von 3 m.

Stadion

Weiter östlich vom Olympieion, schon außerhalb der alten Stadtbefestigung, dehnte sich das Stadion aus. Es wurde um 330 v. Chr. vom Staatsmann *Lykurg* am Hang des Ardittos errichtet und von dem reichen Athener *Herodes Attikos* um 140 n. Chr. mit Sitzen aus pentelischem Marmor ausgestattet. Hier fanden die Wettkämpfe beim Hauptfest der Pallas Athene statt. Erst gegen Ende des vorigen Jahrhunderts ließ es der reiche Grieche *Averoff* wieder in den Maßen des alten Baues herrichten und mit Marmor ausstatten. Es hat eine Länge von 204 m, eine Breite von 33 m und faßt 70.000 Zuschauer. Hier fanden 1896 die ersten Olympischen Spiele unserer Zeit statt.

Vom Stadion führt der Weg westlich am Südabhang der Akropolis hin in den Weihebezirk (Témenos) des *Dionysos Eleuthereus*. Dort fand man die Fundamente zweier Tempel zu Ehren dieses Gottes, eines kleineren aus dem 6. Jahrhundert v. Chr. und eines größeren, der gegen 420 v. Chr. erbaut wurde. Zu dieser Weihestätte kam an den großen Dionysosfesten frühmorgens die feierliche Prozession, die das heilige Bildnis des Gottes trug, beim Tempel ihre Gebete und Opfer verrichtete und dann zu dem kreisrunden Tanzplatz des Chores, der Orchestra, weiterzog. Der Kreis entsprach der ursprünglichen Bewegung des dionysischen Chortanzes, um einen Mittelpunkt, um den Altar, die Thyméle, herum. Ursprünglich umstellten die Zuschauer in ganz primitiver Weise die Orchestra. Bis zum Ende des 5. Jahrhunderts errichtete man an den Spieltagen auf dem südöstlichen Abhang des Akropolisfelsens im Halbkreis um die Orchestra provisorische Holzgerüste als Sitzplätze. Auf der den Zuschauern gegenüberliegenden Seite schnitt man von der Orchestra ein kleines Kreissegment weg und führte darauf ein hölzernes Gebäude, die Skené, auf, die als Bühnenraum diente. Die Überlieferung erzählt, daß die Holzbänke einige Male zusammenbrachen, wobei Zuhörer erheblich verletzt wurden. Dieser Umstand und der schon damals sehr fühlbare Holzmangel in Griechenland führten dazu, daß die Athener am Südhang der Akropolis ein Steintheater erbauten. Das Theater, das wir heute noch sehen, ist ein späterer Neubau des *Lykurgos* um 338 v. Chr.

Dionysostheater

Die heutige halbkreisförmige, mit Marmorplatten gepflasterte Orchestra und die Reste der Skene mit ihren Relieffiguren aus der Dionysossage an der Vorderwand stammen von römischen Umbauten. Zwischen den rechteckigen Vorsprüngen (Paraskénia) des Bühnenhauses und den Enden der

Zuschauerplätze öffneten sich die Zugänge (Párodoi) für den Chor, durch die auch das Publikum das Theater betrat. Der Zuschauerraum mit 78 Sitzreihen war durch schmale radiale Stiegen in 13 Keile (Kerkídes) und durch 2 Umgänge (Diazómata) in drei Ränge zu je 32 Stufen im ersten und zweiten Rang und 14 Stufen im obersten Rang geteilt. Die aus Poros gearbeiteten Sitze hatten keine Rückenlehne. Man bedeckte seinen Platz wegen der geringen Höhe und aus Gründen der Bequemlichkeit gewöhnlich mit einem mitgebrachten Kissen. Die Sitze sind nur noch zum Teil erhalten. Die unterste Sitzreihe bestand aus Marmorsesseln mit Lehnen, von denen noch etliche vorhanden sind. Der vornehmste, mittlere, reliefgeschmückte, gehörte dem Dionysospriester. Die Inschrift auf dem Sitz gibt uns davon Kunde. Die übrigen Sessel waren für die Gesandten, für hohe Gäste, für die obersten Beamten und Offiziere bestimmt, deren Namen in den Marmor eingraviert sind. Hinter dem Prunksitz des Dionysospriesters sieht man heute noch den erhöhten Sockel für den Sitz des Kaisers Hadrian mit der entsprechenden Aufschrift. Ein Wassergraben trennt den Zuschauerraum von der Orchestra. Der Theaterbau war ein Meisterstück an feinster Akustik und zweckmäßiger Aufgliederung, um in kürzester Zeit den Zutritt und Abgang der Riesenmassen von 17.000 Personen zu bewältigen.
Nach dem Dionysostheater hat schon im Jahre 1841 die griechische archäologische Gesellschaft ohne Erfolg gegraben, 1862 ist dem deutschen Architekten Johann Heinrich *Strack* die Entdeckung gelungen, und es folgten darauf die systematischen Ausgrabungen des deutschen archäologischen Institutes unter der Leitung Wilhelm *Dörpfelds* in den Jahren 1886 bis 1895.
Westlich vom Dionysostheater auf erhöhter Terrasse liegen die Reste des 420 v. Chr. geweihten Heiligtums des *Asklepios,* des Gottes der Heilkunst. Es ist an einer heiligen Quelle errichtet. Hier entstand eine Heilanstalt mit zahlreicher Priesterschaft, wo die Kranken nächtigten und im Traum die Weissagung geeigneter Heilmittel durch den Gott erwarteten.

Odeion Vom Theater zog sich gegen Westen bis zum Odeion eine zweischiffige, 168 m lange Halle hin, deren Fußboden und Rückwand sich erhalten haben. Sie hat König *Eumenes II.* von Pergamon (197—159 v. Chr.) erbauen lassen, damit sie den Theaterbesuchern als Wandelhalle und Regenschutz diene.
Am westlichen Ende dieser Stoa erhebt sich das Odeion, um 160 n. Chr. von dem reichen Athener *Herodes Attikos* gestiftet. Die gelbbraune, einst dreistöckige Fassade weist mit ihren Rundbögen auf römischen Einfluß. Sie bildet die Hinterwand für die Bühne. Vor ihr liegt die Orchestra, die schachbrettartig mit verschiedenfarbigem Marmor belegt und von einem Wassergraben umgeben ist. Der Zuschauerraum bot für 5000 Personen Platz, die untersten Sitze hatten Rückenlehnen, alle waren mit pentelischem Marmor verkleidet. Ein Zedernholzdach überdeckte das Odeion. Es war für musikalische und dramatische Darbietungen bestimmt.

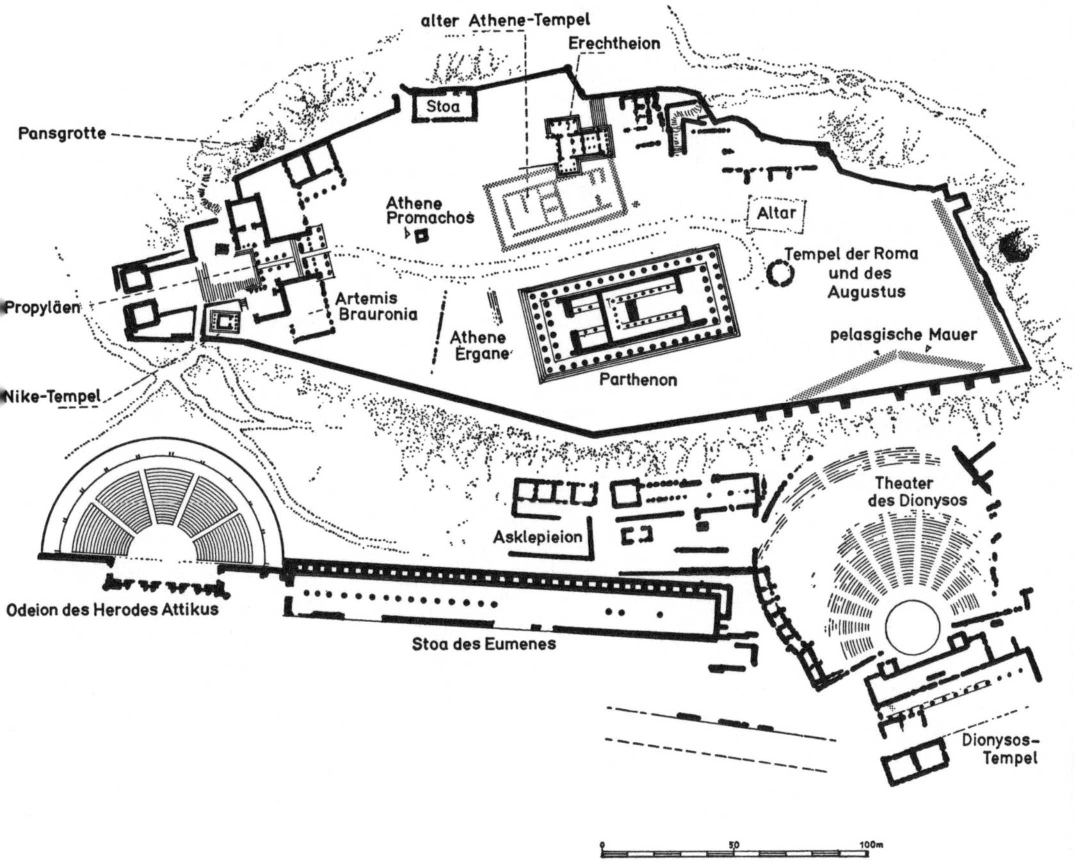

Plan der Akropolis

Unweit vom Philopapposhügel zeigt man das vermutliche Gefängnis des *Sokrates*. An diese Erhebung schließt sich gegen Norden der *Pnyxhügel* an. Auf seiner nordöstlichen Terrasse wurde bis ins 4. Jahrhundert v. Chr. die Volksversammlung (Ekklesía) abgehalten, die dann ins bequemer gelegene Dionysostheater übersiedelte. Ganz nahe dem Burgberg ist der Areopagfelsen. Dort auf der Kultstätte der Erinnyen tagte der Areopag, der Blutgerichtshof Athens. Hier soll auch der Apostel *Paulus* seine Rede an die Athener gehalten haben.

Akropolis

Der Weg soll nun auf die Akropolis zu jenen Prunkbauten führen, die den Ruhm des Perikles durch die Jahrtausende tragen. Ihr kostbarer pentelischer Marmor leuchtet über dem Häusermeer der Stadt. Den gewaltigen Götterthron trägt ein 156 m hoher, 80 m über der Stadt steil aufragender kahler Kalkfelsen, die Akropolis, die »hohe Stadt«. Ursprünglich war es der Festungsberg, noch lassen Reste von Mauern, den sogenannten *Pelasger*mauern, aus schweren Blöcken getürmt, diese Zeit erkennen. Aber nach Peisistratos gehörte der Berg nur noch dem Dienst der Götter, und er trug prächtige Kultbauten, darunter das heute noch in seinen Grundmauern feststellbare Hekatómpedon, das der Athene Polias geweiht war. Die Schrecken zweier Perserstürme legten die stolze Herrlichkeit in Schutt und Asche. Beim Wiederaufbau unter Perikles ebnete man mit dem Bruchmaterial die Fläche der Akropolis ein und vergrößerte sie, indem man auch den Zwischenraum zwischen dem Berghang und den von Kimon errichteten Schutzmauern mit dem Schutt ausfüllte.

Auf diesem ovalen, in seiner größten Ausdehnung 270 m langen Plateau erheben sich die Reste der alten Stadttempel. Steil fällt ringsum der Abhang zur Talsohle, nur im Westen brückt die Akropolis zu den benachbarten Hügeln und ermöglicht auf breiter Serpentinenstraße die Auffahrt durch das sogenannte Beulé-Tor. Es wurde unter den römischen Kaisern aus griechischen Baustücken errichtet und im Jahre 1852 von dem französischen Archäologen Ernest *Beulé* unter den ehemals türkischen Bastionen entdeckt. Von hier führte an Stelle der alten gewundenen und langsam ansteigenden, auf beiden Seiten von Statuen und Weihegeschenken gesäumten Feststraße eine um die Mitte des ersten Jahrhunderts n. Chr. angelegte, jetzt großenteils zerstörte Marmortreppe zu den Propyläen empor.

An dieser verwundbarsten Stelle der Befestigung sperrte schon in ältester Zeit ein Burgtor den Zugang. Als unter Perikles der Parthenon fertiggestellt war, erhielt der Baumeister *Mnesikles* den Auftrag zu einem repräsentativen Torbau als Ersatz für ein älteres, an derselben Stelle gelegenes Prachttor aus dem 6. Jahrhundert v. Chr. Es hatte aber nicht mehr die Aufgabe eines Burgtores, da inzwischen durch die Themistokleischen Bauten die Stadt in anderer Weise gesichert war. Die Mehrzahlform des für diesen Burgeingang gebrauchten Namens der Propyläen deutet schon auf den Umfang der dreigliedrigen Anlage, die mit den Nebenbauten wuchtig die Westfront des Hügels abschirmt.

Propyläen

Im zurückliegenden Mittelteil öffnen fünf Tore den Zugang, die von den für die Fußgänger bestimmten Seiten, in ihrer Türhöhe abgestuft, zu dem monumentalen Mittelgang aufsteigen. Durch diesen zogen die Panathenäenprozessionen mit den obersten Beamten, im Schmuck der Ölzweigkränze, mit der athenischen Jugend zu Fuß und zu Pferd und mit den Opfertieren. An die Torwand legt sich nach innen wie nach außen je eine Halle mit sechs wuchtigen, 10 m hohen dorischen Säulen in der Front. Die Vorderhalle begrenzen heute nur mehr Säulenstümpfe. Sie ist von 16 m Tiefe, und je drei jonische Säulen bilden gegen die Feststraße Spalier und teilen die Halle in drei Schiffe. Die letzte Säule links erhielt 1912 wieder ihr Voluten-

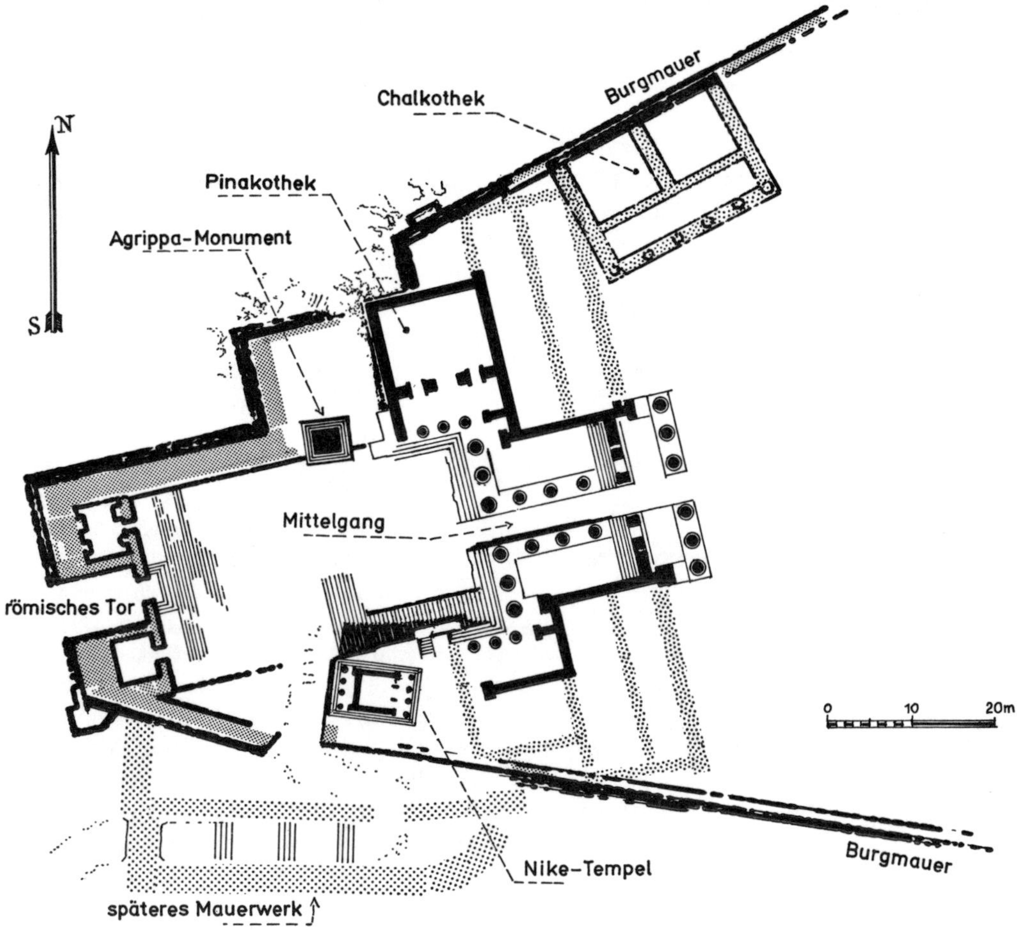

Grundriß der Propyläen

kapitell und trägt ein Stück der Kassettendecke, die einst im Glanz der goldenen Verzierungen auf blauem Untergrund erstrahlte. An den Mittelbau schlossen sich rechts und links, dem Hauptweg zugewendet, Flügelbauten an mit je drei dorischen Säulen vor den Stirnseiten. Der Nordflügel hat einen Anbau, der Votivtafeln aus Marmor und gebranntem Ton (pínakes) enthielt, wonach der Raum den Namen pinakothéke führte. Der Südflügel ist kleiner, blieb unvollendet, weil seine weitere Ausdehnung alte Kultbezirke beeinträchtigt hätte. Die nach dem Festplatz schauende Halle mit ihren sechs wuchtigen dorischen Säulen, dem schönen Gebälk und Teilen des Giebels wurde wieder aufgerichtet.

Der im Jahre 437 begonnene Bau wurde 431 v. Chr. durch den Anfang des peloponnesischen Krieges unterbrochen. Nachher wurde die Arbeit an der Toranlage nie mehr weitergeführt, die wahrscheinlich nur die Hälfte des ursprünglichen Planes darstellt.

Den antiken Wanderer empfing gleich hinter den Propyläen das Riesenstandbild der Schirmgöttin von Athen, die Athene Prómachos, die »Vorkämpferin«. Aus der Beute des Sieges bei Marathon ließ Perikles 449 v. Chr. von Pheidias ihr 9 m hohes Erzstandbild gießen. Nur mächtige Fundamentquadern zeichnen noch den alten Platz des Kolossalbildnisses.

Parthenon

Den Blick des heutigen Besuchers aber zieht der am Südrand liegende, im hellgelben Marmorschimmer leuchtende *Parthenon* an. An seiner Nordwand vorbei führt der »Heilige Weg« in feierlichem Schwung zur Ost- oder Hauptfront des Tempels.

Er ist als Stadtheiligtum wie üblich im dorischen Stil erbaut. 447 v. Chr. erhielten auf Veranlassung des Perikles der bedeutendste Architekt seiner Zeit, *Iktinos,* und der Baumeister *Kallikrates* den Bauauftrag. Das Gold-Elfenbein-Standbild der Göttin Athene schuf *Pheidias,* der sich bereits als Schöpfer der Zeusstatue zu Olympia Ruhm geholt hatte. In seinen Händen lag nach dem Zeugnis Plutarchs auch die oberste Leitung der gesamten Bauführung. Der Bau wurde durch reiche Geldmittel gefördert.

Der Tempel ist ganz aus dem hellen, eisengeäderten Marmor des Pentelikon errichtet, der eine prachtvolle Ausführung von höchster Präzision ermöglichte. Er ruht auf einem mächtigen, dreistufigen Unterbau, der an der ersten Stufe 72×33 m mißt, und verrät damit einen harmonischen Ausgleich von Länge und Breite. Je 8 Säulen an den Fronten und je 17 an den Längsseiten verbinden sich zu jenem klassischen Verhältnis, bei dem die Langseite die um eine Säule vermehrte doppelte Säulenanzahl der Schmalseite aufweist. Die Säulen türmen sich mit 10—11 Trommeln zu einer Höhe von 10,4 m und schließen eine Ringhalle um die Zella, die sich nach jonischer Weise an den Schmalseiten in Vorhallen zu je 6 Säulen öffnet. Somit ist der Tempel ein amphiprostyler Peripteros, 8×17, mit insgesamt 58 Säulen, die sich um das Heiligtum reihen.

Auf den wuchtigen Kapitellen ruht der Architrav. Darüber zieht der 160 m lange und 1 m hohe Fries rings um den Parthenon mit 92 Metopen auf einst rotem Grund, wechselnd mit den ehemals blau bemalten Dreischlitzen (Triglyphen) über jeder Säule und über dem Säulenzwischenraum. Die Figuren der Metopen atmen die Luft längst vergangener Kämpfe gegen die dunklen Gewalten der Natur und der Abwehrkriege gegen die Perser in den Themen der Kämpfe der Lapithen und Zentauren, der Amazonen, Giganten und der Zerstörung Trojas.

Das Heroenmotiv der Metopen, noch mit drastisch-naturalistischen Zügen gestaltet, steigert sich in den beiden Giebelfeldern zum Götterthema, und das Relief der Metopen wandelt sich zur stark idealisierten Vollplastik. Der Ostgiebel, heute fast ganz zerstört, stellte den Augenblick dar, wo

Akropolis

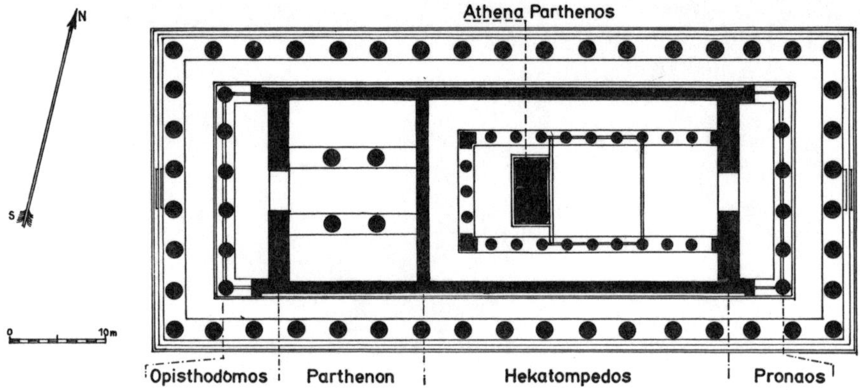

Parthenon, Grundriß

Athene, dem Haupt des Zeus entsprungen, im Waffenschmuck unter die verwunderten Götter trat. In der linken Giebelecke kündeten vier Pferdeköpfe mit spähenden Augen und geblähten Nüstern den Sonnenaufgang an, ein Kopf ziert heute noch das letzte Giebelstück, während in der rechten Ecke die Mondgöttin ihr Gespann zum Untergang lenkte. Mit Athenes Geburt hatte ein neuer Welttag begonnen. Der Westgiebel brachte Athene im Wettstreit mit Poseidon um die Hoheitsrechte über die Stadt Athen. Beide waren auf ihren Rossegespannen herbeigeeilt. Athene hatte den Ölbaum gepflanzt, Poseidon mit dem Dreizack den Salzquell auf der Akropolis erschlossen. Nährendes Land streitet mit dem Segen weltweiter Seefahrt. Aber die anwesenden Heroen vermitteln und geloben, beide Gottheiten einträchtig auf ihrer Burg zu verehren, den Segen des Bodens mit dem Gewinn des Meeres zum Wohl der Heimat zu verbinden. Ruhende Gestalten in den verengenden Räumen der Giebelecken stellten die Flüsse Attikas dar. Das Dach war mit Marmorziegeln gedeckt und hatte Sattelform. Vom Gesims leiteten Löwenköpfe als Wasserspeier das Regenwasser ab. Der Parthenon ist der erste dorische Tempel, bei dem uns, nach jonischem Stilprinzip, ein Fries auf der Zellaaußenwand begegnet. Die Baumeister haben also dem Parthenon seine besondere harmonische Wirkung durch die Mischung der dorischen Ordnung mit jonischen Stilelementen gegeben. Auf dem Zellafries zog in bescheidenem Flachrelief das attische Volk in der riesigen Panathenäenprozession, mehrere hundert Figuren, davon allein 215 Pferde auf beiden Langseiten zum Osteingang des Tempels. Auf der Westfront vollziehen sich die Vorbereitungen zum Aufbruch der Reiterschar, die ersten Reiter sprengen los. Dann strebt der Zug rechts und links in ähnlicher Ordnung zum Haupttor vor. An der Ostfront leiten würdige Männer von den Prozessionsteilnehmern zu den Göttern über. Zwölf Gottheiten, in ihrer Mitte Athene und Zeus, erwarten den Zug und sind Zeugen der feierlichen Handlung, als die voranschreitenden Mädchen den von attischen Bürgersfrauen gewebten Peplos der Priesterin der Athene überreichen. An dieser Fülle skulpturellen Schmuckes von bisher nie erreichter Naturnähe und meisterhafter Zwangslosigkeit in der Raumfüllung müssen viele Künstler gearbeitet haben, aber über allen diesen von unbekannter Hand geschaffenen Herrlichkeiten waltete Pheidias, der als Freund des Perikles die Oberaufsicht über die Künstler führte und alle Arbeiten in ihrer endgültigen Form bestimmte und überwachte. Sein Verdienst war es, daß die einzelnen Schöpfungen zusammenflossen in eine einheitliche, auf höchster Stufe stehende Gesamtleistung. Die große Idee, die der Künstler verewigen wollte, ist eine ehrfurchtsvolle Huldigung für Athene; sie ist der Mittelpunkt aller menschlichen Kultur, Hort der Weisheit und des Schönen, Schirmerin gegen alle Gewalten des Dunklen und der Zerstörung.

Leider kann der heutige Besucher nur noch Teile des Westfrieses in ihrem natürlichen Zusammenhang bewundern, die übrigen Friesplatten sind teils im Akropolismuseum, eine der schönsten, die Mädchen mit den Festordnern, im Louvre in Paris und die Mehrzahl im Britischen Museum zu London.

Der eigentliche Tempelbau, um zwei Stufen höher gelegen als der Umgang, war zweckmäßig in zwei Teile getrennt, wodurch sich die Doppelfront der Vorhallen über eine bloße ästhetische Zier zur sinnvollen Bedeutung vertiefte. Der nach Osten gerichtete, hinter dem Pronaos gelegene Raum war die eigentliche Zella (Naos) in der Länge von 100 attischen Fuß (von ungefähr 30 Metern), daher Hekatompedon genannt. Sie war durch zwei übereinandergestellte dorische Säulenreihen zu je neun Säulen in einen das Götterbild hütenden Mittelraum und einen ihn auf drei Seiten umgebenden Umgang geteilt. Der an der Hinterwand der Zella anschließende kleinere Raum, Parthenon im engeren Sinn genannt, diente zur Aufbewahrung des Bundesschatzes und der kostbarsten Weihegeschenke und hatte seinen Zutritt vom Westen her durch den Opisthodom.

Als 438 v. Chr. der Tempel im Rohbau beendet war, zog in die Zella die Athene Parthénos von Pheidias ein. Sie war eine ungefähr 12 m hohe Holzstatue, die, in einzelnen Teilen gearbeitet, an Ort und Stelle zusammengesetzt wurde. Der Holzkern war an den nackten Teilen mit geschnitzten Elfenbeinplatten umkleidet, die Gewandung und Rüstung aus rein goldenen Platten von mehr als 1000 kg Gewicht nachgebildet. Der Goldschmuck war abnehmbar und wurde von Zeit zu Zeit von Schatzmeistern auf sein Gewicht geprüft. Die Göttin stand auf niedrigem Sockel in langem, bis zu den Füßen fallendem Chiton. Ihr Haupt deckte der Helm mit freiplastischen Flügelrossen und Sphinxen, auf ihren Schultern lag die Ägis mit ringelnden Schlangen. In der rechten Hand hielt sie die geflügelte Nike (Siegesgöttin), mit der linken faßte sie den Schild, dessen Außenseite Reliefs von Amazonenkämpfen, dessen Innenseite ein gemalter Gigantenkampf zierten und in dessen Wölbung sich die Burgschlange bäumte. Unter den

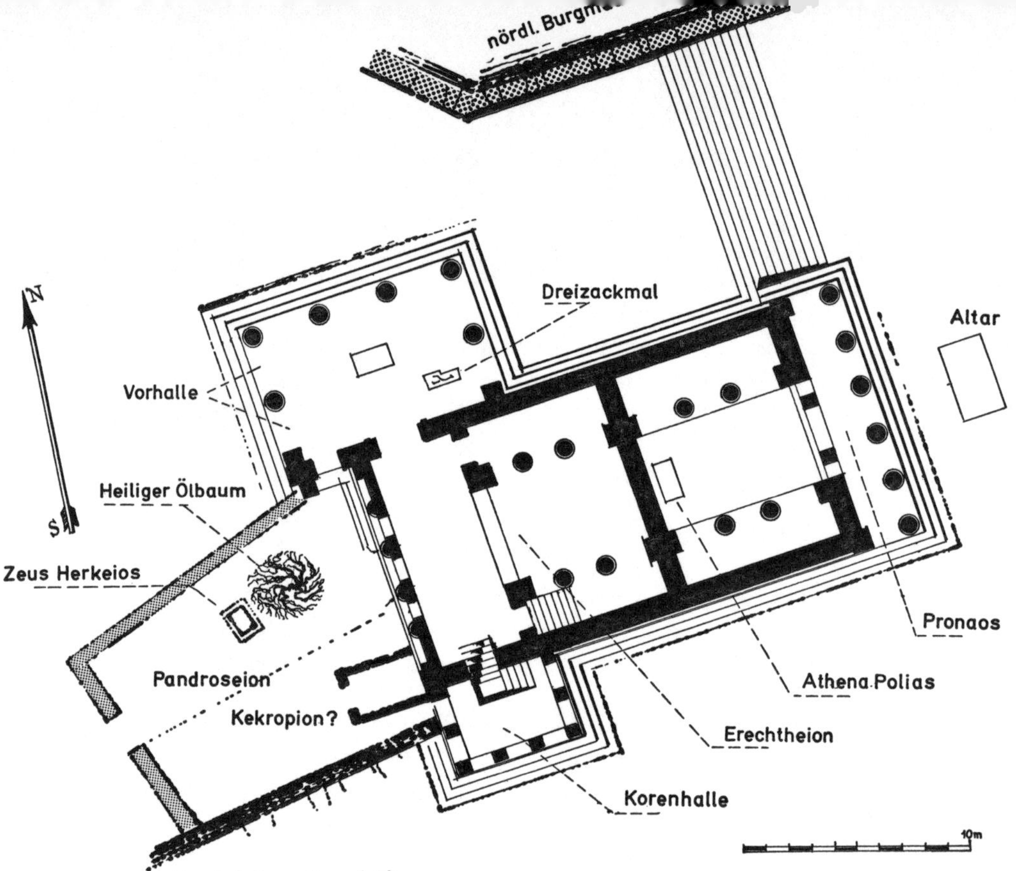

Erechtheion, Grundriß

Kämpfenden trug einer die Züge des Pheidias, ein anderer die des Perikles. Die berühmte Athenestatue des Pheidias ist uns verloren. Aber wir können uns aus den Beschreibungen alter Schriftsteller und aus Nachbildungen eine ungefähre Vorstellung machen.

Am Nordrand des Burgberges steht der zweitgrößte Tempel der Akropolis, dessen seltsam aufgelockerte Anlage durch die Einbeziehung der dort vorhandenen Kultstätten und der Terrainverschiedenheiten bedingt war, das *Erechtheion* Erechtheion.

Es wurde im Jahre 421 v. Chr. von *Philokles* begonnen und im schönsten jonischen Stil ausgeführt. Aber bald nach dem Baubeginn brach der dreißigjährige Peloponnesische Krieg aus und verhinderte die Fertigstellung. Doch trotz der Not und Verarmung wurde der Bau in seiner heiter ausgeglichenen Form nach einer längeren Pause 407 v. Chr. beendet. Er sollte dem von den Athenern auf ihren Schiffen vor der Persernot geretteten Holzbild der Stadtgöttin ein neues Heim bieten, das vorläufig nur in der alten Tempelruine untergebracht war. Zur Zella führte vom Osten her eine von sechs

6,5 m hohen jonischen Säulen begrenzte Vorhalle. Die nördliche Ecksäule fehlt heute, da sie mit den Parthenon-Bildhauerarbeiten von Lord Elgin (1800) nach London geschafft worden ist. Die Zella enthielt das alte, der Sage nach vom Himmel gefallene Götterbild der Athene Poliás.
Die beiden, um 3 m tiefer gelegenen, westlichen Kulträume enthielten das Heiligtum des Poseidon – Erechtheus, den heiligen Salzquell Poseidons und das Grab des sagenhaften Königs Kekrops. Nach Westen schloß ein Mauersockel die Räume ab, auf dem vier Halbsäulen mit Fenstern in den Zwischenräumen ein Obergeschoß andeuteten. In die letztgenannten Gemächer führte von Norden her der Weg durch eine stattliche Vorhalle, deren herrliche Kassettendecke auf sechs weitgestellten, schlanken jonischen Säulen ruht. Alle Säulen weisen unter dem federnden Volutenkapitell breite ornamentierte Halsbänder und die sogenannte attische Basis mit einem Wulst (Torus), einer Kehle (Trochilus) und einem zweiten, darüberliegenden Wulst auf. Von der Vorhalle führte eine Prachttür in das Innere. Die Kassettendecke zeigt eine Öffnung, die über den Spuren, wo Poseidons Dreizack im Wettstreit mit Athene in die Erde stieß und den Salzquell erschloß, nach religiösem Brauch stets freien Himmel ließ.
Vor der Westfront des Tempels, im eingefriedeten heiligen Bezirk, stand der sagenhafte, von Athene gepflanzte Ölbaum, von dem alle Olivenpflanzungen Attikas ihren Ausgang genommen haben sollen. Auch heute noch steht zur Erinnerung daran ein Bäumchen an derselben Stelle. Die kleine Vorhalle im Süden hebt sich dadurch besonders hervor, weil ihr Gebälk nicht von Säulen, sondern von Frauengestalten in langen Gewändern, sogenannten Karyatiden, getragen wird. Der Name wird nach dem römischen Baumeister *Vitruv* von dem lakonischen Dorfe *Karyai* abgeleitet, dessen Mädchen angeblich wegen Verrates an die Perser in die Sklaverei geführt und zum Lastentragen verurteilt waren. Wahrscheinlicher ist es, daß den Schöpfern der Figuren die Mädchengestalten Vorbild gewesen sind, die im Zuge der Panathenäischen Prozession schritten.
Niketempel
Im Südwesten des Burghügels auf vorgeschobener Bastion, auf der von Kimon errichteten Befestigung, erbaute *Kallikrates* einen zierlichen Tempel jonischen Stils, für die *Athene Nike*, die Bringerin des Sieges.
Der Tempel ist ein Amphiprostylos, das heißt: ihm sind auf der vorderen und hinteren Schmalseite von 4 m hohen Säulen getragene Vorhallen vorgelegt. Zwei Pfeiler gliedern die Öffnungen, deren mittlere als Eingangstor diente, deren seitliche durch Gitter verschlossen waren. In der ungeteilten Zella stand das hölzerne Kultbild der Göttin mit dem Granatapfel in der Rechten und dem Helm in der Linken. Die Nikefiguren wurden nach allgemeinem Brauch mit Flügeln gebildet. Die von der Sitte abweichende Darstellung dieses Holzbildes ohne Flügel (apteros, ἄπτερος = ungeflügelt) gab Anlaß zu der Erklärung, die Göttin sei hier flügellos, um die Stätte ihres Sieges nicht verlassen zu können.

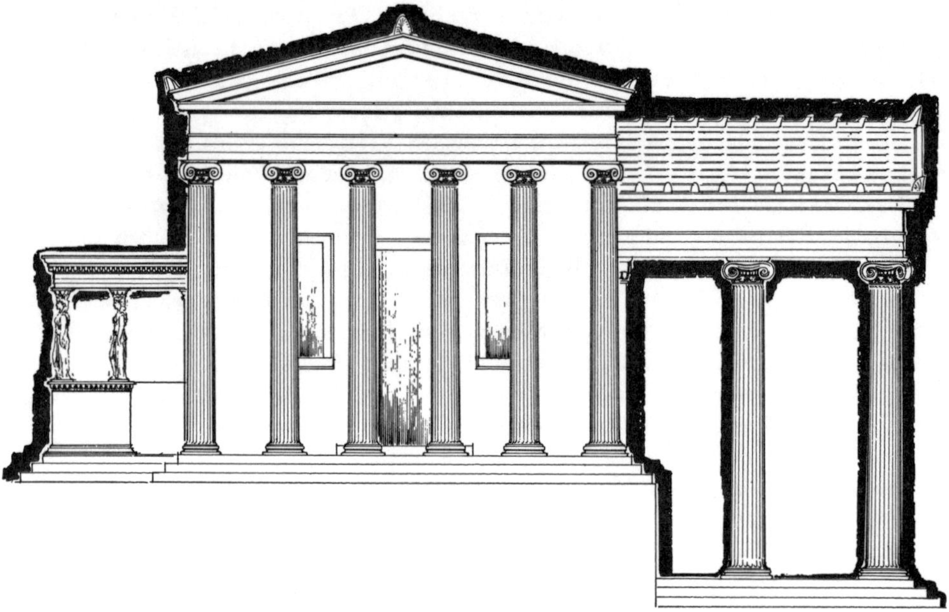

Erechtheion

Über den Säulen liegt der dreibänderige Architrav und darüber ein ringsumlaufender, 26 m langer Fries. Die von Lord Elgin nach London gebrachten Friesplatten wurden durch gute Kopien aus Zement ersetzt.
Rings um den Steilabhang lief als Abschluß und Schutz eine 35 Meter lange Balustrade, deren Fläche Siegesgöttinnen in verschiedensten Stellungen belebten. Von dieser Balustrade sind wenige Bruchstücke im Akropolismuseum verwahrt, darunter als das bekannteste die »sandalenlösende Nike«.
Der Rundgang durch Athen zeigte, daß sich die öffentliche Bautätigkeit nicht nur auf Tempel beschränkte. Denn die theatralischen Aufführungen benötigten feste Steinbauten, und auch die Versammlungen des Volkes sowie die gymnastischen Übungen und Sportvorführungen erforderten öffentliche Gebäude. Für solche Zwecke waren zwar vor allem Plätze unter freiem Himmel bestimmt, aber man umschloß diese meist mit Säulenhallen und einer dahinter aufgeführten Mauer, so daß dadurch wettergeschützte Wandelgänge entstanden. Diese benützten Philosophen für wissenschaftliche Gespräche mit ihren Anhängern, so daß die Bezeichnung dieser Hallen (Stoa) später sogar zum Namen einer der wichtigsten philosophischen

Theater

Schulen wurde. Mit dem Bau von steinernen Theatern hatte man in Perikleischer Zeit noch nicht begonnen. Die Bühnenbauten, deren Resten wir in Griechenland und auch in Sizilien begegnen, stammen aus späterer Zeit. Das

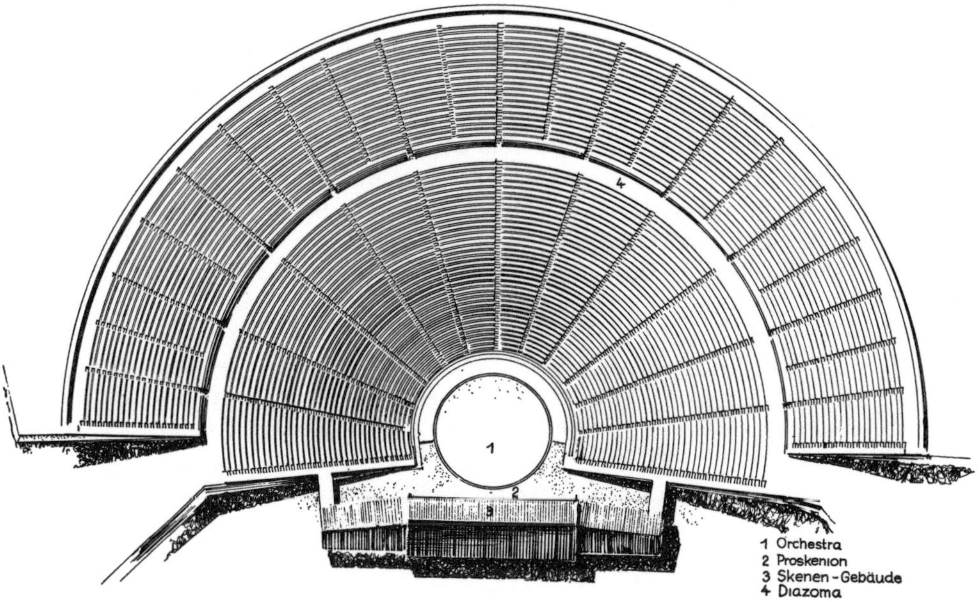

Theater zu Epidauros, Grundriß

wohl schönste und auch besterhaltene Theater ist das zu *Epidauros* am Saronischen Meerbusen, das Polyklet d. J. gegen Ende des 4. Jahrhunderts v. Chr. erbaute. Es bot in seinem 22,5 m über die Orchestra aufsteigenden Zuschauerraum mit 55 Sitzreihen Platz für 14.000 Personen. Dieser Theaterbau war Vorbild für die Bühnengebäude von *Orópos, Eretria, Sikyon* und *Delphi.* Das größte Theater Siziliens und eines der umfangreichsten der griechischen Welt überhaupt (Durchmesser 134 m) zu *Syrakus* wurde wahrscheinlich von *Hieron I.* (478—467 v. Chr.) errichtet und ebenso wie das griechische Theater in *Taormina* unter römischer Herrschaft umgebaut.
Die privaten Bauten aus dieser Zeit sind nicht erwähnenswert, weil sie in ihrer schlichten Einfachheit keine architektonischen Probleme stellten.
Die Tempelbauten Athens wirkten sich auch vorbildlich auf den übrigen griechischen Kulturraum aus. Noch heute können wir den stattlichen Apollontempel von *Phigalia - Bassä,* einen dorischen Peripteros, 6×15, bewundern, der neben dem Hephaisteion Athens zu den besterhaltenen antiken Tempelbauten Griechenlands zählt. Er wurde von Iktinos, dem Architekten des Parthenon, erbaut, der außer den dorischen Säulen des Umganges auch die beiden anderen Säulenordnungen im Inneren verwendete (420—417 v. Chr.). Die Zella schmückte ein Friesrelief mit Amazonen- und Zentaurenkämpfen.

Von Iktinos stammt auch der auf das Dreifache erweiterte Neubau des in den Perserkriegen zerstörten Mysterienheiligtums, des fast quadratischen (54×51 m), zweistöckigen *Telesterions* in Eleusis, das für rund 3000 Personen Platz bot.

Tempel von Sunion

Von Kap *Sunions* Höhe leuchten noch heute elf sehr schlanke, 6 m hohe, weiße Marmorsäulen und der Architrav des Poseidontempels, eines dorischen Peripteros, 6×13, der unter Perikles auf dem Unterbau eines alten, durch die Perser zerstörten Heiligtums aufgebaut wurde.

Aus dem fünften Jahrhundert stammen auch der Zeustempel in Olympia, der *Aphaia*tempel in *Ägina,* der gewaltige Heratempel, ein jonischer Dipteros, auf *Samos,* weiter die sizilischen Tempel, der *Concordia*tempel sowie der der *Juno Lacinia* in *Agrigent,* beide Peripteralbauten zu 6×13. Um diese Zeit erstand auch in Agrigent der außergewöhnliche Pseudoperipteros des *Zeus Olympios,* dessen Halbsäulen mit gebälktragenden, fast 8 m hohen Riesen (Giganten) wechselten. Unter den vielen Gotteshäusern *Selinunts* stammen die Tempel A und E aus dem 5. Jahrhundert v. Chr. Diesem Jahrhundert gehört auch der unvollendete Peripteros von *Segesta* an. Unteritalien ist durch den *Poseidontempel* von *Paestum,* einen Peripteros 6×14, mit einer durch zwei Reihen von je sieben Säulen in ein breites Mittelschiff und zwei schmalere Seitenschiffe geteilten, zweigeschossigen Zella vertreten.

Die Plastik

Die Bildhauerkunst der klassischen Epoche beginnt mit der Perikleischen Zeit, und die Hochblüte dauert etwa eineinhalb Jahrhunderte. Sie bringt die größten Meisterwerke hervor, die den Ruhm der griechischen Plastik für die kommenden Jahrtausende sicherten.

Gleich den Baumeistern standen auch die Bildhauer vorwiegend im Dienste der Religion. Der zwanglose Anblick der schönen und durchgeformten nackten Körper in den Ringschulen und auf den Sportplätzen, in der Ruhe wie in der Bewegung, regte die Künstler an. Dazu kam bei den Festzügen und chorischen Reigenspielen der Zauber der fließenden Gewänder, die sich in reizvollen Falten bauschten, dann wieder sich in engem Anschmiegen um die Körper legten. Aus solcher Anschauung erwuchsen jene einzigartigen Figuren, wie sie uns als harmonisch-maßvolles Widerspiel edler Menschlichkeit aus den Giebeln, Metopen und Friesen entgegenstrahlen. Beispiele für diese meisterhaften Leistungen mit der gewaltigen Kontur des Tempels als monumentalem Hintergrund haben der Zeustempel in Olympia, der Aphaiatempel in Ägina und die Bauten in Athen gebracht.

Drei große Künstlerpersönlichkeiten sind in dieser Zeit führend. *Myron* aus dem Grenzrain zwischen Böotien und Attika, aus *Eleutheriai, Pheidias* aus Athen und *Polyklet* (Polykleitos), wahrscheinlich aus *Sikyon.*

Myron war ausschließlich Erzgießer; von seinen Werken ist uns keines erhalten, nur in etlichen römischen Kopien, vor allem in Marmor, lebt seine Kunst weiter. Er brachte aus dem böotischen Bauerntum seiner Heimat die realistische Naturtreue und verband sie mit der Anmut Attikas. Sein Ruhm war weit verbreitet. Durch ihn ist nach den statuarischen Figuren der archaischen Zeit mit ihrer steifen Frontalität Leben in die Gestalten gekommen. *Myron*

Am bekanntesten ist der in vielen Kopien überlieferte Diskobol (Diskuswerfer). Die beste Nachbildung dieses wohl um die Mitte des 5. Jahrhunderts v. Chr. entstandenen Meisterwerkes wurde 1781 in Rom auf dem Esquilin gefunden und zählt seit 1953 zu den Kostbarkeiten des römischen Thermenmuseums. Myron bannte die Körperhaltung eines Sekundenbruchteiles in der Gestalt des Diskuswerfers fest. Die rechte Hand mit der Wurfscheibe ist weit zurückgebogen und hat den Leib und Kopf in Spiraldrehung nach hinten mitgerissen und niedergebeugt, der linke Arm balanciert auf dem rechten Knie das Gleichgewicht, der linke Fuß berührt nur flüchtig federnd den Boden, während die kreisende und vorwärtsdrängende Bewegung der ganzen Gestalt im rechten, schwer aufgestemmten Fuß Festigkeit und Halt findet, um sich im nächsten Augenblick zum Sprung und Wurf zu strecken. Scheinbar spielend leicht ist die große technische Schwierigkeit der Darstellung des kampfbewegten, in allen Muskeln gespannten Körpers überwunden. Auf der Akropolis stand Myrons Bronzegruppe der Athene und des Satyrs Marsyas, die an folgendes mythologisches Ereignis anknüpft. Athene hatte die Flöte erfunden. Als sie aber im Wasserspiegel sah, wie das Blasen dieses Instrumentes ihr Gesicht entstellte, warf sie es zornig weg. Da sprang der Satyr, der sie belauscht hatte, begierig hinzu, um die Flöte aufzuheben, blieb aber, durch ihre Drohung zurückgeschreckt, zögernd stehen. Von Athene sind einige Nachbildungen gefunden worden, darunter wohl die beste ist heute im Liebighause zu Frankfurt am Main. Ernst dreht sich der feine Kopf mit abweisender Geste im Profil, der Helm und die geschlossenen Lippen verstärken die entschiedene Haltung. Das wellige Haar und das weiche, faltenreiche Gewand fügen zur Strenge des Antlitzes Anmut und jugendlichen Zauber.

Dem Kreise Myrons wird auch eines der schönsten Denkmäler der Antike zugeschrieben, das Relief der »sinnenden Athene« aus den Jahren 470 bis 460 v. Chr., das sich jetzt im Nationalmuseum von Athen befindet. Athene ist mit geneigtem, vom korinthischen Helm bedeckten Kopf an die Lanze gelehnt und betrachtet in tiefer Versunkenheit einen vor ihr stehenden hohen, schmalen Stein, dessen Schriftzeichen wir nicht sehen und nur aus ihrem Blick erschließen können.

Den bedeutendsten Ruhm unter den Künstlern dieser Zeit hat sich *Pheidias* erworben. Er wurde um 500 v. Chr. als Sohn des Malers *Charmides* geboren und war zuerst selbst Maler. Seine Meisterschaft erreichte er im reifen *Pheidias*

Mannesalter. Sein Name bleibt unsterblich verknüpft mit den Skulpturen des Parthenon, mit den drei Riesenstatuen der Pallas Athene auf der Akropolis und des Zeus von Olympia. Pheidias hat, soweit wir es aus der Überlieferung wissen, die Stadtgöttin Athene in drei Denkmälern gebildet, einmal die Zellastatue des Parthenon, dann das Kolossalerzstandbild der Athene Promachos auf der Akropolis und endlich die von athenischen Kolonisten in Lemnos bestellte, überlebensgroße Bronzefigur, die sogenannte lemnische Athene, die griechische Kritiker wegen der feinen Modellierung als das schönste Werk des Künstlers ansahen. Von ihm sind keine Arbeiten erhalten. Nur aus kleinen, bescheidenen Nachbildungen können wir uns ungefähr eine Vorstellung von seinen berühmten idealen Götterfiguren machen und den Stil seines Schaffens erschließen.

Polyklet

Zu dem berühmten Dreigestirn griechischer Kunst gehörte noch *Polyklet* aus *Sikyon,* der klassische Hauptvertreter der peloponnesischen Schule. Er war ein jüngerer Zeitgenosse des Pheidias und, der heimischen Tradition getreu, vorwiegend Erzbildner. Hauptsächlich formte er männliche Figuren von kraftvollem, muskulösem Körperbau, wunderbar harmonisch in den rhythmischen Proportionen. Trotz aller Schwere des wuchtigen Leibes zeigen die Gestalten ein beherrschtes Schweben in dem für diesen Künstler so charakteristischen, bewußt herausgearbeiteten Gegensatz von fest auftretendem »Standbein« und dem den Boden nur leicht mit den Fußspitzen berührenden, völlig entlasteten »Spielbein«. Diesem Unterschied gesellt sich auch die gegenläufige Entsprechung der Körperhaltung, indem z. B. beim Doryphoros, dem Speerträger, der Arm über dem Standbein lose herabfällt, während der andere in kräftiger Abwinkelung den Speer trägt. Man nennt diesen harmonischen, gegeneinander spielenden Ausgleich von Ruhe und kraftvoller Anspannung Kontrapost. Es kommt dadurch in den Körper eine elegante und elastisch-sichere Haltung, die der Figur eine feine und wirkungsvolle Anmut verleiht. Wir kennen die Werke Polyklets nur aus römischen Nachbildungen.

Von dem Reiseschriftsteller Pausanias wird ein Meister *Paiónios* von Mende in Thrakien erwähnt, der in der zweiten Hälfte des 5. Jahrhunderts v. Chr. in Olympia die Gruppe im Ostgiebel des Zeustempels geschaffen haben soll. Von ihm haben wir als einziges sicheres, weil inschriftlich bezeugtes Werk die um 420 v. Chr. von den Messeniern gestiftete marmorne Kolossalfigur einer Nike, bei der Paionios zum erstenmal das Problem einer fliegenden Gestalt in einer Plastik zu lösen versuchte. Sie ist ein sogenanntes Anathem, ein dem Gott für sein Heiligtum dargebrachtes Weihegeschenk, und wurde bei Ausgrabungen in Olympia 1875 gefunden.

Eine andere Frauenfigur, die uns im Original aus dem 5. Jahrhundert v. Chr. erhalten ist, stammt aus einer Giebelgruppe eines nicht näher bestimmbaren Apollontempels – vermutlich von dem in Phigalia. Sie ist die in den Gärten des *Sallust* zu Rom 1906 gefundene Niobide. Von einem Pfeil der

Latonakinder getroffen, beugt das Mädchen sein linkes Knie zur Erde, und bei seinem verzweifelten Versuch, sich das Geschoß aus dem Rücken zu ziehen, gleitet sein Mantel nieder und entblößt einen Teil seines schön geformten, jugendlichen Körpers. Die Marmorfigur befindet sich jetzt im Thermenmuseum zu Rom.
Zum Schluß seien noch einige Beispiele für die Reliefplastik dieses Zeitraumes erwähnt.
Ganz im Kultischen lebt das Marmorrelief aus Eleusis. Der Königssohn *Triptólemos* sitzt auf einem mit geflügelten Schlangen gezierten Thron. Vor ihm steht *Demeter,* die Göttin der Fruchtbarkeit, mit dem dorischen Peplos bekleidet. Sie entsendet ihn mit der Getreideähre in die Welt, damit er die Völker den Anbau der Feldfrüchte lehre. Der Göttin folgend, reihen sich nebeneinander in demütiger Erwartung Gestalten, die dadurch, daß sie wesentlich kleiner als die beiden Göttinnen dargestellt sind, als Menschen gekennzeichnet werden. Hinter dem Thron des Königssohnes steht die Kore *(Perséphone)* mit Fackeln in den Händen. Das Relief stammt aus dem 4. Jahrhundert v. Chr. und wurde in Eleusis, der Kultstätte der Göttin Demeter, gefunden.
Die Gruppe des *Orpheus*reliefs, ebenfalls aus drei Personen gebildet, ist in einigen Marmorkopien, darunter auch in einer im Museo Nazionale zu Neapel, auf uns gekommen. Vermutlich war das Original des Orpheusreliefs ein Weihegeschenk eines siegreichen Choregen. Orpheus durfte seine durch einen Schlangenbiß früh dem Leben entrissene Gattin unter der Bedingung wieder zur Oberwelt zurückholen, daß er sich unterwegs nicht umsehe. Von Sehnsucht überwältigt, wendet er sich zu ihr zurück. Diesen vorübergehenden Moment hat der Künstler, dessen Name uns nicht überliefert ist, für seine Darstellung gewählt. Orpheus mit der Leier ist Eurydike vorangeschritten, hat sich umgedreht und mit der Rechten den Schleier vom Gesicht seiner Gattin gezogen. Aber sie ist nicht mehr frei, nach ihr hat Hermes gegriffen, um sie wieder ins Reich des Todes zu führen. So läuft mitten durch ihre Gestalt die Trennungslinie von Wiedersehensglück und Abschiedsschmerz.

Die Malerei

Können wir uns von der Monumentalmalerei der kretischen und mykenischen Epoche durch die Ausgrabungen der vergangenen Jahrzehnte ein verhältnismäßig zureichendes Bild machen, so sind uns die griechischen Kunstwerke der Farbe völlig verlorengegangen. Wir sind daher nur auf Zeugnisse antiker Schriftsteller angewiesen. Nach ihren begeisterten Schilderungen haben die Griechen auf diesem Gebiet Großes geleistet und mit ihren Wandmalereien noch die Bildhauerkunst übertroffen.

Über die Technik der antiken Malerei gehen die Meinungen auseinander. Als Malgrund dienten Marmor und Holz, das nicht nur für kleinere Tafelbilder, sondern auch für große Wandgemälde verwendet wurde. Große Bedeutung als technisches Verfahren gewann die Enkaustik. Dabei wurden die mit Wachs zu einer Pasta angeriebenen Farben heiß aufgetragen oder bei kaltem Aufstrich durch einen heißen Spatel mit dem Malgrund und zu weichen Übergängen ineinander verschmolzen. Auf diese Weise wurde ein gegen Feuchtigkeit sehr unempfindlicher Farbenauftrag erzielt. Wann die Griechen mit der Freskomalerei, d. h. mit einer Malerei unmittelbar auf dem noch feuchten, frischen (ital. al fresco) Kalkverputz, begonnen haben, läßt sich heute nicht mehr feststellen. Die Stoffe wurden zuerst aus dem Mythos und der Sage gewählt, aber nach und nach setzten sich immer mehr zeitgebundene Darstellungen des geschichtlichen und politischen Lebens und sonstiger wichtiger Vorgänge und bedeutender Persönlichkeiten durch, und endlich hielt auch der Alltag seinen Einzug in das Reich der Farben.

Polygnotos

Die griechische Malerei erlebte ihre erste Blütezeit im 5. Jahrhundert v. Chr. unter dem bedeutenden Künstler *Polygnotos* von der Insel *Thasos.* Seine Arbeiten fallen in die Zeit von 475 bis 450 v. Chr. Wahrscheinlich von Kimon nach Athen gerufen, begann er mit der Ausschmückung von Tempeln, vor allem des Hephaisteions, wobei ihm sein ebenbürtiger Gefährte *Mikon* und des Pheidias Bruder *Panaios* halfen. Auch arbeitete er an den Wandgemälden der Poikile, der bunten Halle auf der Agora, und malte die Bilder in der Lesche zu Delphi, die seinen Ruhm begründeten. In Umrißzeichnungen ohne Schatten und Halbtöne stellte er seine Personen auf bescheidenem, hellem Grund dar und bemühte sich um einfache Raumtiefe, indem er die hintereinander gedachten Gruppen gleich groß übereinander bis an den oberen Bildrand ordnete. Als Farben verwendete er Schwarz, Weiß, Rot, Gelb und ihre Mischtöne. Mit der Einbeziehung der gelben Farbe begann die von den alten Schriftstellern gerühmte Vierfarbenmalerei.

Apollodor

Mit *Apollodór* von Athen zog eine neue Technik, die der Temperamalerei, ein. Im Zusammenhang damit stand die Verwendung gegipster Holztafeln. Die Farben wurden mit Eiweiß angerieben. Das Mischen der Farbsubstanz mit dem Bindemittel nannte man temperare; daher kam der Name für diese Art der Malerei. Apollodor führte die Malerei einen Schritt weiter, indem er durch Licht- und Schattenwirkungen der räumlichen Darstellung der Gegenstände auf der Fläche den Weg öffnete. Er bekam deshalb auch den Beinamen »Skiagráphos — Schattenmaler«.

Zeuxis

Auf dem von Apollodor vorgezeigten Weg folgte *Zeuxis* (Zeuxippos). Vermutlich stammt er aus Heraklea in Unteritalien und war zur Zeit des Peloponnesischen Krieges in Athen, später in Makedonien und in Kleinasien, wahrscheinlich zu Ephesos, tätig. Er brachte das malerische Prinzip durch besondere Beachtung der Licht- und Schattenwirkung und durch perspektivische Raumvertiefung zur Geltung.

Parrhasios

Mit ihm wetteiferte *Parrhasios* von Ephesos, der fast ebenso großen Ruhm genoß wie Zeuxis. Man schätzte an ihm die bisher nie erreichten vielfältigen Feinheiten im seelischen Ausdruck, die meisterhafte Behandlung von Licht und Schatten und die auch aus Kleinigkeiten genrehafter und idyllischer Motive erkennbare Lebensnähe seines Schaffens. Wie täuschend ihm ebenso wie Zeuxis die Wiedergabe der Natur gelang, bezeugt eine von Plinius d. Ä. festgehaltene Malerankedote von diesen beiden Künstlern. Als Zeuxis einmal so überaus naturecht gemalte Weintrauben ausstellte, daß Vögel anflogen und von den Beeren picken wollten, malte Parrhasios so täuschend wirklichkeitsgetreu einen Vorhang, daß Zeuxis unwillig ausrief, jener solle den Vorhang entfernen und das Bild sehen lassen.

Timanthes

Ein Zeitgenosse der beiden Künstler war *Timanthes* von der Insel *Kythnos*, der sogar Parrhasios einmal in einem Malerwettstreit besiegt haben soll. Er wurde berühmt durch sein Gemälde »Opferung der Iphigenia«, auf dem er den Ausdruck schmerzlichen Mitgefühls in allen Stufen von Trauer, Klagen und Weinen bis zum höchsten Vaterschmerz bei Agamemnon durch Verhüllen seines Hauptes ergeifend dargestellt hat. Denn um letztes Leid zu malen, versagt der Pinsel auch eines großen Malers.

Vasenmalerei

Die Zeugnisse der antiken Schriftsteller lassen auf eine hohe Blüte der griechischen Malerei schließen, uns ist allerdings der Einblick durch den Verlust aller Wand- und Tafelmalereien verwehrt. Aber bis zu einem gewissen Grad sind die reichen Vasenfunde der einzelnen Jahrhunderte ein wertvoller Ersatz. Die erhaltenen Stücke sind oft so köstliche und reichliche Zeugen der Kleinkunst, daß sie verleiten könnten, aus ihnen eine Geschichte der griechischen Kunst zu entwickeln. Aber bei aller Achtung vor dem unerschöpflichen Reichtum ihrer Motive, der Feinheit der Zeichnung und dem erstaunlichen Geschick für Komposition muß man doch bedenken, daß es sich nur um Gebrauchsgegenstände handelt, um die Amphora, den Doppelhenkelkrug, die Hydría, das dreihenkelige Gefäß zum Wasserholen, das man auf dem Kopfe balancierte und das sich deshalb nach oben weitete, die Oinochóe, die Weinschöpfkanne, den Kratér, in dem man Wein mit Wasser mischte, die Kylix, die flache Trinkschale mit zwei Henkeln, und endlich die Lekythos, den Salbölbehälter.

Die Gefäße waren durch Bandstreifen verziert, die pflanzliche Ornamente (Palme und Lotos), Figuren und Darstellungen aus Mythos und Heldensage enthielten. Hatte bis zum Jahre 600 v. Chr. das Töpfergewerbe hauptsächlich in Korinth, Chalkis und Ägina geblüht, so wurde nun die Herstellung feiner Töpferware ein anerkanntes Monopol Attikas. Die Meister des Kerameikos am nordwestlichen Rande Athens gewannen mit ihren Waren aus dem feinen rötlichen Ton des Kerameikos, den sie mit einem hellen Gelb dämpften, die Märkte der damaligen Kulturwelt. Sie setzten auf diesen

lichten Grund die Figuren in schwarzer Farbe und begründeten damit den schwarzfigurigen Stil. Die Gestalten sind stilisiert mit breiten Schultern und dünnen Beinen, und diese Art hielt sich auch die ganze klassische Zeit hindurch. Die Keramiker dachten nicht an eine naturalistische Wiedergabe der menschlichen Figur. Freilich hat die Darstellung auf dem hellen Grund einen Nachteil. Denn die schwarzen Gestalten wirkten nur wie Silhouetten, und die Innenzeichnung war nur notdürftig durch eingeritzte Linien und einige Details in roter oder weißer Deckfarbe angedeutet. Eine der schönsten Vasen aus dieser Zeit (um 560 v. Chr.) ist die sogenannte *Françoisvase,* die aus der Werkstatt des Malers Klitias und des Töpfers *Ergótimos* kam. Sie ist nach ihrem Entdecker, dem französischen Kupferstecher *A. François* (1811–1888), benannt, der sie 1845 bei *Chiusi* in der Provinz Siena ausgegraben hat, und die sich jetzt im Museo Archeologico zu Florenz befindet. Die Amphora ist reich mit Darstellungen aus dem Zentaurenkampf, dem Hochzeitszug des Peleus und der Thetis und mit Tierfiguren geziert.
Um 530 v. Chr. wurde in Athen die frühere Vasenmalerei durch den sogenannten rotfigurigen Stil verdrängt, indem man die Farbgebung umkehrte und die Figuren nun rot aus dem schwarzlackierten Grund aussparte. Diese hellen Gestalten wirkten nicht nur freundlicher als die dunklen Silhouetten, sondern ermöglichten auch eine leichtere und reichere Schattierung und persönlichere Freiheit der Innenzeichnung. Es ist nur begreiflich, daß die in den Vordergrund tretenden Maler sich auch veranlaßt fühlten, sich durch Signierung ihrer Werke der Öffentlichkeit vorzustellen. Viele Namen sind uns aus dieser Zeit bekannt. Unter den rotfigurigen Vasen heben sich manche zu beachtenswerter künstlerischer Höhe. Die Themen der Darstellungen auf den Gefäßen änderten sich. Die mythologischen Motive traten zurück und wurden immer stärker durch Szenen aus dem alltäglichen Leben abgelöst. Gern schilderten die Maler auch das Treiben des Schulunterrichtes, wie z. B. die zarten Bilder auf der Schale des Duris. Die flachen Trinkschalen, deren man sich gern bei Symposien bediente, wurden bei den Malern sehr beliebt, weil die weitgeschwungene Gefäßöffnung Raum für größere Innenbilder bot.
Die rasche Aufwärtsentwicklung der Vasenmalerei hing eng mit der Entfaltung der hohen Kunst der Farbe zusammen. Mit dem Ausklang des 4. Jahrhunderts v. Chr. trat an die Stelle der jahrhundertelang bewährten Tonerde ein neues Material, das Edelmetall, vor allem das Silber.

Die griechische Schaubühne

In der griechischen Dichtung hat sich von den literarischen Gattungen das Drama am spätesten entwickelt. Nach bescheidenen Anfängen, von denen schon die Rede war, hat Athen allmählich die Tragödie zu einer Höhe geführt, daß sie die Jahrhunderte überdauerte und in die Weltliteratur einging. Hand in Hand mit dem Aufblühen der dramatischen Dichtung entfaltete sich auch das Theater.

Die ältesten Dichter begnügten sich mit einem einzigen Schauspieler, das Hauptgewicht lag beim Chor; oft gab dieser auch dem Drama den Namen.

Der Dichter, der seine Dramen zur Aufführung bringen wollte, mußte beim Archon um Stellung eines Chores ansuchen. Nach dem Gesetz wurde von Staats wegen einem reichen Bürger als Choregen die Choregie übertragen, d. h. der Chorege mußte für die Vorbereitung und Einstudierung des Chores, seine Ausstattung mit Masken und Kostümen und für die freie Verpflegung Sorge tragen. Gewöhnlich setzte sich der Chor nicht aus Berufssängern, sondern aus Musikliebhabern zusammen, die aus den einzelnen Stämmen ausgesucht wurden. Alle Choreuten waren Männer. Der Chorege galt ebenso wie die Schauspieler und Mitglieder des Chores als eine im Dienste des Gottes stehende Person, trug das Purpurgewand und den Kranz, der ihn als Priester kenntlich machte. Aischylos, durch den der tragische Chor seine feste Form erhielt, bestimmte die Zahl der Choreuten auf zwölf, Sophokles erhöhte sie auf fünfzehn, und Aischylos folgte ihm darin.

Chor

Der Chor zog gewöhnlich von rechts her durch die Parodos (= Zugang, Eingang) unter Vorantritt eines Flötenspielers in drei Gliedern zu vier oder fünf Personen in die Orchestra. Die linke, dem Publikum zugekehrte Reihe enthielt die besten Choreuten, und in ihrer Mitte hatte auch der Koryphaios, der Chorführer, seinen Platz. In der klassischen Tragödie trat der Chor auf, nachdem das Drama schon mit dem Prolog begonnen hatte, der entweder in einem Dialog oder Monolog bestand. Das erste Lied, das er während seines Einzuges in die Orchestra oder unmittelbar danach sang, hieß Parodos, das Schlußlied beim Auszug Exodos. Die den Dialog unterbrechenden Lieder, die der Chor von seinem Standpunkt aus vortrug, hießen Stasima (Standlieder). Die Chorlieder zerfielen in Strophe, Antistrophe und Epode.

Der Chor war der Hüter der ewigen Weltordnung, durch ihn sprachen die Götter selbst zu dem aufhorchenden Volk. Ihm hatte sich der Schauspieler unterzuordnen, er war nur der Antworter, der Hypokrités, wie ihn die Griechen nannten, er diente dem göttlichen Willen, den der Chor verkündete. Im Widerhall, den Spiel und Worte im Herzen der Zuschauer weckten, schloß sich der heilige Kreis. Der Chor vergrößerte und steigerte das Geschehen, hob es aus dem Zufall der menschlichen Wirklichkeit in den Bezirk des Ewigen, Göttlichen. Er wurde zum Sprecher der Zuschauergemeinde. In ihm wuchs der einfache Polisbürger hinaus über vergängliche, plötzlich auftauchende Regungen mitfühlender Liebe oder verdammenden Hasses zum unanfechtbaren Hort der sittlichen Weltordnung. Durch den Chor sprach er als Betrachter sein letztes Urteil über die Großen der Erde. Mochten sich auch die tragischen Abgründe schuldvoller Verstrickung den

Mächtigen öffnen, der Bürger stand fest auf dem Boden, und als Verweser unabänderlicher Gesetze verschaffte er dem heiligen Recht der Natur immer wieder Geltung. Zu dem Inhalt der Worte trat das Schaubare der Szene. in feierlich gemessenem Takte schritt der Chor im Kreis der Orchestra um die Thymele, den Opferaltar. Welche Symbolik lag darin. Immer hielt er den gleichen gemessenen Schritt, wie das ewige Schicksal durch die Zeiten schreitet, und immer den gleichen Abstand zum Altar, zum Letzten, Ewigen.

Die Stellung und Bedeutung des Chores war bei den einzelnen Dichtern verschieden, seine Wichtigkeit nahm mit der steigenden Zahl der Schauspieler ab. Er sank vom Hauptträger der Handlung zu einem teilnehmenden Zuschauer. Die Verknüpfung des Inhaltes der Chorlieder mit der Handlung wurde immer loser.

Schauspieler

Die Kunst des Schauspielers blieb auf die Männer beschränkt, Frauen traten nie auf, auch die weiblichen Rollen wurden von Männern gespielt. Die ältesten Dichter begnügten sich noch mit einem Schauspieler oder traten selbst als Schauspieler auf, wie z. B. Thespis. Aischylos führte den zweiten, Sophokles den dritten Schauspieler ein. Über diese Zahl ging man nicht mehr hinaus. Die drei Schauspieler, die alle Rollen des Stückes unter sich verteilen mußten, hießen nach ihrem künstlerischen Können und dem Ausmaß der zu übernehmenden Rollen Protagonist, Deuteragonist und Tritagonist. Die Rollen waren so verteilt, daß der Protagonist die Hauptrolle spielte. Dabei mußte auch die Möglichkeit des Umkleidens berücksichtigt werden. Oft erforderten die Stücke für die Darstellung der Nebenrollen ergänzende schauspielerische Kräfte, auch Statisten wurden verwendet. Die Dichter wählten ihre Schauspieler aus den Bürgern nach ihrem erprobten Können. Die Dichter selbst traten nach Sophokles nicht mehr auf. Von diesem wird berichtet, daß er wegen seiner schwachen Stimme nicht spielen konnte. Als die Bühnenwerke ebenso wie die sportlichen Wettspiele in Form von Agonen aufgeführt und von gewählten Preisrichtern nach Beendigung beurteilt wurden, waren die Schauspieler nur berufsmäßige Künstler.

Die griechischen Schauspieler mußten in Gesang, Musik und Redetechnik gut ausgebildet sein. Denn das Publikum stellte an sie bedeutende Ansprüche bezüglich der Stimmstärke in dem gewaltigen, freien Raum und wegen der deutlichen und rhythmisch akzentuierten Aussprache. Ferner war eine außerordentliche Kraft und Treue des Gedächtnisses erforderlich, da immer mehrere Stücke hintereinander aufgeführt wurden und der Souffleur fehlte.

Bei der Tragödie wie bei der Komödie trug der Schauspieler eine aus stuckiertem Leinen gepreßte Maske. Aischylos hatte als erster gewaltige und mit Farben bemalte, ausdrucksvolle Masken erfunden, deren malerische Behandlung auf den Charakter der darzustellenden Person Rücksicht nahm. Die Masken hatten an der Stelle des Mundes eine weite Öffnung, um das

Sprechen nicht zu behindern, nicht aber, um sprachrohrartig den Schall zu verstärken. Durch die Maske wurde das Gesicht vergrößert und für die weiten Entfernungen im Theater besser sichtbar gemacht. Dafür aber wurde das Mienenspiel gänzlich geopfert. Der Vergrößerung der Figur diente auch ein hoher Aufsatz der Maske, der Onkos, der faltenreiche, bis auf die Füße hinabfließende und oft noch ausgepolsterte Chiton und der mit einer Korksohle unterlegte Schuh, der Kothurn.
Die Schauspieler waren zu einer großen Vereinigung zusammengeschlossen, die in ganz Griechenland Mitglieder hatte. Schauspielertruppen wanderten von Stadt zu Stadt. Bei dem Sieg eines Dichters erhielten die Schauspieler namhafte Geldgeschenke, große Darsteller hatten ansehnliche Einkünfte, und der Stand war in Athen und in ganz Griechenland geachtet.

Bühnenstücke

Man ging im alten Athen mit anderen Gefühlen zu den Vorstellungen, die nur an hohen Feiertagen stattfanden. Man verlangte nicht wie der heutige Besucher Entspannung, Abwechslung und Neues. Der griechische Dichter nahm seine Stoffe aus der allen vertrauten Überlieferung des alten Mythos und der Heldensage. Nur wenige Stücke behandelten auch späteres Zeitgeschehen. Man suchte nicht inhaltliche Spannung und Überraschung, sondern nur immer wieder erneute Vertiefung in den rätselhaften Sinn des Lebens und eine seelische Erschütterung über leuchtendes Glück und banges Ende der Menschen. Das Hauptthema war die Bestrafung frecher Überhebung und schrankenlosen Stolzes, der Hybris, wie es die Griechen nannten, und die immer wiederkehrende Moral, voll Ehrfurcht auf die weise Stimme unseres Gewissens zu hören und sich in unterordnender Mäßigung (Aidós) zu bescheiden. Hier stieß die Dichtung in den heiligen Bezirk der Philosophie vor.
Die dramatischen Aufführungen fanden an den drei Tage dauernden großen Dionysien im Monat Elaphebolion, der die zweite Hälfte des März und die erste des April umfaßte, und an den kleinen Dionysien am Feste der Lenaien im Monat Gamelion (Ende Januar) statt. An den drei Spieltagen der großen Dionysien wurden die drei zum Wettbewerb zugelassenen Tetralogien aufgeführt. Die Tetralogie bestand aus drei inhaltlich mehr oder weniger zusammenhängenden Tragödien und einem Satyrspiel. Dieses behandelte heiter-derbe Stoffe. Durch seinen Chor, den Satyrn bildeten, erinnerte es noch an den Ursprung der Tragödie, und man wollte daher diesen letzten Rest der alten volkstümlichen Dionysosfeier nicht abschaffen. Außerdem bedeutete es auch für die Zuschauer nach der schweren tragischen Erschütterung durch drei hintereinander gespielte Tragödien einen entspannenden seelischen Ausgleich.
In der klassischen Zeit wurde nur in Ausnahmefällen ein Stück im Dionysostheater zu Athen zweimal gespielt. Wer die Vorstellung dort versäumt hatte, konnte sie in einer anderen griechischen Stadt sehen. Von 480 bis 380 v. Chr. wurden in Athen etwa 2000 Dramen aufgeführt. Die von den

Preisrichtern ausgezeichneten Dichter und ihre Choregen wurden mit Efeukränzen gekrönt und erhielten stattliche Geldpreise. Sie hatten das Recht, Denkmäler zum bleibenden Gedenken an ihren Sieg aufzustellen.
Die Texte der Dramen unterlagen, solange sie nicht in endgültiger Fassung abgeschlossen waren, immer wieder willkürlichen Änderungen durch die Schauspieler. Daher wurde durch ein Gesetz bestimmt, die Bühnenwerke in einer einwandfreien, dem Dichter entsprechenden Fassung in einem Staatsexemplar aufzuschreiben und im Archiv zu hinterlegen. Nur nach dieser Mustervorlage durften später die Wiederaufführungen gespielt werden.
Das Drama bildete sich nach und nach zu einem Gesamtkunstwerk heraus. Zu dem von einem Flötenspieler begleiteten lyrischen Gesang und Tanz des Chores gesellten sich das Wort des Schauspielers, seine Gebärden, die auf Modelle von zeitgenössischen großen Bildhauern zurückgehenden Theatermasken, die Kostüme und endlich die Ausstattung der Bühne mit Reliefs und der sich allmählich entwickelnden Architekturmalerei.
Für die Theateraufführungen brachte die Staatskasse einen beträchtlichen Teil der Kosten auf. Eintrittsgelder wurden ursprünglich nicht erhoben. Denn die Festspiele wurden ja als eine religiöse Feier gewertet, zu der der Zutritt natürlich jedem Teilnehmer freistehen mußte. Als es aber mit der Zeit zu wiederholten Streitigkeiten um die Sitzplätze kam, begann man einen Betrag einzuheben. Perikles veranlaßte, daß jedem Bürger die Eintrittsgebühr in der Höhe von zwei Obolen aus der Staatskasse gezahlt wurde. Man gab aber dem Besucher nicht das Geld, sondern Theatermarken, die man dem Pächter beim Eintritt ablieferte, der dafür das Geld vom Staate einkassierte. Uns sind viele bronzene Marken erhalten, die Münzen ähneln. Sie zeigen Buchstaben, die die Sitze in den ebenfalls mit Buchstaben an den Schrittsteinen kenntlich gemachten Keilen des Zuschauerraumes bezeichneten.

Theatergebäude

Zu den Plätzen gelangte man durch zwei Eingänge (Parodoi), die rechts und links zwischen dem Zuschauerraum und dem Bühnengebäude lagen. Den Mittelraum im griechischen Theater füllte die Orchestra aus. Sie war in alter Zeit mit Sand bestreut und wurde später mit Steinplatten belegt. Im Halbkreis umgab sie der Zuschauerraum, und auf der gegenüberliegenden Seite wurde sie von dem Bühnengebäude abgeschlossen. Gehörte die Orchestra dem Chor, so war die Bühne der Platz, wo die Schauspieler auftraten. Sie war ursprünglich ein über einer rechteckigen Grundfläche aufgeführter Holzbau, die Skené, und hatte zu beiden Seiten Vorbauten, die Paraskenien. Die Bühnenwand, die meist einen Königspalast darstellte, hatte drei Türen, durch die die Schauspieler aus- und eingingen, und zwar traten aus der mittleren, der sogenannten königlichen Tür, der König oder sonstige Herrscher, während die Nebentüren die Eingänge in die Frauengemächer, Gästewohnungen und andere Nebengebäude darstellten. Die vordere Bühnen-

wand, das sogenannte Proskenion, zeigte auf einer wandelbaren Schmuckfläche den jeweiligen Schauplatz der Handlung. Diesem Zweck dienten auch die beiderseits der Bühne angebrachten großen dreieckigen und drehbaren Prismen, die auf jeder Fläche einen anderen Schauplatz zeigten. Durch die Drehung konnte man schnell die Szenerie ändern. Die hinter der Szenenwand liegenden Räumlichkeiten hatten ein Dach, dienten den Schauspielern zum Aufenthalt und als Umkleidezimmer, weiters zur Aufbewahrung der Kostüme und Gerätschaften.
Zu diesen Gerätschaften gehörten auch die im Verhältnis zur Jetztzeit freilich noch recht dürftigen Maschinen. Da war vor allem eine Vorrichtung, um deren Erfindung und Konstruktion sich Aischylos verdient gemacht hat, die Maschine zum Herausrollen, das Ekkyklema. Es war eine fahrbare Bühne, auf der man Personen und Gegenstände, die man als im Hausinnern befindlich ansehen sollte, auf die Bühne schob und so die sonst den Augen der Zuschauer verborgenen Vorgänge sichtbar machte. Als Theologeion diente vermutlich die schmale Überdachung des Proskenions, auf der sich die Götter gleichsam in ihren olympischen Wohnungen zeigten. Endlich ist noch die Flugmaschine (mechané = μηχανή) zu erwähnen, ein Kran mit Rollen und Gewichten. Mit diesem Kran ließ man Götter auf die Erde schweben oder wieder in den Olymp zurückheben. Der Gott aus der Maschine, der Deus ex machina, war bei den antiken Dichtern ein vielbenützter Helfer, um den sonst schwer zu entwirrenden Knoten durch Götterwillen zu lösen. Daneben haben die Griechen auch recht einfache Apparate zur Nachahmung von Donner und Blitz gehabt. Überhaupt mußte die schöpferische Phantasie vieles ersetzen, was uns heute ein selbstverständliches Beiwerk jeder Theatervorstellung ist. So entbehrten die Aufführungen bei offenem Himmel jeder Beleuchtungseffekte, die Nacht deutete man durch aufgehängte schwarze Tücher an.

Zuschauer

Zu den Festaufführungen waren Männer und Frauen zugelassen. Die weiblichen Zuschauer saßen getrennt von den Männern. Man begab sich schon früh vor Sonnenaufgang ins Theater und nahm seinen Sitz ein, auf dem man den ganzen Tag unter freiem Himmel verblieb. Das Essen und den Wein brachte man mit. Die Besucher äußerten laut und lärmend mit Zurufen, Klatschen, Zischen und Pfeifen ihre Anerkennung und ihr Mißfallen. Die leidenschaftliche Anteilnahme erklärt sich wohl daraus, daß die Aufführungen so selten stattfanden.
Nach der Vorstellung besprachen die Anwesenden in einer eindrucksvollen Volksversammlung im Theater die Veranstaltungen des Festes, und die Preisrichter gaben ihr Urteil über die Stücke ab. Der Tag schloß mit der Ehrung des preisgekrönten Dichters und seines Choregen.
Die Namen der siegreichen Dichter, Choregen und Hauptdarsteller wurden mit den Titeln der Dramen vom festspielleitenden Archon in amtliche Verzeichnisse eingetragen, von denen uns noch Reste erhalten sind.

Die attische Tragödie

Hellas ist mit der Tragödie als einer neuen Kunstform in die Geschichte der Weltliteratur eingetreten. Die attische Tragödie hat den griechischen Menschen begleitet bis zum Niedergang am Ende des Peloponnesischen Krieges und ist als die reifste Frucht der griechischen Demokratie in demselben Zeitpunkt erloschen, in dem die große Epoche des freien attischen Bürgertums in der Fremdherrschaft ihr Ende gefunden hatte.

Nach dem eigentlichen Begründer der Tragödie, Thespis aus dem attischen Demos *Ikaria* (um 540 v. Chr.), machte diese Dichtungsgattung einen bedeutenden Fortschritt durch den Athener *Phrynichos* (um 510 v. Chr.). Er bereicherte den Inhalt durch Einführung weiblicher Rollen, die allerdings von Männern gespielt wurden, und durch Behandlung von Stoffen aus der Zeitgeschichte der Perserkriege. Er schrieb den »Fall Milets«, bei dessen Aufführung die Athener aus Mitgefühl mit dem Leid ihrer Tochterstadt in Tränen ausbrachen und Phrynichos wegen seiner Neuerung eine Geldstrafe von tausend Drachmen auferlegten, und »Die Phönikerinnen«, eine Tragödie, die ihren Namen nach dem Chor phönikischer Jungfrauen führte und den Sieg der Griechen bei Salamis feierte.

Phrynichos

Die Versuche, Gegenwartsgeschichte auf die Bühne zu bringen, fanden einen Widerhall in den »Persern« des Aischylos, mit dem Phrynichos wiederholt wetteiferte. So gedieh die Tragödie unter dem Eindruck der gewaltigen Zeitereignisse und erhielt ihre Vollendung durch die drei großen attischen Tragiker Aischylos, Sophokles und Euripides.

Aischylos

Der Zeit nach als erster ist *Aischylos* zu nennen, der die Tragödie aus einfachen Anfängen zur Entfaltung führte. Über sein Leben wissen wir nicht viel Zuverlässiges. Er wurde als Sohn aus vornehmem Geschlecht 525 v. Chr. zu Eleusis geboren, schrieb 499 v. Chr. sein erstes Drama, trat damit in die Schranken und erhielt seinen Chor, errang aber nicht den Sieg. Er kämpfte als Hoplit bei Marathon mit. Seine Grabinschrift erwähnte nicht seinen Dichterruhm, sondern hob nur seine Bewährung in dieser Schlacht hervor. 484 gewann er im tragischen Wettkampf den ersten Preis. 476 und 470 besuchte er Syrakus und wurde am Hofe Hierons I. hoch geehrt. Für diesen König dichtete er das Stück *»Aitnai«* zur Verherrlichung der neu gegründeten Stadt Ätna. In Syrakus traf er auch mit den Dichtern Pindar und Simonides zusammen und ließ im großen syrakusanischen Theater noch einmal seine »Perser« aufführen. 468 verlor er, nachdem er fast ein Menschenalter lang die Bühne beherrscht hatte, den ersten Preis für die Tragödie an seinen jungen Nebenbuhler Sophokles, 467 gewann er ihn mit dem Schlußstück seiner thebanischen Trilogie, den »Sieben gegen Theben«, wieder zurück und feierte 458 mit der Trilogie »Oresteia« seinen letzten und ruhmreichsten Sieg. Im hohen Alter reiste er wieder nach Sizilien und starb 456 v. Chr. in Gela.

Aischylos war tragischer Dichter, er war eine große Persönlichkeit von hohem sittlichem Ernst, leidenschaftlicher Begeisterung und tiefer Verbundenheit mit den religiösen Anschauungen seiner Heimat. Von seinen neunzig Stücken bewahrte noch die große Bibliothek in Alexandria mehr als siebzig Dramen, von denen uns ungefähr die gleiche Zahl mit Namen bekannt ist. Erhalten sind sieben Werke, wohl eine sehr geringe Anzahl, aber ihre Auswahl ist so günstig, daß sie uns den fortschreitenden Entwicklungsgang des sich emporarbeitenden, des sich siegreich durchsetzenden und endlich des vom Glanze des Triumphs umstrahlten Dichters vor Augen führen.

Als das älteste Drama werden die *»Hiketiden«*, d. h. die Schutzflehenden, angesehen. Das Werk trägt seinen Namen nach dem Chor der schutzflehenden Danaostöchter.

Das nächste Stück, *»Die Perser«*, ist auch vorwiegend ein Chordrama.

Die *»Sieben gegen Theben«* waren das letzte Stück der thebanischen Trilogie. Über ihr liegen die Schatten der durch drei Generationen gehenden Schuld des Labdakidengeschlechtes.

Das uns erhaltene Eingangsstück zu einer Prometheus-Trilogie heißt *»Der gefesselte Prometheus«*. In schauriger Hochgebirgslandschaft wird Prometheus im Auftrage des Göttervaters Zeus von Hephaistos mit Hilfe seiner beiden dämonischen Diener Kratos (Kraft) und Bia (Gewalt) an einen Felsen des Kaukasus geschmiedet.

Die *»Oresteia«*, die einzige vollständig erhaltene Trilogie des Aischylos, ist das gewaltigste Denkmal der düsteren Vergangenheit des mykenischen Zeitalters. Sie besteht aus der erschütternden Tragödie »Agamemnon«, den »Choephoren« (Grabopferspenderinnen) und den versöhnend ausklingenden »Eumeniden«.

Aus den erhaltenen Stücken können wir den großen Geist des Aischylos erahnen. Er hat seinen Tragödien den alten Stoff des Mythos, der in allen Einzelheiten den Zuhörern wohlbekannt war, zu neuem Leben erweckt. In dankbarem Glauben an die schirmende Hilfe der Götter und in Begeisterung für seine Heimat hat er der großen Zeit nationaler Befreiung in seiner Dichtung den heroischen und sittlichen Hintergrund gegeben, ist er mit seiner wuchtigen, monumentalen Sprache der große Erzieher seiner Mitbürger geworden. Ein Menschenalter trennt Aischylos von Sopohkles. Aber sie haben sich gekannt, miteinander um den Siegespreis in den Dionysien gerungen und in gegenseitiger Beeinflussung die Tragödie zu steiler Höhe geführt.

Sophokles wurde als Sohn des Sophillos, des reichen Besitzers einer von Sklaven betriebenen Waffenwerkstätte, 495 v. Chr. im Gau Kolonos geboren, den er durch seinen Preisgesang im »Ödipus auf Kolonos« unsterblich gemacht hat. *Sophokles*

Die Mittel des Vaters ermöglichten ihm eine sorgfältige Ausbildung. Auch später konnte er, unbeschwert von materiellen Sorgen, als freier Mann seinen dichterischen Aufgaben leben. Aufgewachsen im Schatten der Marathonkämpfer, reifte er zum Manne, als die Athener die Marmortempel auf der Akropolis errichteten. Bei der Siegesfeier nach der Seeschlacht bei Salamis soll er den Festzug der athenischen Jünglinge angeführt haben. Er war eine heitere, ausgeglichene Persönlichkeit von gewinnender Liebenswürdigkeit und schöner Erscheinung. Seine überlebensgroße, bei Terracina ausgegrabene Statue im Lateranmuseum zu Rom ist vermutlich eine Kopie jenes von Lykurg im 4. Jahrhundert v. Chr. errichteten Standbildes im Athener Dionysostheater. Sie zeigt uns den Dichter als einen Mann von vollendetem Körperbau und in vornehmer Pose mit einem geistreichen und offenen Blick.

Seinen großen Vorgänger Aischylos besiegte er im Alter von 28 Jahren mit seiner Tragödie »Triptolemos«. Seitdem blieb ihm die Gunst seiner Mitbürger treu. Sie beriefen ihn wiederholt zu den wichtigsten Ämtern. 443 und 422 v. Chr. bekleidete er das Staatsamt eines Schatzmeisters des Attischen Seebundes, in den Jahren 441 bis 439 das eines der zehn Strategen.

Die Zahl der Sophokleischen Tragödien betrug über 120; diese Fülle der dichterischen Produktion war kennzeichnend für Athen in dieser Zeit, nur Spanien hat später eine ähnliche Fruchtbarkeit gezeigt. Bei Sophokles erklärt sie sich aus seinem langen und bis ins hohe Alter geistesfrischen Leben.

Sophokles machte sich um die Entwicklung der Tragödie sehr verdient. Er führte einen dritten Schauspieler ein, wodurch der Dialog an Bedeutung gewann. Aischylos hat diese Neuerung, wenn auch noch zögernd, von ihm übernommen. Die Vermehrung des Chores auf fünfzehn Personen ergab sich daraus, daß er zwei Halbchöre zu je sechs Sängern mit je einem Halbchorführer und auch einen Gesamtchorführer (Koryphaios) aufstellte, der die Einheit des Chores verkörperte. Zugleich drängte er die Chorpartien zurück und wies dem Chor, der früher ein in die Handlung lebendig verflochtener Mitspieler war, die Rolle einer mit dem Spiel loser zusammenhängenden, nur beobachtenden und urteilenden Gruppe an, deren Betrachtung aber mit um so kritischerer Schärfe und ungehemmterem Freimut die Bühnenvorgänge begleitete. Mit der Verlegung des Schwergewichtes auf das eigentliche Bühnenspiel wuchsen auch die Bedeutung und das Ansehen der Schauspieler. Sophokles hat seine Gestalten im bewußten Bezug auf besondere Schauspielerpersönlichkeiten geschaffen und auch eine Art Schauspielschule ins Leben gerufen. Zwei seiner großen Darsteller sind uns mit ihren Namen überliefert. Um die Abrundung eines tragischen Stoffes in sich zu erreichen, löste er sich vom Zwang der Trilogie und verschaffte den Wettkämpfen mit einzelnen Dramen Anerkennung.

Seine Dichtung fand schon im Altertum begeisterte Anerkennung. Man bewunderte an ihm die große psychologische Fähigkeit, in die geheimnisvollen Vorgänge des Seelenlebens hineinzuleuchten, die menschlichen Charaktere in ihren Gesinnungen und Beweggründen zu zeichnen und durch ein kontrastierendes Paar im Wechselspiel zu verdeutlichen. Dadurch geht er über seinen Vorgänger hinaus, der gern in die überirdische Welt hinübergreift und dem Walten der göttlichen Mächte nachforscht. Die feinere Charakterisierungskunst des Sophokles erfordert aber auch eine durchgeistigte und geschmeidige Sprache.

Zu der treffenden Charakterisierung und der formschönen Sprache kommen noch bewußte Kunstgriffe, wie der zielstrebige, durch die Chorlieder innerlich gegliederte Aufbau der Handlung, die Klarheit der Motivierung und die Lösung des dramatischen Höhepunktes.

Sophokles hat ein halbes Jahrhundert für das Theater geschaffen und im tragischen Wettkampf achtzehn Preise gewonnen. Er war der Lieblingsdichter seiner Vaterstadt, die er auch nie ohne einen triftigen Anlaß verließ. An seinem Lebensabend wurde er noch in politische Streitigkeiten gezogen. Knapp vor seinem Ende erlebte er den Tod seines jüngeren Nachfolgers Euripides. Er ist 406 v. Chr., im Alter von 90 Jahren, gestorben. Es blieb ihm erspart, den Niedergang Athens erleben zu müssen.

Wie von Aischylos sind uns auch von Sophokles nur sieben Tragödien in einer Schulausgabe eines späten, uns nicht weiter bekannten Dramatikers, Sallustios, erhalten. Die Handschriften führen die Dramen in folgender Reihung an: Aias, Elektra, König Ödipus, Antigone, Trachinierinnen, Philoktet, Ödipus auf Kolonos.

Das älteste Drama dürfte der *»Aias«* sein.

Die *»Elektra«* greift wie Aischylos' »Oresteia« den alten Stoff neuerlich auf, und Euripides folgt ihm später.

»König Ödipus« behandelt das furchtbare Schicksal des Thebanerkönigs, der als Kind von seinen Eltern wegen eines Unheil verkündenden Orakels ausgesetzt und von Hirten erzogen wurde. Herangewachsen, erschlägt er ahnungslos seinen eigenen Vater und befreit Theben von einer schrecklichen Sphinx. Er erhält dafür den Thron von Theben und die Hand der Königinwitwe Jokaste. Vier Kinder wachsen aus dieser Ehe heran, und Ödipus herrscht glücklich viele Jahre in dieser Stadt. Da bricht eine fürchterliche Pest aus. Ödipus sendet zum Orakel des Phöbos Apollon, um zu fragen, wie der volksverheerenden Seuche Halt geboten werden könne. Die Antwort lautet, man müsse den Mörder des Königs Laios ausforschen und ihn mit dem Tode bestrafen. Nun entwickelt Sophokles mit genialem Griff die allmähliche Entdeckung der Bluttat.

Auch der Stoff der *»Antigone«* war allen Griechen wohlbekannt. Aber es geht um eine vertiefte Sinndeutung der Auflehnung Antigones gegen das königliche Gebot. Er steigert den Konflikt zum Kampf zwischen ewigem Gesetz und vergänglichem Menschengebot.

Die *»Trachinierinnen«* führen den Namen nach dem Mädchenchor aus der thessalischen Stadt Trachis, wo die Handlung spielt. Es ist das einzige von den erhaltenen Dramen des Sophokles, das noch nach dem Chor bezeichnet ist.

In dem Stück *»Philoktetes«* wagte Sophokles, die Leidensgestalt eines Schwerkranken zur Hauptfigur eines Dramas zu machen.

Kurze Zeit vor seinem Tod hat der hochbetagte Dichter sein letztes Werk, sein zweites Ödipusdrama, vollendet, den *»Ödipus auf Kolonos«*. Es ist erfüllt von dem Wissen um den Sinn des Lebens und des Todes, das dem Verfluchten und Leiderfahrenen vor seinem letzten Abschied geworden ist.

Euripides

Euripides soll nach einer alten Überlieferung im Jahre der Schlacht bei Salamis 480 v. Chr. auf der Insel Salamis geboren sein. Der Vater, der nicht unbemittelt war, ließ ihm eine sorgfältige Erziehung angedeihen. Schon frühzeitig führte ihn seine Vorliebe zur Philosophie, er pflegte den Umgang mit dem Naturphilosophen Anaxagoras und hörte die Sophisten Protagoras und Prodikos als Lehrer der Redekunst. Seine Natur neigte zu verstandesmäßiger Überlegung und zu Grübelei. Er lebte zurückgezogen und vertiefte sich in seine Bücher. Er war einer der ersten Athener, die als Besitzer einer ansehnlichen Bibliothek bekannt wurden. Zu den politischen Geschehnissen seiner Zeit äußerte er oft sein wertendes Urteil. Er wandte sich gegen das Doppelspiel der Demagogen und die Leichtgläubigkeit der Athener. Am politischen Leben aber beteiligte er sich nicht und bewarb sich nie um ein Staatsamt.

Schon im Jünglingsalter beschäftigte sich Euripides mit der Dichtung und widmete sein ganzes späteres Leben der Tragödie. Er setzte sich bei den Athenern schwer durch. Sein Wirken fiel mit der Lebenszeit des Sophokles zusammen, beide Männer starben im gleichen Jahre (406 v. Chr.). Sophokles blieb bis ins höchste Alter der Liebling des Publikums, Euripides rang mit seiner neuen Kunst schwer um die Anerkennung.

Die Zahl seiner Dramen wird mit 92 angegeben, in 22 Aufführungen ist er zum tragischen Wettkampf angetreten, nur fünfmal hat er den Preis davongetragen. Dennoch ging er mutig den eingeschlagenen Weg weiter, die hohe Spruchweisheit seiner Dramen fand Eingang in das Volk. Man erzählt, daß die in Syrakus gefangenen Athener ihre Rettung der Kenntnis Euripideischer Dramen verdankten, indem sie durch den Vortrag die Bewohner der Stadt in große Rührung versetzten. Gegen Ende seines Lebens verließ Euripides Athen und folgte dem Rufe des Königs *Archelaos* nach Pella in Makedonien, wo er auch starb. Als die Athener vergeblich die Auslieferung seines Leichnams gefordert hatten, um ihn in Athen zu bestatten, errichteten sie ihm ein Kenotaphion mit einer ehrenden Inschrift. Später wurde ihm ebenfalls wie Aischylos und Sophokles im Dionysostheater eine Statue gesetzt.

Von seinen Dramen sind uns achtzehn überliefert. Deren bedeutendste sind: Die Phönikerinnen, Alkestis, Medea, Hippolytos, Herakles, Iphigenia in Aulis, Iphigenia auf Tauris und Die Bakchen.

In der *»Alkestis«* paart sich das ergreifende Opfer der Treue mit einem glücklichen Ausgang.
Aus dem Stoff der Argonautensage schöpft das erschütternde Drama *»Medea«*.
In *»Hippolytos«* führt die Leidenschaft einer Frau zum tragischen Konflikt.
Die beiden Dramen um Iphigenia haben die besondere Aufmerksamkeit von Goethe und Schiller erregt. *»Iphigenia in Aulis«* hat Schiller fast ganz übersetzt.
»Iphigenia in Tauris« diente Goethe als Vorbild für sein klassisches Schauspiel.
Euripides hat das Drama in technischer Hinsicht nicht mehr weiterentwickelt, aber er ist doch in manchem von seinen Vorgängern abgewichen. Er löst die Chorgesänge aus dem innigen Zusammenhang der Handlung; sie machen den Eindruck von nicht notwendigen, nur aus altem Brauchtum beibehaltenen Einlagen. Die Lösung des dramatischen Knotens erfolgt häufiger durch einen Gott, den sogenannten Deus ex machina, der plötzlich auf dem Theologeion erscheint und bestimmend in die Handlung eingreift. Die Stoffe entnimmt Euripides wie seine Vorgänger dem alten Mythos. Aber er hielt sich nicht streng an die Überlieferung, sondern folgte dem Zug der Zeit zu wirklichkeitsnaher Darstellung von Fragen und Konflikten der Gegenwart, an denen die Poesie bis dahin vorübergegangen war. Dadurch bekommen seine Dramen mehr Lebensnähe, wir sehen die Menschen vor uns, wie sie sind. Kein Dichter vor ihm hat in diese dem antiken Menschen noch unbekannte Welt des Herzens hineingeleuchtet, kein Dichter vor ihm das Unglück, den Kampf mit der Not, die Verbannung, den Wahnsinn ergreifender dargestellt. Ein Meister war er in der Zeichnung von Frauencharakteren. Ihr leidenschaftliches Tun, ihr heroischer Verzicht schieben die Männer in untergeordnete Rollen.
Dabei drängt es den Dichter, dem Zug der Zeit folgend, überall zu spitzfindigem, die Gegensätze zergliederndem Wechselgespräch, zur Prüfung sittlicher Begriffe und zu rednerischem Schwung. Seine Sprache ist eine eigne kunstvolle Schöpfung. Sie hat nicht die titanische Wucht und bilderreiche Farbenpracht der Dramatik des Aischylos, nicht den hymnenhaften Wohlklang des Sophokles. Sie steigt hinunter zu dem Sprechton des Alltags, ist geschmeidig und fähig, allen leidenschaftlichen Erregungen zum Ausdruck zu dienen.
Seine Dichtung ist übersät mit Sentenzen, die bald zu geflügelten Worten wurden, sie ist erfüllt von Lebensweisheit. Seine freie Weltanschauung öffnet der Frau den Weg in die Öffentlichkeit, hebt den grenzenden Schlagbaum vor den abseitigen Sklaven und Barbaren. In seiner Dichtung ist das Wehen einer neuen Zeit zu spüren. Doch dieser moderne Zug machte seine Landsleute zögern mit ihrem Beifall.

Die attische Komödie

Als die große Tragödie Attikas ihren Höhepunkt überschritten hatte, trat stärker das attische Lustspiel hervor. Auch dieses hat seine Wurzel in den Festen des Dionysos. Doch ließ der Dichter andere Wesenszüge des Gottes hervortreten, vor allem seine ausgelassene Freiheit. Mit dieser geißelt die Komödie unter lautem Gelächter und derbem Spott das öffentliche und private Treiben. Das Wort »Komödie« bedeutete ursprünglich »Gesang des Komos«, d. h. eines lustig schwärmenden und toll kostümierten, aber nicht maskierten Fastnachtszuges, des Chores.

Epicharmos

Ihre künstlerische Ausbildung fand die Komödie in Syrakus unter *Epicharmos,* der zur Zeit des Königs Hieron lebte. Realistische Schilderungen von bestimmten Menschentypen, wie die des Bauern und des Parasiten (Schmarotzers), und von üppigen Tafelgenüssen, dargestellt von Schauspielern in grotesk-drolligem Aufzug und mit spaßhaftem Benehmen, entfesselten die Lachlust der Zuschauer.

Athen führt die Komödie aus der Vergänglichkeit schwankhafter Mummereien zur Höhe einer großen Gattung der Weltliteratur. An wichtigen Namen sind Kratinos, Eupolis und vor allem Aristophanes zu nennen. Bis 487 v. Chr. wurde die Komödie nur von Freiwilligen aufgeführt, dann aber fand sie gleich der Tragödie staatliche Anerkennung, und es wurden für sie Choregen bestimmt, die eine entsprechende Ausstattung zu besorgen hatten. Es wurden auch Preise ausgesetzt.

Kratinos

Als erste deutlicher umrissene Gestalt unter den attischen Komödiendichtern begegnet uns *Kratinos,* ein Zeitgenosse des Perikles, den er als den »zwiebelköpfigen Zeus mit dem Odeion auf dem Kopfe« verspottete. Er galt der Nachwelt als der eigentliche Begründer der altattischen Komödie. Die spärlichen erhaltenen Reste seiner Dichtungen zeigen ihn als scharfen politischen Spötter, aber auch als liebenswürdigen, humorvollen Zecher. In seinem neunzigsten Lebensjahre verfaßte er noch die Komödie »Pytine, Frau Flasche«, mit der er 423 v. Chr. über Aristophanes' »Wolken« siegte. Es war der neunte seiner Siege.

Eupolis

Eupolis war ein rücksichtsloser Satiriker politischer Zustände und der zersetzenden sophistischen Bestrebungen. Sein Wirken fällt mit dem Auftreten seines Nebenbuhlers Aristophanes zusammen, mit dem er zuerst befreundet, dann aber verfeindet war. Eupolis ist in der Seeschlacht am Hellespontos gefallen.

Aristophanes

Der geistreichste griechische Komödiendichter war *Aristophanes.* Seine Lebenszeit fällt in die Jahre von 450 bis 385 v. Chr. Mag er auch vom Ausland zugewandert sein, er war, wenn nicht der Geburt, so doch dem Geiste nach ein echter Athener. Er vermochte Gemüt und Phantasie der Zuschauer mit seinem ausgelassenen Humor und seinem souveränen Witz zu packen und alles Hemmende, Beengende im Sturm der Fröhlichkeit und

im bezaubernden Feuerwerk seiner tollen Laune zu lösen. Auf seine Narrenfreiheit pochend, verspottete er alle Auswüchse und Torheiten des öffentlichen Lebens, die vielgeschäftige und oft recht unfruchtbare Betriebsamkeit der Volksversammlungen, den schmeichelnden Eigennutz der Demagogen und die kritiklose Leichtgläubigkeit der breiten Volksschichten. Seine Komödie ist losgebunden von den Gesetzen des Wirklichen und bewegt sich im phantastischen Märchenreich der Unmöglichkeiten, sie hebt aus dem kleinlichen Elend des Alltags durch die Freude am Übermut, durch das heitere Gücksgefühl, aus vollem Herzen lachen zu können. Lebenselement der Komödie war die wache Opposition gegen politische, künstlerische und wissenschaftliche Strömungen der Zeit. Deren wesentliche Vertreter wurden in karikierender Übertreibung ihrer angreifbaren Eigenschaften und Absichten der Lachlust des Publikums preisgegeben.
Aristophanes war ein hochgebildeter Mann, ein genauer Kenner aller Erscheinungen des politischen und geistigen Lebens seiner Zeit. Nur aus diesem allseitigen Wissen heraus konnte er vor dem kunstverständigen Publikum Athens bestehen. Trotz aller seiner ausgelassenen Anzüglichkeiten und verspottenden Übertreibungen ist seine Dichtung von Sehnsucht nach Wahrheit und sittlicher Erziehung getragen.
In den *»Wolken«* (423 v. Chr.) macht sich der Dichter über die Sophisten lustig, die Recht und Unrecht ins Gegenteil zu verdrehen verstanden. Das Stück verspottet mit überlegener Ironie die Auswüchse der Sophistik. Allerdings entsprach die Übertragung sophistischen Gedankengutes auf die Gestalt des großen Philosophen Sokrates nicht der Wahrheit. Sokrates war der schärfste Gegner dieser neuen Weisheitslehre. Für Aristophanes mag die an sich etwas komische und dabei doch volkstümliche Persönlichkeit ein willkommener Anlaß gewesen sein, um dadurch den Lacherfolg zu sichern. Sokrates trug diese Verhöhnung mit seinem göttlichen Gleichmut. Nach einer Anekdote soll er, der unter den Zuschauern saß, sogar aufgestanden sein, damit man die Bühnenmaske besser mit dem Urbild vergleichen könne. Auch soll er nach Platons Darstellung mit Aristophanes in freundschaftlichen Beziehungen gestanden sein. Allerdings hat das Stück in dem späteren Prozeß, wie Sokrates selbst in seiner Verteidigungsrede erwähnte, bedauerlicherweise viel zu seiner Verkennung und Verurteilung beigetragen.
»Die Wespen« (423) richten sich in einer abgeschwächten Satire gegen das Volk. Der Chor von müßigen, als Wespen verkleideten Bürgern ist sehr prozeßsüchtig, um täglich in den Gerichtsverhandlungen seine Stimme abgeben und einige Obolen verdienen zu können.
Die Komödie *»Der Friede«* (421) ist unmittelbar vor dem Frieden des Nikias gedichtet worden und verquickt mit hinreißender Wirkung die tiefe Friedenssehnsucht der Athener mit der übermütigen Parodie der Tragödie des Euripides, dessen Bellerophon auf dem Pegasus vor den Augen der Zuschauer in den Himmel aufsteigt.

Gegen das abenteuerliche und aufregende Unternehmen Athens gegen Syrakus wendet sich das Lustspiel *»Die Vögel«* (414) und will mit kecker Phantasie und gemütlichem Humor das Volk wenigstens auf einige Stunden vom Alpdruck der unglücklichen politischen Ereignisse befreien.

»Die Frösche« (405) trugen dem Dichter den ersten Preis ein. Athen hat kurz vorher durch den Tod von Sophokles und Euripides seine bedeutendsten Dramatiker verloren. Daran knüpft das Stück an. Dionysos begibt sich als Vertreter des athenischen Volkes in die Unterwelt, um für seine Dionysien Euripides wieder heraufzuholen. Während er im Nachen des Charon fährt, begrüßt ihn der quälende Chor der Frösche mit seinem abscheulichen Brekekekex koax koax. Der Gott gelangt in den Hades, wo zwischen Aischylos, der bisher den tragischen Thron innegehabt hat, und Euripides ein Wettstreit entbrannt ist, in dem Aristophanes als Verfechter der alten Zeit die poetischen und moralischen Schwächen der Euripideischen Komödie schonungslos geißelt. Dionysos, zum Schiedsrichter bestellt, tritt für Aischylos ein und bringt ihn als Sieger nach Athen zurück. Inzwischen solle Sophokles den tragischen Ehrenplatz einnehmen. Der Chor schließt mit einem Jubellied die Komödie. Sie hat dem Publikum so gut gefallen, daß wenige Tage nach der Aufführung die Vorstellung wiederholt wurde.

Um die wunderbare und fast unbegreifliche Lebenskraft des attischen Volkes ganz zu verstehen, muß man sich die Zeit vor Augen halten. Trotz des schweren Ringens um Sein oder Nichtsein im Peloponnesischen Krieg hatte das Volk noch Zeit und Lust, sich an den Aufführungen zu freuen, und schöpfte daraus immer wieder neuen Mut, um alle Schicksalsschläge zu ertragen und durch die heitere Muse zu überwinden.

Die Geschichtsschreibung

Das griechische Volk hat seine großen geschichtlichen Ereignisse und die Taten seiner bedeutenden Männer zuerst in epischen Dichtungen und Volksgesängen gestaltet. Daneben wurden vor allem auf der Peleponnes in Registern geschichtliche Daten und Namen festgehalten. Diese Materialsammlungen waren aber sehr knapp und gaben nur ein ungefähres Bild der Zeit.

Zum erstenmal finden wir im jonischen Kleinasien einen Mann, der in ernster, verstandesmäßiger Erörterung an die im Volke lebende, sagenhafte Überlieferung der griechischen Frühzeit heranging und sie von ihren Wider-

Hekataios

sprüchen und Unzulänglichkeiten zu befreien suchte. Es war *Hekataios* von Milet, der um 500 v. Chr. lebte. Seine politischen Kenntnisse als führender Staatsmann der so bedeutenden Stadt, in der das Weltgeschehen von Osten und Westen her seine Spuren zeichnete, seine weiten Reisen, die dabei gemachten Beobachtungen und die Kenntnisse älterer Darstellungen befähigten ihn zu zwei ansehnlichen Werken. Er schrieb eine »Reise um die Erde«, wobei er seiner Auffassung des Weltbildes die Erdkarte seines Landsmannes Anaximander zugrunde legte, und ein Geschichtswerk der griechischen Frühzeit, die »Genealogien«. Damit hatte er die Grundlagen für eine wissenschaftliche Erkundung und Geschichtsschreibung geschaffen. Angeregt durch Hekataios, haben andere Forscher, wie Charon von Lampsakos, die Chroniken ihrer Heimatstätte geschrieben.

Herodot

Das erste wirkliche Geschichtswerk der Menschheit wurde von *Herodót* (484 bis um 425 v. Chr.) aus dem dorischen Halikarnassos geschrieben. Er stammte aus angesehenem Geschlechte. In jungen Jahren mußte er nach Samos fliehen. Später wandte er sich nach Athen, verkehrte mit Sophokles und Perikles, dessen Politik er bewunderte. Er las aus seinem Geschichtswerk Teile vor und erntete dafür reiche Anerkennung und einen Staatspreis. 444 v. Chr. beteiligte er sich an der als Musterkolonie geplanten Gründung von Thurii in Unteritalien und nahm hier Wohnung. Der Hauptinhalt seines Lebens waren große, viele Jahre dauernde Reisen. Sie führten ihn durch Griechenland, Makedonien, Unteritalien und in Asien bis nach Ekbátana. In Ägypten kam er bis nach Elephantine und hatte in Nordafrika Kyrene aufgesucht. Er kannte auch aus eigener Anschauung die Länder um das Schwarze Meer.

Die Erfahrungen dieser Reisen und die Werke älterer Geschichtsschreiber, vor allem das des Hekataios, sind die Grundlagen für seine Weltgeschichte, der er die Worte vorausschickt: »Herodot aus Halikarnassos hat aufgezeichnet, was er erkundete, auf daß weder das von Menschen Stammende durch die Zeit verlösche, noch große und bewundernswerte Leistungen, die die Hellenen nicht minder als die Barbaren vollbracht haben, ruhmlos werden, vor allem aber, warum sie widereinander Krieg geführt haben.«

Der Hauptgegenstand seiner Darlegungen ist der Kampf zwischen Barbaren und Hellenen, besonders in den beiden großen Perserkriegen. Die Eroberung von Sestos an den Dardanellen im Jahre 479 v. Chr. durch die Griechen bildet den Schluß des Werkes.

Das Ganze durchzieht der Gedanke von der Unbeständigkeit irdischer Größe. Über allem Menschenleben steht die ewige sittliche Weltordnung, die keine Überhebung duldet und zur Bescheidenheit mahnt. Der Verlauf der Kämpfe zwischen Asien und Europa bestätigt ihm das unvergängliche Walten der Gottheiten, das den Persern, wie vordem den Ägyptern und Babyloniern, die Weltherrschaft nimmt und sie den Griechen gibt, die durch ihr maßvolles Verhalten und ihre kulturschöpferische Veranlagung dazu berufen sind.

Inhaltlich ist das Werk nicht nach einem einheitlichen Plan geordnet, die lange Entstehungszeit erklärt manche Unausgeglichenheit. Die Einteilung in neun Bücher, benannt nach den Musen, stammt von späterer Hand aus alexandrinischer Zeit. Herodot hat viel Anekdotisches, was er auf seinen

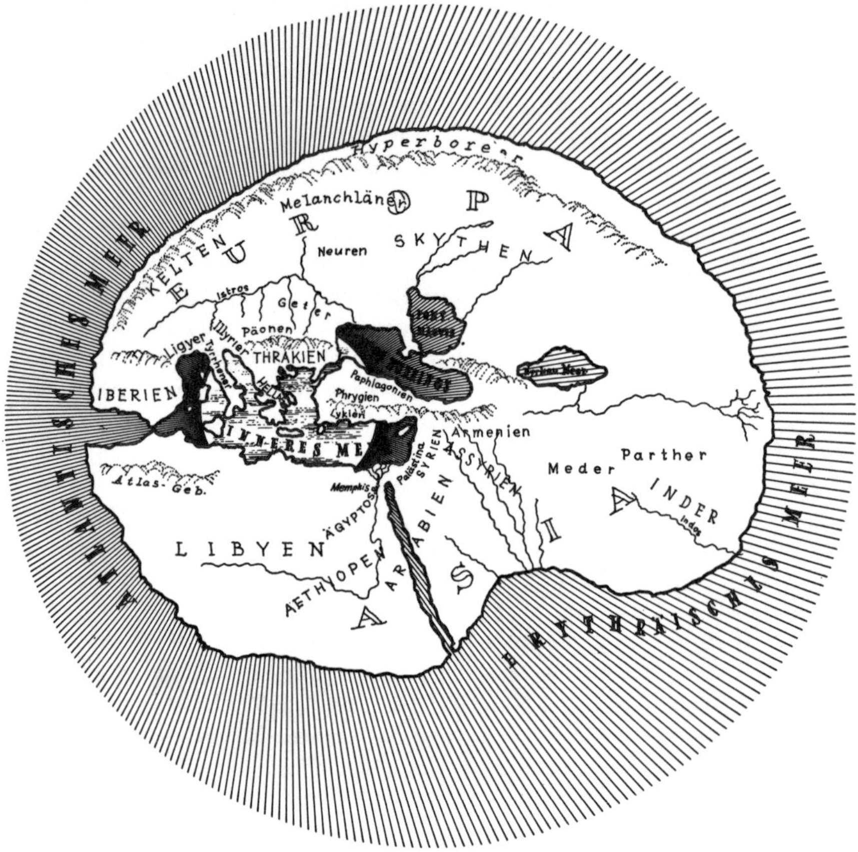

Erdkarte nach Herodot

Wanderungen mit Ohr und Auge aufgenommen, seiner Darstellung eingefügt und ihr durch spannende Erzählungen, Schilderungen fremder Länder und Sitten, hauptsächlich aus dem farbenfrohen, märchenhaften Orient, einen bunten, lebhaften Glanz verliehen. »Ich muß alles sagen, was erzählt wird. Aber«, fügte er im scherzenden Ton hinzu, »zu glauben brauche ich nicht alles, und das gilt für meine ganze Geschichte.« Seine Bücher sind in der jonischen Sprachform geschrieben.

Herodot hat durch Umfang, Wahl und Bearbeitung des Stoffes seine Vorgänger weit übertroffen, er hat durch seine lebendige Erzählweise, seine Anschaulichkeit und treffende Charakteristik die Leser immer wieder angezogen und gefesselt. Er hat sich mit vollem Recht den Ehrennamen »Vater der Geschichte« verdient, den ihm Cicero gegeben hat.

Herodot verbesserte auch die mit der Geschichte eng verknüpften geographischen Vorstellungen der Zeit. Durch seine Mitteilungen wurde die Kenntnis von der Ausdehnung Afrikas wesentlich erweitert. Während ehedem der Atlas und das ägyptische Theben als südliche Endpunkte galten, zog Herodot die Grenze im Bogen von den Säulen des Herakles (Gibraltar) nach dem jetzt als Kap Guardafui bekannten östlichsten Vorgebirge Afrikas. Durch ihn wurden ferner Indien mit dem Indus in den Kreis der Anschauungen gezogen, der Arabische Meerbusen und das Erythräische Meer hinzugefügt sowie die Küstenformen Europas genauer gefaßt.

Thukydides

Herodots großer Nachfolger in der griechischen Geschichtsschreibung ist *Thukydides*, der Sohn des Oloros von Halimus, mütterlicherseits ein Verwandter des Miltiades und Kimon, in dessen Familiengruft auch seine Asche beigesetzt wurde. Er wurde um 460 v. Chr. in Athen geboren (gest. etwa 400) und erhielt dort eine umfangreiche und tiefgründige Ausbildung. Als der Peloponnesische Krieg ausbrach, verzeichnete er die Ereignisse genau in seinem Tagebuch.

Mit seinem Werk »Über den Krieg der Peloponnesier und Athener« hat Thukydides die wissenschaftliche Geschichtsschreibung begründet. Er knüpfte zeitlich dort an, wo Herodots Darstellung aufhört. Er ordnete sein Werk nach dem Vorgang der Annalisten in Kalenderjahre und Halbjahre und führte es bis zum Jahre 411 v. Chr. Die ersten fünf Bücher umfassen die Vorgeschichte und den zehnjährigen Krieg von 431 bis 421, die restlichen Bücher erzählen die Sizilische Expedition mit einem Überblick über die älteste Geographie und Geschichte der Insel. Thukydides scheute keine Mühe, keine Kosten, unterhielt sogar im feindlichen Lager Berichterstatter, um die Wahrheit zu erfahren, und erzählte sie, ohne kleinliche Rücksichten auf Partei- oder Staatsinteressen zu nehmen. Aber er begnügt sich nicht mit der Darstellung des äußeren Geschehens, sondern sucht auch Veranlassung und die unter der Oberfläche wirkende Ursache zu ergründen. Das Persönliche der Lebensführung seiner Gestalten drängt er zurück; er neigt mehr zur unpersönlichen Schilderung der Tatsachen. Der Mensch als Einzelwesen ist für ihn nicht wichtig, nur seine Leistung im Staate. In der Beziehung zum Staate, und nur in dieser Beziehung, sah er Perikles, der für ihn *der* Staatsmann war und ihm Maßstab für andere wurde. An ihm achtete er den weitschauenden Blick, die überlegene Geisteskraft und die uneigennützige Hingabe an das Gemeinwohl.

Die Philosophie

Die frühgriechische Philosophie setzte sich als höchstes Ziel, die Frage nach dem inneren Wesen der Welt zu beantworten. Ihre Bemühungen gingen schließlich darum, eine Verbindung des von Parmenides vertretenen Seins mit der von Heraklit gefundenen Erkenntnis alles Werdens herzustellen.

Empedokles Diese Lösung versuchte *Empedokles* aus Agrigent (490—430 v. Chr.), der sich als Staatsmann, Arzt, Philosoph und Dichter betätigte. Er leugnete das Werden und Vergehen. Es gibt nur eine Mischung und Lösung der Stoffe. Aus dieser räumlichen Bewegung des Mischens und Lösens erklären sich ihm der Wechsel und die Mannigfaltigkeit der Dinge. Als unveränderliche Stoffe oder Elemente nahm Empedokles vier an: Wasser, Feuer, Luft und Erde. Auf diese Elemente wirken im Gegensatz zu den bisherigen Denkern, die nur ein Prinzip annehmen, zwei Grundkräfte ein, Anziehung und Abstoßung, Liebe und Haß. Sie sind die unversöhnlichen kosmischen Mächte, die den ewigen Kreislauf des Werdens und Vergehens bewirken. Seine philosophischen und naturwissenschaftlichen Erkenntnisse, die er in seinem Epos »Über die Natur« niedergelegt hat, sind bruchstückweise erhalten.

Empedokles stand bei seinen Mitbürgern in großem Ansehen. Er war ein mitreißender Redner, nach Aristoteles soll er die Grundsätze der Rhetorik festgelegt haben. Seine ärztliche Kunst brachte ihn in den Ruf, er besitze übernatürliche Kräfte. Als die Athener im Jahre 415 v. Chr. Syrakus belagerten, rief er die Bewohner zu erbittertem Widerstand auf.

Anaxagoras *Anaxagoras* aus *Klazomenai* (500—428 v. Chr.) konnte für sich das Verdienst in Anspruch nehmen, die Philosophie, die bisher hauptsächlich an der kleinasiatischen Küste beheimatet war, nach Athen geführt zu haben. Er war Perikles' Freund, und Euripides und Thukydides sollen seine Schüler gewesen sein. Sein Buch »Über die Natur« haben die Athener als das bedeutsamste wissenschaftliche Werk des Jahrhunderts gepriesen. Er setzt den Dualismus, die Zweiheit von Kraft und Stoff, fort. Nach seiner Darstellung war das Weltall ursprünglich ein Chaos von verschiedenen Urbestandteilen, in das der Weltgeist (Nus) zwecksetzende Ordnung brachte, indem er die Urbestandteile in wirbelnde Bewegung setzte und sie zu organischen Gestalten entwickelte. Der Mensch hat sich über das Tier hinausgebildet, seine aufrechte Haltung hat die Hände zum Greifen freigemacht. Diesem Philosophen war schon bekannt, daß der Mond von der Sonne sein Licht erhält. Die Feinde des Perikles wollten ihn treffen, indem sie seinen Freund Anaxagoras wegen Gottlosigkeit anklagten. Denn er habe die Sonne, die für das Volk immer noch ein Gott war, als eine feurige Steinmasse bezeichnet. Obwohl Perikles sich mutig für ihn einsetzte, wurde er doch zum Tode veruteilt und entging seinem Untergang nur durch die Flucht nach Lampsakos, wo er noch wenige Jahre als Philosophielehrer lebte.

Leukippos Auch *Leukippos* aus *Abdera*, der Lehrer des Philosophen Demokritos, dachte sich die stoffliche Welt aus unendlich kleinen, nicht weiter zerlegbaren Stoffteilchen oder Atomen zusammengesetzt. Sie sind ewig und unveränderlich; aus ihrer verschiedenen Anzahl und aus der verschiedenen Art, wie sie im Raum gelagert vorkommen, müssen sich alle Eigenschaften der Dinge erklären lassen.

Die Zeit des Peloponnesischen Krieges 431—404 v. Chr.

Gegensatz zwischen Athen und Sparta

Die Friedensverhandlungen zwischen Sparta und Athen haben nur zu einem befristeten Abkommen geführt, der Gegensatz zwischen den beiden Staaten blieb, und die Entscheidung wurde nur hinausgeschoben. Ganz Hellas stand unter dem lähmenden Eindruck der gewaltigen Übermacht Athens. Es überragte alle Staaten durch seinen politischen Einfluß, durch den Reichtum und den Ruhm seiner Wissenschaftler und Künstler. Die attischen Triëren beherrschten die See, die Handelsflotte Athens durchkreuzte das ganze Mittelmeer. Sein Glanz lockte Fremde aus entlegenen Ländern an.

Noch lebte und regierte Perikles, und der mühsam errungene Friede hielt noch an. Aber der partikularistische Geist der hellenischen Einzelstaaten trug schwer die Einheitsbestrebungen des seemächtigen Athen, und es bedurfte nur eines kleinen Anlasses, um gefährliche Verwicklungen hervorzurufen. Sparta, unter dessen Führung sich die Kleinstaaten gegen die Herrschaftsansprüche Athens zusammenscharten, rief mit dem Losungswort des Selbstbestimmungsrechtes die Stadtstaaten zur Abwehr auf. Dazu kam die alte Rivalität zwischen Doriern und Joniern, zwischen auseinanderstrebenden aristokratischen und zentralistischen Tendenzen. Selbst in dem Attischen Seebund erhoben sich Widerstände, weil die Mitglieder, mehr oder weniger abhängig und unterjocht, nicht gleichberechtigte Bundesgenossen waren. In all diesen Gegensätzlichkeiten und Reibungsflächen lagen die eigentlichen Ursachen eines drohenden Krieges. Sein Ausbruch wurde durch zufällige und an sich wenig bedeutende Anlässe herbeigeführt.

Korinths Konflikt mit Kerkyra

Kerkyra, das heutige *Korfu,* besaß an der illyrischen Küste die Kolonie *Epidamnos,* das römische *Dyrrhachium* und das jetzige *Durázzo,* das einst von Korinth und Kerkyra gemeinsam angelegt worden war. Dort kam es um 436 v. Chr. zu Unruhen, weil die Demokraten die Aristokraten aus der Stadt verjagten. Die Vertriebenen versuchten mit Hilfe der Illyrier ihre Rückkehr zu erzwingen. In ihrer Bedrängnis bemühte sich die demokratische Partei um die Unterstützung Kerkyras. Als die Gesandten dort abgewiesen wurden, fuhren sie weiter nach Korinth. Diese Stadt folgte um so bereiter dem Ansuchen, weil sie dadurch eine Demütigung ihrer stolzen

Tochterstadt Kerkyra zu erreichen hoffte, die sich im Bewußtsein ihrer wachsenden Seemacht von ihrer Mutterstadt gelöst hatte.
Aus dem Konflikt um Epidamnos kam es zum Krieg zwischen Korinth und Kerkyra. Die erste Auseinandersetzung im Jahre 435 v. Chr. endete mit dem Sieg Kerkyras. Als sich darauf Korinth mit Hilfe der peloponnesischen Bundesgenossen zu einem neuen Feldzug rüstete, ersuchten die Bewohner von Kerkyra um Aufnahme in den Attischen Bund. Obwohl Athen das Recht zustand, die Insel in den Bund aufzunehmen, so war man sich doch klar, daß man damit ernste Verwicklungen heraufbeschwörte. Perikles freilich glaubte, daß es für Athen notwendig sei, sich mit der starken Seemacht Kerkyra zu verbinden, um dadurch das Jonische Meer zu beherrschen und die Handelsverbindung mit Italien und Sizilien zu sichern.
Die allgemeine politische Lage in Griechenland wurde noch gefährdeter durch einen weiteren Streitfall, nämlich den in *Potidäa,* einer alten korinthischen Kolonie, die aber seit langer Zeit in Abhängigkeit von Athen lebte. Als die Korinther diese Stadt zum Abfall von Athen bewogen, war der Kampf um die Entscheidung unvermeidlich. Korinth, selbst zu schwach, bemühte sich, Sparta in den Krieg hineinzuziehen, und erreichte es, daß der Krieg gegen Athen beschlossen wurde (432 v. Chr.).

Der Beginn des Krieges

Zunächst richtete sich der Angriff der Lakedämonier im Einverständnis mit einem Teile der oligarchischen Partei Athens darauf, Perikles' Stellung zu erschüttern. Allerdings vermied man einen Vorstoß gegen ihn selbst, weil man spürte, daß er schwer angreifbar sei. Angriffsziel wurde deshalb seine Umgebung. So wurde Pheidias wegen Unterschlagungen bei der Herstellung des Goldelfenbeinstandbildes beschuldigt, Anaxagoras wegen Gottlosigkeit angeklagt und endlich seine Frau Aspasia ihrer freieren Lebensgewohnheiten wegen vor Gericht gestellt. Nur mit Mühe hat Perikles sie vor der Verurteilung gerettet.
Perikles behielt trotz mancher Gegnerschaft die Zügel des Staates fest in der Hand und sah voraus, daß sich der Kampf lange hinziehen werde. Zunächst begnügten sich die Spartaner damit, unter Führung ihres Königs *Archidamos* in Attika einzufallen, die Siedlungen, Äcker und Gärten zu verwüsten und die Ölbäume abzuholzen. Die Landbewohner brachten sich und ihre bewegliche Habe nach Athen in Sicherheit.
Pest in Athen
Aber Athen nahte ein Feind, den auch die mächtigsten Mauern nicht abhalten konnten. Die Pest brach aus. Dieses Unglück, die Ungewißheit des Lebens, die hohen Verluste in der Bevölkerung und im Heer nahmen den Gütern des Lebens ihren Wert und lösten die Bande der Gesetze und des Staates. Im zügellosen Genuß des Augenblicks suchte man Betäubung. Die

Seuche dauerte – wenn auch mit Unterbrechungen – länger als vier Jahre. Die dem Perikles feindlichen, radikal-demokratischen Kräfte in der Bevölkerung unter Führung des reichen Gerbermeisters *Kleon* nutzten die Lage, um gegen ihn Stimmung zu machen. Perikles, der durch die Seuche seine besten Freunde, seine Schwester und seine beiden Söhne verloren hatte, wurde von seinen Gegnern vor Gericht gestellt und zu einer Geldstrafe verurteilt.

Aber schließlich wurde er wieder mit großer Stimmenmehrheit zum Strategen mit unbeschränkter Befehlsgewalt gewählt. Denn man erkannte, daß nur er dem bedrängten Athen Hilfe zu bringen vermöchte. Da wurde er auch von der Seuche dahingerafft (429 v. Chr.). Sein Tod wurde zur Schicksalswende für Athen.

Der Krieg trieb einem unglücklichen Ausgang entgegen, weil die Republik den festen Halt verloren hatte und selbstsüchtige Demagogen den Staat in die gefährliche Bahn des Eigennutzes und weitfliegender Pläne lenkten. Die gespeicherte Kraft der Vergangenheit ließ Athen die Rückschläge vorläufig überwinden. Das von Hungersnot schwer bedrängte *Potidäa* mußte sich den Athenern ergeben, ebenso *Mytilene*, das sich, in der Hoffnung auf Spartas Hilfe, erhoben hatte.

Inzwischen war Archidamos wieder in Attika eingerückt, belagerte Platää, die treue Bundesgenossin Athens, und wollte sie durch Einschließung zur Übergabe zwingen. Nach zweijähriger Belagerung trieb der Hunger Platää zur Aufgabe. Die überlebenden Verteidiger wurden durch das Gericht als Verräter an der Sache Griechenlands zum Tode verurteilt und die Stadt dem Erdboden gleichgemacht. Der Bürgerkrieg steigerte sich zu immer grausameren Rachetaten.

Zerstörung Platääs

In Athen war der angesehene *Nikias* zu wenig energisch, um bestimmend in das politische Leben eingreifen zu können. Er vermochte sich gegenüber dem derben und großsprecherischen Kleon nicht durchzusetzen, und Kleon gewann in der athenischen Politik an Einfluß.

Als Feldherr trat neben Nikias besonders *Demosthenes* hervor. 425 v. Chr. fuhr er nach Sizilien, um den bedrängten Anhängern Athens Hilfe zu bringen. Als sich aber die Griechen Siziliens in einer Einheitsfront zusammenschlossen, mußte Athen sein Unternehmen aufgeben. Demosthenes jedoch setzte sich 425 in *Pylos* an der Westküste Messeniens fest, und bei dem Versuch, den wichtigen Platz den Athenern zu entreißen, wurde ein spartanischer Truppenteil von erlesenen Hopliten auf der kleinen Felseninsel *Sphakteria* (heute *Sphagia*) in der Bucht von Pylos eingeschlossen und nach vergeblichen Friedensverhandlungen zur Aufgabe gezwungen. Die Gefangenen wurden als Geisel nach Athen gebracht und ihnen der Tod angedroht, falls die Lakedämonier ihre Einfälle nach Attika wiederholen sollten. Dadurch bekam der Krieg eine neue Wendung, Athen ging zum Angriff über. Aber die schwankende attische Politik setzte sich weitere Ziele, als ihre

Kräfte erlaubten. Ein Vorstoß gegen Böotien endete mit einer Niederlage bei *Delion* (424 v. Chr.), und noch größere Verluste erlitt Athen durch den überaus fähigen und mutigen spartanischen Heerführer *Brasidas* in Thrakien. Dort war ein wichtiger Stützpunkt für Athens Handel und Macht, die von Perikles gegründete Stadt *Amphipolis* an der Strymonmündung. Brasidas überredete die Bürger durch geschickte Unterhandlungen zum Abfall, und Athen konnte trotz starker Kräfte diese Schlüsselfestung nicht mehr zurückerobern (422 v. Chr.). Kleon, der sich trotz seiner militärischen Unerfahrenheit zum Strategen hatte wählen lassen und den Oberbefehl übernommen hatte, fiel in diesem Kampf, aber auch Brasidas verlor sein Leben.

Schlacht bei Amphipolis

Nach dem Tode dieser beiden Männer war der Weg zu Verhandlungen frei. 421 v. Chr. wurde der ersehnte Friede geschlossen, um den sich besonders Nikias, der Führer der gemäßigten Richtung in Athen, bemüht hatte. Der Friede wurde auch nach diesem Staatsmann benannt. Thukydides nannte ihn einen faulen Frieden, und er war auch nur ein Scheinfriede. Seine Bestimmungen waren für Athen sehr günstig, durch sie wurden die Zustände von 432 v. Chr. wieder hergestellt.

Sparta bemühte sich, die Vertragsbedingungen zu erfüllen, aber die Mitglieder des Peloponnesischen Bundes lehnten die Vereinbarungen ab, weil sie argwöhnten, daß Sparta ebenso wie Athen nach einer Vormachtsstellung in Griechenland strebe. In Athen trieb die Kriegspartei zu einem Bündnis mit Argos, Mantinea und Elis und wollte mit größeren Streitkräften neuerlich gegen Sparta vorstoßen. Die Friedenspartei verhinderte dies. Nur eine schwache athenische Heeresabteilung unterstützte Argos in der Schlacht bei *Mantinea* (418 v. Chr.). Sparta aber sicherte durch den Sieg in diesem Waffengang seinen bedrohten Einfluß in der Peloponnes. In Athen blieben die politischen Verhältnisse weiterhin schwankend. Da glaubte ein junger, genialer Athener, daß für ihn die Zeit gekommen sei, seine Pläne zu verwirklichen: Alkibiades.

Schlacht bei Mantinea

Alkibiades

Alkibiades wurde um 450 v. Chr. zu Athen als Sohn des *Kleinias* aus dem alten Adelsgeschlecht der Eupatriden geboren. Nach dem frühen Tode seines Vaters kam der Knabe unter die Vormundschaft seines Oheims Perikles. Im Hause seines Oheims gewann er frühzeitig Einblick in das Getriebe der Politik, wurde er schon in jungen Jahren zu dem athenischen Großmachtsgedanken entzündet und der Drang in ihm geweckt, sich als Staatsmann zu betätigen. Er wurde ein begeisterter Schüler des Philosophen Sokrates und trat bei Streitigkeiten stets energisch für ihn ein.

Aber seine beruflichen Aufgaben trennten ihn bald von Sokrates. Er

widmete sich nach Kleons Tod auf seiten der Demokratie dem politischen Leben als Gegner des aristokratischen, spartafreundlichen Nikias. Aus Unzufriedenheit mit dem Frieden versuchte er einen neuen Krieg gegen Sparta zu entfesseln und rief zur Teilnahme an der Schlacht von Mantinea. Auf seinen Einfluß hin griffen die Athener auch die als spartanische Kolonie geltende Insel *Melos* an, die Sparta zu Beginn des Krieges mit Geld unterstützt hatte. Die grausame Behandlung der Inselbewohner nach ihrer Niederlage enthüllte das Gesicht der neuen Zeit, die an Stelle sittlicher Bindungen das brutale Recht des Stärkeren setzte. Eine solche Handlungsweise mußte auch unter den eigenen Bundesgenossen Abscheu und Feindschaft wecken. Kurz nach dieser Expedition kam aus Westsizilien der Hilferuf *Segestas* gegen das die Freiheit der sizilischen Städte bedrohende Syrakus. Es war verlockend, die Gunst des Augenblicks zu nützen und den Handelsverbindungen mit Sizilien auch politischen Nachdruck zu geben. Aber Nikias riet davon ab, indem er auf die machtvolle Stellung von Syrakus, auf die langen, schwierigen Nachschublinien und auf die näheren Gefahren in der Heimat hinwies. Alkibiades trat mit Unerschrokkenheit und Überzeugungskraft für den Zug gegen Syrakus ein. Es biete sich für Athen bei der Uneinigkeit der Sizilianer die Gelegenheit, auch den westgriechischen Raum unter den Einfluß Athens zu bringen und so das attische Reich zu einer Großmachtstellung zu führen. Die Rede wurde mit großer Zustimmung und Begeisterung aufgenommen (416 v. Chr.).
Zu Strategen für das sizilische Unternehmen wählte man die beiden Gegner Nikias und Alkibiades und gab ihnen als dritten den alterprobten Soldaten *Lamachos* bei. Bald lag die Flotte abfahrbereit.

Hermenfrevel

Da wurden in einer Nacht fast sämtliche Hermensäulen zu Athen verstümmelt. Die Bürger waren empört, sahen in dem Gottesfrevel ein böses Vorzeichen für die Expedition und verlangten eine genaue Untersuchung. Die Täter und ihre Motive blieben unbekannt. Anzeigen, deren Stichhaltigkeit nie erwiesen werden konnte, bezeichneten Alkibiades als Urheber und bezichtigten ihn zugleich der Verhöhnung der Eleusinischen Mysterien. Alkibiades drängte auf eine sofortige Untersuchung; er hoffte, in seiner Eigenschaft als Stratege des so volkstümlich gewordenen Zuges nach Sizilien vom Volke freigesprochen zu werden. Aber gerade deshalb setzten es seine Gegner durch, daß der Prozeß bis zu seiner Rückkehr verschoben wurde.

Das sizilische Unternehmen

Alkibiades vertraute auf die Uneinigkeit der Sizilianer und überredete seine Gefährten, durch geschickte Unterhandlungen erst einzelne Städte zu gewinnen und dann von diesen Stützpunkten aus auch die mächtige Stadt

Syrakus anzugreifen. Mit dieser Anschauung setzte er sich bei den anderen Strategen durch. Man hielt auf die Ostküste Siziliens zu, landete bei Katane und nahm diese Stadt durch einen überraschenden Überfall. Damit hatte man einen Stützpunkt für weitere Operationen gewonnen.

Inzwischen waren die Feinde des Alkibiades in Athen bemüht, den Religionsfrevel aufzudecken. Einige Bürger waren auf Grund von Anzeigen hingerichtet worden. Es wurden auch neue und völlig unzureichende Belege erbracht, daß sich Alkibiades mit seinen Freunden schuldig gemacht habe. Von einer aufgehetzten Menge getrieben, beschloß die Volksversammlung, Alkibiades mit einer schnellen Galeere zurückzuholen. Alkibiades gehorchte dem Befehl und bestieg das Schiff. Als aber die Galeere in Thurii eine Zwischenlandung vornahm, entwich er an Land, weil er eine Verurteilung fürchtete. Das Gericht in Athen verurteilte ihn zum Tode und zur Einziehung der Güter. Alkibiades war erbittert, daß seine großen Hoffnungen auf einen ruhmvollen Feldzug zerstört worden waren. Da kam ihm der Gedanke, sein Vaterland in tiefste Erniedrigung zu stürzen, damit es in ihm den einzigen Retter erkenne und ihn zurückhole. So trieben ihn Groll, Rachsucht und gekränkte Eitelkeit zum Hochverrat.

Hochverrat des Alkibiades

Er fuhr nach Sparta, bat um Asyl und trug den Spartanern seine Dienste gegen Athen an. Er riet ihnen, den Syrakusanern mit einer Flotte zu Hilfe zu kommen, den Krieg gegen Athen zu erneuern und sich *Dekeleas,* eines befestigten Ortes in Attika, zu bemächtigen, es mit einer ständigen Besatzung zu belegen, und dadurch Attika und Athen zu beherrschen. Alkibiades, der in Athen in einem Luxus gelebt hatte, wie es der Stadt bisher ganz unbekannt gewesen war, fügte sich den spartanischen Sitten und Gebräuchen.

Seine Pläne gegen Athen fanden bei den Spartanern Gehör. Zunächst sandten sie den kriegskundigsten Mann, den sie damals besaßen, *Gylippos,* mit einer Flottenabteilung nach Syrakus.

Dort hatten die Griechen nicht den erhofften Geist der Uneinigkeit vorgefunden. Denn *Hermókrates,* der Anführer der syrakusanischen Verteidigungstruppen, hatte die inneren Gegensätze zurückgedrängt. Dennoch waren die Athener zunächst erfolgreich. Ihre Flotte war in den großen Hafen eingefahren und hatte einige Kämpfe geliefert. In einem hatte der Stratege Lamachos sein Leben verloren. Nikias durfte hoffen, zum Ziel zu gelangen, zumal der Mut der Syrakusaner sank und eine athenisch gesinnte Partei mit ihm in Verbindung trat.

Da gab Gylippos' Ankunft dem Krieg eine neue Wende. Die Syrakusaner schöpften aus der Tatsache, daß ihre Stammesgenossen aus der Peloponnes sie nicht verlassen hatten, neue Hoffnung. In einigen Schlachten erlitten die Athener schwere Verluste, und die Lage wurde von Tag zu Tag ernster. Nikias setzte Athen davon in Kenntnis und erhielt die Zusicherung, daß ihm im Frühjahr eine zweite mächtige Flotte zu Hilfe kommen werde.

Diese Flotte kommandierte der ruhmvolle Sieger von Sphakteria, *Demosthenes.* Aber nach einigen erfolglosen Kämpfen sah Demosthenes die Unmöglichkeit eines Sieges ein und riet zum sofortigen Abzug. Diesem Ansinnen widersetzte sich Nikias im Hinblick auf die schwierige Verantwortung in Athen. Erst als seine Hoffnung auf eine Übergabe der Stadt durch Unzufriedene und den Athenern wohlgesinnte Gruppen der Bevölkerung geschwunden war und das Heer immer mehr unter den zunehmenden Krankheiten litt, stimmte er dem Rückzug zu und rüstete zur Abfahrt.
Da versetzte ihn eine Mondesfinsternis, die damals von wissenschaftlich gebildeten Männern schon als unbedeutende Naturerscheinung erkannt worden war, in lähmenden Schrecken. Nikias befragte die Wahrsager und Zeichendeuter, von denen er stets umgeben war. Diese antworteten, die Athener müßten nach dem Willen der Götter noch einen Monat im Lager ausharren.
Durch die Verzögerung verloren sie die letzte Möglichkeit auf Rettung. Sie wurden umzingelt und zum Kampf gezwungen. Die Syrakusaner sperrten auch den großen Hafen mit zusammengeketteten Schiffen. Die Athener versuchten, die Sperre zu durchbrechen. Aber von allen Seiten angegriffen und durch den engen Raum des Hafens in allen Bewegungen gehemmt, wurden sie überwältigt, ihre Schiffe teils versenkt, teils genommen, teils an die Küste getrieben. Es blieb als einzige Rettung nur der Landweg.
Der Aufbruch hätte auf der Stelle erfolgen müssen, ehe die Syrakusaner auch die Landwege sperrten. Aber das athenische Heer trat erst am zweiten Tage nach der Schlacht den Rückweg in das Innere von Sizilien an. Es waren noch ungefähr 40.000 Mann, die unter fortwährenden Angriffen langsam den Weg bahnten. Demosthenes, der die Nachhut führte, wurde bald von dem übrigen Heer getrennt. Als ihm der Weiterweg verlegt war, kämpfte er in verzweifeltem Nahkampf gegen die überlegenen Feinde. Dann aber ergaben sich die Athener, von Hunger und Wunden erschöpft, der Übermacht. Demosthenes und Nikias gerieten in Gefangenschaft. Beide wurden hingerichtet.
Die Nachricht von der Katastrophe rief in Athen tiefe Trauer hervor. Der Ruhm der Unbesiegbarkeit der athenischen Flotte war ausgelöscht.
Es bedurfte in Athen der Anstrengung aller Kräfte, den drohenden Zusammenbruch abzuwehren. Zu den schweren Verlusten an Menschenleben und der Einbuße von rund hundert Schiffen kamen noch weitere Schicksalsschläge. Die Reserven der Staatskassa, die Perikles angelegt hatte, waren großenteils verbraucht, die unterjochten Städte hielten den Zeitpunkt für günstig, sich von der Abhängigkeit zu befreien oder wenigstens die Tributleistung zu verweigern. Es fielen Chios, Lesbos, Milet, Rhodos und später auch Byzanz und das gegenüberliegende Chalkedon ab. Schließlich erklärte Sparta wieder den Krieg, weil Athen den Frieden mehrfach gebrochen hätte. Auch Persien, das schon auf die Gelegenheit wartete, sich an dem

alten Erbfeind bei den schweren Niederlagen bei Marathon und Salamis zu rächen, erhob sich. Es unterstützte Sparta beim weiteren Ausbau seiner Flotte mit namhaften Geldzuwendungen. So hatte das Unheil für Athen mit der gerichtlichen Verfolgung des Alkibiades seinen Ausgang genommen, und Athen mußte nun alle Kräfte aufbieten, um sich vor der Zerstörung zu retten.

Athens Zusammenbruch

Im Frühjahr 413 v. Chr. besetzten die Spartaner auf den Rat des Alkibiades die Feste Dekelea in Attika, um Athen die Zufuhr zu erschweren und die Hauptstadt unter ständigem Druck zu halten. Die Lage Athens war verzweifelt, die peloponnesischen Bundesgenossen erwarteten einen schnellen Zusammenbruch.

Aber gerade diese Notlage spornte zu neuem Mut und neuer Anstrengung an; die athenische Demokratie hatte die Kraft, sich noch zehn weitere Jahre zu halten.

Die kurze Frist von einem halben Jahr, während der die Spartaner noch unentschlossen über ihre weiteren Ziele berieten, benützten die Athener mit Eifer. Durch größte Sparsamkeit im Staatshaushalt und durch erhöhte Steuern wurden die Kosten für den Bau einer neuen Flotte aufgebracht, und ein Jahr nach der Niederlage von Syrakus hatte Athen sein Kräftegleichgewicht zur See wiederhergestellt. Dadurch war die Stadt gegen einen Angriff Spartas vom Meere her gedeckt. Aber auch zu Lande fühlte sich Sparta zu schwach, um Athen selbst anzugreifen. Es hielt es daher für notwendig, mit Persien gemeinsame Sache zu machen, weil dieser Staat allein über eine überlegene Flotte verfügte, die eine Entscheidung zur See gegen Athen erzwingen konnte. Persien ging gern in Verhandlungen ein, um die verlorene Herrschaft über die jonischen Städte an der kleinasiatischen Westküste zurückzugewinnen. Alkibiades drängte unaufhörlich die Spartaner zum Handeln und beeinflußte auch *Tissaphernes,* den Satrapen von Sardes, daß er sich zu einer finanziellen Unterstützung Spartas verpflichte. Tissaphernes sagte zu, allerdings unter der Bedingung der Mithilfe Spartas bei der Wiedergewinnung der jonischen Städte. Die Verträge kamen zustande, obwohl Bundesgenossen aus der Peloponnes wider die entehrende Gegenleistung Einspruch erhoben und auf die Unzuverlässigkeit und Verschlagenheit der persischen Politik hingewiesen hatten.

Alkibiades bei den Persern

Alkibiades hatte sich in seinem neuen Aufgabenbereich in Sparta eingelebt und war für alle großen Entscheidungen des Staates die treibende Kraft. Aber er hatte sich durch sein anmaßendes Benehmen gefährliche Feinde bei den Spartanern geschaffen, und sie befürchteten, daß der Verräter seiner Vaterstadt bei Gelegenheit auch sie zu überlisten vermöchte. Durch die fortschreitende Entfremdung begann er für sein Leben zu bangen und nahm seine Zuflucht zu Tissaphernes. Rasch gewann er mit seiner Begabung, Menschen an sich zu fesseln, das Vertrauen des Satrapen und riet ihm, die Spartaner nicht zu mächtig werden zu lassen. Tissaphernes selbst hielt ein Gleichgewicht zwischen Athen und Sparta für die eigene Herrschaft als günstigste Lösung, um selbst je nach eigenem politischem Interesse als Schiedsrichter auf der einen oder anderen Seite einzugreifen. Er gab also dem Rat des Alkibiades nach und verringerte die Zahlung der Hilfsgelder an Sparta.

Aber Alkibiades hatte nicht die Absicht, sein Leben am Hofe des Satrapen zu verbringen, ihn zog es wieder in die Heimat mit ihrem kulturellen Leben und weltmännischen Getriebe und in den Kreis seiner alten Freunde. Er setzte sie daher von seinen Zielen in Kenntnis und bot der Stadt außer seinen Diensten auch seine Mittlerrolle zur sardischen Satrapie und zum Großkönig an. Sein Plan ging dahin, die demokratische Verfassung zuerst zu stürzen, um sie dann durch seine Rückkehr wieder neu aufzurichten.

Diesem Verlangen kam die Zeit entgegen. Denn die demokratischen Verfassungseinrichtungen hatten durch die sizilianische Katastrophe bei vielen an Ansehen verloren und den Aristokraten Auftrieb gegeben. Diese bemächtigten sich durch einen Aufstand der leitenden Posten und setzten einen Rat der Vierhundert ein (411 v. Chr.). Aber die neue Staatsregierung versagte bald, sie konnte weder eine Verständigung mit Sparta anbahnen noch die Ruhe im Inneren wiederherstellen. Sie wurde schon nach vier Monaten von einer gemäßigten demokratischen Verfassung abgelöst, die die bürgerlichen Rechte und Pflichten auf die Bürger der ersten drei Steuerklassen beschränkte.

Aber beide Verfassungsänderungen ließen unbeachtet, daß Nahrungsmittelzufuhr und wirtschaftlicher Wohlstand von der Flotte abhingen, deren Bemannung mit wenigen Ausnahmen ihre politischen Rechte verloren hatte. Die empörten Schiffsbesatzungen drohten, Athen so lange zu belagern, bis die demokratische Verfassung wiederhergestellt sei. Die Aristokratenpartei wartete auf einen Sieg Spartas, aber die Spartaner kamen zu spät. So brach auch die neue Regierung widerstandslos zusammen, und die Demokraten richteten die alte Verfassung wieder auf.

Alkibiades' Rückberufung

Alkibiades hatte erreicht, was er insgeheim mit hinterhältiger Verstellung betrieben hatte. Die wieder zur Macht gekommene Demokratie rief ihn nach Athen zurück, versprach ihm eine vollständige Amnestie und Wiedereinsetzung in seine Rechte und Güter. Alkibiades kehrte aber nicht sofort heim, sondern übernahm das Kommando der bei Samos liegenden Flotte. Er fuhr mit ihr nach Kyzikos an der Propontis, wo die Peloponnesier ihre Streitkräfte zu Wasser und zu Lande, verstärkt durch syrakusanische Flotteneinheiten, aufgestellt hatten. Durch scheinbare Flucht lockte er die Lakedämonier aus dem Hafen, griff sie unerwartet an und vernichtete sie vollständig. Darauf eroberte er auch die Stadt *Kyzikos* (410 v. Chr.). Nach einjähriger Belagerung nahm Alkibiades Chalkedon und Byzanz und sicherte dadurch wieder die freie und für Athen unentbehrliche Nahrungsmittelzufuhr aus den Küstengebieten um das Schwarze Meer.

Nunmehr hielt er den Zeitpunkt für gekommen, in die Vaterstadt zurückzukehren (408 v. Chr.). Auf festlich bekränzten Schiffen fuhr er mit seinen Flottenbesatzungen in den Piräus ein. Über seine Erfolge zur See, durch die er seiner Vaterstadt die alte Herrschaft in der Ägäis zurückgegeben hatte, vergaß man die Geschehnisse der Vergangenheit. Nun erhoffte man von ihm ein Aufblühen zu früherer Macht. Das Volk bot ihm die Herrschaft über Athen an. Er lehnte aber das Angebot ab.

Zwei Umstände hielten noch die Athener in Sorge. Einmal hatte Alkibiades bei den Persern weder ein Bündnis noch eine materielle Hilfe durchsetzen können, dann lag noch immer ein spartanisches Heer unweit von Athen in der Feste Dekelea, beunruhigte von hier aus das ganze attische Land und bot entlaufenen athenischen Sklaven Unterschlupf. Auch Alkibiades gelang es nicht, den Spartanerkönig Agis aus Dekelea zu vertreiben. Aber unter dem Schutz seines Heeres konnte wieder die herkömmliche Festprozession nach Eleusis abgehalten werden, die seit Jahren unterblieben war.

Im Herbst 408 v. Chr. fuhr Alkibiades mit 100 Triëren gegen Kleinasien, um die jonischen Besitzungen für Athen zurückzuerobern. Von dieser Fahrt kehrte er nicht zurück.

Lysandros

In Sparta entstand ihm inzwischen ein ebenbürtiger Gegner in *Lysandros,* der mit dem Kommando über die lakedämonische Flotte betraut worden war. Er war ein unerschrockener, pflichtbewußter Soldat, vorsichtig in allen Unternehmungen.

Auf diesen fähigen Feldherrn vertraute der neue Satrap, der Tissaphernes in Sardes abgelöst hatte, der junge *Kyros.* Er war der zweite Sohn des Königs und wollte an Stelle seines älteren Bruders Artaxerxes die Königsherrschaft erlangen. Zur Erreichung seines hohen Zieles verbündete er sich mit den Spartanern und unterstützte sie reichlich mit Hilfsgeldern.

Lysandros war in weiser Voraussicht der ihm von Alkibiades angebotenen Seeschlacht ausgewichen. Als aber der Athener den größten Teil seiner Flotte unter Befehl eines gewissen Antiochos bei *Notion* in der Nähe von Ephesos zurückließ, um Geld zur Besoldung seiner Matrosen einzutreiben, verließ Antiochos den schützenden Hafen und forderte eine Flottenabteilung unter Lysandros zum Kampfe heraus. Die athenische Flotte erlitt eine schwere Niederlage, und ihr Führer fand den Tod.

Obwohl Alkibiades an dem Unglück unschuldig war, erblickten seine Feinde in Athen darin einen willkommenen Anlaß, ihn für den Mißerfolg verantwortlich zu machen, und man überging ihn bei der nächsten Strategenwahl. Dadurch verlor die athenische Flotte ihre zielsichere Führung und Athen die letzte Hoffnung auf Rettung.

Alkibiades begab sich in die freiwillige Verbannung. Er hoffte, nach einem Umschwung wieder gerufen zu werden.
Als Lysandros nach seinem Amtsjahr zurücktrat, kam *Kallikratidas* an seine Stelle. Dieser schloß die athenische Flotte unter *Konon* im Hafen von Mytilene ein. Die Athener boten alle Kräfte auf, um Konon Entsatz zu bringen. Sie ließen das Gold und Silber der Weihegeschenke der Akropolis einschmelzen, um Geld für den Bau einer neuen Flotte bereitzustellen, boten den Fremden das Bürgerrecht, den Sklaven die Freiheit an, wenn sie am Kampfe teilnähmen. Die neue athenische Armada stieß mit dem Feind bei den *Arginusischen Inseln* zwischen Lesbos und dem Festland zusammen. Als Kallikratidas beim Entern einer Triere ins Meer stürzte, war der Sieg für Athen entschieden (406 v. Chr.).
Die Spartaner hatten bei den Arginusen so hohe Verluste erlitten, daß sie zum Frieden bereit waren: aber sie wurden von den Athenern zurückgewiesen. Auf Wunsch der Bundesgenossen beriefen die Spartaner jetzt wieder Lysandros an die Spitze der Flotte. Lysandros verstand es, die persischen Hilfsgelder flüssig zu machen. Mit Hilfe seines Gönners Kyros konnte er in Jahresfrist mit einer ansehnlichen Flotte den Athenern entgegentreten. Er fuhr nach dem Hellespont, während sich an der Küste zugleich ein Landheer sammelte.

Schlacht bei Aigospótamoi

Die Athener folgten mit sehr vielen Schiffen und legten an einer strategisch ungünstigen Stelle bei *Aigospótamoi* (Ziegenfluß) in der Nähe von Lampsakos im Hellespont an. Alkibiades ritt aus seiner Bergeinsamkeit zur Küste herab, um wegen des ungünstigen Standortes zur Vorsicht zu mahnen. Aber man mißtraute seinem Rat und wies ihn ab. Am folgenden Tag gelang es Lysandros, die attischen Feldherren zu überlisten und die athenische Seemacht zu vernichten. Nur wenige Schiffe mit dem Strategen Konon entkamen und brachten die Trauerbotschaft in die Heimat. Lysandros ließ tausend Gefangene hinrichten. Er trachtete auch Alkibiades nach dem Leben. Dieser aber flüchtete nach Phrygien zum persischen Feldherrn Pharnabazos, der ihm ein Schloß zum Aufenthalt gab. Aber selbst hier war er vor der Verfolgung durch die Spartaner nicht sicher. Auf Betreiben Lysandros' befahl der Perserkönig dem Pharnabazos, seinen Gast aus dem Wege zu räumen.
Nach der Niederlage von Aigospotamoi war Athen verloren. Es hatte keine Schiffe mehr und keine Mittel, neue zu bauen. Das attische Reich brach zusammen. Die verbündeten Städte und Inseln ergaben sich fast widerstandslos dem langsam vorrückenden Sieger, der nun unumschränkter Herr über die Ägäis war. Lysandros stürzte in den Städten die demokratischen Regierungen und ersetzte sie durch oligarchische. Endlich erschien er vor Athen, drang widerstandslos in den Hafen Piräus ein und begann die Blockade der Stadt zu Wasser und zu Lande. Nach vier Monaten mußte sie sich ergeben, nachdem die Lebensmittelnot viele Tote gefordert hatte

(404 v. Chr.). Es war die erste große Hungerblockade, von der wir in der Geschichte hören.
Im Kriegsrat der Peloponnesier gingen die Ansichten über die Übergabebedingungen auseinander. Die Korinther und Thebaner verlangten die vollständige Zerstörung der Stadt und die Versklavung seiner Bewohner. Dagegen erklärte der lakedämonische Abgeordnete, Sparta werde nicht dulden, daß eine Stadt, die sich um Hellas so verdient gemacht habe, dem Untergang überliefert werde. Auf seinen Einspruch hin einigte man sich auf den Abbruch der Langen Mauern, auf die Rückberufung der verbannten Oligarchen, die Übergabe aller noch fahrbaren Schiffe und die aktive Unterstützung Spartas in jedem kommenden Krieg.
Athen war endgültig zusammengebrochen, und weder Sparta noch eine andere Stadt konnten die hohe Stellung im politischen, kulturellen und wirtschaftlichen Leben des hellenischen Raumes erreichen. Athen blieb in der Geschichte Griechenlands ohne Nachfolger.

Die Herrschaft der dreißig Tyrannen

Eine große Zahl von griechischen Städten hatte in Athen den Feind ihrer Freiheit gesehen und die Zugehörigkeit zum Attischen Bund als ein Joch empfunden. Sie hatte daher den Tag der Befreiung sehnsüchtig herbeigewünscht und den Fall Athens als den Wendepunkt in der politischen Entwicklung des griechischen Mutterlandes begrüßt. Aber es war nur ein kurzer Traum. Denn Sparta griff in die Geschicke Griechenlands härter ein, als es die attische Macht getan hatte.
Der neue spartanische Herrschaftsbereich um die Ägäis wurde gründlich umgestellt. Lysandros beseitigte überall die demokratischen Einrichtungen und setzte dafür aristokratische Regierungen ein. Aber er begnügte sich nicht damit, sondern legte in die Städte nach dem Vorbild Lakoniens spartanische Garnisonen und stellte neben die Stadtverwaltung einen Aufsichtsbeamten, einen sogenannten Harmostér, der die Verhältnisse im Sinne des neuen Vorortes einrichten sollte. Sparta behielt auch die Tributleistungen bei, die die Verbündeten bisher an Athen gezahlt hatten.
Der Eingang von Tributen und Geldspenden unterwürfiger Oligarchen steigerte schnell den Reichtum der führenden Kreise, wogegen breite Schichten der Bevölkerung durch wiederholte Aufteilung ihres Besitzes immer mehr verarmten. Damit war auch der Boden für Unzufriedenheit, ja sogar für Verschwörung gegeben. Man verlangte, den anwachsenden Großgrundbesitz neu aufzuteilen und die starken Vermögensunterschiede zwischen den Bürgern auszugleichen.
In Athen suchte die aristokratische Partei den Umschwung von 404 v. Chr. auszunützen, um unter dem Schutz der Spartaner die alten demokratischen

Ordnungen zu bekämpfen und selbst wieder an die Macht zu gelangen. Die durch die radikal-demokratischen Richtungen der Vergangenheit Verbannten kehrten zurück und vermehrten und stärkten das Lager der Oligarchen aus den Kreisen des Adels und des Besitzes. Die Entscheidung wurde noch dadurch beschleunigt, daß eine Verschwörung unter den Demokraten aufgedeckt wurde. Man schlug sie bald gewaltsam und blutig nieder.

Mit Unterstützung Lysandros' bemühten sich *Theramenes,* ein athenischer Politiker, der sich schon während der Belagerung im Dienste aristokratischer Interessen und als gefährlicher Feind des Volkes einer wirkungsvollen Verteidigung Athens widersetzt hatte, und *Kritias,* ein Schüler des Sokrates, der nach Alkibiades' Sturz verbannt und nun wieder zurückgekehrt war, eine Herrschaft aus Vertretern aller aristokratischen und gemäßigt demokratischen Richtungen aufzubauen. Es kam zur Regierung von dreißig Männern, die wegen ihres Schreckenregiments die *»Dreißig Tyrannen«* genannt wurden.

Der Rat der Dreißig sollte einen Ausgleich der wirtschaftlichen Verhältnisse und eine Befriedung der Bevölkerung herbeiführen. Indessen dachten die Gewalthaber nur an ihre eigenen Interessen. Sie besetzten die einflußreichsten neugeschaffenen Ämter mit ihren Anhängern, beschlagnahmten Güter und zogen sich dadurch auch die Gegnerschaft jener wohlhabenden Kreise vor allem aus dem Handelsstande zu, durch deren Unterstützung sie zur Macht gelangt waren. Sie verfolgten alle, die einer demokratischen Gesinnung verdächtig schienen, verbannten sie oder ließen sie hinrichten. Die Zahl der Opfer wurde auf 1300 geschätzt. Die Rede- und Versammlungsfreiheit wurde aufgehoben, und Sokrates' früherer Schüler Kritias verbot sogar seinem Lehrer die Fortführung seiner öffentlichen Lehrgespräche. Die Tyrannen hatten ihren Rückhalt an der spartanischen Besatzung in Athen. Denn Sparta war an der Unterdrückung des Volkes viel gelegen.

Die Philosophie

Die Philosophie hat ihren Ausgang, soweit es uns überliefert worden ist, von Milet an der kleinasiatischen Küste genommen und hat als erstes die Frage nach der Stofflichkeit der Welt aufgeworfen. Sie glaubte, die Antwort in den Urstoffen, wie im Wasser und in der Luft, oder in den Zahlenverhältnissen gefunden zu haben, und schloß daraus, daß die Welt ein geordneter Kosmos sei.

Die erwähnten philosophischen Richtungen haben alle das Weltganze zum Gegenstand ihrer Fragestellung und Erforschung. Die mannigfaltigen, einander widersprechenden Lösungsversuche schienen zu beweisen, daß das Problem unlösbar sei. Dies führte zwangsläufig zu einem Nachlassen des

Interesses an Fragen solcher Art. Man wandte sich daher einem neuen, wichtigen Forschungsgebiet zu, das die Philosophie bisher nur wenig in Betracht gezogen hatte, nämlich dem Menschen. Man hat diese philosophische Richtung, die am Ende des 5. Jahrhunderts immer mehr das Individuum zum Nachteil des staatlichen Ganzen in den Mittelpunkt des Denkens stellt, die griechische Aufklärung genannt.

Die griechische Aufklärung

Der Mensch wurde zum Maß aller Erkenntnis und aller sittlichen und ästhetischen Werte. Dieser übersteigerten Individualität gab die demokratische Staatsform ein neues Lebensziel und Betätigungsfeld in der Politik. Um sich im öffentlichen Leben durchzusetzen, mußte der einzelne mit einem gewissen Maß von Wissen ausgerüstet sein, das ihn befähigte, in der Volksversammlung und vor Gericht zu sprechen und einem Gegner standzuhalten, auch im gesellschaftlichen Kreise mit Klarheit und logischer Überzeugungskraft Fragen zu erörtern.

Diese Bildung und rednerische Fertigkeit vermittelten anfangs Wanderlehrer, die von Stadt zu Stadt ganz Griechenland durchzogen und Vorträge hielten. Sie unterrichteten die Jugend der reichen Stände und gaben vor, in allen Gebieten Kenntnisse zu besitzen, nicht nur in der Philosophie, sondern auch in praktischen Lebensfragen, wie Gesetzeskunde, Vermögensverwaltung, Sklavenwirtschaft. Sie führten den Namen Sophisten, der abgeleitet ist von dem griechischen Wort sophia, σοφία, das Fertigkeit, Weisheit bedeutet.

Sophisten

Die Bezeichnung Sophisten hatte ursprünglich keinen minderen Beigeschmack. Erst später wurden sie durch ihr prahlerisches Gehaben, ihre Eitelkeit und öfters auch durch ihr Bestreben, Unrichtiges durch Logik und Rhetorik plausibel und überzeugend zu machen und Unrecht als Recht erscheinen zu lassen, angegriffen, so auch von den großen Philosophen, wie Platon und Aristoteles.

Im großen und ganzen aber konnten die Sophisten das Verdienst für sich in Anspruch nehmen, den Trieb nach wissenschaftlicher Erkenntnis geweckt, die Grundbegriffe der Logik und Grammatik festgelegt, Beweisformen entdeckt und jene Genauigkeit und Klarheit des Denkens geschaffen zu haben, die für jede wissenschaftliche Arbeit unumgänglich notwendig ist und die die Grundlagen für die Gedankengebäude der großen griechischen Philosophen bildeten.

Die Sophisten unterzogen die herkömmliche Überlieferung einer tiefgehenden, manchmal sogar zerstörenden Kritik. Vor allem warfen sie die Frage auf, ob die überkommenen rechtlichen und sittlichen Begriffe von Natur (physei = φύσει) gegeben oder ob sie erst durch Satzung (nomo = νόμῳ) entstanden und daher jederzeit nach den Forderungen der Zeit abänderbar seien. Die Natur wird also zum ordnenden Prinzip, zur höchsten Instanz gegenüber allem Veränderlichen, Abweichenden, alles von den Vätern Ererbte muß sich vor der Natur rechtfertigen.

Zu den älteren Sophisten zählt man: Protagoras, Gorgias und Prodikos. *Protagoras* aus *Abdéra* in Thrakien lebte von 490 bis 410 v. Chr. Er weilte vorwiegend in Athen und galt schon zu seinen Lebzeiten als ein berühmter Mann, den selbst Platon achtete, der sonst nicht viel von den Sophisten hielt. Für Protagoras bildetete die Veranlagung des Menschen die naturgegebene Grundlage. Die Ausgestaltung seiner staatlichen Gemeinschaft und die Sprache waren ihm Sache der Übereinkunft. Ebenso war es ihm natürlich, an Götter zu glauben und sie zu verehren, die Art aber, wie jedes Volk die Verehrung gestaltet, blieb ihm überlassen. Für ihn war der Mensch das Maß aller Dinge. Deshalb gab es für ihn auch keine Wahrheit schlechthin, sondern jede Wahrheit ist subjektiv. Dadurch brachte er alle überlieferten Wahrheiten ins Wanken, und die Volksversammlung in Athen verbrannte alle Schriften, deren sie habhaft werden konnte, und verbannte Protagoras aus der Stadt. Er floh nach Sizilien und soll auf der Überfahrt ums Leben gekommen sein. *Protagoras*

Gorgias aus *Leontinoi* in Sizilien soll um 480 v. Chr. geboren und über 100 Jahre alt geworden sein. Er schrieb das hohe, in körperlicher und geistiger Frische erreichte Alter seiner gesunden Lebensweise zu. Die Mitwelt lobte ihn auch als großen Redner. Von dieser mitreißenden und fesselnden Gabe legte er in Delphi und Olympia Proben ab. In seinen philosophischen Gedanken ging er noch weiter als Protagoras, indem er in seiner Schrift »Über das Nichtseiende« drei Hauptsätze aufstellte: 1. Es gibt nichts. 2. Wenn es auch wäre, so wäre es doch unerkennbar für den Menschen. 3. Wenn es faßbar wäre, so wäre es doch auf jeden Fall nicht mitteilbar und nicht deutbar für die Mitmenschen. *Gorgias*

Gegenüber diesem Standpunkt der Verneinung bei Gorgias vertritt *Prodikos* aus *Keos* eine gemäßigtere Richtung. Er lebte fast ständig in Athen, wo sein Unterricht von Sokrates empfohlen wurde.

Zusammenfassend gibt uns die sophistische Bewegung das Bild einer neuen Zeit. Die alten Überlieferungen sind erschüttert und werden kritisch beleuchtet. Die Sprache wird grammatisch durchforscht, der Ausdruck auf Sprachrichtigkeit geprüft, die Rede nach Gliederung, Rhythmus und künstlerischer Gestaltung aufgebaut. Über das wissenschaftliche Interesse geht die praktische Anwendung vor allem in der Jugenderziehung. Man wollte freie, vielseitig gebildete und redegewandte Menschen heranziehen, denen der Erfolg im Leben sicher ist.

An die Sophisten, die Anspruch erheben, auf allen Gebieten Sachkenntnis zu haben, erinnert in der Vielseitigkeit seiner Schriftstellerei *Demókritos* aus *Abdera* (460 bis 370 v. Chr.). Auch er verkörpert das Persönlichkeitsideal eines Mannes, der das schon sehr umfangreiche Wissen seiner Zeit durchdringt und in sich vereint. Das Vermögen, das er von seinem wohlhabenden Vater geerbt hatte, verwendete er für ausgedehnte Reisen nach Ägypten, Persien und Indien. So erwarb er sich das umfassende Wissen in *Demókritos* allen Gebieten und veröffentlichte seine Kenntnisse in grundlegenden Büchern über Mathematik, Physik, Astronomie, über Geographie und Landbau, über Anatomie, Philosophie, Poesie, Musik und die bildenden Künste.

Die wahre Erkenntnis geht bei Demokritos von dem Sein aus, aber die wahrgenommene Welt ist für ihn nur eine subjektive, in unserer leiblichen Organisation begründete Umformung der äußeren Dinge. Demokrit ist der erste antike Denker, der primäre und sekundäre Sinnesqualitäten unterscheidet. Die primären sind die in der Natur liegenden Bewegungsvorgänge, die sekundären die dadurch ausgelösten Sinnesempfindungen. Das eigentliche Sein ist ihm nicht eine ruhende Einheit, sondern besteht aus unendlich vielen und unendlich kleinen, nicht mehr teilbaren »A-tomen« (vom griech.: a = verneinend und témno ich schneide; tomé der Schnitt). Durch Zusammensetzung der nach Gewicht, Gestalt und Größe verschiedenen Atome, die sich im leeren Raum mechanisch vereinen und sich ebenso wieder trennen, entsteht die Welt. Die Atome haben alle die Neigung, sich zu senken; bei der sich daraus ergebenden Rotation entstehen die Körper.

Atomtheorie

Auch das Seelenleben ist demnach nichts anderes als die Bewegung der feinsten Atome. Bei jeder Wahrnehmung dringen winzige Teile der beobachteten Dinge in unsere Organe ein und versetzen die dort vorhandenen Seelenatome in Bewegung. Dies ergibt dann die Wahrnehmung. Auch das Denken vollzieht sich nicht anders. Kleinste Teilchen der Dinge, über die wir nachdenken, sind in uns eingedrungen und machen sich unseren Seelenatomen bemerkbar.

Der Staat ist ihm ebenfalls eine Zusammensetzung der Einzelwesen, die sich im Bewußtsein ihrer Schwäche und aus Gründen der Zweckmäßigkeit vereinen und die Gemeinschaft durch Recht und Gesetze schützen.

Der Weise wird sich von Leidenschaft, Furcht und Aberglauben freimachen und in Heiterkeit und Freude sein Glück suchen, das ihm äußere Güter nicht geben können. Wer seine Pflicht nicht erfüllt, dem fehlt die Freude, dem wird alles zur Unlust, Angst und Selbstqual. Da Demokritos die Freude zur Grundlage des Glückes macht, führt er auch den Beinamen »der lachende Philosoph«. Sein Frohmut, die Euthymia, erhielt ihn selbst gesund und aufgeschlossen bis ins hohe Alter.

Demokritos war einer der größten naturwissenschaftlichen Denker, er ist der Vater des Materialismus. Alle seine Schriften, die an Formvollendung denen Platons gleichgekommen sein sollen, sind verlorengegangen. Seine Atomtheorie setzte sich über Epikur, Lukrez, Galilei, Descartes und Gassendi bis in die Gegenwart fort.

Die durch die Kritik der Sophisten ausgelösten Zweifel und die Unsicherheit, die der neuen Denkweise den festen Grund einer Beurteilung und Wertung nahmen, suchte Sokrates zu einer über dem Einzelnen stehenden, objektiven Wahrheit zu führen und damit eine Unterlage zu gewinnen, auf der sich die Lebensführung der menschlichen Gesellschaft aufbauen konnte.

Sokrates war 469 v. Chr. zu Athen als Sohn des Bildhauers *Sophroniskos* und der Hebamme *Phänarete* geboren. Zunächst übte er das Handwerk des Vaters aus. Der Reiseschriftsteller Pausanias sah noch auf der Akropolis die Gruppe der drei Charitinnen, die als Werke seiner Hand galten. Er wohnte mit seiner Frau *Xanthippe* und drei Kindern in der Vorstadt Alopeke in seinem kleinen Haus. Daß das Zusammenleben mit seiner Frau nicht erfreulich war, erzählt uns bereits Xenophon. Wovon die Familie lebte, darüber hat schon die zeitgenössische Komödie Betrachtungen angestellt. Denn das geringe väterliche Vermögen reichte wohl kaum aus, und er selbst verdiente kein Geld, seitdem er das Steinmetzhandwerk aufgegeben hatte. *Sokrates*

Seine Kleidung war einfach, ja sogar ärmlich, sommers und winters ging er barfuß. Während des Tages verweilte er in den Gymnasien, auf der Agora und in den Handwerksvierteln und erörterte mit den Leuten den Sinn des alltäglichen, wirklichkeitsnahen Lebens. Seinen Dienst als Hoplit erfüllte er mit großem Pflichtbewußtsein, er kämpfte bei Potidäa, wo er den verwundeten Alkibiades aus der Schlacht rettete, bei Delion und Amphipolis. Zu Hause vernachlässigte er nicht seine Bürgerpflichten und seine kultischen Obliegenheiten und führte einen solchen Lebenswandel, daß ihm niemand etwas Böses nachsagen konnte. Um Staatsämter bewarb er sich nie.

Sokrates hat keine Schriften hinterlassen. Wir kennen seine philosophischen Gedanken aus den Darstellungen Xenophons und aus den Werken seines bedeutendsten Schülers Platon. Wo immer Leute beisammenstanden, drängte er sich an sie heran, verwickelte sie durch seine überlegene Dialektik in Widersprüche und suchte die Unzulänglichkeit ihres Wissens aufzudecken. Er hatte seine Zeit durchschaut, er wußte um die Halbbildung seiner Mitmenschen. Gaben sich die Sophisten als Leute aus, die selbstbewußt in allen praktischen Lebensfragen bewandert zu sein schienen, so sagte Sokrates im Bewußtsein der Grenzen alles menschlichen Wissens: »Ich weiß nur das eine, daß ich nichts weiß.«

Gemäß dem Spruche des delphischen Gottes, an dessen Tempelpforte das berühmte »Erkenne dich selbst« geschrieben stand, bemühte er sich, auszuforschen, was echt und wahr sei. Das rechte Wissen müsse dem Menschen »entbunden« werden. Er bezeichnete eine Methode als Hebammenkunst oder Maieutik im Gedanken an seine Mutter. Hatte er durch seine eindringlichen Fragen die Zuhörer zu der Erkenntnis gebracht, daß sie die Wahrheit und Wissenschaft noch nicht besäßen, sondern erst suchen müßten, dann leitete er sie an, durch gemeinsames Nachdenken das zu ermitteln, was sie alle anerkennen müßten. Der einzelne kann nur allzu leicht irren. *Maieutik*

Aber was von verschiedenen Personen in gemeinsamer Selbstprüfung gefunden wurde, was sie alle übereinstimmend als Wahrheit anerkennen, das dürfte ihr wohl am nächsten kommen, vielleicht die Wahrheit selbst sein. Daher war ihm der Dialog, nicht der Vortrag das Mittel, die Wahrheit zu finden.

Er ging dabei immer von einem Einzelfall aus, um aus diesem genaue Begriffsbestimmungen abzuleiten. Dieses logische Verfahren, aus der Vergleichung einer Anzahl von beobachteten, schon erfahrenen und eingesehenen Einzelfällen auf die Allgemeingültigkeit des sich in ihnen äußernden Geschehens zu schließen, nennt man Induktion. Diese induktive Verfahrensweise war die des Sokrates und hieß auch nach ihm die Sokratische Methode. Er versuchte durch Widerspruch und Zergliederung in einfache Bestandteile aus den Ansichten des Gesprächsteilnehmers das Falsche oder Oberflächliche seiner Meinung herauszuschälen, um so an die Stelle einseitiger und zufälliger Anschauungen allgemeingültige, aus sicher festgestellten Einzeltatsachen verknüpfte Begriffe zu setzen. Diese Kunst der logischen Begriffsbildung, die in der Unterredung (Dialog) von niederen, aus der Erfahrung geschöpften Begriffen zu höheren, allgemeinen, zur Erkenntnis des Seienden, Unwandelbaren aufsteigt, heißt seit Platon Dialektik.

Induktion

Sokrates wies auch auf die innere Stimme im Menschen hin, die er das »Daimonion« nannte. Sie warnte ihn vor allem Bösen und hielt ihn vor Gefahren zurück. Dieses Daimonion war die erste im Menschen aufsteigende Ahnung vom Gewissen. Die Berufung auf das Daimonion brachte ihm den Vorwurf ein, er verehre eine neue Gottheit und wolle die alten Götter verdrängen.

Für Sokrates ist die Tugend nicht ohne Wissen zu denken. Wenn er also die Menschen zum Wissen führte, so war es ja zugleich auch der Weg zur sittlichen Einsicht und zum richtigen Handeln. Die Sittlichkeit gipfelte für ihn in den Tugenden der Frömmigkeit gegen die Götter, der Mäßigung aller Leidenschaften und der Gerechtigkeit gegenüber seinen Mitmenschen. Der Staat ist für ihn eine durch Gesetz geformte Naturanlage, daher stimme der Staat auch in seiner vollkommensten Ausprägung mit den göttlichen Satzungen überein.

Nicht das Leben als solches ist für ihn lebenswert, sondern das gute Leben. Aber die Götter, in denen man gewöhnlich das Glück zu suchen strebt, bringen dem Menschen nicht die innere Freiheit. Man muß die Mittel wissen, die uns zum Glück führen. In dieser Kenntnis liegt die wahre Tugend. Das Ziel alles Menschenlebens ist die »Eudaimonia«, die eigene und fremde Glückseligkeit. Dieser ethische Standpunkt des Eudaimonismus beherrscht fortan die antike Ethik und findet bis herauf in die neue Zeit Anhänger wie Spinoza, Locke, Leibniz, Fechner u. a.

Eudaimonia

In seinem siebzigsten Lebensjahre wurde Sokrates von drei Männern öffentlich angeklagt, er verehre nicht die Götter der Stadt, sondern andere, neue

Dämonen, und er verderbe die Jugend. Die Ankläger stützten sich für den ersten Teil auf Sokrates' Daimonion und für den zweiten Teil darauf, daß sich unter seinen Schülern Alkibiades und Kritias befunden haben.
Heiter und ruhig wie sonst auf der Agora oder in den Wandelgängen der Gymnasien stand der Weise vor seinen Richtern. In schlichter, mutiger Rede führte er seine Verteidigung. Er schilderte, wie er seinen Erzieherberuf als göttliche Sendung aufgefaßt und danach gehandelt habe.
Von 500 Richtern stimmten 281 für schuldig. Sokrates wunderte sich selbst, daß nur eine geringe Mehrheit für die Verurteilung entschied. Nun handelte es sich um die Feststellung der Strafe. Die Ankläger hatten die Todesstrafe beantragt. Nach athenischem Rechtsverfahren hatte der für schuldig Erklärte einen Gegenantrag zu stellen. Oft wählten dann die Richter die mildere Strafe.
Die Richter stimmten zweimal ab, einmal über die Schuld als solches nach dem Strafantrag des Angeklagten, ein zweites Mal über Art und Ausmaß der Strafe. Sokrates beantragte nun für sich eine lebenslängliche Speisung im Prytaneion, wo die geschäftsführenden fünfzig Prytanen und Ehrengäste speisten. Diese stolze Sprache brachte die Richter sehr auf, und die Folge war, daß sich beim zweiten Zusammentreten des Gerichtshofes noch mehr Stimmen für die Todesstrafe ergaben als bei der ersten Abstimmung für seine Schuld. Gegen das Urteil gab es kein Recht der Berufung. Von der von seinen Freunden gebotenen Möglichkeit, sich durch Flucht zu retten, machte Sokrates keinen Gebrauch.
Die Vollstreckung des Todesurteils mußte aufgeschoben werden, da gerade das heilige Staatsschiff zur Feier des Apollonfestes nach Delos abgesegelt war, vor dessen Rückkunft keine Hinrichtung stattfinden durfte. Während dieser Zeit hatten Freunde und Angehörige freien Zutritt zu dem Gefangenen. Da besprach er sich mit ihnen über alle Fragen, die ihm sein Leben lang die wichtigsten gewesen waren, und verwandelte so den Kerkerraum in eine Schule der Weisheit.
Als der letzte Tag seines Lebens gekommen war, besuchten ihn seine Frau und sein jüngstes Kind. Dann unterhielt er sich mit seinen Freunden über die Unsterblichkeit der Seele. Am Abend wurde ihm der Schierlingsbecher gebracht (399 v. Chr.). Der Schierling (conium maculatum) ist ein starkes Gift und wirkt durch Zersetzung des Blutes.
Das war das Ende des Mannes, von dem Cicero sagte, er habe die Philosophie vom Himmel auf die Erde geholt, dessen Gedanken in den sokratischen Schulen weiterentwickelt wurden und zum wichtigsten Gedankengut des Abendlandes gehören.
Sein Schüler Platon hat in dem Dialog »Phaidon« den letzten Tag seines Meisters im Gefängnis und dessen Tod der Nachwelt überliefert.
Die Sokratische Philosophie wurde hauptsächlich von zwei Gruppen weitergeführt, von den Kynikern und von Platon und seiner Schule.

Kyniker Die *Kyniker* sind benannt nach dem Gymnasion *Kynósarges,* in dem Antisthenes, der Begründer dieser Schule, lehrte.

Antísthenes *Antísthenes* (445 bis 365 v. Chr.) war ein einfacher Mensch, der unter dem Schiffsvolk im Piräus aufwuchs, dem Sophisten Gorgias zuhörte. Später wurde er Schüler des Sokrates und machte fast jeden Tag zu Fuß den Weg nach Athen zu ihm, sechs bis sieben Kilometer hin und zurück. Nach dem Todes seines Meisters lehrte er in dem Gymnasion Kynosarges, verlangte keine Bezahlung und hatte am liebsten arme Schüler. Er knüpfte an die alte Unterscheidung von Natur und Herkommen an. Lust und Eitelkeit des Lebens sind nach seiner Vorstellung bloßes Herkommen, aber Entsagung, innere Kraft und Freiheit sind von Natur gegeben. Dies führte ihn zur Verwerfung aller sozialen Unterschiede. Die Bedürfnislosigkeit war sein Lebensideal. So wurde er zum Stifter jener Sekte, die die Alten mit einer anderen Deutung des Namens als Leute bezeichneten, die ein Hundeleben führten, als Kyniker von kyon = κύων, Hund.

Diogenes Am bekanntesten unter den Kynikern wurde der Sonderling *Diogenes* aus *Sinópe* am Schwarzen Meer, der meist in Korinth lebte (um 412 bis 323 v. Chr.). Er flüchtete aus seiner Heimat nach Athen und setzte die Lehre des Antisthenes in die Praxis um, indem er in einer Tonne beim Kybeletempel in Athen wohnte, nur einen Mantel, Brotsack, Stab und Trinkbecher besaß. Auch den warf er noch weg, als er einen Knaben aus der hohlen Hand trinken sah.

Durch sein entsagungsvolles Leben machte er die Lehre seines Vorbildes Antisthenes in ganz Griechenland bekannt. Er schlief auf dem bloßen Erdboden. Manchmal trug er eine Laterne und antwortete auf die Frage, warum er dies tue, er suche einen wirklichen Menschen. Er reiste viel umher und fiel dabei Seeräubern in die Hände. Diese verkauften ihn als Sklaven an *Xeniades* von Korinth, der ihm seine Söhne zur Erziehung anvertraute. Diogenes blieb bei ihm bis zu seinem Tode. Allgemein bekannt ist seine Begegnung mit Alexander dem Großen. Er lag gerade in der Sonne, als ihn Alexander antraf. »Wer bist du?« fragte der König. »Ich bin Diogenes«, antwortete der Weise. Als Alexander ihn aufforderte, er solle einen Wunsch sagen, er werde ihm jeden erfüllen, soll Diogenes erwidert haben: »Geh mir ein wenig aus der Sonne«. Da rief der große König aus: »Wahrlich, wenn ich nicht Alexander wäre, so möchte ich Diogenes sein!« Beide sollen an demselben Tag des Jahres 323 v. Chr. gestorben sein, Diogenes im Alter von 90 Jahren.

Die späteren Kyniker gingen in der Loslösung von den durch die Sitte und die menschliche Zivilisation geforderten Beschränkungen und ihre hemmungslose Rückkehr zur Natur so weit, daß für ihr Verhalten der Ausdruck Zynismus aufkam, ein Wort, das heute noch diesen Sinn bewahrt hat.

Liegt nach Diogenes das Glück in der Bedürfnislosigkeit, so finden sie

Aristíppos *Aristíppos* von *Kyrene* (435–355 v. Chr.) und seine Schule, die *Kyrenaiker,* in der Lust. Aristippos hat in seiner Geburtsstadt Kyrene die halborientalischen Lebensgewohnheiten und den Luxus der reichen Schichten gesehen und die Lust, den Genuß als das Motiv für alles, also auch für das sittliche Handeln erkannt. Die Lust ist für ihn höchster Wert, höchstes Gut und Endziel des Strebens. Aber sie muß weise und vorsichtig genossen werden, der Mensch darf nicht Sklave der Lust werden, nur so bleibt er lange genußfähig. Er muß auch klug zwischen Genüssen wählen, die ihm Gefahr bringen können und die ihn fördern. Von Genüssen, die gegen Religion und Sitte verstoßen, hielt sich Aristippos fern. Der Weise muß nach seiner Meinung ein vollendeter Weltmann sein und Menschen wie Verhältnisse zu beherrschen suchen, sich nicht von ihnen beherrschen lassen. Er weilte auch am Hofe *Dionysios I.* und war dort wegen seiner feinen Umgangsformen gern gesehen. Als ihn Dionysios einmal fragte, warum die Philosophen sich um die Türen der Reichen drängten, die Reichen aber nicht nach der Anwesenheit der Philosophen verlangten, antwortete er: »Weil die ersteren wissen, was ihnen nottut, die anderen aber nicht.«

Die philosophische Richtung, die den Standpunkt der Lust als Motiv und Zweck des Handelns vertritt, heißt Hedonismus. *Hedonismus*

Der genialste Schüler des Sokrates, der in großartigster Form dessen Forderungen weitergeführt und in vielen Punkten seinen Lehrer noch an Bedeutung übertroffen hat, war *Platon* (427–347 v. Chr.). *Platon*

Er entstammte den vornehmsten Kreisen. Sein Vater *Ariston* konnte sein Geschlecht auf den letzten König Kodros, seine Mutter *Periktione* auf Solon zurückführen. Der Jüngling genoß die sorgfältigste Erziehung, die Athen damals geben konnte. Er zeichnete sich in den körperlichen Übungen aus, lernte reiten und errang bei den Isthmischen Spielen im Ringkampf einen Preis. Er leistete als Soldat Kriegsdienst. Hervorragende Erfolge hatte er beim Studium der Musik, Mathematik und Rhetorik, er vertiefte sich in die Werke der älteren Philosophen und hörte Vorträge der Sophisten. Mit schwärmerischer Hingabe genoß er die Dichtungen, vor allem die Gesänge Homers, und verfaßte selbst Epigramme, Liebeslieder und tragische Tetralogien.

Aber diese Jugendpoesien soll er an dem Tage verbrannt haben, als er Sokrates näher kennenlernte und von seinen Gedanken angezogen wurde. Begeisterte Zuneigung und tiefe Verehrung verbanden ihn ungefähr acht Jahre mit dem großen Philosophen bis zu dessen Lebensende. Diese Zeit wurde entscheidend für sein ganzes späteres Dasein.

Als er Sokrates verloren hatte, verließ er fluchtartig Athen und suchte auf seiner weiten Reise nach Ägypten und Kyrene Trost und Erweiterung seines mathematischen und geschichtlichen Wissens. Nach seiner Rückkehr nach Athen verfaßte er die ersten Jugendschriften, die alle dem Andenken an seinen Lehrer gelten.

Auf einer Reise nach Großgriechenland machte er die Bekanntschaft mit den Pythagoreern, wurde durch sie mit der Unsterblichkeits- und Seelenwanderungslehre vertraut und erfuhr eine reiche Förderung seiner mathematischen Kenntnisse. In Syrakus befreundete er sich mit dem Anhänger der Pythagoreer *Dion,* der ihn seinem Schwager Dionysios I. vorstellte. Anfangs ging der Tyrann auf Platons Reformpläne ein; aber bald fand er dessen Freimut und stete Mahnungen unerträglich. Es kam zu einem schweren Zerwürfnis mit ihm. Der Tyrann entledigte sich seiner kurzerhand und lieferte ihn als Kriegsgefangenen an die verbündeten Spartaner aus. Auf Ägina wurde Platon in öffentlicher Versteigerung als Sklave in die Knechtschaft verkauft, und der Käufer entließ ihn erst nach vielen Bemühungen seiner Freunde gegen ein großes Lösegeld.

Platon zog sich vom politischen Leben zurück und eröffnete um 338 v. Chr. eine Lehranstalt am Nordwestrande von Athen in dem Vorort *Kolonos* in einem Ölbaumhain unweit vom Gymnasion des Heros *Akademos.* Davon erhielt auch die Schule den Namen Akademie.

Hier schuf er eine Gemeinschaft, ähnlich einer pythagoreischen Brüderschaft, mit dem Ziele, Männer heranzubilden, die dem Vaterlande einst eine vollendete Gestalt geben sollten. Neben den Jünglingen fehlten auch nicht Männer verschiedenen Alters. Die Leitung dieser Akademie war sein eigentliches Lebenswerk. Sie ersetzte ihm die Familie und die politische Betätigung im Staat.

Nur für kürzere Zeit unterbrach er seine wissenschaftliche Arbeit, als nach dem Tode Dionysios I. Dion ihn nach Syrakus einlud, um den jüngeren Dionysios für seine Reformpläne eines Idealstaates zu gewinnen. Er fuhr zweimal nach Sizilien, aber wie bei der ersten Reise konnte er auch bei der nächsten mit seinen philosophischen Anschauungen in Syrakus nicht durchdringen und ihnen eine politische Auswirkung verschaffen. Wirren und Aufstände brachen in Sizilien aus, und Platon konnte sich noch rechtzeitig nach Athen in Sicherheit bringen. Sein Freund Dion wurde ermordet.

Den Rest seines Lebens verbrachte er von nun an in Athen, bis zu seinem Ende als Erzieher und Schriftsteller seiner Forschung und Lehre hingegeben. Er ist im 81. Lebensjahre gestorben. Noch in seinen letzten Stunden hat er das Geschick gepriesen, daß er als Grieche und in der Zeit des Sokrates leben durfte.

Die Haupttat seines Lebens war seine Lehrtätigkeit. Auf den lebendigen, mündlichen Gedankenaustausch mit gleichgesinnten Freunden und Schülern legte er nach dem Vorbild seines Lehrers das größte Gewicht. Sein Unterricht war unentgeltlich. Aber da seine Hörer meistens aus wohlbegüterten Familien stammten, beteiligten sich deren Eltern mit namhaften Stiftungen an der Einrichtung und Erhaltung der Akademie. Von Zeit zu Zeit bedachten auch reiche Männer die Akademie mit Vermächtnissen, so daß ihre Mitglieder sich sorgenfrei ganz dem philosophischen Studium hingeben konnten. Die Philosophie umfaßte damals das gesamte Wissen der Zeit.

Man verstand darunter auch die Theologie und die allgemeinen Geisteswissenschaften, ebenso die Naturwissenschaften, darunter die Medizin. Diesen weiten Standpunkt vertraten schon die Sophisten, die sich als Sachverständige in allen Disziplinen aufspielten. In bewußtem Gegensatz zu diesen großsprecherischen Sophisten nannten sich die Sokratesschüler im Bewußtsein der Beschränktheit des menschlichen Wissens nur »Liebhaber der Weisheit, Philosophen«.

Platon führte den Unterricht wie sein Lehrmeister in fortgesetzter Frage und Antwort, um zunächst den Schüler von seinen Wissenmängeln zu überzeugen. Dann versuchte er aber in gemeinsamer Gedankenarbeit neue Ergebnisse zu finden. Erst später scheint Platon in zusammenhängenden Vorträgen oder Vorlesungen seine Lehre entwickelt zu haben.

Für uns lebt Platon in seinen Schriften weiter, die uns in ihrer Gesamtheit erhalten sind. So sorgfältig wurden sie in der Akademie bewahrt. Es sind 42 Dialoge und eine Sammlung von 13 Briefen.

Die Form des Dialogs ist die ihm gemäße natürliche Ausdrucksweise alles philosophischen Denkens. Er sagt davon: »Wenn die Seele denkt, tut sie nichts anderes als sich unterreden, indem sie sich selbst fragt und beantwortet, bejaht und verneint.« Allerdings wandelte sich die künstlerische Form seines Dialogs. Anfangs ist es, wie im »Kriton«, ein rein dramatisches Zwiegespräch ohne jeden erzählenden Zwischenbericht, ohne Angabe des räumlichen Hintergrundes. Erst in den späteren Dialogen, wie z. B. im »Phaidon«, kommt die Möglichkeit, daß der Erzähler auch selbst mit seiner Meinung wertend hervortritt. Diese Dialoge sind aber nicht die Wiedergabe wirklich gehaltener Gespräche. Platon legt seine Gedanken Sokrates in den Mund. Er wollte damit zeigen, daß er seinem Meister alles verdanke, was er an Gütern des Geistes besaß. Er war überzeugt, daß Sokrates sich freudig zu allem bekennen würde, was sein Jünger auf dem von ihm gelegten Grund weiterforschend aufgebaut hatte. So haben wir es bei Platon mit einem idealen, einem verklärten Sokrates zu tun.

Im Gegensatz zur sophistischen Leugnung aller bleibenden Wahrheit hat Platon im engen Anschluß an Sokrates nachgewiesen, daß nur das, was wir mit den Sinnen finden, in den Fluß des Werdens, der fortwährenden Veränderungen hineingezogen wird. Aber dem Menschen ist auch eine Erkenntnistätigkeit gegeben, die nur ihm eigen ist und ihn von den Tieren unterscheidet, das Denken. Diese Seelenkraft kann so geschult werden, daß sie geistige Wirklichkeiten erreicht, die unveränderlich und daher immer und überall gültig sind. Wir lernen denken, indem wir die Dinge nach ihrer Zusammengehörigkeit in Gruppen einteilen und die Gruppe als Ganzes durch eine gemeinsame Bezeichnung herausheben. Die Erscheinung Mensch befähigt uns, an alle Menschen zu denken, das Ding Buch an alle Bücher. Diese geistige Seinsgestalt bekommt von Platon den Namen eidos = εἶδος ein Wort, das mit video = ich sehe und dem deutschen »wissen« in etymo- *Ideenlehre*

logischem Zusammenhang steht. Diese Wesensformen (eide = Plural von eidos) sind für die Sinne nicht objektiv gegeben, aber sie sind wirklich für das Denken, denn sie bleiben unverändert bestehen, auch wenn alle Dinge der Sinnenwelt zerstört sind. Die einzelnen Menschen können sterben, aber der Mensch bleibt. Ebenso ist es mit den sittlichen Begriffen der Reinheit, Uneigennützigkeit, Wahrhaftigkeit, die uns zwar bei Betrachtung gewisser Menschen in den Sinn kommen, die aber doch in keinem Menschen im vollen Umfang verkörpert werden. Diese Wesensformen bilden ein über der sinnlichen Welt liegendes Reich der Ideen (ideai, ἰδέαι = Muster, Vorbilder), die nur mit dem geistigen Auge erkennbar und nur durch Abwenden von der gewöhnlichen, sinnlichen Erkenntnis erreichbar sind. Diese Ideen sind das einzig Wertvolle; die Dinge der Natur und die Handlungen der Menschen nehmen nur Anteil an der Idee und werden dadurch Abbilder des Urbildes.
Woher haben wir nun diese Begriffe und Ideen, wenn wir sie nicht durch die Wahrnehmung haben? Platon lehrt: Die Menschenseele hat schon früher einmal existiert, ehe sie in unseren Körper einzog. Damals schaute sie die Ideen, jetzt wird sie bei bestimmten Wahrnehmungen an die im Vorleben geschauten Ideen erinnert. Alles begriffliche Wissen vollzieht sich durch Erinnerung, indem die schattenhaften Nachbilder, die wir in der irdischen Welt vorfinden, für uns eine Erinnerungshilfe sind.
Die Sophisten hatten darauf hingewiesen, wie unzuverlässig unsere sinnlichen Wahrnehmungen sind. Für diese Erkenntnis steht auch Platon ein und leugnet, daß aus Wahrnehmung allein überhaupt ein Wissen entstehen könne. Wahres Wissen, das zur Tugend und Tüchtigkeit führt, erlangen wir nur durch begriffliches Denken. Die Begriffe selbst, die wir durch das Denken gewinnen, sind zwar nicht sinnlich wahrnehmbar, aber wirklich, unabhängig von Raum und Zeit und unabhängig vom Menschen, der sie denkt und sieht. Platon hat das wunderbare Bild der in einer Höhle Gefesselten erwähnt, die immer nur die Schatten der Dinge, also die Abbilder der Wirklichkeit, niemals aber die Urbilder zu sehen bekommen.
Die oberste unter den Ideen ist die Idee des Guten. Sie leuchtet wie die Sonne im Reich des Übersinnlichen; nach ihr, als dem Endzweck und Sinn der Welt, drängt alles irdische Geschehen.
Glücklich macht den Menschen weder die Lust des Aristippos noch, wie Sokrates will, das Wissen, vielmehr alles, was an der Idee des Guten Anteil hat und sie zu verwirklichen geeignet ist. Das Schöne ist für Platon als echten Griechen die vornehmste Form, in der das Gute in der Sinnenwelt erscheint; es erweckt Sehnsucht nach der Ideenwelt, in der heimisch zu werden das wahre Glück ausmacht.
Die Seele des Menschen stammt aus einem geistigen Reich, in dem sie existierte, bevor sie sich mit dem Körper verband. Aber auch nach dem Tode, der ja nur eine Trennung der Seele vom Leib bedeutet, wird sie

weiterleben, sie ist unsterblich, unsichtbar und geistig wie die Ideen. Der Körper umfängt sie wie ein Grab oder ein Kerker. Hier deckt sich Platon mit der Volksreligion. Aber während diese die Seele durch die Reinigung der Weihen und Mysterien aus den Banden des Leibes erlöst, läßt Platon die erlösende Kraft der Weihen nicht gelten, sondern verlangt sittliches Streben und selbstloses Suchen nach Wahrheit, also an Stelle eines Geschenkes der göttlichen Gnade ein sittliches Wirken.

Staatslehre

Platon hat auch die Staatskunst in den Kreis seiner philosophischen Betrachtungen gezogen. Dies ist aus den Zuständen seiner Zeit sehr erklärlich, die ihn mit großem Schmerz über den äußeren Niedergang und den inneren Zerfall des attischen Staates erfüllten. In zwanzig Jahren hat er den nach heutiger Einteilung 10 Bücher umfassenden Dialog »Politeia« geschrieben.

Der Staat ist die Gemeinschaft vieler Menschenseelen. Er ist dann in Ordnung, wenn genauso wie in der Seele Harmonie herrscht. In der Seele ist diese erreicht, wenn jeder Seelenteil das Entsprechende tut. Die Vernunft muß herrschen, der Mut muß die Begierden zügeln, und diese müssen sich unterordnen. Diesen Seelenteilen entsprechen die Tugenden der Weisheit, der Tapferkeit und der Selbstbeherrschung. Ihrer aller Harmonie ist die Gerechtigkeit, die jeder das gebührende Recht und den ihr zukommenden Platz gibt.

Zur Gerechtigkeit kann die Einzelseele nur gelangen, wenn sie ihr persönliches Streben der Allgemeinheit unterordnet und in dem Staate die höchste Form sittlichen Zusammenlebens und wirklicher Gemeinschaft sieht. Daher ist der Staat ein einheitlicher Organismus, jeder Bürger ein Glied des Ganzen, der erst seine Bestimmung durch die Gesamtheit bekommt. Der griechische Staat, wie ihn Platon erlebte, bildete den schärfsten Gegensatz zu echter Gemeinschaft. Es benützten immer wieder kleinere Gruppen die Macht des Staates zu ihren selbstsüchtigen Zwecken.

Eine gedeihliche Entwicklung der Gesellschaft ist nur durch ein einträchtiges Zusammenwirken der drei Stände möglich. Diese sind der Stand der Werker, also der Bauern, Handwerker und Händler, der Nährstand, der Stand der Wächter, also der Krieger, der Wehrstand, und endlich der Stand der Weisen, der Lehrstand. Diesen obliegt es, Vorschriften zu erlassen und die Herrschaft zu führen. Schon Platon war sich bewußt, daß man ihn wegen dieser Ansicht, daß die Philosophen herrschen sollten, anfeinden und verspotten würde. Und dies ist auch geschehen, und die ablehnenden Meinungen sind bis auf den heutigen Tag nicht verstummt. Aber man muß bedenken, daß Platon unter einem Philosophen entsprechend dem schon erwähnten, erweiterten Begriffsumfang des Wortes Philosophie einen Menschen meint, der nicht nur wissenschaftlich in hohem Rufe steht. Er setzt bei ihm auch die edle Charaktereigenschaft und reine Gesinnung sowie Lebenserfahrung und praktisches Geschick voraus. Da also die Einsicht der Philosophen die größte ist, werden sie alles am besten leiten. Sie müssen

sich ganz ihrer verantwortungsvollen Aufgabe widmen, Privateigentum und Familiengründung ist ihnen untersagt.
Damit der Staat zur höchsten Stufe des Glückes gelange, muß die Kraft jedes einzelnen möglichst ausgenutzt werden. Dies wird durch die strenge Verteilung der Arbeit auf die Stände erreicht. Niemand darf sich anmaßen, über Dinge mitzureden, die außerhalb seines Wirkungsbereiches liegen, am wenigsten, wenn es sich um den Staat handelt. Doch ist ein Übergang aus dem einen Stand in den anderen nicht ausgeschlossen. Im Gegenteil, die Staatsmänner sollen dafür sorgen, daß die Knaben je nach ihren Anlagen und Neigungen an den rechten Platz gebracht werden. Wer keine Lust zum Studium hat, soll ohne Rücksicht auf seine Abstammung zum Handwerk bestimmt werden. Überhaupt gilt der Erziehung das höchste Staatsinteresse. Alle gefährlichen Einflüsse müssen von den Heranwachsenden ferngehalten werden. Die ganze Umgebung muß rein sein und gleich einer heilsamen, die Gesundheit fördernden Luft die jungen Menschen zum Guten lenken. Denn wie bei jedem Werk haben auch in der Erziehung die Anfänge den größten Einfluß. Die Begabtesten und Willigsten müssen herausgefunden und am meisten gefördert werden. Aber man darf nicht übersehen, daß gerade die Begabten besonders gefährdet sind. Einseitige Übertreibungen liegen ihnen nahe, und wenn sie sich zu früh mit den schweren Aufgaben befassen, werden sie später gleichgültig und untätig. Lassen sie sich aber durch die Gunst der Menge berauschen, so können sie in ihrem Ehrgeiz zum Verderben ihres Volkes werden.
Seinem Idealstaat stellt Platon die anderen Staaten gegenüber, die Timokratie, Oligarchie, Demokratie und Tyrannis, und zeigt ihre schwachen Seiten auf. Dabei steht er immer auf dem Standpunkt, die Lenkung des Staates müßte in den Händen der Weisen liegen, nicht bei Unwürdigen und Unfähigen. Er wünscht nicht eine Herrschaft des Geburtsadels, sondern eine der geistigen Aristokratie.
Eine völlige Verwirklichung seiner Ideen über den besten Staat hat Platon selbst wohl nicht für möglich gehalten. Er war für ihn ein Idealbild wie seine Idee des Guten. Aber er hat mit diesem bedeutenden Werk eine Fülle von Gedanken und Anregungen gegeben, mit denen sich spätere Zeiten immer wieder auseinandergesetzt haben.
Außer der »Politeia« seien hier noch die Namen der bedeutendsten Dialoge angeführt. Es sind die »Apologie«, die beiden Verteidigungsreden des Sokrates, in denen Platon den der Gottesleugnung Angeklagten als den Frömmsten und den der Jugendverführung Beschuldigten als den Führer zur wahren Sittlichkeit hinstellt. Weiter der »Phaidon« mit den Betrachtungen über die Unsterblichkeit der Seele und mit der Schilderung der letzten Stunden des Sokrates und das »Symposion«, neben dem Phaidon das zweite Meisterwerk Platons. Der Kern des Dialogs ist das Zwiegespräch des Sokrates mit der weisen Priesterin von Mantinea, *Diotíma,*

über die Wesenheit des Eros. Eros ist nicht ein großer Gott, sondern das Symbol der Sehnsucht nach dem Vollkommenen.
Mit großer Überlegenheit hat Platon die Sprache seiner Dialoge gemeistert. Sie führt von der durchsichtigen Klarheit früherer Schriften bis zur orakelnden Dunkelheit des Alters, von leidenschaftlicher Anteilnahme bis zur unpersönlichen Verstandeskälte.

Die Medizin

An der Grenze zwischen Naturwissenschaft und Philosophie entwickelte sich die Medizin. Schon in homerischer Zeit stand sie in hohem Ansehen. Wie bei allen Völkern finden wir auch bei den Griechen anfangs die Heilkunde mit Zauberhandlungen verbunden. Ursprünglich schrieb man Apollon heilende Kräfte zu, der deshalb auch den Beinamen »Iatrómantis« führt. Später ging diese Kunst auf seinen Sohn *Asklepios* über, der sie besonders in seinem Tempel zu Epidauros ausübte. Er soll Gebrechlichen und Hilfebedürftigen im Tempelschlaf Heilung gebracht haben. Die Tempelpriester des Asklepios begegnen uns als erste Ärzte. Ihre Behandlung dürfte medizinische Heilmethode mit Suggestion und magischen Riten vereint haben.
Die auf die Erkenntnis der Natur abzielende Richtung der jonischen Naturphilosophie gab den ersten Anstoß zu einer wissenschaftlichen Heilkunde. Es entstanden im fünften Jahrhundert v. Chr. in Knidos und in Kos hervorragende medizinische Schulen, denen solche in Kroton, in Unteritalien und in Agrigent auf Sizilien folgten. Von Kroton ging der bedeutende Arzt *Demokedes* aus, der in Griechenland und auch in Susa am Hof des Dareios wirkte. Ebenfalls aus Kroton stammte der berühmteste Arzt vor Hippokrates, der Vater der Medizin genannt wurde, *Alkmaion.* Er lebte um 520 v. Chr., war ein Schüler des Pythagoras und veröffentlichte ein Buch »Über die Natur«. Als erster hatte er Tiere seziert und vergleichende Anatomie getrieben.
In Knidos lebte *Euryphron,* der die Lungenentzündung erkannte und die Verstopfung als Ursache mancher Erkrankungen hinstellte.
Zu größtem Ansehen in der Geschichte der Medizin kam aber die Sporadeninsel Kos durch das Asklepieion, Kuranstalt und Ärzteschule, die Heimat des hervorragendsten Arztes der Griechen, Hippokrates.
Hippókrates wurde hier aus einem alten Ärztegeschlecht um 460 v. Chr. geboren, im gleichen Jahre wie der Philosoph Demokritos, mit dem er eng befreundet war. Er hat seine erste Ausbildung im benachbarten Knidos genossen und dann an den Tausenden von Kranken, die nach Kos kamen, um dort die heißen Bäder zu benützen, seine ärztlichen Erfahrungen gesammelt. *Hippókrates*

Seine Methode war es, die natürliche Konstitution zu erforschen, um sie im Falle einer Erkrankung wiederherzustellen. Er überwand dadurch die magische Naturauffassung, die in der Volksmedizin und noch in der knidischen Ärzteschule eine Rolle spielte, und wendete sich entschieden von der früheren abergläubisch-spekulativen Erklärung der Krankheiten ab. Alle Erkrankungen haben nach ihm ihre Ursache in einem falschen, wider die Natur gerichteten Leben. Die Heilkunde hat daher die Aufgabe, den Kranken zu einem naturgemäßen Leben zurückzuführen. Auch in der Chirurgie muß der Arzt den Normalzustand des menschlichen Körpers kennen, sonst kann er ihn z. B. bei einer Verrenkung oder einem Knochenbruch nicht wiederherstellen. Somit ist also der Arzt nur der Diener der richtig erkannten Natur. Er hat die Aufgabe, den normalen Heilungsvorgang durch seine medizinschen Mittel zu unterstützen (Physiatrie). Die eigentlichen Heilungsfaktoren sind die Kräfte und die Veranlagung des Körpers. Daher stützt sich seine Behandlung weniger auf die Verabfolgung von Heilmitteln als auf Anwendung von Bädern, Luftveränderung, Abführmitteln, Massagen oder gymnastischen Übungen. Von ihm stammen 42 Krankengeschichten, die in rührender Aufrichtigkeit über den Erfolg der Behandlung berichten.

Mit großem Mut wendet er sich in der Schrift über die »Heilige Krankheit«, die Epilepsie, gegen die Volksmeinung, die Krankheit würde durch Dämonen hervorgerufen. Auch sie hat, wie jede andere Krankheit, ihre natürlichen Ursachen. Da sie die Leute nicht kennen, verstecken sie ihre Unwissenheit hinter einem sinnlosen Aberglauben.

Hippokrates' Ansehen war so groß, daß er an den Hof des Perdikkas von Makedonien und des Artaxerxes I. nach Persien berufen wurde. Auch Athen wendete sich an ihn, als 430 v. Chr. die Pest in der Stadt wütete.

Durch Hippokrates hat der ärztliche Beruf an Geltung gewonnen. Man bezeichnete ihn auch als Verfasser einer uns erhaltenen ärztlichen Eidesformel. Diese legt dem Arzt neben anderen Pflichten auch die höchste Fürsorge für seine Patienten, die Schweigepflicht und Rücksichtnahme auf die finanzielle Leistungsmöglichkeit des Patienten bei Honorarforderungen auf.

Die jonische Wissenschaft hat in der hippokratischen Medizin einen besonderen Höhepunkt erreicht. Nach der Meinung des Meisters hat dazu die enge Nachbarschaft von Medizin und Philosophie wesentlich beigetragen. Sie ist für ihn ein Berufsideal, denn »ein Arzt, der zugleich Philosoph ist, ist einem Gott gleich«.

Hippokrates' Schriften sind in der nach ihm benannten Sammlung, dem »corpus hippokraticum«, enthalten. Er ist zu Larissa, in Thessalien, um 375 v. Chr. gestorben.

Die letzten Jahrzehnte der griechischen Freiheit 403—338 v. Chr.

Thrasybulos

Der Tod des Theramenes gab das Signal zur Erhebung gegen das Schrekkensregiment der Dreißig. Verbannte und Flüchtlinge fanden in Megara und Theben Aufnahme. Als Sparta die Auslieferung verlangte, verweigerten sie die Städte. Immer mehr Gruppen schlossen sich zur Abwehr zusammen, um gegen Spartas Machtpolitik aufzutreten, wie man sich früher gegen Athen gewehrt hatte. In Theben hatte ein schon in den Kämpfen auf der Peloponnes erprobter Mann, *Thrasybulos,* die Führung der Flüchtigen übernommen. Mit ihnen hatte er die Bergfeste Phyle an der Paßstraße zwischen dem Parnes und Kithairon besetzt und war bis in den Piräus eingerückt. In Athen, wo man anfangs eine vernünftige Reform begrüßt hätte, stellte man sich immer gegen die Gewaltherrscher. Diese konnten sich nur halten, wenn Sparta ihnen entsprechende Hilfe gewährte. Da aber die winterliche Jahreszeit die Absendung von Truppen verzögerte, brach die Herrschaft der Dreißig zusammen, und diese zogen nach Eleusis, wo sie sich schon lange eine Zufluchtsstätte vorbereitet hatten. Die Macht der zurückgebliebenen Gebieter war nicht mehr ausreichend. Der König Pausanias von Sparta sah die steigende Gefahr, die sich aus Lysanders Streben, einen mächtigen Einheitsstaat aufzurichten, ergab, und wollte daher absichtlich einem militärischen Eingreifen in Athen fernbleiben.
Inzwischen hatte Thrasybulos in einigen Treffen den Sieg davongetragen, und Kritias, das Haupt der Dreißig, war im Kampfe gefallen. Rasch war Athen in den Händen der Angreifer, und die alte demokratische Verfassung wurde wiederhergestellt (403 v. Chr.). Pausanias vermittelte zwischen den beiden Parteien. Die Dreißig verblieben in Eleusis, und ihre Anhänger erhielten das Recht, dorthin umzusiedeln. Von den offensichtlichen Gewalttätern und den Mitgliedern der Tyrannenherrschaft abgesehen, wurde allen übrigen Begnadigung zuteil, die erste geschichtlich bekannte Amnestie. Das Vergangene sollte vergeben und vergessen sein. Thrasybulos richtete die Ordnung in Athen auf, gliederte das abgefallene Eleusis wieder ein und stellte nach einiger Zeit auch die Einheit Attikas wieder her.

In Sparta erwachte neuerdings die alte Eifersucht; denn es spürte, daß es durch die Kräfteumbildung in Athen an Macht eingebüßt hatte, und fürchtete, Athen werde bald wieder den alten Weg seiner Herrschaft in der Ägäis betreten. Aber die Verhältnisse im Mutterlande wurden bald durch Ereignisse an der kleinasiatischen Küste entscheidend beeinflußt.

Die Zeit, wo der athenische Staat ohnmächtig war, nützten die Karthager zum Angriff auf Sizilien aus. Sie besetzten Selinunt, das, durch seine günstigen Handelsbeziehungen zur Blüte gelangt, es unterlassen hatte, sich gegen Angriffe durch Befestigungen zu schützen. Viele Bürger wurden hingerichtet und die Stadt der karthagischen Herrschaft eingegliedert. Ähnlich erging es Himera. Anschließend daran wurde auch Agrigent erobert und der Angriff gegen Syrakus vorgetragen.

Dort hatte Hermokrates, der bei der Verteidigung der Stadt gegen die Athener eine bedeutende Rolle gespielt hatte, bei dem Versuch, die Demokratie zu beseitigen, das Leben verloren. Die Syrakuser übertrugen in der Not vor den andringenden Karthagern dem Schwiegersohn des Hermokrates, Dionysios, das Strategenamt. Als er 405 v. Chr. zum Feldherrn mit unbeschränkter Befehlsgewalt gewählt wurde, war für ihn der Weg zum Tyrannen frei. *Dionysios I.* lebte von 431 bis 367 v. Chr.

Dionysios von Syrakus

Um der schwierigen außenpolitischen Lage Herr zu werden, schloß er mit Karthago Frieden. Unter dem Druck der Verhältnisse mußte Dionysios ganz Südsizilien den Karthagern überlassen, die Feinde erkannten ihn als Herrn von Syrakus an.

Eine durch die Truppen nach Afrika eingeschleppte Seuche hinderte Karthago für die nächsten Jahre an weiteren kriegerischen Operationen. Dionysios nützte die Zeit, baute Syrakus zu einer Festung aus und umgab es mit einer 27 km langen, mit starken Kastellen verstärkten Mauer. Noch heute kann der Besucher von Syrakus die Reste der Festung *Euryalos* und der Mauern besichtigen. Nach dem Vorbild der Sturmmaschinen, die die Karthager bei der Belagerung von Selinunt verwendeten, ließ er von Fachleuten neue Kriegsgeräte erfinden und bauen. Darunter waren auch die Katapulte, Vorrichtungen zum Schleudern von schweren Steinen. Die Zahl der Schiffe wurde vermehrt und diese zu gefährlichen und schnellen Kampfeinheiten ausgebaut. Nach solcher Aufrüstung ging Dionysios daran, die griechischen und sikulischen Städte unter seine Herrschaft zu bringen. Ein Teil der Bewohner wurde nach Syrakus umgesiedelt, das zur mächtigsten und größten Stadt des griechischen Raumes heranwuchs.

Das neubefestigte Syrakus hatte bald seine Bewährungsprobe abzulegen. Karthago brach neuerlich mit noch stärkeren Kräften auf und schloß Syrakus ein. Dionysios aber befreite die Stadt aus der Umklammerung durch einen überraschenden Angriff zu Wasser und zu Lande. Der weitere Verlauf des Krieges, der sich durch Jahre hinzog, führte zu der alten Machtverteilung auf Sizilien, durch die der Westen im Besitze Karthagos verblieb. Es war das Verdienst des Dionysios, daß er die sizilischen Hellenen und Süditalien vor der Unterwerfung durch Karthago bewahrt und eine Großmacht aufgerichtet hatte, die den Westgriechen die Freiheit erhielt in einer Zeit, als sie dem Mutterland verlorenging.

Der Zug der Zehntausend

In Persien plante der damals ehrgeizige jüngere Kyros, seinen Bruder Artaxerxes II. vom Throne zu stoßen, um selbst die Herrschaft zu erlangen. Zur Verstärkung seiner eigenen Streitmacht ließ er durch den aus Byzanz vertriebenen spartanischen Harmosten *Klearchos* auf dem thrakischen Chersonés ein griechisches Söldnerheer anwerben, weil er die Kampfkraft der Griechen hoch einschätzte.

An dem Zuge nahm auch *Xenophon* teil. Zu Athen im Jahr 430 v. Chr. geboren, zog er als Jüngling die Aufmerksamkeit des Sokrates auf sich, der ihn selbst zu seinem Schüler wählte. Später diente er längere Zeit im Heere und kam in Gefangenschaft nach Theben. *Xenophon*

Die politische Lage Athens bedrückte den jungen tatenlustigen Mann sehr. Daher ergriff er freudig eine Gelegenheit, nach Sardes zu Kyros zu kommen, um sich in dessen Diensten Ruhm und Vermögen zu erwerben, das in dem Krieg, wie das aller anderen Bürger, sehr gelitten hatte. Er wurde von Kyros freundlich aufgenommen und begleitete ihn auf dem berühmten Zug gegen Artaxerxes als Freiwilliger, ohne eine Befehlshaberstelle innezuhaben. Kyros gab anfangs vor, er bedürfe der Hilfe der griechischen Söldner gegen feindliche Nachbarn, und lockte sie unter diesem Vorwand immer weiter nach Osten ins Innere von Persien. Erst in Kilikien eröffnete er ihnen seine wahren Pläne. Sie weigerten sich zuerst weiterzumarschieren, aber reiche Versprechungen überwanden die Bedenken. Der Zug ging über den Euphrat und durch die Arabische Wüste. Als man sich Babylon näherte, konnten die Hellenen nicht genug staunen über die Fruchtbarkeit des durch Kanäle bewässerten Tieflandes. Sie sollten sich aber nicht lange dieser Herrlichkeit erfreuen, denn einige Tagesreisen nordwärts von Babylon, bei dem Dorf Kúnaxa, stieß man unerwartet auf das Heer des Großkönigs, das die ganze Ebene erfüllte. In dem Kampfe ist Kyros der Jüngere gefallen, nachdem die griechischen Söldner den Sieg schon erkämpft hatten (401 v. Chr.).

Der Tod des Kyros vernichtete alle Hoffnungen des Söldnerheeres. Verlassen und nur auf sich allein angewiesen, standen die Griechen mehr als 1800 km von der jonischen Küste entfernt. Sie hatten durch die Hinterlist der Perser auch ihre Feldherrn verloren. Schon riß allgemein Mutlosigkeit im Heere ein, als Xenophon die niedergeschlagenen Krieger wieder aufzumuntern suchte und ihnen das Vertrauen zu sich selbst und ihren Waffen zurückgab. Seine Worte schenkten ihnen wieder Hoffnung, und sie wollten ihn zum Führer für den Heimmarsch wählen. Doch er lehnte ab. So riefen sie den Lakedämonier *Cheirisophos* zu ihrem Feldherrn aus, der Xenophon die zweite Stelle im Heer übertrug.

Den Weg, den sie zurückgelegt hatten, konnten sie nicht wieder einschlagen, da sie in den großen Ebenen von der feindlichen Übermacht erdrückt worden wären. So versuchten sie, durch die Gebirge Armeniens das Schwarze Meer zu erreichen. Xenophon war unerschöpflich in der Erschließung von Hilfsmitteln, um die Schar mitten durch Feindesland der Heimat zuzuführen. In Trapezus, der ersten griechischen Kolonie, die sie erreichten, hielten sie eine dreißigtägige Rast und feierten das Ende ihrer Mühsal durch fröhliche Spiele. Xenophon brachte von hier den Rest der Zehntausend glücklich nach Byzantion. Der Zug hatte ein Jahr und drei Monate gedauert. Er ist durch die Darstellung Xenophons als der Rückzug der Zehntausend berühmt geworden.

Xenophon war mit dem Spartanerkönig *Agesilaos* befreundet. Als er von seinen Mitbürgern wegen seiner unverhohlenen Hinneigung zu Sparta und seiner Gegnerschaft gegen die athenische Demokratie verbannt wurde, schenkte Agesilaos ihm ein Grundstück in *Skillus* in der Nähe von Olympia. Hier verbrachte er die Tage teils mit Jagden, teils mit Abfassung seiner Schriften, bis er nach der Schlacht bei Leuktra von seinem Gut vertrieben wurde. Er nahm hierauf dauernden Wohnsitz in Korinth und blieb auch hier, als er von seinen Mitbürgern aus der Verbannung zurückgerufen wurde. Er dürfte bald nach 355 v. Chr. gestorben sein.

Seine Schriften lassen auf einen bescheidenen, wahrheitsliebenden, für alles Edle und Schöne empfänglichen Charakter schließen. Daraus erklärt sich die Verehrung für bedeutende Charaktere, wie Sokrates, Agesilaos und Kyros. Er bemühte sich, die Lichtseiten des Lebens hervorzukehren und die Schattenseiten zu verbergen. Die Schriften Xenophons haben eine unmittelbare oder mittelbare Beziehung zu seiner Zeit, zu deren äußeren Ereignissen, den geistigen Strömungen und den staatlichen und bürgerlichen Verhältnissen.

Zu seinen historischen Schriften gehören die Anabasis, die Kyrupädie und die Erinnerung an Sokrates.

Die »Anábasis« (= der Zug ins Binnenland) schildert den Heereszug, den Kyros der Jüngere gegen seinen Bruder Artaxerxes unternahm, die Schlacht bei Kunaxa und den Rückmarsch des griechischen Söldnerheeres.

Die »Kyrupädie« ist nicht so sehr ein historisches Werk als vielmehr ein didaktischer Roman auf historischer Grundlage. Xenophon wollte darin das Ideal eines Herrschers, wie er selbst es sich entworfen hatte, und zwar in allen Verhältnissen, des Krieges und des Friedens, zu Feinden wie zu Untertanen, darstellen; er wollte zeigen, welcher Mittel man sich bedienen

müsse, um ein Reich zu gründen, zu befestigen und zum Glück seiner Bürger zu verwalten.
Mit den »Erinnerungen an Sokrates« verfolgte er den Zweck, ein treues Bild seines Lehrers, seiner Anschauungen, der Methode seiner Forschung und seiner Einwirkung auf die, die mit ihm verkehrten, zu entwerfen. Deshalb führte er eine große Zahl von Gesprächen des Sokrates mit Personen in verschiedenen Lebensstellungen vor. Die Schrift ist eine förmliche Ehrenrettung des großen Philosophen, ein Nachweis, wie ungerechtfertigt seine Verurteilung war, sie ist, wie dies aus den Eingangsworten hervorgeht, an das gesamte griechische Publikum gerichtet, damit dieses über das Verfahren der Athener entscheide.

Der Korinthische Krieg

Der Zug des Kyros trug viel dazu bei, das bisher freundliche Verhältnis zwischen Sparta und Persien zu stören. Tissaphernes, der treu auf der Seite des Artaxerxes gestanden war, wurde wieder mit seinem einflußreichen Kommando in Kleinasien betraut. Auf Grund der alten Verträge mit Sparta wollte er neuerlich die jonischen Küstenstädte dem persischen Großkönig unterwerfen.
Die Jonier wandten sich an Sparta um Hilfe. Die Spartaner zögerten zuerst, weil sie auf einen Krieg gar nicht vorbereitet waren und größere Verwicklungen befüchteten. Aber als Vormacht des griechischen Mutterlandes hielten sie sich verpflichtet, in den Konflikt einzugreifen, und schickten den altbewährten Agesilaos mit Heeresmacht nach Kleinasien. Seinen Feldzug gegen Asien faßte er als einen heiligen Krieg auf und opferte vor der Abfahrt, wie einst Agamemnon, feierlich in der Bucht von Aulis. In Asien siegte er über Tissaphernes, besonders in einem Reitertreffen bei Sardes, und schickte sich bereits an, in das Innere Asiens vorzustoßen. Da erhielt er den Befehl, eilends nach Griechenland zurückzukehren.
Persien hatte nämlich inzwischen einen gefährlichen diplomatischen Schachzug gegen Sparta geführt, indem es die Griechen zu einem Widerstand aufrief. Dies erreichte es umso leichter, als sich Sparta durch seine Gewaltpolitik der vergangenen Jahre vielfach unbeliebt gemacht hatte.
Das Zentrum der spartafeindlichen Bewegung war Theben, das schon vorher alle Unzufriedenen unterstützt und bei sich aufgenommen hatte. Im Bewußtsein seiner Machtstellung traute es sich, ohne eine Schmälerung für sich zu fürchten, mit dem durch den Zusammenbruch geschwächten Athen ein Bündnis einzugehen, und hoffte auf die Hilfe von Argos, das schon von alters her mit Sparta in Fehde lag. Der Zusammenschluß der griechischen Staaten wurde rasch erreicht, als Persien die Gegner Spartas mit reichen Geldmitteln unterstützte.

Dem Bund schlossen sich auch die Korinther an. Nach dem Tode des Lysandros schien den Verbündeten die neue Lage noch günstiger geworden zu sein. Athen erholte sich erstaunlich rasch von der Katastrophe. Zwar lagen noch die Langen Mauern in Trümmern, und statt der stolzen Flotte hatten die Athener nur noch einige unbedeutende Schiffe, aber die Finanzen waren gesund und gestatteten schon jetzt, zehn Jahre nach Ägispotamoi, es wieder mit dem alten Gegner zu versuchen.

Der Krieg, der jetzt begann, führte den Namen der korinthische, weil dabei hauptsächlich um den Isthmos von *Korinth* gekämpft wurde. Er zog sich durch acht Jahre mit wechselndem Erfolg der streitenden Gruppen hin (394–387 v. Chr.). Die Spartaner stellten sich unter ihrem König Agesilaos bei *Koroneia* der vereinigten Heeresmacht Athens und Thebens, und in alter Überlegenheit zu Lande erfochten sie auch diesmal den Sieg über einen zahlenmäßig viel stärkeren Gegner. Allein die strategische Entscheidung fiel auf der See, als die vereinigten Flotten der Griechen und Perser unter Konon die spartanischen Seestreitkräfte bei *Knidos,* nördlich von Rhodos (394 v. Chr.), völlig vernichteten. In Athen herrschte großer Jubel, und die Stadt benützte sofort die günstige Gelegenheit, mit der von Persien bewilligten geldlichen Hilfe die Langen Mauern wieder aufzubauen und einen neue Flotte auszurüsten. Dadurch war Athen auf dem besten Weg, die alte Seemacht im Ägäischen Meer wieder aufzurichten.

Schlacht bei Koroneia

Seeschlacht bei Knidos

Inzwischen gingen die Kämpfe im Gebiet des Isthmos weiter. Trotz der Überlegenheit der spartanischen Landtruppen führte der Krieg zu keiner Entscheidung, da die Niederlage von Knidos die Spartaner zu stark getroffen hatte. Außerdem konnten die Spartaner wegen ihres scharfen Gegensatzes zu den Periöken und Heloten gar nicht daran denken, eine aktive äußere Politik zu führen und ihre Streitmacht auf längere Frist nach auswärts zu senden. Da sie ihre Herrschaft in Griechenland wiederherstellen wollten, blieb ihnen nichts anderes übrig, als die Perser erneut den Athenern zu entfremden. Diese Absicht wurde dadurch gefördert, daß sich inzwischen in Persien das alte Mißtrauen gegen das neu erwachende Athen erhoben hatte.

Der Friede des Antalkidas

Als Athen in den weiteren Jahren daranging, die alte Politik der Vergangenheit wieder aufzurichten und nach einer beherrschenden Stellung im Ägäisgebiet zu streben, war es Sparta klar, daß es rasch zuschlagen müßte, um nicht allen Einfluß in Griechenland zu verlieren. Es wandte sich also an Persien und verhandelte mit dem Großkönig durch *Antálkidas,* einen Mann von ebensolcher Verschlagenheit und rücksichtsloser Zielstrebigkeit wie Lysandros. Da Persien einsah, daß es aus dem Streit der beiden griechischen Hauptmächte nur Nutzen für sich ziehen könnte, ging es in Vertragsverhandlungen ein. Es hatte leichtes Spiel mit den Verhandlungspartnern. Denn Athen war durch den langdauernden Krieg geschwächt und in Gefahr, von seinen getreideeinführenden Ländern abgeschnitten zu werden, Spartas Ansehen hingegen war durch die Niederlage von Knidos erschüttert, und seine Friedenssehnsucht wurde immer stärker. Somit konnte Persien ohne eigene Zugeständnisse den Frieden diktieren, der als der Friede des Antalkidas oder der Königsfriede in die Weltgeschichte einging (386 v. Chr.). Die Bedingungen waren hart und ermöglichten, da ihre Durchführung und Einhaltung von dem Großkönig garantiert wurden, für unbestimmte Zeit bei einem Vertragsbruch ein Einschreiten Persiens. Die Friedensbedingungen lauteten: 1. Kleinasien mit seinen hochkultivierten jonischen Städten wurde endgültig an Persien ausgeliefert. 2. Alle griechischen Staaten erlangten volle Selbständigkeit (Autonomie). Nur der Peloponnesische Bund unter Spartas Hegemonie blieb bestehen, weil er wenigstens dem Namen nach auf der völligen Gleichberechtigung aller Mitglieder beruhte. Damit war der bestgerüsteten Macht in Hellas zunächst noch ein Übergewicht gesichert. Aber der Friede des Antalkidas hat die politische Schwäche der griechischen Welt, den Partikularismus, verewigt. Da der König drohte, gegen jeden mit Waffengewalt vorzugehen, der die Annahme der Bedingungen verweigere, so legte sich rasch der unzulängliche Widerstand, zu dem sich Theben und Argos erkühnten. Daß Sparta einen solchen Frieden veranlaßt und auch unterzeichnet hat, beweist, daß es schon das Gefühl für das allen Hellenen gemeinsame Vaterland verloren hatte. Allerdings hatte Sparta neben dem persischen König am meisten gewonnen; denn es war mit der Vollstreckung der Bedingungen beauftragt und ließ sich dabei natürlich von seinem Vorteil leiten. Für Athen, das durch eine dem Vertrage beigefügte Klausel im Besitz von Lemnos, Imbros und Skyros verblieb, bedeutete der Friede den Verzicht auf alle Erfolge, die Konon und Thrasybul errungen hatten, und damit auf die Wiederherstellung des alten Reichs. Aber es blieb ihm zunächst nichts übrig, als sich zu fügen. Gerade die Klausel der Autonomie verhinderte für absehbare Zeit jede neue Großmachtbildung und damit die Möglichkeit, daß Griechenland in der Politik des Mittelmeeres wieder eine Rolle spielen konnte. Dadurch sicherte sich Persien gegen seinen gefährlichsten Widersacher.

Spartas und Thebens Hegemonie

Der Königsfriede hatte zwar Persien die Vorherrschaft über die Ägäis dem Wortlaut nach gegeben, in Wirklichkeit aber war die Kraft des Staates durch die Aufstände der Satrapen, die die Befehle des schwachen Königs mißachteten, und durch die dauernde kritische Lage gegenüber Ägypten sehr geschwächt. Hellas war dadurch etwas aus dem Blickpunkt Persiens gerückt und konnte sich im Innern, soweit es nicht die Interessensphäre Asiens kreuzte, freier benehmen.

Dies nützte besonders Sparta aus, um im Rahmen des Königsfriedens seine eigene Macht weiter auszubauen. Die Spartaner ließen sich zu Eingriffen in die Freiheit anderer Staaten hinreißen, setzten an vielen Orten aristokratische Regierungen ein und legten sogar in einzelne Städte Besatzungen. Als der spartanische Feldherr *Phoibidas* zu dem Zuge nach *Olynth* auf der Chalkidike ausgesandt war, knüpfte er unterwegs auf dem Marsch mit spartanisch gesinnten Oligarchen in Theben Verhandlungen an und benützte die Gelegenheit zu einem Handstreich gegen die Sparta feindlich gesinnte Partei. Mitten im Frieden besetze er die *Kadmea,* die Burg von Theben.

Phoibidas

In ganz Griechenland war die Entrüstung über die völkerrechtswidrige Tat des Phoibidas groß. Selbst in Sparta wagten nur wenige, diesen Vorfall zu entschuldigen, unter ihnen allerdings Agesilaos. Er sagte in der Volksversammlung: »Es kann hier nur eine Frage sein, ob die Maßregel zum Vorteil oder zum Nachteil des Staates gereicht. Im ersteren Falle hat Phoibidas seine Pflicht getan, in letzterem verdient er Strafe.« Die Ephoren wählten darauf einen Mittelweg; sie enthoben den Angeklagten seines Amtes und legten ihm eine schwere Geldbuße auf, sie beschlossen aber zugleich, die Kadmea zu behaupten, und beseitigten die Führer der demokratischen Partei in Theben, soweit sie ihrer habhaft werden konnten, durch einen Prozeß. So blieb Theben acht Jahre in Knechtschaft.

Sparta hatte zwar eine beherrschende Macht erlangt, aber nicht mehr aus eigener Kraft, sondern nur unter Mithilfe seiner peloponnesischen Verbündeten. Seine Stellung war schwer durch das Freiheitsstreben der einzelnen Stadtstaaten bedroht. Die Gegenbewegung nahm ihren Ausgang von Theben. Eine Anzahl thebanischer Patrioten, unter ihnen *Pelopidas,* war geflüchtet und hatte in Athen Schutz und Aufnahme gefunden. Ähnlich wie im Jahre 403 v. Chr. Thrasybul von Theben zur Befreiung Athens ausgezogen war, gelang es jetzt Pelopidas und den Seinen, von Athen aus die Vaterstadt von der spartanischen Gewaltherrschaft zu befreien. Die spartanische Besatzung hatte den Angriff nicht rechtzeitig erkannt und ergab sich gegen freien Abzug. Ein Bund zwischen den alten Gegnern, Athen und Theben, schloß sich an die Ereignisse an. Athen war dazu im letzten Augenblick bewogen worden, weil eine spartanische Abteilung einen Überfall auf den Hafen von Piräus unternommen hatte und ihn besetzen wollte. Die Absicht wurde im rechten Zeitpunkt vereitelt, Athen aber dazu getrieben, mit den Thebanern gemeinsame Sache zu machen. Das Bündnis, das Athen mit Theben schloß, glich dem früheren Attischen Seebund. Nur berücksichtigte man sorgfältig, keinen Konflikt mit Persien heraufzubeschwören. Man schloß die kleinasiatischen Städte von dem Bündnis aus und beachtete auch die Klausel der Selbständigkeit der einzelnen

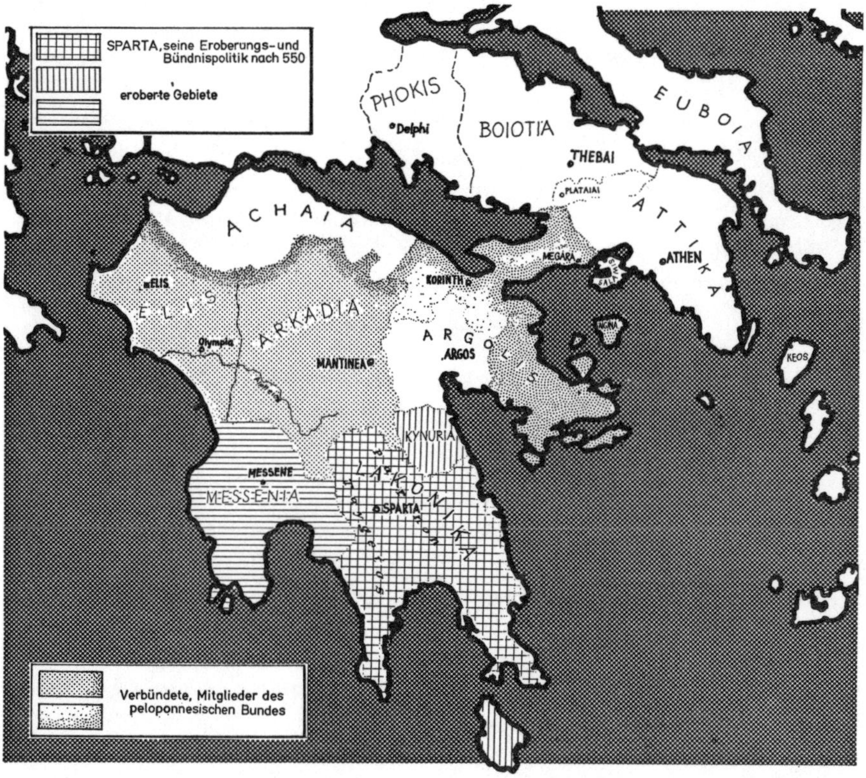

Spartas Aufstieg zur Hegemonie

Bundesmitglieder. Man wollte damit klar zum Ausdruck bringen, daß die Front des neuen Bundes nur gegen Sparta und seine Großmachtpolitik gerichtet war. Ein Bundesrat, in dem die Abgeordneten sämtlicher Bundesstaaten Sitz und Stimme hatten, sollte die gemeinsamen Angelegenheiten von Athen aus im Einvernehmen mit dem Vorort leiten. Der Erfolg dieser Vorschläge war für Athen so groß, daß es mit einem Schlag wieder Herrin auf dem Ägäischen Meere war und durch zwei Jahrzehnte noch den Kampf gegen das immer mehr an Macht gewinnende Makedonien durchhalten konnte.

Bisher war die Rolle, die Theben in der Geschichte Griechenlands spielte, nicht erheblich. An tapferen Männern hatte es in Böotien zwar zu keiner Zeit gefehlt; aber an geistiger Bildung konnten die Thebaner es mit Athen nicht aufnehmen. Allerdings gehören Hesiod, Pindar und die Dichterin Korinna aus Tanagra, die um 500 v. Chr. nach heimischen Sagen Lieder in böotischer Mundart dichtete, diesem Stamm an. Die Thebaner bedurften nur der Leitung tüchtiger und willensstarker Männer, um Großes zu leisten. Solche Männer hatten sie jetzt, und so strebten sie denn zuversichtlich danach, sich neben Sparta und Athen zum Rang einer Großmacht aufzuschwingen.

Epaminondas

Ein solcher fähiger Mann war vor allem *Epaminondas*. Er stammte aus einer sehr alten, hochangesehenen, aber verarmten Familie. Mut und Maß zeichneten sein Handeln aus, Klugheit erwies er im Rat der Stadtverwaltung, als Feldherr verlangte er Arbeit und Pflichterfüllung von seinen Soldaten, dennoch hatte er ihre Zuneigung. Im Krieg sah er ein Übel, doch wußte er, daß die Freiheit ein so hohes Gut ist, daß man sie im Notfall auch mit Waffengewalt verteidigen muß.

Seine Zeit war reich an Wirren. Nach einigen Versuchen um eine friedliche Lösung kam es zum Krieg zwischen Sparta und Theben. Ein Heer rückte unter dem König *Kleombrotos* in Böotien ein und lagerte sich bei *Leuktra* nahe von Plataä. Theben, nur auf seine Kraft angewiesen, war anfangs etwas verzagt, aber Epaminondas ging entschlossen in die Entscheidungsschlacht, obwohl er zahlenmäßig gegenüber dem Feind im Nachteil war. Mit großem Erfolg wandte er die schiefe Schlachtordnung an und erfocht einen ruhmvollen und für Sparta verhängnisvollen Sieg. Der spartanische König Kleombrotos verlor sein Leben, ein Fünftel der waffenfähigen Bürger fiel. Sparta hatte damit seine Großmachtstellung eingebüßt, der Peloponnesische Bund, die größte griechische Landmacht durch zwei Jahrhunderte, löste sich in unabhängige, aber auch ohnmächtige Stadtstaaten auf (371 v. Chr.).

Epaminondas stieß in die Peloponnes vor und befreite Messenien. Der Teil der Messenier, der vor 300 Jahren die Heimat verlassen hatte, aber seiner Sprache und seinem Volkstum treugeblieben war, kehrte wieder zurück und gründete als Hauptstadt *Messene*. Zwei Jahre später errichteten die Arkadier in *Megalopolis* ihren festen Mittelpunkt.

Pelopidas hat vorwiegend die Macht Thebens gegen Thessalien und Makedonien zu erweitern gesucht. Während dieser Kämpfe mußte der makedonische Königssohn drei Jahre als Geisel in Theben leben. In einem der Feldzüge in Thessalien fiel Pelopidas. Seine Mitbürger beklagten den frühen Tod dieses Mannes, ehrten sein Andenken mit ehernen Statuen und beschenkten seine Kinder mit ausgedehntem Grundbesitz (364 v. Chr.).

In den hin und her wogenden Kämpfen konnte man kein Ziel erkennen. Da schien es, als sollte der Vormarsch des Epaminondas bis gegen Sparta die schon lange erwartete Entscheidung bringen. Der König Agesilaos konnte aber den gefährlichen Stoß auffangen, und Epaminondas zog sich nach *Mantinea* zurück. Vor dieser Stadt stellte er sich dem Feinde und erfocht einen überragenden Sieg, bezahlte aber selbst mit seinem Leben (362 v. Chr.). Der Sieg war, in seiner Auswirkung gesehen, vergeblich errungen. Epaminondas hatte keinen Nachfolger, der den militärischen Gewinn politisch hätte auswerten können. Er hatte zwar eine thebanische

Großmacht geschaffen, aber seine Erfolge beschränkten sich nur auf seine Zeit. Es fehlte ihm die Kraft, für die fernere Zukunft zu wirken. Freilich läßt sich schwer über seine Taten ein Urteil fällen, weil er so frühzeitig aus dem Leben gerissen worden war. Vielleicht hätten diese Siege nur ein Anfang zu der späteren Begründung einer dauernden Machtstellung Thebens sein sollen. Die Unfähigkeit seiner Erben verdarb die hoffnungsvollen Ansätze. Man hatte Hellas vom Despotismus Spartas befreit, aber nicht über Böotien hinaus eine größere tragende Einheit zusammengeschlossen. In sinnlosem Bruderkampf zerstörte sich Griechenland, vernichtete es seine besten Kräfte in stetem neidvollem Widerstand gegen den Nachbarn, falls es diesem gelang, zu bevorzugterem Einfluß zu kommen.
So wurde dieses unglückliche Land leicht die Beute eines Stärkeren, der berufen schien, eine neue politische und kulturelle Epoche in der Geschichte des Mittelmeergebietes einzuleiten — Makedoniens.

Die Vorgänge in Syrakus

Zu derselben Zeit, als Athen, Theben und Sparta immer mehr an Bedeutung einbüßten, wurde Sizilien von drückenden Sorgen heimgesucht. Des Dionysios Herrschaft lastete schwer auf der Bevölkerung von Syrakus. Er schritt von einer Gewalttat zur anderen und war ein Tyrann in des Wortes schlechtester Bedeutung. Seine Menschenverachtung war grenzenlos. Er war erfinderisch in grausamen Scherzen. Cicero erzählt in den Tusculanen (V, 61–63) die Geschichte vom Damoklesschwert. *Damokles,* ein Günstling des Dionysios, bewunderte das glückliche Leben des Tyrannen. Da umgab Dionysios ihn mit allem Luxus seiner vornehmen Hofhaltung, ließ aber von der Decke an einem Pferdehaar gerade über dem Haupte des Damokles ein scharfgeschliffenes Schwert herabhängen. Er wollte ihm dadurch die unablässig drohenden Gefahren zum Ausdruck bringen, die stets über dem Tyrannen schweben. Seit damals wurde in der Antike und bis zum heutigen Tag das Damoklesschwert zum vielgebrauchten geflügelten Ausdruck.
Als Dionysios der Ältere 367 v. Chr. gestorben war, begrüßte man hoffnungsvoll die Thronbesteigung seines Sohnes *Dionysios II.* Denn man vermutete in dem schwachen Jüngling einen milden und nachsichtigen Herrscher. Er hatte in seinem Oheim Dion einen geschickten Ratgeber. Dion war ein reicher Mann und ein Liebhaber der Literatur und Philosophie, ein Freund und begeisterter Schüler Platons. Von diesem Philosophen erhoffte er einen günstigen Einfluß auf den jungen Dionysios. Er lud daher Platon nach Syrakus ein, damit er seinen Neffen in den Gedankenkreis seiner Staatslehre einführe.

Dionysios II.

Dionysios, der Genußsucht und seinen Launen ergeben, verlor bald das Interesse an den philosophischen Vorträgen Platons und wollte wieder ungehemmt seinem Vergnügen leben. Er verbannte seinen Oheim, Dion, der nach Athen reiste. Bald verließ auch Platon Syrakus und begab sich zu Dion nach Athen.

Als bei Dion Syrakusaner erschienen und ihn flehend baten, seiner Vaterstadt zu Hilfe zu kommen und sie von dem Tyrannen zu befreien, warb er auf dem griechischen Festland eine Streitmacht und setzte nach Sizilien über. Heimlich landete er in Syrakus und nahm die Stadt und die Burg auf der Insel *Ortygia* in Besitz. Das Heer des Dionysios wurde geschlagen, und der entsetzte Jüngling floh nach Italien (356 v. Chr.).

Dion wollte eine aristokratische Verfassung durchführen, die verwüsteten griechischen Städte wiederaufbauen und die Karthager von der Insel vertreiben. Doch das Volk, das eine demokratische Verfassung anstrebte, verschwor sich gegen ihn, und in den folgenden Unruhen verlor Dion sein Leben (353 v. Chr.). Rasch kehrte Dionysios zurück, riß die Herrschaft an sich und regierte mit der Grausamkeit eines durch die Wechselfälle arg verbitterten Tyrannen. Er bedrückte die Syrakusaner noch mehr als zuvor. Die zur Verzweiflung gebrachten Bürger wandten sich um Hilfe an Korinth, die Mutterstadt von Syrakus.

Die Stadt schickte ihnen zwar kein Heer, aber einen Mann, der mehr leisten sollte, als ein großes Heer gekonnt hätte. Als man in der korinthischen Volksversammlung fragte, welcher Bürger mit einigen Truppen nach Syrakus zu gehen bereit wäre, meldete sich Timoleon, fünfundsechzig Jahre alt. Dieser Mann hatte schon lange darauf gewartet, seine Heldenhaftigkeit zu erweisen.

Timóleon

Timóleon (411—337 v. Chr.) warb ein kleines Heer von Freiwilligen und belagerte Dionysios in seiner Burg auf der Insel Ortygia. Dionysios kapitulierte bald vor dem Angreifer. Timoleon gab dem gedemütigten Tyrannen Geld genug, damit er sich nach Korinth begeben könne. Dort verbrachte er sein weiteres Leben.

Zum Zeichen, daß die Knechtschaft vorüber sei, ließ Timoleon alsbald das Tyrannenschloß auf Ortygia schleifen und an seiner Stelle Gerichtsgebäude aufführen. Dann stellte er in Syrakus und den übrigen griechischen Städten Freiheit und Demokratie wieder her. Einen schweren Kampf hatte er mit den Karthagern zu bestehen. Aber es gelang ihm, sie zurückzuweisen; nur der Westen der Insel verblieb im Besitz der Karthager.

Sizilien entwickelte sich zu solcher Blüte, daß neue Ansiedler aus dem ganzen griechischen Raum nach Sizilien kamen. Nachdem die Neuordnung der Insel beendet war, zog sich Timoleon von seinem Amt, das er nahezu acht Jahre geführt hatte, ins Privatleben zurück. Aber die Sizilianer vergaßen den Mann nicht und suchten ihn immer wieder in seiner Abgeschiedenheit auf, wenn sie seines Rates bedurften. Er starb im Jahr 337 v. Chr. und wurde auf Staatskosten mit fürstlicher Pracht bestattet. Mit ihm begrub man den letzten demokratischen Lenker von Syrakus.

Das geistige und kulturelle Leben im 4. Jahrhundert v. Chr.

Trotz der fast ununterbrochenen Kriegführung ist Hellas doch auf allen Gebieten in seinen äußeren Lebensformen und seiner Bildung und Kunst fortgeschritten. Die Gefahr einer Scheinbildung, die seit dem Auftreten der sophistischen Aufklärung drohte, wurde durch die ernste Arbeit eines Sokrates und Platon abgewehrt.
Der alte Götterglaube war wohl erschüttert, aber die gebildeten Schichten wandten sich den geläuterten, alles Unwürdigen entkleideten Göttervorstellungen zu, wie sie sich in den Philosophenschulen geformt hatten. Das Volk aber fand für seine Frömmigkeit Zuflucht in den alten Mysterien und im Dionysoskult. Das öffentliche und persönliche Leben, Alltag und Festzeit, blieben auch weiterhin durchzogen von kultischen Zeremonien und Gebeten. Das Beamtentum war mit der Ausübung religiöser Pflichten verbunden. In Gymnasien und Palästren standen Altäre, Hermessäulen und Opferstätten säumten die Straßen. Jedes Haus hatte sein kultisches Heiligtum.

Dichtung

Die Dichtung dieses Zeitraumes spiegelt den Rückgang der schöpferischen Kraft Griechenlands. Über die Lyrik können wir uns kein rechtes Bild machen, weil fast nichts erhalten ist. Von den großen Tragödien leben vor allem die des Euripides weiter, die in den schönen Theatern, wie z. B. in Epidauros, gespielt wurden. Das neue Drama holte seine Stoffe nicht mehr vorwiegend aus dem alten Mythos, dessen Glanz erloschen war, sondern auch aus der geschichtlichen Vergangenheit, ja sogar aus dem jüngeren Zeitgeschehen. Die Lust am Theater wurde in diesem Jahrhundert immer stärker, Schauspieler organisierten sich und wanderten von Ort zu Ort, überall willkommen und geehrt. Das Interesse für die schauspielerische Darstellung verdunkelte die Achtung vor der dichterischen Schöpfung.
Die Komödie gewann in dem gleichen Maße an Beliebtheit, wie die Tragödie zurücktrat. Allerdings verlor sie ihren scharfgeschliffenen, zeitkritischen Charakter einer politischen Satire. Sie zog sich vom öffentlichen Leben zurück und wandte sich Fragen des Heimes und Herzens zu, sie wurde zur Sittenkomödie und beschränkte sich auf Darstellungen von menschlichen Typen.

Rhetorik

Das vierte Jahrhundert v. Chr. war das der hochentwickelten Prosa, der *Rhetorik*. Die Schulen, die früher die Dichtung in den Mittelpunkt des Unterrichtes gestellt hatten, bildeten nun ihre Schüler vor allem in der Redekunst aus. Nach der Schönrederei der Sophisten mit ihrem überreichen Wortschwall und den gesuchten Wendungen strebte die neue Richtung der Redekunst wieder nach dem Anschluß an die Sprache des alltäglichen Lebens und bemühte sich um einen schlichten, natürlichen Ausdruck von übersichtlicher Klarheit.

Lysias Der bedeutendste Vertreter dieser neuen Richtung war *Lysias* (459 bis 380 v. Chr.). In Athen mußte jedermann vor Gericht selbst seine Sache vertreten. Die athenischen Anwälte konnten also nicht für ihre Klienten sprechen, sondern nur für sie die Reden aufsetzen. Um aber eine solche Rede wirksam zu gestalten, mußte sie ganz dem Wesen dessen entsprechen, der sie vorzutragen hatte. Man nannte solche Verfasser Logographen. Diese Kunst verstand Lysias meisterhaft. Viele hielten ihn für den größten Stilisten des Altertums, aber er traf mit seinen schlichten Reden nicht den Geschmack der Athener, die einen pathetischeren Ausdruck vorzogen.

Isokrates Die weise Mitte zwischen wortreichem Prunk und knapper Einfachheit hielt *Isokrates* (436—338 v. Chr.). Sein Vater ließ ihm jede erdenkliche Bildung angedeihen und schickte ihn nach Thessalien zu Gorgias. Der Peloponnesische Krieg vernichtete das Vermögen des Vaters, und Isokrates mußte sich sein Brot verdienen, indem er für andere Reden abfaßte. Er gründete in Athen eine Rednerschule und hatte damit einen ungeheuren Erfolg. Aus allen Teilen Griechenlands strömten ihm Schüler zu. Aber Isokrates begnügte sich nicht mit seiner Lehrtätigkeit, sondern wollte auch am Leben seiner Zeit aktiv teilnehmen. Da er weder Redner noch Staatsmann sein konnte, so wandte er sich in langen Ansprachen an die Öffentlichkeit, an die versammelten Griechen bei den panhellenischen Spielen, aber nicht in gesprochenem Wort, sondern in politischen Flugblättern. Er vertrat in seinen Schriften zwei Hauptgedanken. Die Griechen müßten ihre Stammesstreitigkeiten lassen und sich zu gemeinsamen Aufgaben zusammenschließen. Diese Einigung erfolgte dann tatsächlich 378 v. Chr. in dem erneuerten Attischen Seebund. Des weiteren sah er in Philipp von Makedonien den künftigen Herrn von Griechenland und erhoffte von ihm, daß er die Griechen unter sich versöhnen und zum gemeinsamen Kampf gegen die Perserherrschaft und zur Befreiung der Jonier in Kleinasien führen werde. Diese Vorschläge stimmten zwar mit den Plänen Philipps überein, aber der Gang der späteren Ereignisse führte zu anderer Lösung.

Demosthenes Dem berühmtesten Redner der Griechen, *Demosthenes,* fehlte von Natur her so ziemlich alles, was sein Beruf von ihm verlangte. Er war schüchtern, ungelenk in seinen Körperbewegungen, hatte Schwierigkeiten in der Aussprache und eine schwache Lunge. Aber sein ganzes zähes Bemühen ging dahin, diese Mängel zu überwinden. Um seine Stimme für große Versammlungen im Freien tragfähig zu machen, hielt er Reden an der Brandung des Meeres, um seine Aussprache zu üben, nahm er kleine Kieselsteine in den Mund und deklamierte.

Sein Vater war Besitzer einer Waffenfabrik, in der dreißig Sklaven arbeiteten. Er starb, als Demosthenes noch nicht acht Jahre zählte. In die Vormundschaft teilten sich drei Verwalter, die das väterliche Vermögen vergeudeten. Als Demosthenes großjährig geworden war, strengte er gegen die ungetreuen Männer einen Prozeß an, um wenigstens noch die Reste seiner Habe zu retten. Die Reden, die er bei dieser Gelegenheit gehalten hatte, machten das größte Aufsehen und verschafften ihm, als er sich bald darauf als Rechtsanwalt und Lehrer der Beredsamkeit niederließ, einen reichen Zuspruch an Klienten und Schülern. Allmählich versuchte er sich in der Volksversammlung und wurde vom Rechtsanwalt zum Volksredner und leitenden Staatsmann.

Seit 351 v. Chr. richtete sich sein Kampf gegen Philipp, in dem er den Zerstörer der griechischen Freiheit sah. Das siegreiche Vordringen Philipps in Thrakien und seine Bündnisse mit Byzanz und Perinth, die schwere Bedrohung der dortigen Interessen ließen ihn in der ersten Philippischen Rede seine mahnende Stimme zur Rüstung gegen den gefährlichen Feind erheben. Als Philipp Olynth bedrängte, das schon seit 351 unaufhörlich Hilfe von Athen erbat, suchte er in den drei gewaltigen Olynthischen Reden das Gewissen seiner Mitbürger wachzurütteln. Die Athener folgten seinem Rufe, aber die Truppen kamen zu spät, die Stadt fiel in Philipps Hand und wurde dem Erdboden gleichgemacht.

Als Athen im Bewußtsein seiner Ohnmacht mit Philipp wegen eines Friedens verhandelte, schickte es zehn Männer, unter denen sich auch Demosthenes und Aischines befanden, um über die Bedingungen zu verhandeln. Unter dem Zwang der unabweisbaren Notwendigkeit des Friedens gab Demosthenes seine Zustimmung (346), obwohl Athen auf das für die Stadt so wichtige Amphipolis zugunsten Philipps verzichten mußte.

Das fernere Leben und rednerische Wirken des Demosthenes ist auf das engste mit der späteren Entwicklung der großen politischen Geschichte, mit der Auseinandersetzung zwischen Griechenland und Makedonien verknüpft.

Von Demosthenes sind ungefähr 60 Reden auf uns gekommen. In diesen Reden setzte er sich mit Tatkraft und begeisterter Liebe für sein Vaterland ein. In wuchtiger Steigerung bauen sich die Sätze auf, reißen die Zuhörer mit. Seine Reden zeigen, welche Macht das gesprochene Wort über die Menschen zu erlangen vermag. Sie sind Vorbilder und Muster für die Antike gewesen und vielleicht für die Redekunst aller Zeiten geworden. Eines fehlt nur, wenn man die Reden liest, der lebendige Vortrag, die ganze persönliche Überzeugungskraft dieses Mannes und Redners. Die Statue im Vatikan läßt den unermüdlichen und durch nichts einzuschüchternden Rufer und Verteidiger seiner geliebten Heimat ahnen.

Als Redner für die Sache Griechenlands trat anfangs auch der Athener *Ais-chines* auf (389 bis nach 330 v. Chr.). Er hatte sich durch seine Arbeit in der Staatsverwaltung große Kenntnisse im Rechtswesen erworben. Aber nur kurze Zeit hat er sich als politischer Redner gegen Philipp gestellt. Bald suchte er um jeden Preis mit ihm zu einem Frieden zu gelangen und entfachte durch diese Umstellung die Feindschaft zu Demosthenes. *Aischines*

Von Aischines sind drei Reden erhalten, die sich alle gegen Demosthenes wenden. Besonders die glänzende Rede, die er in dem Prozeß gegen *Ktesiphon* hielt, lenkte die Aufmerksamkeit ganz Griechenlands auf die zwei streitenden Redner, und es kamen von überall her die Leute nach Athen, um diesen Prozeß zu erleben. Reichte auch Aischines nicht an die Redegewalt seines Gegners Demosthenes heran, so galt er doch als ausgezeichnet gewandter und temperamentvoller Stegreifredner.

Baukunst Die Baukunst des vierten Jahrhunderts v. Chr. ist noch geprägt von den Errungenschaften der älteren Meister. Die Bautätigkeit war in den verschiedenen Gegenden des griechischen Raumes sehr rege. Besonders ging man im jonischen Kleinasien daran, die von den Persern zerstörten Gotteshäuser wiederaufzurichten. Miletos begann den Wiederaufbau des 494 durch Brand zerstörten Apollontempels von Didymoi, unweit von Miletos. Ephesos unternahm es, den durch die verruchte Tat eines Brandstifters vernichteten Artemistempel so prachtvoll zu erneuern, daß er eines der sieben Weltwunder wurde. Außer Tempeln wurden vor allem Theater an Stelle der früheren provisorischen Holzbauten errichtet. Unter Ausnützung eines Berghanges für das Halbrund des Zuschauerraumes entstehen weite Theaterräume, die den künstlerischen und praktischen Erfordernissen in höchster Vollendung genügen. Trotz Verschiedenheit der Lage wurden die Theater in Sizilien, wie in Segesta und Syrakus, und die in Griechenland, wie in Delphi, Athen und Epidauros, nach einem einheitlichen Baugedanken auf der Riesenkulisse der Landschaft aufgeführt. Auch Zweckbauten, wie Rathäuser, Säulenhallen, Gymnasien, ergaben, den geänderten Anforderungen entsprechend, weitere Aufgaben für die Architektur. Der private Wohnbau blieb fernerhin noch einfach und bescheiden. Meist waren es kleine Häuser; nur hie und da finden sich auch zweistöckige Bauten.

Die Inneneinrichtung, Tische, Stühle, Ruhebetten, war ebenfalls von schlichter, wenn auch erlesener Form. In Perikleischer Zeit kamen bereits die Wandmalereien auf, sie galten aber noch als ein besonderer Luxus. Öfters findet man schon einfache Mosaike, aus Kieselsteinchen zusammengesetzt, als Fußbodenbelag.

Plastik Auf dem Gebiet der bildenden Kunst war das vierte Jahrhundert eine Zeit der Entwicklung, nicht des Verfalls. Freilich, so monumentale Aufträge, wie sie der Staat des fünften Jahrhunderts für seine Künstler gehabt hatte, gab es jetzt kaum mehr. Der Staat war verarmt, die Pflege der Kunst fiel reichgewordenen Privatpersonen anheim, deren Mittel doch meist bescheidenere waren. Jene alten Meister hatten vorzüglich religiöse Werke geschaffen. Selbst vom Glauben an ihre alten Götter erfüllt und getragen von der Religiosität der Gesamtheit, hatten sie das Glaubensbewußtsein ihrer Zeit zum Ausdruck gebracht. Ganz anders die Künstler des vierten Jahrhunderts. Auch ihnen wurden zwar noch öfters religiöse Aufgaben gestellt.

Aber sie brauchten weniger auf ein religiöses Volksempfinden Rücksicht zu nehmen, sie hatten sich von den traditionellen Vorstellungen feierlicher Göttergestalten losgelöst. Das neue Jahrhundert brachte eine deutliche Wendung ins Innerliche des Menschen, in die Stimmungen der Seele. Der Körper, früher durch Haltung und Bewegung auch verständlich, wenn die Statue ohne Kopf an die Nachwelt kam, verliert jetzt an Wichtigkeit. Der Kopf wird Träger des Ausdrucks und Künder seelischer Vorgänge, im Gesicht spiegelt sich nicht mehr Allgemeingültigkeit, sondern individuelles Leben, es ist der Widerschein einer augenblicklichen Situation.

Den Übergang zu der Plastik des vierten Jahrhunderts bildet *Kephisódotos* *Kephisódotos*
aus Athen, wahrscheinlich der Vater des berühmten Praxiteles. Er schuf vor allem Götterbilder aus Erz und Marmor. Als im Jahre 375 v. Chr. die Athener in ihrer Friedenssehnsucht mitten im Krieg für die Göttin des Friedens, Eirene, einen Staatskult gründeten, wurde Kephisodotos mit der Ausführung der Götterstatue betraut. Wir besitzen eine Nachbildung des Werkes in der Münchner Glyptothek. Die Göttin des Friedens, stehend und die Rechte nach oben weisend, hält in ihrem linken Arm ein Knäblein, den Reichtum, der zärtlich sein Händchen zum Antlitz der Frau hebt. Mütterlich und liebreich neigt sie ihr Haupt zum Kinde.

Der erste große Meister dieser Epoche ist *Skópas,* der von der Insel *Skopas*
Paros stammt. Von seinem Leben wissen wir nicht viel. Er dürfte vor 400 v. Chr. geboren sein. Wie es sein Geburtsort verständlich macht, hat er wenig in Bronze, sondern vor allem in Marmor gearbeitet. Wir finden ihn zuerst als Leiter des Wiederaufbaus des 394 abgebrannten Athenetempels zu *Tegea* in Arkadien.

Von Tegea wandte er sich nach Athen und schuf dort die berühmte rasende *Mänade,* von der wir eine 45 cm hohe römische Kopie besitzen.

Das Ende seines Lebens scheint Skopas an der kleinasiatischen Küste verbracht und dort für mehrere Städte berühmte Werke gearbeitet zu haben. Um 350 v. Chr. trat er gemeinsam mit anderen Künstlern in die Dienste der karischen Königin *Artemisia,* die ihrem verstorbenen Gemahl *Mausolos* ein großes, über und über mit Kunstwerken geschmücktes Grab, das sogenannte Mausoleum, in Halikarnassos errichtete. Die großartige Anlage zählt zu den sieben Weltwundern. Von diesem plastischen Schmuck am Mausoleum bewahrt das Britische Museum in London noch etliche Überreste. Ein Werk seiner Schule scheint auch die jetzt in den Uffizien zu Florenz befindliche Niobe-Gruppe zu sein. Sie stellt die sieben Söhne und Töchter der Niobe dar, wie sie von Apollon und Artemis mit Pfeilen getötet werden. Die Mittelfigur zeigt die Mutter Niobe, wie sie mit ihrem Körper ihr jüngstes Kind vor dem Untergang zu schützen sucht. Vorwurfsvoll hebt sie ihr stolzes Haupt mit schmerzzerissenem Gesicht von ihrem unschuldigen, gehetzten Töchterlein zu den unbarmherzigen Göttern empor. Dieses Pathos in der Gesamthaltung, dieser Schmerz im Gesicht voll

Anklage gegen das Geschick unterscheidet sich von den gesenkten, demutsvollen Blicken früherer plastischer Darstellungen. Es ist der Ausdruck der neuen unruhevollen Zeit.

Praxiteles

Aus Athen stammt der zweite große Meister dieser Zeit. *Praxiteles* dürfte um 390 v. Chr. geboren sein. Schon das Altertum hat in ihm den bedeutendsten Marmorbildner gesehen. Er hat Götter und Menschen, Männer und Frauen jedes Alters gestaltet, seine besondere Neigung aber galt jugendlichen Figuren. Mit Meisterschaft hat er seelische Stimmungen gezeichnet.

Von den Werken des Praxiteles galt seine *Aphrodite* als das vollendetste. Es hat die Stadt Knidos berühmt gemacht und immer wieder Fremde angelockt, die diese Meisterarbeit betrachten wollten. Das Standbild ist uns nicht erhalten. Aber die römische Kopie im Vatikan entspricht der Darstellung der Statue auf ausgegrabenen knidischen Münzen. Es ist der Augenblick wiedergegeben, als die Göttin Aphrodite ihre letzte Gewandhülle über eine neben ihr stehende Vase gleiten läßt, um ins Bad zu steigen.

Der *Apollon Sauróktonos* ist uns in mehreren Nachbildungen erhalten, darunter in einer im Vatikan zu Rom. Apollon, ein schöner, verträumter Jüngling, in seinen weichen Zügen und seiner zarten Haltung fast einer Frau gleichend, lehnt an einem Baumstamm und lauert mit dem Pfeil in der Rechten einer am Stamm hinaufkriechenden Eidechse auf.

Leochares

Unter den Künstlern, die am Mausoleum tätig waren, findet sich auch der Athener *Leochares.* Man glaubt, ihm mit Sicherheit die auf der Westseite des Bauwerkes gefundenen Platten zuschreiben zu können.

Mit großer Wahrscheinlichkeit stammt von ihm auch der *Apollon vom Belvedere,* ein Bronzeoriginal, dessen Marmornachbildung sich jetzt in den Vatikanischen Museen befindet. Der schöne Götterjüngling wendet im leichtbeschwingten, fast visionären Schreiten seinen Kopf von der Wegrichtung ab in die Ferne. Überall sind die leuchtenden, siegstrahlenden Augen des helfenden, alles Böse abwendenden Gottes, der in seiner Linken einst den Bogen getragen haben mag, entsprechend dem Köcher, der an dem um die Brust laufenden Band hängt. Die weiten Falten der auf der rechten Schulter zusammengehaltenen Chlamys fallen vom linken Arm herunter, der herrliche Körper bietet sich in unverhüllter Schönheit dem Anblick dar. Die Füße kleiden zierliche Sandalen. Wohin er wandert, erhellt er mit seiner Kraft die Welt. In das männliche Wesen bringt einen Zug weiblicher Zartheit die ganz nach Mädchenart geordnete Frisur, deren Lockenfülle oben auf dem Kopf in eine Schleife gebunden ist.

Kunsthandwerk

Neben diesen Schöpfungen der großen Meister verdienen auch die Leistungen des damaligen Kunsthandwerks Beachtung. Sie zeigen, daß der Schönheitssinn des Volkes auch die kleinen Dinge des Alltags verklärte. Zu diesen zählen vor allem die kleinen Terrakottafiguren aus Tanagra in Böotien, die als Beigaben in Gräbern, als Weihegaben für die Götter, als Schmuckstücke in den Wohnungen und als Spielzeug für die Kinder Verwendung fanden.

Sie sind genrehafte Darstellungen des täglichen Lebens, die nicht vom Kult, sondern von den Bedürfnissen des Lebens verlangt, die Terrakottabildnerei auf eine achtenswerte Höhe führten. Die Figuren holen ihre Motive vorwiegend aus dem Kreis der Frau und des Kindes und entbehren auch nicht eines gewissen Humors. Athen vereinigte die Vasenerzeugung mit der Terrakottaindustrie, indem es Vasen mit plastischen Figuren schmückte.

Das Makedonische Zeitalter 338—323 v. Chr.

Makedonien, Volk und Land

Makedonien bildete bis ins vierte Jahrhundert v. Chr. eine Welt für sich. In unabsehbarer Ausdehnung war das Land noch immer mit Hochwald bedeckt, in dem man neben dem Eber und dem Bären auch den Auerochsen jagte. Die Bevölkerung wohnte dünngesät in offenen Ortschaften. Die Küste war mit einem reichen Kranz von hellenischen Städten gesäumt, die das waldreiche Makedonien mit seinem Bauholz für die Schiffe lockte. Auf dem spärlichen Raum, der verblieb, entstanden die Städte *Therma* und, weiter ins Land zurückgezogen, die Hauptstadt *Pella.*

Die Form der Landwirtschaft und die Witterung sind rauh, das Klima bringt schwere Regen im Spätherbst, Schnee im Winter und zur Sommerszeit viel Gewitter. Besonders drückend ist der Nebel über Seen und Wäldern.

Obgleich die Griechen die Makedonen als Barbaren zu betrachten pflegten, so waren sie ihnen doch verwandt. Sie gehörten zu den Indogermanen wie die Griechen. Nur hielten sie durch ihre frühe Absonderung mit den übrigen nicht gleichen Schritt und blieben in ihrer Kultur zurück. Auch ihre Sprache hat sich von der griechischen entfernt, aber doch sind die beiden Idiome so ähnlich, daß die Makedonen leicht das Griechische erlernen konnten, um sich seiner in Wort und Schrift zu bedienen.

Das Königsgeschlecht der *Argeaden* führte seine Abstammung auf griechische Ahnen zurück, und das Verdienst dieser Könige war es auch, daß allmählich die Bildung der südlicher wohnenden Hellenen in Makedonien eingeführt wurde.

In der Schichtung der Bewohner standen sich drei Kräfte gegenüber: der König, der Adel und die Gemeinfreien. Die beiden letzteren waren Mitglieder der Heeresverwaltung. Da die Zahl der kleinen Leute viel größer war, so gaben ihre Stimmen den Ausschlag. Daher bildete die Heeresversammlung für die breite Masse den Hort des Rechtes und der Freiheit. Die Heeresversammlung war allein befugt, den neuen König zu wählen, und hatte das Spruchrecht in Blutprozessen.

Für die Königsherrschaft bestand kein direktes Erbrecht, aber es war ein ungeschriebener Brauch, daß immer der älteste Sohn zum Thonfolger gewählt wurde.

Die Herrscher bewiesen alle eine große Griechenfreundlichkeit. Am eindringlichsten tritt uns dieser Philhellenismus bei *Archelaos* entgegen. Er verlegte seine Residenz von *Aigai* nach *Pella,* ließ hier einen prunkvollen Palast aufführen und von dem berühmten Maler *Zeuxis* mit Fresken schmücken. Pella wurde zum Zentrum der geistigen Kultur, das viele hellenische Künstler anzog. Auch Euripides erlebte dort seine letzten Jahre. Archelaos krönte die kulturelle Tätigkeit seiner Herrschaft mit der Einführung von gymnischen und musischen Spielen. Ein weiterer Förderer hellenischer Bildung war *Perdikkas III.* Er wollte auch Platon an seinen Hof ziehen, dieser aber sagte ab und sandte dafür seinen Schüler Euphraios, der am Hofe eine große Rolle spielte. Eine wichtige Maßregel war die Einführung des Attischen als königliche Amtssprache.
Die Zukunft des Landes hing aber nicht nur davon ab, den kulturellen und technischen Anschluß an Hellas zu finden, sondern auch sich machtpolitisch gegen Griechenland durchzusetzen. Dies bedeutete aber ein Zusammentreffen feindlicher Art. Denn Makedonien mußte trachten, die von griechischen Kolonien nach beiden Seiten abgeriegelten Küsten zu gewinnen, um in Thessalien, dem Verbindungsland mit dem eigentlichen Hellas, maßgebenden Einfluß zu erlangen. Am schwersten aber empfand Makedonien die attische Neugründung von *Amphipolis,* die jeden Zugriff zu den thrakischen Gold- und Silbergruben verhinderte. Dieser Umstand mußte zu einer dauernden Feindschaft führen. Makedonien bemühte sich, jede Machtvergrößerung im Norden, sei es von Sparta oder von Athen aus, zu untergraben, während die Griechen nichts unversucht ließen, um eine Stärkung Makedoniens zu verhindern. Durch diesen Zwang, ständig auf der Hut zu sein, wurde aber Makedonien dauernd angetrieben, das Reich auf jede Weise zu sichern, und wuchs dadurch zur Großmacht heran. Perdikkas hatte seine hohen Ziele nicht mehr erreicht.

König Philipp

Als nach Perdikkas' Tod Philipp (383–336 v. Chr.) das Steuer der Herrschaft in seine Hand nahm, erwehrte er sich bald der illyrischen Feinde, bemächtigte sich der Goldminen und richtete das größte und schlagkräftigste Heer auf, das bisher in Europa gerüstet worden war. Noch blieb ihm ein großes Ziel, nämlich Herr über seine eigenen Meeresküsten zu sein und den hemmenden Einfluß Athens zu beseitigen. Mit Schlauheit und Winkelzügen, mit Bestechung und militärischer Überlegenheit zerstörte er unter anderen Griechenstädten *Potideia* und *Olynth* und nahm das für ihn sehr wichtige *Amphipolis* in Besitz. 350 v. Chr. war die gesamte Küste in makedonischer Hand. Makedonien hatte freien Zugang zum Meer und wurde durch Übernahme und Auswertung der militärischen und technischen Errungenschaften der Griechen der erste großflächige Machtstaat in Europa. Nun suchte der König durch kluge Ausnützung der griechischen Zwistigkeiten in Hellas selbst festen Fuß zu fassen. Dabei stützte er sich auf sein tüchtiges Heer. Während die Griechen immer mehr dazu übergingen, den Krieg durch Söldnertruppen zu führen, stellte Philipp seine Streitkräfte aus leistungsfähigen und harten Bauern und Hirten zusammen, rüstete die Hopliten mit Schild und Lanze aus und übte sie in der Bildung der Phalanx, die der thebanischen Angriffstaktik des Epaminondas nachgebildet war, und der Landesadel stellte die schwere Reiterei. Die Verhältnisse in Griechenland lagen für Philipp günstig. Sparta war seit dem Verlust Messeniens machtlos geworden, Athen hatte die jonischen Siedlungen an die Perser eingebüßt und litt unter finanziellen Nöten, Theben war seit dem Tode des Epaminondas wieder eine bedeutungslose Provinzstadt geworden. Außerdem hatte die einst tragende Kraft der Polis in Griechenland ihr Ende gefunden, und der Hegemoniegedanke war durch egoistische Gier, die Unfähigkeit, auch das Recht des Nachbarn anzuerkennen, und durch Mißtrauen unmöglich gemacht worden. Diesem Griechenland stand Philipp gegenüber mit seinem ausgebildeten Heer, mit hochentwickelten Angriffswaffen und Belagerungsmaschinen und endlich mit Geldmitteln, die er durch zweckmäßige Ausbeutung der thrakischen Minen gewonnen hatte. Durch Prägung eigener Goldmünzen wollte er den persischen Dareikos verdrängen, der den Weltmarkt beherrschte.

In Athen trat Demosthenes immer stärker warnend gegen Philipp auf, und in seiner nach Inhalt und Form gewaltigen dritten Philippischen Rede rief er alle Städte Griechenlands gegen den König auf. Schon hatte Philipp Thessalien zu seiner Provinz gemacht und die Zugänge zum Schwarzen Meer besetzt. Dadurch wurde die Lebensmittelversorgung Athens in Frage gestellt. Da gelang es Demosthenes, ein Bündnis zwischen Athen und Theben zustande zu bringen, nachdem er selbst an der Spitze der Gesandtschaft nach Theben gekommen war. Zu gleicher Zeit waren aber auch Boten Philipps eingetroffen, die den Thebanern Anteil an der Beute in Aussicht stellten, falls sie dem makedonischen Heer den Durchmarsch nach Attika gestatteten. Theben war von zwei Seiten umworben, aber des Demosthenes überwältigende Beredsamkeit bewog die Thebaner zum Bündnis. So war noch einmal der engstirnige Partikularismus der griechischen Stadtstaaten überwunden worden und ein letzter Versuch gemacht, die griechische Selbständigkeit zu erhalten. Es schlossen sich auch einige andere Staaten dem Attisch-Böotischen Bunde an.

Schlacht bei Chäroneia

Aber alles war vergebens. Denn obwohl eine Machtgruppierung geschaffen war, mit der auch Philipp ernsthaft rechnen mußte, so gelang es ihm doch, die starke griechische Verteidigungslinie am Kopaissee auf Chäroneia zurückzudrängen. Hier fiel die Entscheidungsschlacht, die alle Hoffnungen auf Erhaltung der griechischen Freiheit endgültig zu Grabe trug. An dem

Kampf hatte sich der junge Alexander ausschlaggebend beteiligt, der mit seinem Flügel die Thebaner zurückwarf (338 v. Chr.)

Böotien lag nun schutzlos dem Sieger offen. An weiteren Widerstand konnten die Thebaner nicht mehr denken, sie mußten sich in ihr hartes Los fügen. Es wurden eine aristokratische Regierung eingesetzt, die Gegner Makedoniens hingerichtet und eine Besatzung in die Kadmea gelegt. Theben mußte seine Gefangenen loskaufen, die zerstörten Städte Orchomenos, Platää und Thespiä wiederherstellen und die staatliche Selbständigkeit aufgeben.

Mit Athen dagegen schloß Philipp einen milderen Sonderfrieden. Es erhielt seine Gefangenen ohne Lösegeld zurück, durfte seine alten Besitzungen vor den Meerengen behalten, mußte aber dem geplanten griechischen Bunde beitreten.

Philipp sicherte weiter seine Vormacht, indem er auch mit anderen Staaten Friedensverträge schloß, Akrokorinth besetzte und in die Peloponnes einmarschierte. In Olympia ließ er zu seinem Gedenken den prachtvollen Rundbau, das Philippeion, errichten.

Der Korinthische Bund

Im Winter 338—37 versammelten sich die Gesandten aller griechischen Staaten mit Ausnahme von Sparta in Korinth und schlossen dort den nach dem Tagungsort bekannten Korinthischen Bund. Dieses Synedrion (Versammlung) einte Griechenland unter der Führung Philipps zu einem allgemeinen Frieden unter dem Schutze der ersten Militärmacht der damaligen Welt. Der König beließ die alten Ordnungen und machte keine Eingriffe in die bestehenden Verfassungen. Um aber dem Bund einen tätigen Aufgabenkreis zu geben und die bewegende Kraft eines romantischen Zieles zu wecken, rief er zu einer Heerfahrt gegen den alten persischen Erbfeind auf. Die korinthische Versammlung stimmte seinem Antrag zu, und schon 336 v. Chr. gingen Philipps bedeutendste Paladine, Parmenion und Antípater, mit Truppen über die Meerenge nach Persien, um den Feldzug zu eröffnen. Ehe aber Philipp mit der Hauptmacht nachrücken konnte, wurde er von einem Höfling ermordet (336 v. Chr.). So blieb von ihm unvollendet, was er sich als höchstes Ziel gesetzt hatte.

Sein Charakterbild schwankt in der Meinung seiner Zeitgenossen; die einen sahen in ihm einen sinnlosen Genießer, einen, der von Abenteuer zu Abenteuer eilt, die anderen waren bezaubert von seiner Menschenkenntnis als Diplomat und Feldherr. Die Nachwelt sah in ihm einen Großen, der an den alten Bindungen festhielt, der nie nach dem Unmöglichen griff, das politische Spiel mit Meisterschaft beherrschte, dessen Spielwürfel Diplomatie und Propaganda, Hilfsbereitschaft und klingende Gaben waren. In seinem Horizont waren immer nur Makedonien und Griechenland. Seine Blicke schauten nicht voll Hybris in unbekannte Weiten. Für Philipp war alles Geschehen ein naturhaft organisches Wachsen, daher knüpfte er immer an das Alte an, suchte es weiterzuführen und das zu vollenden, was schon lange vor ihm in eine bestimmte Richtung strebte. Wenn sein Leben nicht zu früh beendet worden wäre, hätte er vielleicht die beiden einander verwandten Nationen von Hellenen und Makedonen zu einer Einheit zusammengeführt.

Alexander der Große

Im Jahre 356 v. Chr. wurde dem König Philipp der Thronerbe geboren und nach Alexander I., dessen Name in der Geschichte Makedoniens wegen seines Philhellenismus und der siegreichen Vertreibung der Perser leuchtet, *Alexander,* d. h. Männerschützer, genannt (356 bis 323 v. Chr.). Seine Mutter war Olympias, die Tochter des Königs von Epiros. Den ersten Unterricht erhielt er von griechischen Lehrern. Unter den körperlichen Übungen spielte das Reiten eine besondere Rolle. Denn die Jugend Makedoniens wuchs gleichsam mit dem Pferde auf. Alexander erhielt von einem Gastfreund sein Lieblingspferd, den prachtvollen *Bukephalos.* Dieses Tier ließ keinen Reiter aufsteigen. Alexander bändigte es aber zum Erstaunen seines Vaters und des ganzen Hofes, indem er es gegen die Sonne richtete, so daß es seinen Schatten nicht mehr sehen konnte. Er hatte nämlich beobachtet, daß es davor scheute. Das Roß trug ihn später in allen seinen Schlachten.

Da Philipp meinte, daß die bisherige Erziehung unter dem Einfluß der Mutter und der Lehrer nicht genug förderlich sei, sein Wesen immer verschlossener und störrischer wurde, faßte er den Plan, den besten Erzieher zu wählen, von dem er Kenntnis hatte, nämlich *Aristoteles.* Für Aristoteles bedeutete dieser Ruf an Philipps Hof eine große Auszeichnung, aber auch eine schwere Verantwortung. Er widmete sich mit größter Sorgfalt seiner Aufgabe und kümmerte sich nicht um das Hofleben. Fern von der Residenz, bei *Mieza,* fand der Unterricht statt.

So wuchs Alexander früh aus der heimatlichen Begrenzung in die weite Sphäre griechischen Geistes hinein. Alexander bewahrte seinem Lehrer allezeit ein ehrendes Gedenken. Von allen Büchern war dem jungen Prinzen die Ilias das liebste. Aristoteles hielt die Kenntnis des großen Epikers erzieherisch für sehr wichtig, so daß er seinem Schüler sogar eine Homerausgabe zusammenstellte, die Alexander auf seinen Fahrten mit sich führte.

Bei seiner Thronbesteigung ließ Alexander nach den Hintermännern des Mordes an seinem Vater forschen und sie bestrafen. Dann wendete er sich mit vollem Eifer der Ausbildung und Rüstung des Heeres zu und versuchte, durch Wohltaten die Herzen des Volkes zu gewinnen. An den Grenzen herrschte Ruhe, sein Feldherr *Parmenion,* der nach Asien gezogen war, hielt ihm die Treue. Gefährlich war die Lage in Griechenland. Dort glaubte Demosthenes nach Philipps Ermordung die Stunde der Befreiung für gekommen, und die Athener ließen sich von übereilten Hoffnungen berauschen. Auch Theben, das am tiefsten getroffen war, rief die Verbannten zurück, ermordete die Führer der Richtung, die für Makedonien eintrat, und erließ einen Aufruf zum Kampf im Bund mit Persien. Athen war bereit, Theben zu unterstützen. Aber Alexander rückte unter Anwendung des für seine spätere Kriegskunst typischen Überraschungsmomentes plötzlich vor Theben. Die Stadt wurde erobert und zerstört, und alle Gefangenen als Sklaven nach Makedonien verkauft (335). Nur die Priester, die Nachkommen Pindars und dessen Wohnhaus wurden verschont. Gegen Athen wollte Alexander den Bogen nicht überspannen und übte große Nachsicht. Allerdings mußte sich Alexander jetzt klar sein, daß er nach dem schrekkensvollen Feldzug gegen die Thebaner die Zuneigung der Griechen eingebüßt hatte und eine gefährliche Lage hinter sich zurückließ, wenn er nach Persien aufbrechen wollte. Er übertrug daher Antipater den Oberbefehl über ein Heer in Makedonien, das stark genug war, Aufstände in Griechenland niederzuwerfen.

Die Zertrümmerung des Perserreiches

Der zweiundzwanzigjährige Alexander übernahm nach makedonischer Sitte selbst das Oberkommando über die Armee. Ihm stand Parmenion zur Seite. Nach verschiedenen Schätzungen und Berichten belief sich dieses Heer auf rund 40.000 Mann. Sein Plan war, möglichst rasch in das Herz des Perserreiches vorzustoßen und dadurch eine Aktion der feindlichen Flotte auszuschalten. Denn Alexander fehlte eine entsprechende Flotte als Ergänzung seiner Landmacht. Ferner hatten die riesigen Rüstungen die Staatskasse geleert, und es galt daher, rasch einen Sieg zu erfechten und aus Beutegeldern den Mangel zu decken. Die finanziellen Mittel und die Truppenstärke wären nicht ausreichend gewesen, hätte nicht das Perserreich unter der schwachen Regierung des *Dareios III.* schon alle Zeichen des Verfalls in sich getragen.

Persien, das Alexander zu erobern begann, war wenigstens fünfzigmal so groß wie sein eigenes Reich und mag etwa zwanzigmal soviel Einwohner gezählt haben. Es erstreckte sich vom Hellespont bis zum Fünfstromland Indiens, vom Aralsee bis zu den Katarakten des Nil. Es umfaßte Zonen von starker Kälte und von großer Hitze. Menschen aller Rassen, Sprachen und aller Religionen. Kein Band hielt diese Länder und Völker zusammen als der Wille des Königs. Die Königsherrschaft ließ nach dem Vorgang des Kyros, des großen Begründers des Reiches, den einzelnen Stämmen die Religion und Gebräuche, die ihnen behagten; es verlangte nur Steuern und Soldaten und gewährleistete dafür auf Tausende von Meilen den Frieden und die Sicherheit des Handels. Aber dennoch mehrten sich die Aufstände und die Versuche einzelner Provinzen, sich selbständig zu machen.

Im Frühjahr 334 führte Alexander sein Heer nach dem Hellespont. Während die Mehrzahl der Truppen unter Parmenions Kommando bei Sestos über die Meerstraße setzte, vollzog der König selbst mit dem Rest den Übergang gegenüber dem trojanischen Gestade. Auf der Höhe des Hellespont opferte er Poseidon einen Stier und den Nereiden aus goldener Schale. Dann lenkte er, selbst am Steuer des vordersten Schiffes stehend, zu der Bucht hinüber, die seit den Zeiten Achills und Agamemnons der Hafen der Achäer hieß. Als man sich dem Ufer näherte, schleuderte der König seine Lanze in das Land der Feinde. Denn der Speer galt seit ältesten Zeiten als Götterwaffe und vollstreckte göttliches Urteil. Speergewonnenes Land galt als Göttergeschenk. Hierauf besuchte er die Ruinen Ilions, opferte im Athenetempel, weihte der Göttin seine Waffen und nahm dafür einen heiligen Schild mit, der im Tempel hing. So stellte er sein persönliches Schicksal unter den Schutz der sagenberühmten Kämpfer vor Troja.

Das vereinigte Heer zog ostwärts nach der Propontis. Hier hatten die Satrapen Vorderasiens ansehnliche Streitkräfte von 40.000 Mann, zur Hälfte aus persischen Reitern und griechischen Söldnern bestehend, gegen ihn aufgeboten. Sie lagerten am *Granikos,* einem Fluß, der in nördlicher Richtung der Propontis zuströmt. Anfangs waren die Perser im Zweifel, ob sie eine offene Schlacht liefern sollten. Aber die Satrapen drängten und erwarteten den Feind in einer günstigen Stellung auf dem rechten Steilufer des Granikos.

Schlacht bei Granikos

Parmenion warnte vor dem Angriff bei vorgeschrittener Tageszeit mit marschmüden Kriegern. Alexander aber fürchtete, durch ein Zögern die Feinde zu ermutigen und das Selbstvertrauen der Seinigen zu erschüttern. An der Spitze eines Reitertrupps stürmte er die jenseitige Uferhöhe hinan. Die Perser mußten der überlegenen Tüchtigkeit und besseren Bewaffnung der Gegner den Sieg lassen. Alexander selbst geriet dabei in Lebensgefahr, als sein Helm zerschmettert war – aber *Klitos* Schwerthieb rettete Alexander vor der Streitaxt des Persers.

Durch diesen ersten Sieg (334 v. Chr.) war ganz Kleinasien für den Sieger gewonnen, und nach kurzer Rast durchzog Alexander die Provinzen Kleinasiens. Er fand wenig Widerstand. Wie einen Befreier empfingen ihn die meisten griechischen Städte, unter ihnen besonders Ephesos. Nur die wichtige Hafenstadt Milet leistete Gegenwehr, da eine persische Flotte von vierhundert Schiffen in der Nähe war. Doch makedonische Trieren blockierten die Stadt von der Seeseite, während Alexander sie zu Land enger und enger einschloß und zuletzt im Sturme nahm.

Nachdem ganz Kleinasien bis zum Tauros unterworfen war, bezog er die Winterquartiere in der phrygischen Stadt *Gordion,* wo die Phrygerkönige ihren Sitz hatten. Auf der Burg zeigte man einen Königswagen, an dessen Deichsel das Jochholz durch einen aus Baumbast geschürzten Knoten so kunstreich befestigt war, daß man weder Anfang noch Ende bemerken konnte. Ein altes Orakel verkündete, der würde die Herrschaft Asiens erlangen, der den Knoten löse. Als Alexander von dem Wagen erfuhr, ließ er sich ihn zeigen. Aber umsonst suchte er ein Ende des Bastknotens, und verlegen betrachteten die Umstehenden sein vergebliches Beginnen. Da zog er sein Schwert und durchhieb den »Gordischen Knoten«. Damit hatte er das Orakel, gleichviel wie, erfüllt.

Nachdem er im Frühjahr 333 frisches Kriegsvolk aus Makedonien und Griechenland nachgeschickt erhalten hatte und mit den Reiterscharen des Parmenion, die bei Sardes überwintert hatten, wieder zusammengetroffen war, nahm er seinen Marsch über Ankyra nach den Kilikischen Pässen am Nordrand des Tauros. In der Glut des heißen Sommertages erreichte er die Stadt *Tarsos,* durch die der Kydnos sein eisiges Bergwasser führt. Die Klarheit und Frische des Wassers luden zum Bade ein. Alexander stürzte sich in die Flut, wurde aber sogleich ohnmächtig. Sein Zustand war höchst bedenklich. Wahrscheinlich an einer Lungenentzündung erkrankt, schwebte er tagelang zwischen Tod und Leben. Die Freunde waren verzweifelt, der Feind nahe; niemand wußte Rettung. Da reichte ihm Philipp, der alte Leibarzt seiner Jugend, einen Trank, womit er dem König zu helfen verhieß. Zu derselben Zeit empfing Alexander von Parmenion einen Brief, der ihn vor diesem Philipp warnte, weil er vom Perserkönig bestochen sei. Der König war von der Treue seines Leibarztes überzeugt. Er überreichte ihm das offene Schreiben, während er zugleich ohne Bedenken den Becher leerte. Er hatte sich in dem Mann nicht getäuscht, nach kurzer Zeit fand er Genesung.

Schlacht von Issos

Bald darauf lief die Nachricht ein, der Großkönig selbst sei mit einem gewaltigen Heer von Mesopotamien im Anmarsch. Er hatte im Rücken des makedonischen Heeres in der Strandebene von *Issos,* am Küstenfluß *Pinaros,* sein Lager aufgeschlagen. Dadurch war den Makedonen der Weg in die Heimat gesperrt. Alexander führte das Heer rasch in die Pinarosebene und setzte die Reiterei zum Angriff, das Fußvolk zur Verteidigung ein. In der blutigen Schlacht von Issos (333), deren Erfolg lange hin und her wogte, siegte Alexander, und als Beute fielen ihm das persische Feldlager und darin die Familie des Großkönigs, seine Mutter, Gattin und seine Kinder in die Hände. Durch den Sieg bei Issos gewann Alexander nicht nur Phönikien, Syrien und das gesamte östliche Mittelmeerbecken, er hatte jetzt auch den Weg nach Ägypten frei. Da aber die beiden Niederlagen noch keine Vernichtung der persischen Macht bedeuteten, nahm der Krieg seine Fortsetzung.

Parmenion besetzte *Damaskos* und erbeutete dort die Heereskassa mit gewaltigen Mengen Gold und Silber. Dadurch hatte die finanzielle Not in Alexanders Heer ein Ende gefunden. Auf dem weiteren Vormarsch der Makedoner leistete *Tyros,* im Vertrauen auf seine Seeflotte und seine durch gewaltige Brandung geschützte insulare Lage, hartnäckigen Widerstand. Alexander brach ihn nur mit Mühe, nachdem er seine Angriffe auch mit allen Mitteln der Belagerungstechnik unterstützt hatte. Das Los der Stadtbevölkerung war furchtbar. Die Stadt selbst wurde nicht zerstört, sondern mit umwohnenden Bauern besiedelt.

Während der Belagerung von Tyros traf von Dareios ein weitgehendes Friedensangebot ein, das wohl vor allem durch die Sorge um die noch immer in Kriegsgefangenschaft lebende Familie diktiert worden war. Er erklärte sich bereit, sein Reich zu teilen und den Westen bis zum Euphrat, also Kleinasien, Syrien und Ägypten, an Alexander abzutreten. Er billigte ihm die gleiche großkönigliche Würde zu, wie er sie selbst innehatte, wollte ihm seine Tochter zur Ehe geben und die Gefangenen gegen eine hohe Summe freikaufen. Daß dieses Angebot einer weisen Staatskunst entsprungen war, bestätigten die späteren Verhältnisse der hellenistisch-römischen Zeit, in der der Mittelmeerkreis durch Jahrhunderte im Euphrat seine Grenze fand.

Der Vorschlag fand in den kühl erwägenden Kreisen der Offiziere begeisterte Zustimmung. Vor allem befürwortete ihn der greise Heerführer Parmenion, aufgewachsen in der Überlieferung philippischer Mäßigung und nüchterner Überlegung. Aber Alexander und mit ihm einige andere Weltenstürmer berauschten sich an den alle Grenzen übersteigenden Machtträumen, und der König lehnte ab. Damit war die Entscheidung gefallen, die dämonische Idee des Königs raste weiter in maßlosen Weltherrschaftsgedanken. Dareios aber war sich klar, daß er sich zu neuer, entscheidender Auseinandersetzung rüsten mußte. Alexanders titanisches Wollen sollte in Ägypten seine symbolische Krönung finden. Der Zug nach Ägypten sollte der Herrschergewalt eines Großkönigs, wie sie ihm vorschwebte und er sie beanspruchte, die besondere religiöse Weihe geben.

Ägyptens Bewohner begrüßten Alexander als Befreier vom persischen Joch. Hielt man doch den König für einen aus dem Volk der Hellenen, die immer im besten Verhältnis zu Ägypten gestanden waren und der alten Kultur hohe Achtung entgegengebracht hatten. Nie störten die Griechen durch Eroberungsabsichten diese jahrhundertelang bewährte Eintracht, auch die griechische Kolonie Naukratis diente nur Handelsinteressen. Alexander erwies auch der Religion und Verwaltung Ägyptens alle erdenkliche Rücksicht.

331 v. Chr. gründete er westlich des äußersten Nilarmes eine neue Stadt, das nach ihm benannte *Alexandría,* mit zwei Häfen, von denen der eine die Verbindung mit dem Nilfluß durch den *Mareotissee* herstellte, der andere, durch die vorgelagerte Insel *Pharos* gegen die Meeresbrandung gedeckt, die Seeverbindung sicherte. Die Stadt sollte sich innerhalb weniger Jahr-

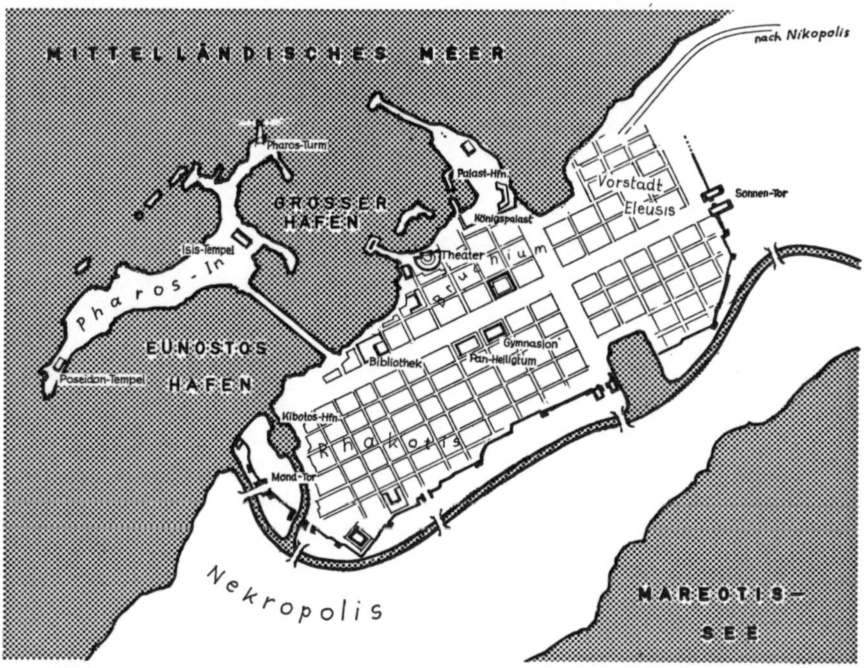

Plan von Alexandria

zehnte zum Mittelpunkt des Welthandels wie zum Mittelpunkt der griechischen Bildung entwickeln und durch dreihundert Jahre die größte und reichste Stadt der Erde bleiben.

Von hier unternahm Alexander seinen Zug zur *Ammon-Oase* von *Siwa.* Dort verehrte man ursprünglich den Gott *Amun,* den man dem Sonnenkönig Ra gleichsetzte. Gar bald wurde Amun von der Griechenkolonie in Kyrene als Landesgott übernommen und erhielt den Namen Ammon, wurde dem Zeus gleichgesetzt und behielt nur mehr in alter Erinnerung seine Widderhörner. Wegen seiner untrüglichen Orakel wurde er bald nicht nur in Kyrene, sondern von ganz Griechenland verehrt, und sein Kult verdrängte sogar den von Delphi.

Alexander, der von den ägyptischen Priestern zu Memphis die pharaonischen Weihen empfangen hatte, wurde von dem Priester des Ammon als Gottessohn begrüßt und damit sein Herrschaftsanspruch von höchster Stelle bestätigt und sein gesamtes Streben und Handeln auch gewissensmäßig gerechtfertigt.

Mit dem Zug nach Ägypten hatte Alexander dem Großkönig Zeit gelassen, ein neues Heer zu sammeln und ein zweites Mal das Glück mit den Waffen zu versuchen. Im Frühjahr 331 brach der Makedone aus Ägypten auf und zog durch Phönizien und Syrien nach Mesopotamien. Die Perser legten dem Vormarsch des Königs kein ernstliches Hindernis in den Weg; offenbar wünschte Dareios, ihn möglichst weit in das Innere des Landes zu locken, um ihn im Falle des Sieges vollständig zu vernichten, im Falle der Niederlage aber leicht in das iranische Hochland flüchten zu können. Bei Thapsakos wurde der Euphrat, oberhalb von Ninive der reißende Tigris überschritten; dann erst traf Alexander auf feindliche Vorposten.

In der zweijährigen Angriffspause hatte sich Dareios mit allen zur Verfügung stehenden Mitteln gerüstet. Dazu gehörten auch Streitwagen, die durch Anbringung mehrerer Klingen zu Sichelwagen umgeformt worden waren. Die Inder der äußeren Ostgrenze hatten Elefanten mitgebracht, die man einzusetzen beabsichtigte. Der Geschichtsschreiber Curtius gibt die Armeestärke mit 45.000 Reitern und 200.000 Fußsoldaten an.

Schlacht am Gaugamela

Der Zusammenstoß erfolgte in der weiten Ebene bei *Gaugamela* (331 v. Chr.). In diesem Kampf, der über den Besitz Asiens entscheiden sollte, gewann Alexander den Sieg, ähnlich wie bei Issos, durch den Angriff seiner Reiter, die er selbst führte. Der persische König hatte schon während des noch unentschiedenen Kampfes die Flucht ergriffen. Alexander verfolgte ihn am nächsten Tag bis Arbela und wollte ihn fangen. Aber Dareios war ihm auf Seitenwegen in die Berge entkommen. Alexander setzte die Verfolgung nicht fort, sondern wandte sich nach *Babylon.*

Er war auf Widerstand gefaßt, aber die Stadt empfing ihn festlich mit all dem Märchenzauber des Orients, mit Menschen in bunten, seltsamen Trachten, mit Blumen und Kränzen, mit Weihrauchwolken auf silbernen Altären. Im Triumph fuhr Alexander in die Weltstadt Babylon ein.

Einen vollen Monat dauerten die Festlichkeiten und Freudengelage in Babylon, dann zog Alexander nach *Susa.* Auch hier dachte niemand an Widerstand. Die Stadt mit der festen Burg ergab sich sogleich, und die hier aufbewahrten ungeheuren Mengen ungemünzten Edelmetalls des Reichsschatzes fielen dem Sieger in die Hände und verscheuchten seine finanziellen Sorgen.

Als das Heer nach einem äußerst mühsamen Marsch die rauhen Berge durchschritten hatte, breiteten sich vor ihm Rosen- und Fruchtgärten aus, und inmitten all der Blütenpracht erhob sich über der offenen Stadt auf künstlicher Plattform die prächtige Königsburg *Persépolis.* Von der Ebene aus führte zu ihr eine bequeme Riesentreppe empor, auf der viele Reiter gleichzeitig emporjagen konnten. Am oberen Ende der Treppe öffnete ein riesiger Torbau seine Hallen. Mächtige Pfeiler mit Reliefs von kolossalen Wunderstieren stützten sein Dach. Innerhalb dieses Prunktores führte eine zweite Treppe zu einer höheren Terrasse, die die königlichen Paläste trug.

Hier befand sich Alexander im geheiligten Mittelpunkt des riesigen Perserreiches, hier war die Residenz des Xerxes, der einst die Akropolis Athens den Flammen preisgegeben und die heiligen Tempel der griechischen Götter

und die Gräber ihrer Toten zerstört hatte. Der ganze Perserkrieg hatte der Rache gedient, er sollte mit einem symbolischen Akt abgeschlossen werden. Feuerbrände flogen in die Paläste und erfaßten das Zedernholzgetäfel. Als die Lohe weitergriff, gab Alexander den Befehl zum Löschen. Statt prunkvoller Königsschlösser schauten nur mehr Brandruinen auf die Stadt, sinnfällige Zeichen, daß die Herrschaft des Perserkönigs vorüber war und daß der Krieg die panhellenischen Erwartungen erfüllt hatte.
Nach langer Rast setzte Alexander die Verfolgung des flüchtigen Königs fort, der sich in eiliger Hast nach Osten zurückgezogen hatte. Als man von dem Nahen Alexanders erfuhr, nahmen die königlichen Begleiter Dareios gefangen. In rasendem Ritt durch unwegsames Gelände und wüste Gegenden mit immer kleiner werdendem Gefolge suchte Alexander ihn einzuholen. Als er ihn endlich erreichte, hatte der Satrap von Baktrien, Bessos, den Befehl gegeben, den König zu töten. Alexander stand vor der Leiche seines Feindes.
Der Kampf der beiden großen Gegner war ausgekämpft. Der Name des neuen Königs von Persien hieß Alexander.

Alexanders Indienzug und Ende

Nachdem Alexander Dareios' Leiche nach Persien zur feierlichen Bestattung in der Fürstengruft hatte schaffen lassen, rief ihn eine neue, größere Idee zu weiteren Taten. Denn die bisherigen Eroberungen verpflichteten ihn zur Verwirklichung seiner Pläne, die damalige Welt zu gewinnen. Er trat damit zu seinen Offizieren und Truppen in Gegensatz; denn diese meinten in ihrer schon lange zurückgedrängten Heimatsehnsucht, daß mit dem Tode des Perserkönigs der Zug zu Ende sei.
Der König hielt am Fuße des Hindukusch Winterrast (330). Die Muße gab Zeit und Gelegenheit zum Nachdenken, zur Aussprache. Sicherlich waren viele von der hochfliegenden, kühnen Persönlichkeit ihres Herrschers in ihrer Überlegungs- und Entscheidungsfähigkeit beeinflußt, ließen sich durch Auszeichnungen und Geschenke bestechen, aber ebenso viele fühlten sich immer bedrückter und unfreier, sahen sich als willenlose Werkzeuge in der Hand eines rücksichtslosen und eigensüchtigen Vorwärtsstürmers. Dazu kamen ältere Männer, die, in früheren Traditionen aufgewachsen, sich aus tiefster Freundschaft und Verbundenheit heraus verpflichtet fühlten, vor den weltweiten Plänen in aufrichtiger Sorge zu warnen.
Die Gruppe, die sich am schärfsten gegen Alexanders Absichten stellte, sah keinen anderen Ausweg als den, gegen den König eine Verschwörung anzuzetteln. Die unbedingten Anhänger Alexanders erfuhren davon und wandten sich an Philotas mit der Bitte, den Verdacht dem König zu mel-

Die Kriegszüge Alexanders des Großen

Philotas

den. *Philotas,* der Sohn Parmenions, Kommandant der gesamten Adelsreiterei, war selbst ein Gegner des königlichen Kurses und hat diesem Widerwillen auch öfters im Freundeskreis Ausdruck verliehen. Der König durchschaute bald die Haltung des Mannes, der ja zu seinem täglichen Umgang zählte.

Philotas erklärte sich bereit, die Anzeige an den König weiterzuleiten, zögerte aber noch einige Tage hin. Inzwischen erfuhr der König durch andere von dem Komplott. Als aber Alexander den Haupträdelsführer greifen wollte, hatte dieser schon Selbstmord begangen. Der königliche

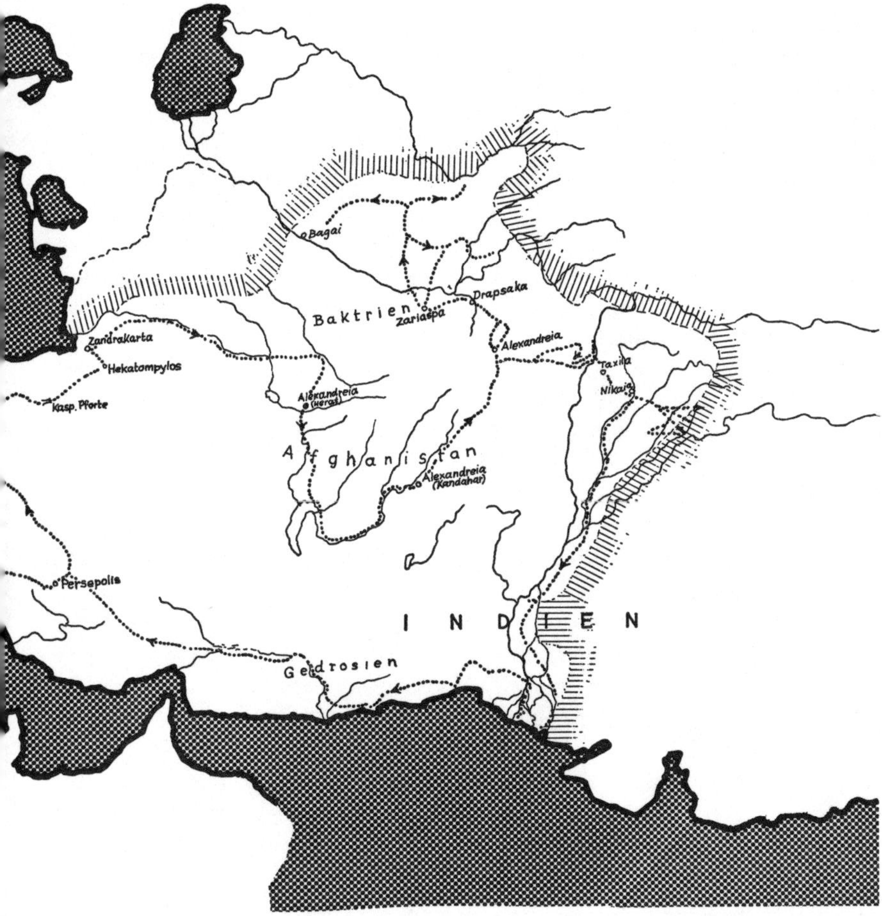

Zorn fiel nun auf Philotas, den man der Mitwisserschaft beschuldigte. Dieser leugnete nicht, daß ihm von dem verbrecherischen Plan Anzeige gemacht worden war, versicherte aber, der Angeber sei ihm verächtlich, die Beschuldigung lächerlich erschienen. Philotas war ein stolzer Mann; er hatte viele Feinde, und Alexander selbst verzieh es ihm nicht, daß er die Taten des Königs gelegentlich herabzusetzen wagte. Zunächst wurden die Befehlshaber zu einem geheimen Kriegsrat berufen, dann das Heer zum Gericht versammelt, und da der König selbst als Kläger auftrat, sprachen beide den Angeklagten schuldig.

Das Verfahren gegen Philotas hatte auch das gegen seine Verwandten, vornehmlich gegen den greisen Parmenion, im Gefolge. Er, der ruhmvolle, stets bewährte Feldherr, der allgemein geachtete Vater des Philotas, konnte als Rächer seines Sohnes leicht gefährlich werden. Unter seinem Befehl standen die Verwaltung der reichen Schätze von Ekbátana und ein ansehnlicher Heeresteil. Mit Kriegsgericht, Folter und Beil konnte man nicht gegen ihn vorgehen. Man entsandte daher einen ihm sonst vertrauten Mann mit königlichen Briefen an ihn. Während der Greis diese las, wurde er meuchlerisch durchbohrt. Die Tat zeigte, wie in Alexander neben seiner Größe auch das schreckenerregende Grauen wohnte und wie die ungehemmte Macht zu Brutalität führte.
Immer deutlicher trat jetzt Alexander mit seinem Plan hervor, unter völliger Verlagerung des politischen Schwergewichtes von Makedonien nach Asien und unter Preisgabe aller alten Überlieferungen seines Volkes und Reiches das Tor zu einer neuen, unabsehbaren Welt aufzustoßen. Dies wollte er auch äußerlich bei seinem Hofstaat zum Ausdruck bringen. Er siegelte die Erlasse für den asiatischen Reichsteil mit dem Siegelring des Dareios, änderte seine Kleidung durch Bestandteile der Persertracht und verlangte dies ebenfalls von seinem Gefolge. Allein, er bemühte sich auch, daß Persien, wie es durch seine Schätze das arme Makedonien gehoben hatte, mit den Errungenschaften griechischer Kunst und Wissenschaft vertraut würde. Die Kluft zwischen Makedonen und Barbaren, zwischen Siegern und Unterjochten sollte überbrückt werden, beide Stämme wollte er gleichmäßig mit den Segnungen beglückender Gesetze umschließen. Darum beschenkte er zwar seine Krieger reichlich und überhäufte seine Feldherren mit Ehren und Reichtümern, doch berief er mit Vorliebe talentvolle Eingeborene an seinen Hof und zu Beamtenstellen. Seine Person umgab er mit der ganzen Majestät des persischen Königstums.
War schon dieses morgenländische Zeremoniell den Makedonen ein Dorn im Auge, so ließ die Einführung des Fußfalles (Proskynese), der bei den Persern gebräuchlich, für einen freien Griechen aber unannehmbar war, Schlimmes für die Zukunft befürchten. Die Entfremdung zwischen dem König und seinem makedonischen Adel nahm durch diese Anwandlungen von orientalischer Despotenlaune von Jahr zu Jahr zu. Gar kein Verständnis hatten die Makedonen für Alexanders Politik der Versöhnung; sie sträubten sich dagegen, daß sie sich als Sieger mit den Besiegten in die Beute teilen sollten.
Unter großen Schwierigkeiten setzte das Heer seinen Weitermarsch fort. *Bessos* hatte bei seinem Rückzug die Siedlungen verbrannt und das Vieh wegtreiben lassen. Durch Schlachtung von Pferden mußte man sich über die ärgste Not hinweghelfen. Bessos aber dachte nicht daran, den geschwächten Feind anzugreifen. Seine andauernde Untätigkeit entmutigte seine Anhänger, sie verließen ihn, und endlich fiel er in die Hände der

Makedonen. Alexander schickte den Königsmörder gefangen zurück zur späteren Aburteilung.
Durch Baktrien und Sogdiana war Alexander bis an den *Iaxartes* (Sir darja) gelangt. Auf dem Wege in *Marakanda* ereignete sich nach einem Gastmahle eine Schreckensnacht. Nach der glühenden Hitze des Tages sprachen alle Teilnehmer schon deswegen, weil das Wasser in diesen Gegenden nirgends trinkbar war, im reichen Maße dem Wein zu. Da geschah es, daß Klitos, der mit Alexanders bestem Freunde Hephaistion die Adelsreiterei kommandiert hatte, später aber abgesetzt worden war, aus Mißvergnügen an den übertriebenen Schmeichelreden auf den König und aus der eigenen Verbitterung über seine Zurücksetzung seinen Widerspruch nicht verbergen konnte. Der Wein öffnete Klitos den Mund zu weit, es kam zu sehr boshaften Äußerungen, und Alexander, ebenfalls in Weinhitze, schlug schwer zurück. Rede reizte zu Gegenrede. Klitos wurde von Freunden aus dem Saal gebracht, aber er kehrte mit der Hartnäckigkeit eines Betrunkenen zurück und überhäufte mit neuen Schmähungen den König. Dieser, seiner nicht mehr mächtig, entreißt einem Palastwächter den Speer und sticht den Unglücklichen nieder. Wie er seinen tapferen Feldherrn, seinen Retter am Granikos blutüberströmt niedersinken sieht, da erwacht er aus der Verwirrung des Weines und des Zornes, da will auch er sterben, um dadurch seine Schandtat zu sühnen. Nur mit Mühe konnte seine Umgebung ihn davon abhalten. Drei Tage lang verweigerte er jede Nahrung. Er hat eine ähnliche Tat nie wieder begangen.
Mit dem bisher zurückgelegten Weg hatte Alexander Persien in dem Umfang, den es unter Dareios hatte, in seine Gewalt gebracht, er hätte also an eine Umkehr denken können. Aber der Gedanke an eine Unterwerfung Indiens war schon eine frühe Verlockung. Dieses Wunderland beschäftigte seine jugendliche Phantasie, und die Gewinnung der ganzen Oekumene (der bewohnbaren Erde) gehörte zu seinen liebsten Träumen.
So überschritt also Alexander den Indos und gelangte in das Gebiet des *Taxiles,* eines befreundeten Fürsten, der das Jahr zuvor persönlich zu Alexander gekommen war und durch seine verlockenden Schilderungen nicht wenig dazu beigetragen hatte, den Makedonenkönig zu dem indischen Feldzug zu bestimmen.
Persien war den Griechen bald zugänglich geworden, und sie hatten davon ziemlich gute geographische Kenntnisse. Das anschließende Indien aber blieb weiterhin ein Märchenland, von dem man nur Seltsames erzählte. Als Herodot das erste geschichtliche Weltbild verfaßte, wußte auch er nur wenig von diesem Lande. Er bezog seine Kenntnisse aus der großen Erdbeschreibung des Joniers *Hekataios.* Wenn man auch aus den einzelnen Schilderungen manches Geheimnisvolle abzog, so blieb das Unbekannte, das Alexander zur Erforschung lockte, blieb die zwar fremdartige, aber ganz bedeutsame Kultur mit den riesigen Reichtümern. Eines bildete aller-

dings eine völlige Überraschung, daß in Indien, das man für ein trockenes Land hielt, gerade im Sommer unendlich reiche Niederschläge fielen, die militärische Operationen sehr erschwerten.
Unter der Führung des Taxiles ging es weiter zum *Hydaspes*, einem durch Regengüsse angeschwollenen Nebenfluß des Indos. Auf dessen anderer Seite stand der kriegerische König *Poros* mit einem beträchtlichen Heere, dessen Hauptstärke 300 Elefanten ausmachte. Ihm gegenüber schlug der Makedone ein Lager auf und erweckte durch Scheinbewegungen den Eindruck, als ob er hier den Angriff beabsichtige und nur das Ende der Regenzeit abwarte. Statt dessen ließ er an einer entfernten Stelle in stürmischer Gewitternacht mitgebrachte Boote und Flöße herrichten und ging am nächsten Morgen ans andere Ufer hinüber. Bald entspann sich eine Schlacht, die letzte große Alexanders. Es war nicht die leichteste. Sie bedurfte der ganzen Feldherrnkunst des Königs und der Tüchtigkeit der Truppen, damit schließlich der Sieg errungen wurde. Nicht so leicht wie einst Dareios gab König Poros die Schlacht verloren. Als sie nicht mehr zu gewinnen war, suchte er selbst den Tod, den zwei seiner Söhne bereits gefunden hatten. Erst als eine Wunde ihn kampfunfähig machte, ließ er seinen Elefanten umkehren, um nicht lebend dem Feind in die Hände zu fallen. Aber vom Blutverlust ermattet, wurde er eingeholt und gefangen vor Alexander gebracht. Als ihn dieser fragte, wie er behandelt zu werden erwarte, antwortete er unerschrocken: »Königlich.« Der Sieger hielt sich an dieses Wort und setzte seinen stolzen Gefangenen wieder in seine Herrschaft ein, die er sogar noch beträchtlich erweiterte.
Während einer langen Rast baute Alexander am Hydaspes zwei Städte: die eine, an der Stelle, wo Poros besiegt worden war, nannte er *Nikäa*, die »siegreiche Burg«, die andere *Bukephala*, zur Erinnerung an sein Pferd, das er hier verloren hatte. Darauf ging der Zug weiter im Fünfstromland (Pendschab) bis an den *Hýphasis* (Sadletsch).
Nun hatten die Truppen in dem fremdartigen, feuchtwarmen Klima durch die mühevollen Märsche und Kampfhandlungen, durch die fürchterlichen Wolkenbrüche und Krankheiten schwer gelitten. Die Soldaten verlangten nach einem Ruhepunkt auf der unendlichen Wanderung, nach friedlichem Genuß der erworbenen Güter. Diese Mannschaft nochmals zu weiteren Unternehmungen hochzureißen, hielt sogar der König trotz seiner Rastlosigkeit für unmöglich. Als auch die Opfer, durch die der Wille der Götter ausgeforscht werden sollte, ungünstig ausfielen, ließ er durch seine engsten Freunde der Heeresversammlung verkünden, er habe den Rückzug beschlossen. Unermeßlicher Jubel und begeisterte Freude dankten dem König für diese erlösenden Worte.
Sein Eroberungszug war zugleich eine Entdeckungsfahrt in unbekanntes Land. Als die Küste erreicht war, ließ er eine Abteilung unter *Nearchos* zur See die Küste entlang westwärts segeln, um die Mündung des Euphrat

und Tigris aufzusuchen und so den Seeweg von Indien nach Mesopotamien zu erschließen. Auf diese Art hoffte Alexander, seine indischen Besitzungen mit dem Hauptteil seines Reiches in dauernden Zusammenhang zu bringen.

Alexander selbst wendete sich seinem Plane gemäß mit dem Heer nach den Wüsten *Gedrosiens* (das heutige Belutschistán, der südöstliche Teil des Hochlandes von Iran). Schwerlich besaß er von den Schwierigkeiten eines solchen Wüstenmarsches eine richtige Vorstellung. Als er sie in ihrem vollen Umfang überblickte, war es zu spät, um rückwärts zu marschieren. Der König ertrug alle Beschwerden mit seinen Kriegern, aß von ihrem elenden Brote und litt mit ihnen brennenden Durst. Nach einer recht aufreibenden Wanderung durch Salzsteppen und Sanddünen, die viele Opfer kostete, gelangte man nach Pura, der gedrosischen Hauptstadt, in einer fruchtbaren Ebene gelegen. Bald darauf traf Alexander mit Nearchos wieder zusammen, der nach einer an Gefahren und Entbehrungen überreichen Fahrt unfern vom Eingang in den Persischen Meerbusen gelandet war. Von nun an glich der weitere Marsch einem glänzenden Siegeszug.

Als der Herrscher nach Susa kam, wurde eine Hochzeitsfeier (324) veranstaltet, wie sie die Welt kein zweites Mal mehr erlebt hat. Der König heiratete Dareios' älteste Tochter, deren Schwester ehelichte sein Freund Hephaistion, ebenso heirateten viele Mitglieder seiner Umgebung Frauen aus dem iranischen Hochadel. Auch eine sehr große Zahl von Eheschließungen zwischen seinen Kriegern mit persischen Bräuten fand die weiteste Unterstützung Alexanders. Für ihn waren diese Mischehen von hoch und niedrig eine symbolische Verschmelzung von Makedonien und dem Iran.

Der König ergänzte sein stark verringertes, abgekämpftes Heer mit Männern aus Asien, die er in der Kriegsweise seiner Makedonen hatte ausbilden lassen, aber auch Befehlshaberposten besetzte er mit Fremden. Als der naive Instinkt der breiten Massen seiner Soldaten, kleiner Bauern und Hirten, die durch Jahr und Tag seine geradezu ungeheuerlichen Pläne verwirklicht hatten, fühlte, daß ihr Herr gewillt sei, sie immer mehr der Heimat und ihrem Volk zu entfremden, kam es bei einer Truppenschau im Sommer 324 zu *Opis* am unteren Tigris zu offener Empörung. Nach Hause sehnten sich alle, doch wollten sie mit ihrem siegreichen König im Triumph in der Heimat einmarschieren. Alexander aber dachte nicht daran, er hatte die Absicht, bei seinem orientalischen Heere zu bleiben und die alten Getreuen und die Invaliden ungeleitet nach Makedonien zu entlassen. Mit Belohnungen und Auszeichnungen wollte er ihnen den Abschied versüßen. Da ließen die Soldaten ihrem Unwillen freien Lauf.

Zustimmung und Ablehnung zu äußern, war altes Recht der Heeresversammlung. Aber durch diesen tosenden Ausbruch wurde Alexander völlig überrascht, er empfand diese Worte als persönliche Verhöhnung, griff daher die Rädelsführer heraus und ließ sie abführen. Er selbst zog

sich in sein Zelt zurück, ließ sich zwei Tage nicht sehen, am dritten übergab er die Befehlshaberstellen der makedonischen Kommandanten den vornehmen Persern.
Dem Trotz des Heeres folgte das Bewußtsein der Hilflosigkeit. Wie sollte die Heimkehr ohne den König gelingen, wie würde dort der Empfang sein! Mit dem gleichen Überschwang wie die Erbitterung machte sich nun die Reue Luft. Bitten um Verzeihung und Beteuerungen der Treue folgten, bis Alexander selbst wieder unter sie trat und eine große Versöhnung neue Brücken schlug zwischen König und Soldaten. Die Makedonier, die sich freiwillig wegen Alters oder Versehrtheit zur Heimkehr meldeten, verabschiedete der König mit reichen Geschenken und liebreichen Worten.
Alexander nahm nach seinem Indienzug die Zügel der Regierung wieder fest in seine Hände. Denn während seiner Abwesenheit war die Verwaltung durch ungetreue Beamte arg verwahrlost. Nach dieser inneren Ordnung beschäftigte ihn auch viel die Frage der Erschließung und Erwerbung *Arabiens.* Diese gewaltige Halbinsel galt für die Griechen schon immer als Land des Reichtums, vor allem mit seinen Spezereien und Gewürzen, und für Alexander war es ein wichtiges Durchzugsland für den Zwischenhandel von Ägypten nach Persien. Dieser Plan sollte aber nicht mehr reifen.
Wie ein mahnendes Vorzeichen seines eigenen frühen Endes überkam ihn der plötzliche Tod seines liebsten Jugendfreundes *Hephaistion,* für den er ein prunkvolles Leichenbegängnis und große Staatstrauer anordnete.
Ein Gedanke, der den Herrscher schon lange ganz eingenommen hatte und von dem er nie wieder loskam, war der, das große Reich durch gemeinsame wirtschaftliche, aber auch kulturelle Interessen zu einer Einheit zusammenzuschließen. Daß diese Kultur nur die hellenische sein konnte, verstand sich bei der hohen geistigen Entwicklung Griechenlands von selbst. Diese gewaltige Kulturmacht breitete griechische Bildung, Gesittung und vor allem den Formenschatz griechischer Kunst über den weiten Siedlungsraum des Ostens, besonders über die reichen Städte, aus. Aber sie übernahm auch orientalische religiöse Glaubensvorstellungen und philosophische Denkformen sowie an Stelle der begrenzten Verwaltung der Polis die jahrtausendealte Organisation großer Flächenstaaten. Daß dieser Kulturaustausch zwischen dem Sieger und dem Besiegten möglich gemacht wurde und daß diese zwei Welten mit ihren geistigen Kräften sich ineinander zu neuer fruchtbarer Einheit verflechten konnten, gehört zu den entscheidenden Verdiensten Alexanders. Man nennt diese Neugestaltung der hellenischen Kultur den Hellenismus und die drei nächsten Jahrhunderte, die den von Alexander angebahnten Sieg der griechischen Weltzivilisation und der in ihr geformten hellenistischen Weltsprache sich immer mehr vollziehen sah, das hellenistische Zeitalter.
Alexander selbst hat nur die glänzenden Anfänge dieser Entwicklung erlebt.

Im Anfang des Jahres 323 zog Alexander nach Babylon, der neuen Hauptstadt der Welt. Er besichtigte dort die Arbeiten an dem neuen Hafen, den er anlegen ließ, musterte die für Arabien bestimmten Schiffe und durchschritt Tag für Tag die Kanalbauten in den Niederungen. Über diesen lag aber ein Großteil des Jahres verderbenbringende Fieberluft.

Im Königslager herrschte geschäftiges Treiben. Man rüstete noch zu großen Festen und feierte Opfer. Denn schon nach Ablauf einer Woche sollten König, Heer und Flotte unter Nearchos nach Arabien ausziehen. Da warf ein Malariafieber (malaria tropica) den König nieder. Anfall folgte auf Anfall. Als eine Lungenentzündung den Körper weiter schwächte, reichte die Abwehr nicht mehr aus. Im Alter von 33 Jahren, nach 13jähriger Regierungszeit, starb Alexander (323 v. Chr.).

Welchen tiefen Eindruck Alexander auf die Nachwelt gemacht hat, kann man aus dem Urteil der Römer erkennen, die ihm als erste den Beinamen »der Große« gegeben haben.

Das Hellenistische Zeitalter 323—146 v. Chr.

Die Diadochenreiche

Nach Alexanders Tod erhob sich zunächst Athen in der Absicht, seine alte Selbständigkeit wiederzuerlangen. Demosthenes war von den Athenern zurückberufen worden. Man hatte ihn nämlich vordem mit mehreren anderen Staatsmännern und Rednern in einen Prozeß verwickelt, da man ihn beschuldigte, er wäre von *Harpalos,* dem ungetreuen Leiter der Finanzverwaltung Alexanders, mit einer hohen Summe bestochen worden. Er wurde, obwohl er die Unwahrheit dieser Beschuldigung in einer Rede nachzuweisen versuchte, zu einer Geldbuße von 50 Talenten verurteilt und floh, da er diesen Betrag nicht zahlen konnte, nach Ägina. Die Bemühungen, seine Ehre wiederherzustellen und sich die Heimkehr zu ermöglichen, blieben erfolglos. Erst der Tod Alexanders brachte die Änderung.

Durch Demosthenes' Worte aufs neue begeistert, traten die Athener, berufen durch ihre große Vergangenheit, an die Spitze der Bewegung zur Befreiung vom makedonischen Joch. Angeschlossen hatten sich viele Städte in Mittelgriechenland, in der Peloponnes und auch in Thessalien. Die Führung auf mekadonischer Seite hatte der von Alexander für die Zeit seiner Abwesenheit eingesetzte Reichsverweser *Antipater.* Er erlitt bei *Lamia* eine schwere Niederlage, besiegte darauf aber die vereinten Griechen in der Nähe von *Krannon* in Thessalien (322 v. Chr.). Athen mußte bedingungslos kapitulieren, aber dank seiner so überragenden Stellung waren die Bedingungen verhältnismäßig milde. Die Stadt mußte eine oligarchische Verfassung einführen, und eine makedonische Besatzung wurde nach dem Piräus gelegt. Die Anführer der Freiheitsbewegung kamen ums Leben. Demosthenes suchte auf der Flucht nach der Insel Kalauria im Saronischen Meerbusen Rettung in dem dortigen Poseidontempel. Aber von den makedonischen Verfolgern umringt, entging er seinem Schicksal nur durch den freiwilligen Tod, indem er Gift nahm (322). Seine Mitbürger ehrten später ihren großen Redner und angesehenen Staatsmann durch ein öffentliches Standbild.

Antipater, der den gefährlichen griechischen Aufstand niedergeworfen hatte, und *Perdikkas* standen nach Alexanders Tod im Mittelpunkt des Interesses bezüglich der Nachfolge im Reiche. Der König hatte keinen thronfähigen Erben hinterlassen. Sein großer Gedanke, unter Aufopferung aller Sonderansprüche der Teilstaaten nur der Idee des Gesamtreiches zu dienen, lag seinen nur von Eigensucht geleiteten Heerführern und Staatsmännern völlig fern. Jeder suchte für sich das beste greifbare Stück zu erraffen, allen voran *Ptolemaios*. Dieser nützte die politische und wirtschaftliche Sonderstellung Ägyptens, die eine Loslösung von dem Gesamtreich am leichtesten ermöglichte, dazu aus, um sich selbst zuerst als Statthalter, später als Alleinherrscher mit dem Königstitel seinen Anteil zu sichern. Das bedeutete den ersten Schritt zur Auflösung des Reiches und zur Bildung souveräner Nachfolgestaaten, von Diadochenreichen [diadoche (διαδοχή) = Nachfolge], die, einander feindlich gesinnt, in ihrem Eigenstolz jede Verschmelzung der Territorialstaaten ablehnten. Ptolemaios war es gelungen, Alexanders Leichnam in seine Gewalt zu bekommen. Er wurde zuerst in Memphis, dann in der von ihm gegründeten Stadt Alexandria zur Ruhe bestattet.

Vierzig Jahre lang dauerten die Kämpfe im ganzen Reich unter den Nachfolgern, den Diadochen. *Antigonos,* der Statthalter von Vorderasien, beanspruchte die Herrschaft über ganz Asien. Er nahm gleichfalls wie sein Sohn Demetrios den Königstitel an. Da verbanden sich die anderen Diadochen gegen ihn, und in der Schlacht bei *Ipsos* in Phrygien (301) verlor Antigonos, der gewaltigste unter den Diadochen, Reich und Leben. Die Bestrebungen zur Auflösung des Reiches hatten damit über den Gedanken der Staatseinheit gesiegt. Das gewaltige Erbe des Königs fiel auseinander. Aus dem jahrzehntelangen Ringen gingen drei Großmächte neben einer Anzahl von kleineren Staaten hervor. Die Großmächte waren Makedonien, Syrien und Ägypten.

Makedonien

Makedonien blieb ein Königreich von noch immer patriarchalischer Prägung. 318 setzte sich hier *Kassander,* der älteste Sohn von Antipater, fest, der sich mit einer Tochter Philipps vermählte. Nach ihr benannte er *Therma,* die wichtigste Hafenstadt Makedoniens, *Thessalonike,* jetzt Saloniki. Das Herrschergeschlecht der *Antigoniden* regierte von 276 bis 168. Unter ihm erlebte das Land einen großen wirtschaftlichen Aufschwung. Makedonien konnte allerdings seine Großmachtstellung nur behaupten, solange es die Herrschaft in Griechenland fest in Händen hatte. Die Griechen aber versuchten immer wieder, die makedonische Herrschaft abzuschütteln. Das kleine, von einem Bergvolk bewohnte Ätolien schloß gegen 279 fast alle Staaten in den Ätolischen Bund zusammen. Gleichzeitig vereinte der Achäische Bund den größten Teil der Peloponnes. In beiden Verbänden behielten die Mitgliedstaaten freie Herrschaft in ihren Gemeindewesen, überstellten aber ihre Streitkräfte und die Führung ihrer auswärtigen Beziehungen einem Bundesrat, an dessen Spitze ein jährlich gewählter Bundeshauptmann (Strategós) stand.

Der Achäische Bund stieg bald zu hoher Macht unter *Aratos* von Sikyon empor, der von leidenschaftlichem Haß gegen die Tyrannis und gegen

Makedonien als deren Schutzmacht erfüllt war. Er besetzte Korinth und befreite Athen von der makedonischen Besatzung.

Seit jener Zeit erfreute sich Athen, zwar militärisch machtlos, einer Selbstverwaltung und blieb wegen seiner hohen kulturellen Sendung auch weiterhin von allen hellenistischen Staaten unangetastet. Allerdings war es mit seiner politischen Bedeutung vorbei.

Die beiden großen Bünde aber schwächten sich in der Folgezeit durch Kriege und Klassenkämpfe im Innern. Das verarmte Volk begann Makedonien gegen seine eigenen Verwaltungen zu unterstützen. Philipp V. hatte die Herrschaft erlangt, er erweiterte sein Land und brachte es zu Ansehen und Reichtum. Aber er erreichte es trotz seiner Bemühungen nicht, mit Rom in ein erträgliches Verhältnis zu kommen. Da ihm der Krieg unvermeidlich schien, setzte er sein Land in einen wohlgerüsteten Verteidigungszustand. Während dieser Vorbereitungen starb er. Unter seinem Sohn *Perseus* aber wurde die makedonische Heeresmacht bei *Pydna* 168 v. Chr. geschlagen, das Königreich Makedonien fand damit sein Ende, und Perseus starb als Verbannter in Italien am Fucinersee.

Syrien

Das ausgedehnteste und reichste der Diadochenreiche war Syrien. Es stand unter der Dynastie der Seleukiden. Der Begründer war *Seleukos,* ein bedeutender Feldherr unter Alexander. Die Hauptstadt war *Seleukia,* später *Antiochia.* Sein Reich erstreckte sich bis an Indiens Grenzen, war in kleine Satrapien eingeteilt und von einer griechischen Oberschicht verwaltet. Aber es krankte an demselben Übel wie das alte Perserreich. Infolge der Riesenausdehnung war eine straffe Zentralregierung unmöglich, die Provinzstatthalter erlangten zu große Selbständigkeit, und nach und nach lösten sich Teile von dem Gesamtreich, wie Bithynien, Pergamon, Armenien u. a. Schließlich umfaßte die Seleukidenherrschaft nur noch das Gebiet zwischen Tauros und Euphrat. Im Jahre 64 v. Chr. hat Pompejus dem Seleukidenreich ein Ende gemacht. Es wurde provincia Syria.

Ägypten

Von den drei Diadochenreichen konnte sich das des Ptolemaios an Umfang nicht mit den anderen vergleichen. Aber Ägypten hinwieder übertraf die anderen durch die geographische Geschlossenheit und geschützte Lage, durch die Einheit seiner Bevölkerung, die tüchtige Verwaltung und die wohlgeordneten Finanzen. Der erste Herrscher *Ptolemaios* begründete seine Stellung weniger durch Kriegszüge als durch Förderung von Ackerbau, Handel und Gewerbe. Neben dem wirtschaftlichen Aufschwung blühten unter ihm und noch mehr unter seinem Sohn Ptolemaios II. Kunst und Wissenschaft. Der Mittelpunkt des geistigen Lebens wurde *Alexandria,* das gleichzeitig der Hauptverkehrsplatz für den Welthandel war, mit seiner sehr reichen Bibliothek und dem Museion, dem Haus der Musen, wo den Gelehrten ein Heim für die wissenschaftliche Forschung mit allen Hilfsmitteln, darunter auch einem astronomischen Observatorium, eingerichtet war. Die alexandrinischen Wissenschafter sahen ihre Hauptaufgabe darin, die großen Werke der griechischen Schriftsteller von Homer bis auf ihre Gegenwart vor dem Untergang zu retten und in guten Ausgaben den echten ursprünglichen Text nach Möglichkeit wiederherzustellen. Damit wurde hier die Wissenschaft der Philologie begründet.

Die Amtssprache war Griechisch, aber in späterer Zeit wuchs eine nationalägyptische Bewegung immer stärker heran, und Priesterschaft sowie Kriegerstand drängten den Machtbereich der Könige immer mehr zurück. Symbolisch dafür ist das Dekret von 196 v. Chr. auf dem berühmten Stein von *Rosette.* Dieser Stein, eine schwarze Basalttafel, wurde 1799 bei dem Zug Napoleons nach Ägypten von den Franzosen in der Stadt Rosette am Unternil gefunden. Der dreifache Text in der ägyptischen Bilderschrift (Hieroglyphen), in der ägyptischen Kursivschrift (Demotisch) und in Griechisch ermöglichte die Entzifferung der altägyptischen Schrift und Sprache. Während die früheren königlichen Edikte erst nachträglich ins Ägyptische übersetzt worden waren, ist dieses Dekret von Priestern in ägyptischer Sprache verfaßt und dann ungelenk ins Griechische übertragen worden. (Dieser Stein wird jetzt als besondere Sehenswürdigkeit im Britischen Museum in London aufbewahrt.)

Außenpolitisch machte sich schon die Abhängigkeit von Rom bemerkbar, Ägypten wurde auch der Schauplatz letzter Kämpfe namhafter Römer, ein Beleg für die große Bedeutung dieses Landes. *Pompejus* wurde hier ermordet, *Caesar* unterdrückte einen gefährlichen Aufstand in Alexandria, hier standen sich *Octavian* und *Antonius* zum letzten Mal gegenüber. Auch die Gestalt der *Kleopatra* gehört in diesen Zusammenhang. Im Jahre 30 v. Chr. wurde Ägypten eine römische Provinz.

Pérgamon

Von den kleinen Staaten der hellenistischen Zeit verdient *Pérgamon* besondere Betrachtung. Die gleichnamige Stadt thront, südlich von Troja, der Insel Lesbos gegenüber 270 m über der *Kaikos*ebene auf einem Vorsprung des *Pindasos*gebirges. Ihr heutiger Name ist *Bérgama.* Hier setzte sich um 280 der Söldnerführer *Philetairos* fest und begründete im Besitz des vom Diadochen Lysimachos zurückgelassenen Kriegsschatzes seine Herrschaft. Sein Neffe *Eúmenes I.* machte Pergamon zu einem unabhängigen Königreich. *Attalos I.* warf die in Kleinasien eingedrungenen Gallier, die *Galater,* die bis zu den Stadtmauern gelangt waren, zurück. Sein ältester Sohn *Eúmenes II.* kämpfte mit den Römern gegen *Antiochos III.* und erhielt dafür nach dem Sieg fast ganz Kleinasien von den Römern übertragen. Er gründete die pergamenische Bibliothek, die nur noch von der alexandrinischen übertroffen wurde, und baute den prachtvollen Zeusaltar mit dem figurenreichen Gigantenfries. Als in der Rivalität zwischen Ptolemaios V. und Eumenes II. wegen ihrer Bibliotheken der ägyptische König die Ausfuhr von Papyros verbot, wurden in Pergamon Schreibbogen aus fein bearbeiteten und gebleichten Tierhäuten hergestellt, die später als »Pergament« bezeichnet wurden. *Attalos III.* vermachte sein Königtum den Römern, die es als provincia Asia mit der Hauptstadt Pergamon ihrem Reich einverleibten. Dieses kleine Land trieb einen sehr lebhaften Handel mit Wein und Getreide, Wollsachen, Pergament und Salben. Aus dem Gewinn konnte es Kunst und Wissenschaft reichlich fördern.

Untergang der Herrschaft in Sizilien

Der Hellenismus hat weder in seinen geistigen Strömungen noch durch politische oder militärische Unterstützung das Westgriechentum beeinflußt. Sizilien blieb weiterhin im alten Problemkreis der Auseinandersetzung mit Karthago, das nach wie vor den Westteil der Insel besetzt hielt. Syrakus hatte unter Timoleon einen bedeutenden Aufschwung genommen. Aber der Erfolg beruhte nur auf der überlegenen Persönlichkeit dieses Mannes. Als er gestorben war, schafften die Reichen in einer revolutionären Auflehnung die Demokratie ab, und es folgte eine oligarchische Regierung. Aber diese bestand nur sehr kurze Zeit. Denn nach dem Sturz

Agáthokles

der Oligarchie machte sich *Agáthokles* (361—289 v. Chr.) zum Herrscher von Syrakus. Nach einigen erfolglosen Angriffen beschloß er, den karthagischen Feind in Afrika selbst anzugreifen. Er durchbrach die enge Blokkade der Karthager und landete in Afrika. Siegreich stieß er gegen die Hauptstadt vor und brachte eine größere Anzahl von Städten und Ortschaften in seine Gewalt. Als er sich aber ohne Heer nach Sizilien begab, um die Operationen gegen Akragas einzuleiten, kapitulierten inzwischen seine Truppen. In dieser Notlage versuchte Agathokles mit Karthago Frieden zu schließen. Der Vertrag kam auch wirklich zustande, Karthago behauptete seine Stellung auf der Westseite der Insel, wogegen Agathokles die schon sehr bedrängte Osthälfte behielt. Syrakus war die mächtigste Stadt im westlichen Mittelmeerraum. Agathokles, der den Königstitel angenommen hatte, wollte durch einen zweiten Zug die Karthager aus Sizilien vertreiben. Jedoch noch während der Vorbereitungen starb er.

Hieron II.

Nach jahrzehntelangen Wirren und wiederholten Einfällen der Karthager in Sizilien bekam *Hieron II.* die Königsherrschaft. Er führte sie sehr segensreich und wendete keine schwereren Strafen an. Sein Leben war bescheiden, die staatliche Finanzgebarung sehr gut. Unter seinen Auspizien vertiefte sich *Archimedes* in die Naturwissenschaften, besang *Theokrit* in sehr gepflegtem Griechisch die Schönheit Siziliens.

Zu seinem Glück hielt sich Hieron sowohl im ersten als auch im zweiten Punischen Krieg auf der Seite Roms. Aber sein Enkel und Nachfolger *Hieronymos* trat als König von Syrakus, von *Hannibals* Siegen geblendet, zu den Karthagern über. Archimedes verteidigte mit seiner hohen technischen Kunst die Stadt gegen die gemeinsamen Angriffe der römischen Flotte und des Landheeres. Trotzdem fiel die Stadt, wobei auch Verrat mithalf. Der siegreiche Feldherr *Marcellus* überließ sie seinen Soldaten zur Plünderung, im Getümmel fand Archimedes den Tod. Die wie Athen kulturell und politisch so bedeutsame Stadt verlor mit dem Jahr 211 ihre Bedeutung.

Im Osten und im Westen endete die Griechenherrschaft durch die römischen Eroberungen. Aber das Schwert konnte nur die politische Macht besiegen, unbesiegt blieb der griechische Geist. Er wurde vielmehr der Bezwinger des mächtigen Rom. Das mußte selbst der große römische Dichter Horaz einbekennen.

Die Kultur des Hellenismus

Baukunst

Die neue Zeit brachte vor allem in der Baukunst einen neuen Sinn für die Organisation des Raumes und für die Bewältigung des Riesigen, Ungeheuren. An Mitteln fehlte es nicht. Solcher Reichtum, wie er in Alexandria, Antiochia und Pergamon zusammenströmte, gab den Bauherren die Möglichkeit, auch kühne Projekte zu verwirklichen. Die Architektur stand im Dienst der Fürstenhöfe, sie hörte auf, volkstümlich zu sein. Sie ahmte das Großartige im Palastbau der Perser nach. Waren die früheren Tempelbauten von begrenzter Ausdehnung, so griff auch hier die Weiträumigkeit Platz, und die Gotteshäuser wuchsen zu ungeahnten Größenmaßen. Dorische und jonische Säulenordnungen traten nebeneinander auf. Besonders gern wendete man die üppige und oft recht verschwenderisch gestaltete korinthischen Säulenordnung an. Der größte uns bekannte Einzelbau war der neue Apollontempel von *Dídymoi,* einer antiken Stadt an der Westküste Kleinasiens, südlich von Miletos, von 120 fast 20 m hohen Säulen umstellt, der allerdings nie vollendet wurde.

Allen anderen Herrschern voran gingen die Ptolemaier in der Ausführung prächtiger Bauten. Sie förderten besonders ihre Hauptstadt Alexandria. Nicht weit vom Gestade dehnte sich die schmale Insel *Pharos,* sie war mit dem Festland durch einen künstlichen Damm verbunden. Auf der Nordostspitze erhob sich der berühmte, 180 m hohe, nach der Insel benannte Pharos oder Leuchtturm, der zu den sieben Weltwundern zählte, das Symbol der Stadt und daher auch ihr Münzbild.

Alexandria

Keine Stadt war in ihrer Anlage großartiger als Alexandria. Man verwendete alle Grundsätze und Erfahrungen, die die Griechen bei ihrer jahrhundertelangen Kolonisationstätigkeit gesammelt hatten. Schon in Perikleischer Zeit ist *Hippodamos* durch seine Stadtplanungen bekannt geworden. Er legte ein rechtwinkeliges, nach den Himmelsrichtungen orientiertes Straßennetz an, das der mathematischen Regelmäßigkeit wie der

Hygiene dienen sollte. Sein System hat in den folgenden Jahrhunderten bei Neuanlagen den Sieg davongetragen. Den Stadtplan Alexandrias kennen wir aus *Strabons* Schilderung. Schnurgerade, gepflasterte Straßen, teilweise bis 35 m breit, durchschnitten die Stadt. Das einförmige Bauschema wurde durch offene Säulenhallen, Baumalleen und durch Parkanlagen, durch große, statuengeschmückte Marktplätze aufgelockert. Daneben gab es kleinere Märkte, die für den Handel bestimmt waren und offene Bazare hatten. Ein ganzes Stadtviertel im Osten, *Brucheion,* nahm das königliche Schloß mit den Wohn- und Regierungsgebäuden ein. Daran schlossen sich die schon an anderer Stelle erwähnten Gebäude der großen Bibliothek mit Wandelhallen und Hörsälen und des Museions, das große Theater und der Tempel des Poseidon an. Im ältesten Stadtteil *Rhakotis,* im Westen und Südwesten, war das prachtvolle, hochgelegene *Serapis*heiligtum. Die fünf Stadtteile erhielten ihre Namen nach den ersten Buchstaben des Alphabetes, die Häuserblocks waren numeriert.

Pérgamon

Ist Alexandria durch die moderne Verbauung unrettbar verloren, so ist die königliche Attalidenresidenz *Pérgamon* durch die deutschen Ausgrabungen seit 1878 wieder erstanden. Die Stadt war durch ihre monumentale Wirkung und ihren planmäßigen Terrassenaufbau ein Prachtbeispiel hellenischer Städtebaukunst. Sie zog sich auf künstlich geschaffenen Terrassen an dem schroffen Hang des Burgberges hinauf. Folgte man dem gepflasterten Hauptweg zur Burg, so erreichte man zuerst den unteren Markt mit Hallen und Magazinen auf allen Seiten. Auf der Westseite erhob sich ein Tempel zu Ehren des Gottes Dionysos, der in dieser an Weinkulturen reichen Gegend besonders verehrt wurde. Der aufsteigende Weg führte zu einer etwa 20 m höher gelegenen großen Terrasse, auf der der mächtige Zeusaltar thronte. Weiter kam man durch ein wuchtiges Burgtor auf das eigentlich 80 m lange Plateau mit der Königsresidenz. Auf der Westseite stand ein dorischer Peripterostempel der Athene Polias, das älteste Heiligtum der Stadt. Die Nord- und Ostseite des Platzes umfing eine zweigeschossige Säulenhalle, die zwischen den jonischen Säulen des Obergeschosses eine Balustrade trug. An das Obergeschoß der Nordhalle stießen aller Wahrscheinlichkeit nach die Säle der berühmten pergamenischen Bibliothek. Hinter der Athenerterrasse lagen ältere und jüngere Palastbauten. Den Abschluß der oberen Terrasse bildete das Trajaneum. Es war ein in der römischen Kaiserzeit auf mächtigen, sich in mehreren Stockwerken erhebenden Stützmauern über den Abhang vorgeschobener Hallenbezirk (70×100 m). Dieser umschloß in der Mitte einen im korinthischen Stil erbauten Tempel zu Ehren des Kaisers Trajan. Am Westhang lag das Theater mit 80 Sitzreihen, dessen Skene auf einer langen Terrasse fußte, die den Zugang vom Markt her vermittelte. Den Norden der großen Terrasse zierte ein jonischer Tempel.

Plastik

Der Hauptvertreter der Plastik zur Zeit Alexanders stammte aus Sikyon in der Peloponnes, der Stadt, wo die Erzbildnerei in jahrhundertelanger Tradition gepflegt wurde. Es ist die Bronzegußwerkstatt des *Lysippos*, aus der eine stattliche Zahl von Götter- und Menschenfiguren, Viergespannen, Tieren und Gefäßen hervorgegangen ist. Von seinen Werken ist keines im Original erhalten, wir besitzen aber eine genaue Kopie nach einem seiner Erzbildnisse im sogenannten »Apoxyómenos«, dem »Schaber« des Vatikan. Durch Agrippa, den Schwiegersohn des Kaisers Augustus, war das Werk nach Rom gekommen und vor den Thermen des Agrippa aufgestellt worden. Kaiser Tiberius hatte es eines Tages in seine Privatgemächer überstellen lassen. Da murrte das römische Volk so bedenklich, daß der Kaiser die Statue, diesen Liebling des Publikums, wieder ausliefern mußte. Dargestellt ist ein junger Wettkämpfer, der sich nach der Arbeit in der Palästra in wohligem Behagen Öl und Staub mit dem Schabeisen vom Körper streicht. Die ungezwungene Sicherheit des beherrschten Leibes läßt den Körper nicht als das Wesentliche erscheinen und macht den Geist sichtbar, der sich in der feinen Modulierung und der wechselnd lebendigen Form ausspricht. Damit hat Lysipp einen beachtenswerten Schritt weiter in der Menschendarstellung gemacht.

Lysippos

Als Alexander der Große zur Regierung kam, war Lysipp bereits ein berühmter Mann. Alsbald wurde er der anerkannte Hofbildhauer des Makedonierkönigs, der fortan nur ihm Sitzungen gewährte, nur von ihm dargestellt sein wollte. Leider kennen wir die Alexanderbildnisse Lysipps nur aus sehr mangelhaften Nachbildungen; aber daß sie voll individuellen Lebens waren und die eigenartige Kopfhaltung des Königs und das nervös wechselnde Mienenspiel seines Antlitzes vortrefflich wiedergaben, wird glaubwürdig bezeugt. Es versteht sich von selbst, daß die Schule des Lysipp von den ersten Nachfolgern Alexanders zahlreiche Aufträge erhielt.

Einen Mittelpunkt für jede künstlerische Tätigkeit bildete in der Diadochenzeit die Stadt *Pergamon*. Die Siege, die die Attaliden über die Kelten erfochten hatten, ließen sie immer wieder durch ihre Hofkünstler darstellen. Vor der Wiedergabe von Barbaren hatte sich die griechische Kunst früher gescheut. Jetzt fand sie es anziehend, diese langbeinigen gallischen Krieger mit ihrem struppigen Haar, ihrem Schnurrbart und ihrem harten Körper in täuschender Treue wiederzugeben. Bei dem »Sterbenden Gallier« des Kapitolinischen Museums in Rom ist von jeder Idealisierung abgesehen worden. Rücksichtslose Wirklichkeit spricht aus dem todmatten, über den Schild gebeugten Gesicht und dem von der Todeswunde gebrochenen Körper. Der Künstler läßt uns auch mit dem Gallier das Leid des Augenblickes fühlen und das Heldenhafte an dem tapferen Gegner bewundern.

Das großartigste Denkmal der pergamenischen Kunst ist der schon erwähnte »Zeusaltar«, der nach der Ausgrabung in das Berliner Pergamonmuseum gebracht wurde. Der Altar, den Eumenes II. um das Jahr 180 errichten ließ, bildete eine 37 m lange, 34 m breite Fläche. Der eigentliche

Feuerherd stand auf der Plattform eines oblongen Unterbaus, zu dessen Höhe von Westen her eine große Freitreppe emporführte. Jonische Säulenhallen liefen rings um den Rand der Plattform, so daß der Opferraum mit dem Altar wie ein abgeschlossener Hof erschien. Die Wände des Unterbaus trugen einen 2,3 m hohen Relieffries, auf dem der Kampf der Götter gegen die aufrührerischen Giganten in mächtigen Figuren geschildert war; damit sollte symbolisch der Sieg der Pergamener über ihre Nachbarn, die barbarischen Galater, gefeiert werden. Obgleich der ganze Altar in byzantinischer Zeit abgerissen und zum Bau einer Festungsmauer verwendet wurde, die Türken die schönen Marmorplatten mit Vorliebe in ihre Kalköfen wandern ließen, sind doch noch erhebliche Reste dieses großartigen Frieses gerettet worden.

Das Thema des 130 m langen, in wuchtigem Hochrelief gearbeiteten Friesbandes löst sich in dramatische Einzelkämpfe auf. Eine unübersehbare und gedrängte Fülle von sich überschneidenden und verdeckenden Leibern weckt den Eindruck einer mächtigen, ruhelosen Bewegung. Der ganze Olymp ist aufgeboten, Zeus zerschmettert mit seinen Blitzen die Feinde, Athene kämpft unerschrocken neben ihm, Apollon und Artemis, ja selbst Aphrodite schreiten über das Kampffeld. Aus der Tiefe steigt Gaia und klagt um ihre Söhne. Im Gegensatz z. B. zum Parthenonfries zeigt dieses Reliefband keine Entwicklung, keine Fortführung gleich der Geschehniskurve einer Tragödie zu einem bestimmten Ziel, zu einer Lösung des Themas. Nur immer wieder ein wildes Ringen und Streiten, es verebbt das Ganze in der Monotonie sich immer wiederholender, unentwirrbarer Kämpfe. Die dramatischen Gruppierungen sind auf Fernsicht gearbeitet, sie sollten sich vom Hintergrund des gewaltigen Altarbaues abheben, unter dem wuchtigen, schattenden Gesims hervorleuchten und im Pathos der Gedrängtheit der vielen muskulösen Leiber und der rauschenden, sturmgepeitschten Gewänder dem ewigen schmerzvollen Leid des kampferfüllten Daseins Ausdruck geben.

Von einem der wenigen Künstler der hellenistischen Zeit, die aus dem griechischen Mutterland stammen, *Damophon* aus Messene, sind uns Bruchstücke von dem Tempel der *Despoina,* einer alten, in Arkadien verehrten Erdgöttin, aus *Lykosura* in der südlichen Peloponnes erhalten.

Von einem unbekannten Meister stammt die berühmte »Aphrodite von Melos« (Venus von Milo). Sie wurde 1820 auf der Insel Melos gefunden und nach Paris in den Louvre gebracht. Die überlebensgroße Gestalt mit dem schönen, weichen Antlitz, dem im Kontrapost feingeschwungenen, idealen Körper, dessen wunderbare Bewegung sich im Faltenwurf des gleitenden Gewandes fortsetzt, ließ erkennen, daß auch im Hellenismus die griechische Kunst noch vom Widerschein praxitelischer Leistung erfüllt ist.

Ebenfalls im Louvre finden wir die fast 2 m hohe Kolossalplastik einer Nike aus der 1. Hälfte des 2. Jahrhunderts v. Chr. Sie hat den Beinamen die

»Nike von Samothrake«, weil sie bei französischen Ausgrabungen von Champoiseau 1863 auf der Insel Samothrake gefunden worden war. Die gewaltige Göttin läßt von einem als Schiffsvorderdeck geformten Sockel ihren Posaunensiegesruf über das Land erschallen. Das vom Wind durchwehte Gewand legt sich in welligen Falten wie Meereswogen um die Gestalt oder preßt sich, gleichsam von der Seeluft feucht geworden, enganliegend an den Leib. Der Künstler der Nikefigur ist uns unbekannt, aber man vermutet, daß sie ein rhodisches Werk ist.

In *Rhodos* finden wir, wie uns schon Plinius erzählt, die Kunst mehr als zwei Jahrhunderte durch den Reichtum und das Selbstbewußtsein der freien Bürger in sorgsamer Pflege. In ihren Anfängen zeigt die Schule von Rhodos Zusammenhänge mit der peloponnesischen.

Chares von *Lindos,* einer Stadt auf Rhodos, ein Schüler Lysipps, errichtete das als Weltwunder geschätzte, ungefähr 34 m hohe Erzstandbild des Sonnengottes, den sogenannten »Koloß von Rhodos«. Von diesem Namen stammt das griechische Wort kolossós, das dann in der gleichen Bedeutung bis heute erhalten blieb. Chares brauchte zwölf Jahre, um die Heliosfigur fertigzustellen (285 v. Chr.). Aber im Jahre 224 wurde sie durch ein Erdbeben umgestürzt und bildete nun erst recht einen Gegenstand des Staunens. Wenige Menschen konnten mit ihren Armen auch nur den Daumen des Gottes umschlingen.

Für Rhodos war die dramatisch bewegte, sehr pathetische Bronzegruppe des »Farnesischen Stiers« von den Brüdern *Apollonios und Tauriskos* aus Tralles südlich von Ephesos von der Mitte des 2. Jahrhundert v. Chr. bestimmt. Die uns erhaltene römische Marmorkopie wurde im 16. Jahrhundert bei den durch Papst Paul III. aus dem Hause Farnese – daher der Name des Bildwerkes – vorgenommenen Ausgrabungen in den Thermen des Kaisers Caracalla entdeckt und ist jetzt im Museo Nazionale zu Neapel aufgestellt. Der Komposition liegt die aus einer Euripidestragödie bekannte Begebenheit zugrunde: die Söhne der Thebanerin Antiope, Amphion und Zethos, bestrafen Dirke, die Peinigerin ihrer Mutter, indem sie Dirke an einen wilden Stier binden und von ihm zu Tode schleifen lassen.

Ebenfalls aus Rhodos stammt die berühmte »Laokoongruppe« aus Marmor. Sie ist ein Originalwerk der rhodesischen Bildhauer *Hagesandros, Polydoros* und *Athanodoros* und entstand in der Mitte des 1. Jahrhunderts. Plinius sah die Laokoongruppe noch im Palast des Kaisers Titus. Sie wurde 1506 in den Ruinen der Titusbäder zu Rom gefunden und im Vatikan aufbewahrt.

Nicht unerwähnt soll die schöne Bronzekopie des »Dornausziehers« im Palazzo dei Conservatori zu Rom bleiben. Dieses genrehafte Werk zeigt in seiner verkrümmten Gestalt und seiner ganz realistischen Tätigkeit, wie die Plastik aus den gottnahen Bezirken edelster Menschlichkeit in die Wirklichkeit des Alltags hinuntersteigt.

Reinen Realismus weist die Bronzestatue des »Faustkämpfers« von *Apollonios* aus Athen im römischen Thermenmuseum auf. Eben hat er den Kampf hinter sich, noch ringt er mit leise geöffnetem Mund nach Atem. Das bartumrahmte Gesicht und die Ohren decken Narben und Risse, die Nase ist verschwollen. Der Athlet sitzt ermattet auf einem Stein. Der muskelstarke Körper ist entspannt, die Arme stützen sich ausruhend auf die Schenkel. Die Fäuste sind zum Angriff mit Riemen umwunden.

Malerei Unter den Malern der hellenistischen Zeit behauptete der Jonier *Apelles* aus Kolophon weitaus den ersten Platz. Als Alexander der Große den Thron bestieg, ernannte er ihn in aller Form zu seinem Hofmaler. Unzählige *Apelles* Male hat Apelles in dieser Eigenschaft den großen König porträtiert, allein oder im Kreise seiner Feldherren. Die Schlachten des Königs hat er merkwürdigerweise nicht gemalt, überhaupt keine figurenreichen Bilder. Von seinen mythologischen Gemälden war weitaus am gefeiertsten eine aus dem Meer auftauchende und das feuchte Haar trocknende Aphrodite, die er für den Asklepios-Tempel der Insel Kos gemalt hat. In unzähligen Versen haben die Zeitgenossen sie besungen. In getreuer Nachbildung der Natur stand Apelles keinem Meister nach; in der fast plastisch wirkenden Modellierung der Flächen übertraf er sie alle. Von seinen Werken ist nichts erhalten.

Auch noch andere herausragende Maler brachte die hellenistische Zeit her-*Philóxenos* vor, so den Schlachtenmaler *Philóxenos* von Eretria. Das berühmte Alexandermosaik, das 1831 in der Casa del Fauno zu Pompej gefunden wurde, gilt als eine Kopie dieses Meisters. Es gibt uns, da es nur die vier Farben Polygnots verwendet, eine Vorstellung der einstigen Vierfarbenmalerei. Das Mosaik befindet sich jetzt im Museo Nazionale zu Neapel. Berühmter *Timómachos* war noch *Timómachos* von Byzanz, der sich besonders auf tragische Stoffe, wie Medea, Aias und ähnliche, verstand. Die Schönheit des Weibes bildet jetzt immer mehr das Lieblingsthema; aber auch der Sinn für landschaftliche Reize erwacht. Daneben malen andere gern Bühnenszenen und Bilder aus dem Alltagsleben. Auch von Karikaturen hören wir.

In den neuen Großstädten der Diadochen und im Dienste ihrer üppigen Hofhaltungen erfreute sich auch das Kunstgewerbe großer Beliebtheit. Die Fortschritte der Technik, die allenthalben gelangen, kamen dem Gewerbe noch viel unmittelbarer zustatten als der Kunst. An reichen Auftraggebern war kein Mangel. Die ganze Lebenshaltung in den besitzenden Klassen war eine erheblich anspruchsvollere als früher. Gold- und Waffenschmiede, Töpfer und Vasenmaler, Kleider- und Schuhmacher hatten alle Hände voll zu tun.

Mode In der Kleidermode zeigte sich deutlich der große Wandel der Zeit und des fremden Einflusses. Waren früher der dorische Peplos aus Wolle als Frauenkleid und der bis zu den Knöcheln reichende Chiton bei Männern üblich, so trugen später auch die Frauen den Chiton. Dieser konnte in der

Frauen im Chiton mit Diploidon

Taille oder unter der Brust gegürtet sein. Der über den Gürtel überfallende Stoffbausch, Kolpos genannt, wirkte manchmal wie ein Umhang. Ursprünglich blieb der Chiton an der Seite offen, später wurden die Gewandteile durch eine Naht verbunden. Der Umhang, der unter dem linken Arm zur rechten Schulter geführt und mit einer Fibel zusammengehalten wurde, hieß Diploidon.

Je nach dem Wetter nahm man auch einen Überwurf, das Himátion, ein Stoffstück von ungefähr $3 \times 1^1/_2$ m. Man legte es so über die linke Schulter, daß das eine Ende nach vorn hinunterhing, das andere über dem Rücken und unter der rechten Achsel durchgezogen und zuletzt über die linke Schulter nach hinten geworfen wurde. Um die Lage der Mantelfalten zu festigen, nähte man in die Ecken des Tuches Bleistückchen ein.

Bei den Männern verschwindet nach den Perserkriegen der lange Chiton. Nur Priester, Kitharoiden und Wagenlenker tragen ihn noch weiterhin. Für die Männer bleibt nur noch das Himation mit kunstvoll geschwungener Längslinie. Männerhosen waren den Griechen fremd, sie galten als typische Barbarenkleidung. Alexander trug zuweilen Hosen, um, die Empfindungen der Perser berücksichtigend, ihre Kleidungssitte nachzuahmen.

Für die Reise trug man den kurzen, rechteckig geschnittenen Mantel mit farbigem Saum, die Chlamys, die auf der rechten Schulter mit einer Agraffe zusammengehalten wurde. Wir sehen sie an vielen Reiterfiguren.
Den Kopf bedeckten die Männer nur auf der Reise, in der Schlacht und bei der Arbeit in heißer Sonne. Meist war es der breitkrempige Filzhut (Petasos). Von anderen Kopfbedeckungen der Männer sind noch zu nennen die runde Lederkappe, die spitze oder kegelförmige Filzmütze (Pilos) und die sogenannte phrygische Mütze mit nach vorn fallender Spitze.
In hellenistischer Zeit wurden die Damenstoffe immer feiner. Sie waren auch aus Baumwolle, ja sogar aus Seide. Berühmt war Kos durch die Erzeugung ganz dünner, schleierzarter Stoffe. Wie sehr der Kleiderluxus überhandnahm, sieht man daraus, daß in verschiedenen Städten Verordnungen gegen diese Übertreibung erlassen wurden.
Die Frauen haben gewöhnlich keine Hüte getragen, da sich ja nach damaliger Sitte die Griechinnen wenig auf der Straße zeigten. Um so mehr legten sie Wert auf eine kunstvoll geordnete Frisur. Erst in späterer hellenistischer Zeit setzten auch die Frauen vielfach Hüte auf. Die eleganten und koketten Böotierinnen aus *Tánagra*, einer Stadt in Böotien am Asopos gelegen (jetzt Gremadha), zeigten sich gern mit dem eigenartigen Strohhütchen und einem Sonnenschirm.
Die Fußbekleidung bestand ursprünglich nur aus Sandalen, später kamen auch hohe Schuhe in Verwendung, gewöhnlich aus Leder, für Männer schwarz, für Frauen bunt. Die thebanischen Damen, die viel Luxus trieben, trugen auch Purpurschuhe, die die nackten Füße durch das Riemenwerk durchschimmern ließen. In hellenistischen Zeiten konnten die Frauen unter vielen, nach Form, Farbe und Herkunft verschiedenen Schuhsorten je nach Geschmack wählen.
Im Laufe der Jahrhunderte änderte sich auch die Haartracht. Während des fünften Jahrhunderts schieden sich die Männer von den Frauen. Bei den Männern sah man keine Zöpfe und Löckchen mehr, wie sie die Kouroi noch zeigten. Nach den Perserkriegen war das Haar kurzgeschnitten, nur noch Jünglinge prangten im wallenden Haarschmuck. Der Spitzbart der archaischen Zeit verschwand, man ließ das Haar ganz natürlich um Kinn und Wangen wachsen. Die Gepflogenheit des Rasierens kam erst zur Zeit Alexanders auf und blieb bis in die Zeit Kaiser Hadrians bestehen. Nur die Philosophen hielten an der früheren Barttracht fest. Die Frauen zierten ihre Frisur mit Häubchen und Binden, später schlangen sie ihr Haar über dem Nacken in den bekannten »griechischen Knoten«. Die Sklaven mußten das Haar kurzgeschoren tragen.
Schmuck wurde von Männern und Frauen getragen. Männer hatten zumindest einen Fingerring. Frauen schmückten sich mit Diademen oder Stirnbinden, mit Ohrringen, Halsketten, Fingerringen, Spangen und Broschen, mit edelsteinbesetzten Reifen um Arme und Knöchel.

Athenische Trachten

Dichtung

Für die Dichtkunst war die Zeit Alexanders und seiner Nachfolger nicht sonderlich günstig. Am allerwenigsten gedieh das Trauerspiel, und immer mehr wurde es üblich, die bewährten Tragödien des fünften Jahrhunderts zur Wiederaufführung zu bringen, statt es mit den fragwürdigen Erzeugnissen der Modernen zu versuchen.

Dafür hat die Komödie eine neue Blüte erlangt. Athen brachte sie als eine letzte dichterische Schöpfung hervor. Hier wurde sie auch oft gespielt, bevor sie ihre Wanderung durch die hellenische Welt antrat. Diese neue Komödie verzichtete auf die politische Satire, von der die alte gelebt hatte. Die Zeiten sind anders geworden. Strenge Gesetze haben die bisherigen Ausschreitungen der Komödie eingedämmt und die politische Kritik verstummen lassen. Auch war nach dem Zusammenbruch der attischen Macht am Ende des Peloponnesischen Krieges die Anteilnahme am öffentlichen Leben geringer geworden, der attische Bürger wandelte sich unter dem Zwang der Zeit immer mehr zum Privatmann.

In diesen Bezirk des kleinen bürgerlichen Lebens folgte ihm auch die Komödie, stellte alltägliche Schicksale und die kleinen Leiden und Leidenschaften aus dem engen Kreis dar. Sie brachte Menschen auf die Bühne, denen die Athener täglich begegneten, ließ sie in den Verhältnissen eines Lebens, in denen die Zuschauer selbst lebten, so daß sie sich im Spiegel der Kunst sahen.

Menander Der Hauptvertreter dieser neuen Komödie war *Menander* aus Athen (um 342 bis um 293 v. Chr.). Er hing so an seiner Vaterstadt, daß er sogar dem Rufe des Königs Ptolemaios nach Alexandria nicht folgte, sondern treu bis zu seinem Tode in Athen blieb. Er mußte sich mit Mühe gegen seine Nebenbuhler durchsetzen, vor allem gegen Philemon, der zu seinen Lebzeiten den größten Erfolg hatte, während Menanders Ruhm bei der Nachwelt weit über den seiner zeitgenössischen Dichter hinauswuchs. Menander konnte nur fünf Siege in den Großen Dionysien erringen. Es dürften die derberen Mittel der anderen das Publikum unmittelbarer angesprochen haben als seine feinen Charakterkomödien. Seine Menschen sind in ihrem ganzen Wesen natürlich, nicht übertrieben, den Schwächen und Torheiten des Lebens nachgezeichnet. Durch seine meisterhafte scharfe Charakterzeichnung weckte er das Mitgefühl, ließ der Menschen Sorgen und dann um so froher ihr Glück nacherleben.

Dem kleinen Ausschnitt des bürgerlichen Daseins entsprachen auch die wenigen Typen, die auftraten. Es sind der verliebte Jüngling, der mürrische knickerige Alte, der großsprecherische Söldner, der Parasit, der um eine Mahlzeit zum kriecherischen Speichellecker wird, der intrigante, gerissene Sklave, der sich durch die Überlistung seines beschränkten Herrn für sein bedrücktes Dasein schadlos hält. Die Handlung dreht sich regelmäßig um die Liebe mit ihren Leiden und Freuden, ihren Zwisten und Intrigen.

Menander lebte in der römischen Dichtung bei Plautus und Terenz weiter, hat auf ganz Europa gewirkt und wurde zum Vater des modernen Lustspiels.

Leider ist keine einzige Komödie ganz erhalten. Wir kennen sie aus den römischen Nachbildungen des Plautus und Terenz. Terenz hat sich sehr eng an die Vorlage angeschlossen, Plautus bewegte sich freier und ließ den römischen Anteil sehr stark spüren. Weiter haben wir eine Fülle winziger Bruchstücke. Dazu kam ein kleiner Papyrosfund in Ägypten (1905), der uns große Teile von vier Komödien Menanders erschloß und uns dadurch auch einen umfangreichen Einblick in seine Kunst ermöglichte.

Den Chor hat er, da er keine Entsprechung im Bild des wirklichen alltäglichen Lebens hat, aus dem Spiel ausgeschaltet. Er füllt nur die Pausen. Die Figuren sind zu festen Typen geworden, der alte Herr mit Bart, langem Mantel und Stock, der Jüngling bartlos und hübsch gekleidet, der Sklave in kurzem Rock, die Frau nach Charakter und Stand geschieden.

Als die bekanntesten Komödien Menanders gelten »Der Selbstquäler« und »Die Brüder«. Beide Stücke sind in der Bearbeitung von Terenz erhalten, behandeln das unerschöpfliche Thema Vater und Sohn, Gegensatz von

Alten und Jungen und damit das immer wieder auftauchende Problem der Erziehung.

In der hellenistischen Zeit wurde neben Athen Alexandria ein literarischer Hauptsitz. Hier lebte der gelehrte Dichter *Kallimachos*, der »Fürst der Elegie«, wie ihn die Römer nannten. Er stammte aus Kyrene und war der Sohn eines Offiziers (um 310 bis 240 v. Chr.). Zuerst ein bescheidener Lehrer in Alexandria, wurde er später, als man auf den überaus geistreichen und belesenen Menschen durch seine Dichtung und seine gelehrten Arbeiten aufmerksam wurde, an die Bibliothek des Museions berufen und hat hier in unermüdlicher Arbeit das ganze Schrifttum der riesigen Bücherei geordnet und katalogisiert. Dieser 120 Bücher umfassende Katalog war gleichzeitig eine grundlegende Übersicht über die gesamte griechische Literatur.

Kallimachos

Sein berühmtes Werk waren die »Aitia« (Ursachen) in vier Büchern. In diesen Elegien trägt er die Ursprünge und Ursachen von Kulten, festlichen Bräuchen, von Heiligtümern und Städten vor, verknüpft sie mit Erzählungen von seltsamen Geschichten und Menschen.

Seine Elegie auf die Locke der Berenike ist uns nur aus der Übersetzung Catulls erhalten.

Von Kallimachos sind uns über 60 Epigramme und 6 Hymnen überliefert.

Wie Kallimachos, dem großen Epos abgeneigt, die kleinen Dichtungsformen bevorzugte, so hat auch *Theokrit* sich der kürzeren Gattung der Idylle gewidmet. Von seinem Leben wissen wir nur wenig. Er wurde etwa 305 v. Chr. in Syrakus geboren, lebte in Kos, Sizilien und Alexandria, von seinem Lebensabend ist nichts bekannt.

Theokrit

Theokrit ist der erste uns bekannte Verfasser der ländlichen Dichtung, die dann in Italien von Vergil bis Ausonius fortlebt, im Mittelalter und in der Neuzeit immer wieder in mannigfachen Formen in der europäischen Dichtung auftaucht und als Schäferspiel die Menschen der Rokokozeit erfreute. Idyllische Dichtungen reichen bis auf unsere Tage. Die Idylle, von dem griechischen Wort eidýllion, d. h. Bildchen, abgeleitet, schildert das friedliche Bild gemütlichen Landlebens, ursprünglich das naturnahe Dasein der Hirten Siziliens. Dieses Land war zu Theokrits Zeit mit seinen stattlichen Herden und üppigen Weideplätzen das Dorado der Schäfer. Je mehr die Abneigung gegen das despotisch geführte öffentliche Leben wuchs, desto lieber flüchtete man aus dem unruhigen Getriebe der großen Welt in die freie urwüchsige Natur der Hirten. Den Beweis dafür liefert die bemerkenswerte Tatsache, daß jene Dichtervereinigung, in der Theokrit auf Kos einige Jahre lebte, die Formen eines Schäferbundes angenommen hatte.

Das Versmaß der Idylle ist der daktylische Hexameter, der sich dem erzählenden Inhalt gut anpaßt. Unter Theokrits Namen ist uns eine Gedichtsammlung erhalten, die 29 Idyllen und 23 Epigramme umfaßt. Von den

29 Idyllen schöpfen aber nur 13 aus dem Lebenskreis der Hirten und ländlichen Arbeitern und gehören damit der bukolischen Gattung an.

Philosophie

Ungleich günstiger als für die Dichtung war die Zeit nach Alexander für die Betätigung der Gelehrsamkeit. Die Kenntnis der wirklichen Welt erfuhr durch des Königs Züge nach dem fernsten Osten einen gewaltigen Zuwachs, der Austausch zwischen den Forschern und Denkern des Abend- und Morgenlandes kam der Ausbreitung und Vertiefung des Wissens in hohem Maße zugute. Im Weltreich Alexanders weitete sich auch der Blick der Gelehrten zur Umfassung der gesamten vielgestaltigen Welt.

Aristoteles

Der allseitige und bedeutendste Geist der Alexanderzeit und hervorragendste Philosoph war Platons größter Schüler *Aristoteles* aus Stageira auf der Halbinsel Chalkidike (384—322 v. Chr.), daher auch oft Stagirit genannt. Aristoteles war der Vollender der griechischen Philosophie. Anfangs widmete er sich der Arzneikunde, da sein Vater Nikomachos Hofarzt des makedonischen Königs Philipp war. Nach dem Tode seiner Eltern begab er sich in seinem siebzehnten Lebensjahre nach Athen, wo er zwanzig Jahre lang Platons Vorträge hörte, aber auch schon selbst eine Schule der Rhetorik begründete. Nach Platons Tod ging er zum Fürsten Hermeias von Atarneus im äolischen Kleinasien und nach dessen Sturz (346 v. Chr.) nach Mytilene auf Lesbos. Von hier berief ihn im Jahre 343 Philipp von Makedonien als Lehrer seines damals dreizehnjährigen Sohnes Alexander. Drei Jahre lang wurde der hochbegabte Knabe von dem genialen Lehrer unterrichtet und erfuhr ohne Zweifel nachhaltige Eindrücke von ihm. Nach Alexanders Regierungsantritt kehrte Aristoteles nach Athen zurück. In den schattigen Baumgängen (peripatoi) des Lykeions, eines Gymnasions vor den Toren Athens, das, unweit vom Ilissos gelegen, sich an einen Tempel des Apollon Lykeios anlehnte, sammelte er seine Schüler um sich, die nach jenen Wandelgängen, wo sie zu den Vorträgen zusammenzutreten pflegten, allgemein Peripatetiker genannt wurden. In dieser Zeit verfaßte er seine bedeutendsten Schriften. Als sich nach Alexanders Tod die Athener gegen Makedonien auflehnten, zog sich Aristoteles nach Chalkis auf Euböa zurück, wo er im Jahre 322 seinen umfassenden Arbeiten durch einen für ihn und die Menschheit allzufrühen Tod entrissen wurde.

Er hinterließ sein wissenschaftliches Vermächtnis zum großen Teil unvollendet. Manche Schriften waren über die Sammlung des Materials nicht hinausgediehen; von anderen lagen nur mangelhafte Vorlesungshefte vor, in denen seine Schüler beim Vortrag mitgeschrieben hatten. Viel von diesem kostbaren Besitz ging unwiederbringlich verloren. Theophrastos, sein Schüler und Erbe seiner sämtlichen Handschriften, vermachte diesen Schatz einem gewissen Neleus, dessen Nachkommen die Papiere wie ein teures Familiengut in einem unterirdischen Gewölbe bewahrten. Hier aber wurden viele unersetzliche Schriften durch die Ungunst des Raumes zerstört.

Der Umfang seiner Gelehrsamkeit ist einzigartig. Sein Geist umspannte das gesamte Wissen seiner Zeit und alle Erkenntnis und Erfahrung der früheren Gelehrten; er faßte mit energischer Denkkraft das Verstreute und Vereinzelte auf allen Gebieten zum systematischen Lehrgebäude zusammen und brachte es außerdem in jeder Wissenschaft noch zu überraschenden eigenen Resultaten.

Den Ausgangspunkt seines Forschens bildete stets die Erfahrung. Im Gegensatz zu Platons über das Irdische sich emporhebenden Idealismus hielt er es mit dem wirklich Vorhandenen, mit dem Tatsächlichen. Keiner hat wie er beobachtet, gesammelt und verglichen.

Metaphysik

Die jonischen Naturphilosophen hatten nach dem Urstoff der Welt gefragt. Von ihnen übernahm Aristoteles den Begriff der Materie und machte sie zur Grundlage alles Seins und Werdens. Sein ist alles, was in die Augen fällt, was greifbar ist. Werden ist die Entwicklung aus dem nur Möglichen in das Wirkliche. Voraussetzungen für das Werden sind nach Aristoteles: 1. die Materie mit ihren noch gar nicht näher bestimmten Möglichkeiten, also das Gegebene, das »Was« und 2. die Form, die Art und Weise, das »Wie«. Der rohe Marmorblock ist ihm die Grundlage für die werdende Statue. Dieser Stein gestaltet sich durch die Form zu einer bestimmten Einzelsubstanz. Weder Materie noch Form existieren für sich allein, sondern sind schon in der Natur bei der Entstehung von Substanzen vorhanden und verbinden sich zum Einzelding.

Das eigentliche Entstehen kommt dadurch zustande, daß, sobald die Materie, die die Vorbedingungen für das Eingreifen eines höheren ausgestaltenden Prinzips in sich birgt, und die Form im Werdeprozeß zusammentreten, sich ein Übergang von dem Möglichen in ein Wirkliches, d. i. von einer Potenz (potentia – Möglichkeit) in den Akt (actus – Wirklichkeit) vollzieht. Denn im unbearbeiteten Marmorblock liegen ja die vielfachen Möglichkeiten, die daraus geformt werden können.

Die Form ist also den Platonischen Ideen gleichzusetzen. Denn beispielsweise hat der Künstler, bevor er an die Ausführung des Werkes schreitet, schon das Idealbild vor sich. Nur verlegt Aristoteles diese gedanklichen Gebilde aus ihrem außerweltlichen Bereich durch den Akt in die Dinge hinein. So steckt also noch in unserem Wort »Wirklichkeit« die Aristotelische Bestimmung, nämlich die Verwirklichung der zuvor nur in der gedanklichen Planung vorhandenen Form.

Ethik

Die Lehre von Materie und Form wendet Aristoteles auf das Verhältnis von Leib und Seele an. Der Leib ist die Materie, die Seele die Form, beide zusammen bilden den Menschen. Die menschliche Tugend ist kein Naturgeschenk, sie muß erworben werden. Dies geschieht durch ein Leben, das alles Übermaß meidet. In der Tugend als der rechten Mitte gipfelt der griechische Maßgedanke. Diese Mitte ist Vermeidung aller Übersteigerung, Zügelung aller Leidenschaften, die in den Dienst richtiger Ziele treten müssen. Dazu gehören der Kampf gegen unsere bösen Neigungen und Vorsicht gegen maßlose Lust. Die Tugend wurzelt bei ihm nicht, wie bei Sokrates, im Wissen, sondern im Willen und wird durch Übung erworben. Höchstes Gut kann nur sein, was den ganzen Menschen befriedigt. Er stimmt also darin nicht mit Platon überein, der die Eudaimonie (das Lebensglück) nur in der Befriedigung des höchsten Seelenteiles, des Nus (der Denkkraft), sucht. Bei ihm kommen auch die anderen Seelenteile zu ihrem Recht, auch äußerliche Güter, wie Freundschaft, Reichtum, politische Macht, Ehre, tragen zum Glück bei.

Staatslehre

In der Staatslehre schlägt Aristoteles ebenfalls die goldene Mittelstraße ein. Er sieht den Menschen von Natur aus als ein soziales Wesen an, dazu bestimmt, in der Gemeinschaft zu leben. Der Mensch ist ein zóon politikón, ein für die staatliche Gemeinschaft geborenes Geschöpf. Erst in der staatlichen Gemeinschaft wird der Mensch zum Menschen. In der Vereinzelung kann er die ihm eigene Begabung nicht entfalten. Er gleicht, losgelöst vom Staat, einer vom Körper losgelösten Hand.

Aber die Gemeinschaft darf den Teil nicht untergehen lassen, ihm im bestimmten Ausmaß nicht sein Eigenleben nehmen. Denn die Gemeinschaft wächst ja aus den Teilen, aus der Familie, den Haus- und Dorfgemeinschaften. Die Familie ist ihm Grundlage des Staates. Der Staat hat Zweck und Aufgabe, möglichst vielen Bürgern ein günstiges Leben zu gewährleisten. Im Staate dürfen die Machthaber gegen einzelne nicht ein Verfahren anwenden, das man gegen sich selbst als ungerecht und schädlich empfindet. Da man für sich eine gerechte Führung fordert, muß man auch Gerechtigkeit üben, wenn es um andere geht. Das vollkommenste Leben ist für den Einzelmenschen wie für den Staat das Leben nach der Tugend. Nur in einem Punkt bleibt Aristoteles ein Kind seiner Zeit: er kann sich einen Staat ohne Sklavenwirtschaft nicht vorstellen.

Aristoteles hat nach der besten Verfassung auf breiter empirischer Grundlage gesucht. Von nicht weniger als 158 Stadtstaaten hat er die Verfassung studiert oder von seinen Schülern bearbeiten lassen, um sich einen verläßlichen Untergrund für seine Staatstheorien zu schaffen. Er hebt aus den verschiedenen Staatsformen zusammenfassend sechs Verfassungen heraus und scheidet sie in schlechte und gute, je nachdem sie auf den eigenen Vorteil bedacht sind oder dem Gemeinwohl dienen. Zu den schlechten zählt er die Tyrannis, die Oligarchie (oligoi = wenige), in der wenige herrschen, und die Ochlokratie (ochlos = der große Haufen), die Herrschaft der breiten Masse. Zu den guten rechnet er das Königtum, die Aristokratie und die Politie. Die Politie ist ihm die Staatsform der vernünftigen Mitte, die Herrschaft des Maßes, sie hält er mit Rücksicht auf den tatsächlichen Zustand der Menschen am besten erreichbar. Sie entspricht einer gemäßigten Demokratie. Aristoteles trat auch gegen die Eroberungskriege und die doppelte Moral der Gerechtigkeit nach innen und der Ungerechtigkeit in den Beziehungen der Staaten untereinander auf.

Unter den Schriften des Aristoteles finden wir auch eine Kunstlehre, eine Poetik, die aber nur in Fragmenten auf uns gekommen ist. Er unterscheidet darin eine natürliche Kunst (Technik) und eine nachahmende Kunst (Kunst im eigentlichen, engeren Sinn). Diese dient der Anregung, Erholung und Befreiung (Katharsis) der Seele von den sie bedrückenden Gemütsbewegungen (Affekten) und damit der sittlichen Bildung. Schönheit besteht in innerer Größe und Ordnung. Bekannt ist seine Bestimmung des Wesens der Tragödie, die durch Erregung von Furcht und Mitleid eine Reinigung dieser Affekte wohl durch die erleichternde Herabstimmung und Entladung der erregten Empfindungen auf reine, ästhetische Gefühle herbeiführen soll. *Poetik*

Aristoteles ist der Begründer der Logik als Disziplin. Seine Logik betrachtet die Elemente des Denkens (Begriff, Urteil, Schluß), beschäftigt sich aber auch mit der Definition, Einteilung, dem Beweis. Besonders untersucht er den wissenschaftlichen Schluß, den Syllogismus, den Schluß vom Allgemeinen aufs Besondere durch Unterordnung des letzteren unter das erstere mit Hilfe eines Mittelbegriffs. Seine bevorzugte Methode ist also die Deduktion, die in der Mathematik und den mathematischen Naturwissenschaften eine große Rolle spielt. *Logik*

Aristoteles hat mit seinen Abhandlungen über Logik, Naturwissenschaft, Metaphysik, Ästhetik, Ethik und Politik das gesamte Wissen seiner Zeit zusammengefaßt und als genialer Organisator die einzelnen Disziplinen wissenschaftlich begründet, in übersichtliche Systeme gebracht und die Methoden gewiesen. Er schuf auch das Handwerkzeug der Gelehrtenforschung, die strenge Beweisführung durch exakte Beobachtung und Vergleichung eines möglichst umfangreichen Materials und durch griffbereite, klar umrissene Fachausdrücke.

Die Philosophie des Aristoteles fand ihre Weiterführung in der Schule der Peripatetiker, sein bedeutendster Schüler war *Theophrastos*, der sich um die wissenschaftliche Begründung der Naturkunde, vor allem der Botanik, Verdienste erwarb. Großen Einfluß gewann Aristoteles im Mittelalter auf die Lehren der Scholastik, und sein Ideengut reicht über den Neuplatonismus bis in die neue Zeit.

Mit Aristoteles schließt die eigentliche griechische Philosophie. Die Denker, die später hervortraten, waren nicht mehr Griechen, sondern gehörten dem hellenistischen Kulturgebiet an.

Hellenistisch ihrem ganzen Wesen nach ist die berühmte Schule der Stoiker. Ihr Begründer war *Zenon* (340 bis 264 v. Chr.) aus *Kition* auf Zypern. Er eröffnete um 300 in Athen mitten im belebtesten Teil der Stadt, in der auf der Agora gelegenen, mit Gemälden Polygnots geschmückten Stoa Poikile, der »Bunten Halle«, seine Schule. Seine Anhänger führten nach diesem Versammlungsort den Namen Stoiker. Den Schwerpunkt legte Zenon wie sein großes Vorbild Sokrates auf die Ausbildung der Ethik. *Stoiker* *Zenon*

Mit der Lehre von der Weltvernunft (Weltlogos) wollten die Stoiker ihrer Ethik eine ganz besonders wissenschaftliche Stütze geben. Es ist das die göttliche Urkraft, die die Materie durchflutet und das ganze Weltgeschehen strengster Gesetzmäßigkeit unterwirft. Da das Weltgeschehen diese göttliche Gesetzmäßigkeit besitzt, kann man sich ihm mit größter Freude hingeben. Diese Weltvernunft offenbart sich im einzelnen in der Hinwendung zu menschlicher Sittlichkeit und sozialer Verantwortung. Im großen gesehen führt sie zum Kosmopolitismus, zum Weltbürgertum. Das ist jene Auffassung, daß wir Bürger der ganzen Erde als unserer gemeinsamen Heimat sind, daß wir als Brüder zu einer allumfassenden menschlichen Gemeinschaft gehören. Dieser Zug entsprach der Zeit der großen hellenistischen Weltreiche. Diese Vorstellung bildet auch den Ausgangspunkt für die Begründungsversuche eines natürlichen Völkerrechtes im späteren Römischen Reich.

Da die individuelle Vernunft ein Teil der allgemeinen Weltvernunft ist, so heißt ihr gemäß leben auch tugendhaft leben. Von der Einheit der Vernunft her wird auch verständlich, daß es nach stoischer Anschauung nur eine alles andere beherrschende Tugend geben soll. Vollkommen ist der Mensch, der sich frei hält vom Wettlauf und sich nicht von seinen Affekten beherrschen läßt. Diese sind unvernünftige Gemütsbewegungen, sie überschreiten das rechte Maß, Begierde, Furcht, Lust und Trauer führen zur Unvernunft. Sie müssen daher durch die Leidenschaftslosigkeit, die Apathia, bekämpft werden. Wer sich von diesen krankhaften Schwächen lösen kann, ist durch eine Kluft von den Toren getrennt, ist in Wahrheit ein Weiser.

Die Stoa erkennt den Staat an, aber nicht die beschränkte Polis, sondern den sozialen Weltstaat. Das Ideal der Stoiker ist die Humanität. Sie kennt keine Unterschiede zwischen Griechen und Barbaren, zwischen Freien und Sklaven, wie sie noch Aristoteles vertreten hat. Menschenwürde und Menschenliebe haben auch tatsächlich in den Kreisen der Stoa viel zur Linderung des Sklavenloses beigetragen.

Von den Staatsgesetzen sollen nur die verpflichten, die sich auf Naturrecht und Naturgesetze stützen können. Der Weise allerdings bedarf nicht der Gesetze, da er der Vernunft folgt und dadurch mit der Weltordnung übereinstimmt.

Die stoische Lehre hat in der ausgehenden Antike eine starke Verbreitung gefunden und war im Römerreich mit den Namen Seneca, Epiktet und dem des Kaisers Marc Aurel aufs engste verknüpft. *Seneca,* der sich im Jahre 65 n. Chr. auf Neros, seines einstigen Schülers, Befehl selbst den Tod geben mußte, hat das Wort geprägt: »Homo res sacra homini« (= der Mensch sei dem Menschen heilig). Er hat die Grundbegriffe der Stoa zur Nutzanwendung für sein Leben gemacht, um sich durch diese praktische Lebenskunst die damaligen unsicheren Zeiten erträglich zu gestalten. *Epiktet,* der ursprünglich Sklave war, aber dann von seinem Herrn freigelassen wurde, hat in seinem »Handbüchlein der Moral« eine Fülle von Lebensweisheit für alle Lagen hinterlassen, die stark mit religiösen Gedanken durchzogen ist und vielfach an christliche Ideen erinnert. In den griechisch verfaßten Tagebüchern hat der Kaiser *Marc Aurel* römische Würde mit stoischer Humanität zu einer einheitlichen Weltanschauung verschmolzen.

Die stoischen Gedanken leiten zum Christentum über, das dann durch *Augustinus* das Naturgesetz im allgemeinen und ewigen Gesetz Gottes verankert.

Die andere große Schule, die in der hellenistischen Zeit bedeutenden Einfluß gewann, war die *Epikurs.* Dieser Philosoph wurde 341 v. Chr. in Samos geboren. Mit 35 Jahren ließ er sich in Athen nieder und richtete dort inmitten eines Gartens seine Schule ein. *Epikur*

Das ideale Ziel sucht er in einem maßvollen Leben der Lust. Der weise und richtig bemessene Genuß ist für ihn die Grundbedingung einer ungestörten Seelenruhe. Die Bewertung der Lust darf nicht aus dem Augenblick her geschehen, sondern muß sich über eine weite Sicht erstrecken. Auf diese Weise können wir erst recht abschätzen, welches Gut für uns im großen und ganzen den höchsten Lustwert hat. Dabei wird sich herausstellen, daß die geistige Lust und der geistige Schmerz mehr Lust und Unlust wecken als die körperlichen Gefühle.

Seine Lehre zeigt auf das Streben, die Unruhen des politischen Lebens zu meiden, den Aufregungen einer Betätigung im Staate aus dem Wege zu gehen, in der Verborgenheit sein Dasein zu verbringen und dadurch in jeder Hinsicht frei und unabhängig zu bleiben. Der starke individuelle Zug bei Epikur macht sich auch in seiner Staatsauffassung bemerkbar. Nach ihm hat der Staat mit der sittlichen Ausbildung der Menschen nichts zu schaffen, er gilt nur als eine Gemeinschaft zur Pflege von Rechtssatzungen, um gegenseitigen Schaden abzuwehren.

Außer in Athen blühte seit Beginn der hellenistischen Zeit das wissenschaftliche Leben ganz besonders in Alexandria. Mittelpunkt der gebildeten Welt war hier die große Bibliothek. Sie umfaßte eine solche Zahl von Originalhandschriften, daß unter Ptolemaios II. sogar noch eine zweite Bibliothek notwendig wurde, eine kleinere im Serapistempel. Das Amt eines Bibliothekars war das höchste, das der König zu vergeben hatte, und war zugleich auch mit der Verpflichtung verbunden, dem Thronfolger Unterricht zu erteilen. Ein Heer von Schreibern, wahrscheinlich Sklaven, war damit beschäftigt, von den Originalen Abschriften anzufertigen. Viele Gelehrte bemühten sich, vollwertige Textausgaben herauszubringen, Unechtes vom Echten zu scheiden und Kommentare zu verfassen. Die Könige legten Gewicht darauf, möglichst nur Originaltexte in der Alexandrinischen Bibliothek aufzuheben. Was sich auf ordentlichem Weg nicht erlangen ließ, beschaffte man sich durch List. So erbat der König Ptolemaios III. die Handschriften der großen Tragiker aus Athen, um davon Abschriften machen zu lassen und erlegte als Sicherstellung eine große Geldsumme. Als die Kopien fertig waren, sandte er diese nach Athen, behielt die Originale für seine Bibliothek und schenkte den Athenern den Betrag, den er als Bürgschaft übersandt hatte. Der kleine Stadtstaat mußte dies hinnehmen.

Eukleides In Alexandria lebte um 300 v. Chr. *Eukleides (Euklîd).* Von seinem Leben wissen wir nur, daß er der »Vater der Geometrie« wurde. Er hat in seinen »Elementen« alle Lehrsätze zusammengefaßt, die seine Vorgänger und er selbst auf dem Gebiete der Geometrie gefunden haben. Dieses Geometrielehrbuch hat durch alle Jahrhunderte hindurch bis in die Gegenwart hinein die Unterlage für den Mathematikunterricht gebildet. Um diese Zeit hatte man auch durch Entwicklung einer einfacheren Zahlenschrift dem Mathematiker ein bequemeres Hilfsmittel an die Hand gegeben. Man verwendete die ersten neun Buchstaben des griechischen Alphabetes für die ersten neun Zahlen, den nächsten Buchstaben für die Zahl 10, die weiteren acht Buchstaben für die Zehnerstellen 20—90 und den nächsten Buchstaben für 100. Brüche und Ordnungszahlen bekamen hinter dem Buchstaben einen Akut ('). So bezeichnet je nach dem Zusammenhang γ' ein Drittel oder der Dritte. Diese kleine Zahlenreihe stellte allerdings den rechnerischen Bedürfnissen der Astronomen ein Hindernis entgegen, und erst Archimedes fand eine Methode, große Zahlenreihen sicher zu klassifizieren und zu bezeichnen.

Archimedes Außerhalb von Alexandria brachte es *Archimedes* (287—212 v. Chr.) zu Ruhm als Mathematiker, Naturwissenschaftler und Techniker. Er studierte eine Zeitlang in Alexandria bei den Nachfolgern des Eukleides. Er berechnete Inhalt und Umfang des Kreises und fand, daß die Inhalte eines Kegels, einer Halbkugel und eines Zylinders von gleicher Grundfläche und gleicher Höhe sich wie 1 : 2 : 3 verhalten. Als Archimedes bei der Untersuchung des Goldgehaltes der für König Hieron II. angefertigten Krone das nach ihm benannte »Archimedische Prinzip« gefunden hatte, daß nämlich der Gewichtsverlust, den ein in eine Flüssigkeit getauchter Körper scheinbar erleidet, gleich dem Gewicht der verdrängten Flüssigkeitsmenge ist, soll er mit dem Ruf »heureka, heureka!« (= Ich habe es gefunden) auf die Straße geeilt sein. Er entdeckte die Gesetze vom Hebel und von der schiefen Ebene. Aber er verband auch Theorie und Praxis. So erfand er die Archimedische Schraube, den Flaschenzug, und zur Verteidigung seiner Vaterstadt baute er Wurfgeschütze und hakenförmige Krane, mit denen er die feindlichen Schiffe heben und an den schroffen Klippen von Syrakus zerschellen konnte.

Technik Die antiken Menschen hatten schon verschiedene Erfindungen gemacht, die achtenswerte Vorstufen für unsere technischen Apparate und Maschinen darstellen. Natürlich nahmen die Geräte von ganz einfachen Hilfsmitteln ihren Ausgang. So ist der Tempelschlüssel, den man aus religiösen Gründen von alten Zeiten her beibehalten hat, noch sehr schwer und unhandlich und mußte daher gewöhnlich geschultert werden.

Die Kreisscheibe stellt eine Vorrichtung dar, um geheime Meldungen zu übermitteln. Eine hölzerne Scheibe hat 24 Löcher am Rande und 2 in der Mitte. Das in der Richtung der beiden Mittelöffnungen liegende Randloch bedeutet den Buchstaben A, die übrigen Buchstaben folgen alphabetisch gereiht im Uhrzeigersinn. Nun zieht man einen Faden durch die Löcher, die den Buchstaben der zu meldenden Wörter entsprechen. Kommt derselbe Buchstabe zweimal vor, steckt man den Faden in das dem Mittelloch zunächst liegende und zieht ihn zu demselben Buchstaben zurück. Durch das Mittelloch schiebt man den Faden nur, wenn man ein Wortende andeuten will. Der Empfänger wickelt das Rädchen ab und schreibt die Buchstaben von rechts nach links, berücksichtigt das jeweilige Wortende durch Zwischenräume und hat, sobald er das Rädchen abgewickelt hat, einen vollständigen Text lesbar vor sich.

Die Erfindung des sogenannten Hodometers ermöglichte die mit einem Fahrzeug zurückgelegten Entfernungen durch die Drehungen der Räder zu messen. Das mit acht Speichen versehene Rad E Z übernimmt die Umdrehung des Wagenrades und gibt die Bewegung über Zahnräder weiter auf die mit einem Zeiger ausgestattete Zählscheibe. Auch die Uhr war den Alten schon bekannt, und zwar gab es Sonnen- und Wasseruhren, die immer weiter verbessert wurden zu genauen, sogar für astronomische Beobachtungen geeigneten Instrumenten

Durch die weiten Züge Alexanders gewann vor allem die Erdkunde. *Eratósthenes*, der griechische Polyhistor und Vorstand der Bibliothek in Alexandria, versuchte in seinem geographischen Hauptwerk den Erdumfang zu berechnen. Es war eine großartige Leistung; denn er bestimmte ihn mit 39.706 km, während wir heute den Äquatorumfang mit 40.070 km angeben. Auch schuf er eine neue Erdkarte, die einen bedeutenden Fortschritt gegen frühere ähnliche Versuche darstellt.

Schon die Pythagoräer nahmen an, daß die Erde eine Kugel sei. Der griechische Astronom *Aristarchos* aus Samos stürzte die geozentrische Theorie und lehrte bereits, daß sich die Erde um ihre Achse drehe und in einem gegen den Äquator geneigten Kreis um die Sonne bewege. Da indes die kühne Annahme zu sehr dem Augenschein widersprach, geriet die großartige Entdeckung in Vergessenheit und mußte 1800 Jahre später von Kopernikus neu gefunden werden.

Namen- und Sachregister

A

Abakus 125, 128, 130
Abdera 64, 198, 213
Abydos 142
Achaia 9, 47
Achaier 20, 25, 47, 48, 61
Achäischer Bund 267
Acharnisches Tor 158
Acheron 33, 42
Achilles (Achilleus) 39, 56, 57, 120, 252
Adler 85
Admetos 148
Ägäis 11 u. ö.
Ägäisches Meer 52, 148, 232, 235
Agamemnon 20, 56, 179, 187, 231, 252
Agariste 151
Agathokles 270
Ägelaos 144
Agesilaos 230, 231, 232, 234, 236
Ägina 9, 10, 20, 64, 74, 139, 158, 174, 179, 220, 266
Agis 208
Ägis 39, 55, 169
Agon(e) 84, 115
Agora 89, 91, 158–160 u. ö.
Agrigent 125, 135, 146, 161, 174, 198, 225
Agrippa 273
Ägypten 254–256, 267–269 u. ö.
Ägypter 54, 131–132
Ahriman 136
Ahuramazda 136–137
Aidos 183
Aigai 247
Aigospotamoi 209, 232
Aischines 241–242
Aischylos 25, 46, 181, 182, 185, 186–187, 188, 189, 190, 194
Aitia 281
Aitnai 186
Akademie 94, 220, 221
Akademos 220
Akragas 61, 135, 146, 147, 270
Akrokorinth 249
Akropolis 23, 37, 44, 63, 70–71, 76, 79, 123, 131–132, 143, 153, 159, 161, 163–172 u. ö.
Akroterien 122, 126
Akte 148
Alexander der Große 27, 28, 88, 249, 250–265 u. ö.
Alexandermosaik 276
Alexandria 87, 187, 254, 268–269, 271–272 u. ö.
Alexandrinische Bibliothek 287
Alkaios 64, 69, 106, 107, 114
Alkibiades 202–204, 205–209, 211, 215, 217
Alkmaion 225
Alkman 108
Alkmeoniden 71, 72, 78, 82, 151
Alpheios 83, 88
Altis 84, 85, 87, 88
Amphiktyonien 80, 82
Amphion 115, 275
Amphipolis 149, 202, 215, 241, 247

Amphiprostylos 122
Amphitrite 40
Amphoren 51, 179, 180
Amun = Ammon 255
Amyklai 65
Anabasis 230
Anakreon 77, 107, 114
Anathemen 87, 176
Anaxagoras 151, 190, 198, 200
Anaximander 117, 195
Anaximenes 117
Andron 89
Andronikos 160
Andros 48
Antalkidas 232–233
Anten 121
Antentempel 122
Anthesterion 99
Antigone 189
Antigoniden 267
Antiochia 268
Antiochos 161, 208, 269
Antipater 249, 251, 266, 267
Antipolis 62
Antisthenes 218
Aoiden 56
Äolier 20, 48, 100
Apathia 286
Apeiron 117
Apelles 276
Aphaia 158
Aphaiatempel 174
Aphrodite 38, 39, 244, 274, 276
– (von Melos) 274
Apologie 224
Apollodor 178
Apollon 31, 34–36 u. ö.
– vom Belvedere 244
– Sarauktonos 244
Apollonia 62
Apollonios 275–276
Apollontempel 78, 82, 97, 173, 176, 242, 271
Apoxyomenos des Lysippos 94, 273
Aratos 267
Archelaos 190, 247
Archidamos 200, 201
Archilochos 105
Archimedes 270–271, 288
Architrav 125, 126, 130
Archonten 71, 73, 151, 181, 185
Ardittos 161
Areopag 40, 71, 72, 73, 79, 143, 151, 163
Areopagfelsen 163
Ares 34, 38, 39
Areshügel 71
Argeaden 246
Arginusen 209
Argolis 9, 20, 47, 64, 65, 80, 83
Argos 34, 50, 56, 64, 142, 148, 202, 231, 233
Ariadne 42
Arion 69, 107, 115
Aristagoras 103, 138
Aristarchos 289
Aristides 141, 148, 149, 152
Aristippos 218–219, 222
Aristogeiton 78
Ariston 219
Aristophanes 192, 193, 194
Aristoteles 57, 98, 212, 250, 282–285, 286
Arkadien 9, 37, 38, 47, 243, 274
Artaphernes 139, 140
Artaxerxes 148, 156, 208, 226
Artaxerxes II. 229, 230, 231
Artemis 34, 36, 39, 243, 274
Artemisia 243
Artemision 143
Artemistempel 87, 120, 242
Asklepieion 225
Asklepios 52, 162, 225
Asklepiostempel 46, 276
Äsop 110
Aspasia 200

Athanadoros 275
Athen 11, 37–42, 70–75, 137–150, 158–174, 199–211 u. ö.
Athene 34, 36–40 u. ö.
Athenestatue 170
Athenetempel 121, 125, 148, 243, 252
Äther 29
Äthiopen 53
Athos 10, 139
Atlas 37, 197
Ätolischer Bund 267
Atome 198, 214
Attalos I. 269
Attalos II. 159
Attalos III. 270
Attika 9, 25, 37, 40, 45, 47–48, 70, 139 u. ö.
Attischer Seebund 157, 188, 199–200, 210, 240
Augustinus 287
Aule 89
Aulos 94, 104, 114, 115
Avernersee 43
Averoff 161
Avesta 136
Axios 10

B

Babylon 136, 229, 256, 265
Bakchiaden 68
Bakchos (Dionysos) 41
Bakchylides 109
Barbiton 114
Basileus 71
Bellerophon 37
Bergama 269
Bessos 257, 260
Beulé 164
Bia 187
Bias 69
Boedromion 99
Böotien 9, 25, 57, 70, 143 u. ö.
Boreas 160
Bouleuterion 88, 159
Brasidas 202
Brucheion 272
Bukephala 262
Bukephalos 250
Bule 79
Byzanz 62, 205, 208, 241

C

Cäsar 269
Chalkedon 62, 205, 208
Chalkidike 62, 148 u. ö.
Chalkis 60–63, 179
Champollion-Figeac 13
Chaos 29, 57
Chares 275
Chariten 39
Charmides 175
Charon 33, 96, 194
Charon von Lampsakos 195
Chäroneia 88, 248
Cheirisophos 230
Chersones 62, 148, 229
Chilon 69
Chios 48, 56, 77, 205
Chiton 51, 169, 276–277
Chlaina 51
Chlamys 244, 278
Chorege 160, 181 u. ö.
Chorische Lyrik 106–109
Concordiatempel 62, 125, 174

D

Daimonion 216–217
Daktylen 103 u. ö.
Damaskos 253
Damokles 237
Dämonen 29
Damophon 274
Daphne 36

Dareikos 136, 248
Dareios I. 135, 137, 140, 142, 225
Dareios III. 251, 254, 256–257, 260–261, 263
Datis 139
Deimos 40
Dekelea 204, 206, 208
Delion 202, 215
Delisch-Attischer Bund 148–149, 156 u. ö.
Delos 34–35, 38, 80, 148, 156 u. ö.
Delphi 35, 38, 44, 59, 80–83, 97 u. ö.
Demeter 30, 40–41, 45, 134, 177
Demetrios 267
Demiurgen 52, 71
Demokedes 225
Demokritos 64, 198, 213–214, 225
Demos 79–80 u. ö.
Demosthenes (Redner) 100, 240–242, 248, 251, 266
Demosthenes (Staatsmann) 201, 205
Despoina 274
Deuteragonist 182
Diadochen 266–270 u. ö.
Diakrier 76
Dialektik 215–216
Diazomata 162
Dichtung 55–58, 103–110, 180–194, 279–282
Dido 59
Didymoi 242, 271
Dike 57
Dikte 18
Diogenes 218
Dion 220, 237–238
Dionysien 42, 45, 77, 183 u. ö.
Dionysios d. Ä. 219–220, 228–229, 237
Dionysios d. J. 237–238
Dionysos (Bakchos) 41–42, 44–45 u. ö.
Dionysos Eleuthereus 76, 161
Dionysostheater 77, 162, 183 u. ö.
Diotima 224
Diploidon 277
Dipteros 77, 122
Dipylon 52, 96, 158–159
Diskobol 175
Distichon 103
Dithyrambos 69, 109, 113
Dodona 34, 43–44
Dorier 47–48, 51, 61 u. ö.
Dorischer Baustil 123–128
Dornauszieher 275
Dörpfeld 12, 20, 26, 85, 162
Doryphoros 176
Drachme 97
Drakon 72
Drama 180–194, 279–280
Dreißig Tyrannen 210–211, 227
Dromos 158
Dyrrhachium 199

E

Echinus 125 u. ö.
Echohalle 84, 88
Eirene 57, 243
Ekbatana 136, 195, 260
Ekecheiria 84
Ekklesia 163
Ekkyklema 185
Ekphora 95
Elaphebolion 99, 183
Elea 118, 120
Eleaten 120
Elegie 103–105
Eleusinische Mysterien 41 u. ö.
Eleusis 41, 45–46, 75, 77, 96, 177 u. ö.
Eleutheriai 45, 174
Elgin 171–172
Elis 9, 44, 50, 84
Elysisches Gefilde 53
Embaterion 114

Empedokles 198
Enkaustik 178
Enna 40, 61
Entasis 123
Epaminondas 236, 248
Epheben 95
Ephesos 48, 62, 64, 77, 87, 104–105, 120, 136 u. ö.
Ephoren 66, 148, 234
Epicharmos 192
Epidamnos 200
Epidauros 46, 173 u. ö.
Epiktet 286–287
Epikur 214, 287
Epinikien 109, 113
Epirus 9 u. ö.
Eratosthenes 289
Erebos 29
Erechtheion 37, 44
Erechtheus 23, 70
Eresos 106
Eretria 139, 173, 276
Ergane 37
Ergotimos 180
Erinnerungen an Sokrates 230–231
Erinnyen 30, 163
Eris 40
Eros 29, 39, 225
Ethik 216
Etrusker 147
Euböa 60, 139, 148
Eudaimonia 216, 284
Eudoxos 64
Eukleides 288
Eumenes I. 269
Eumenes II. 162, 269
Eumeniden 30, 187
Eunomia 57
Eupatriden 71
Eupolis 192
Euripides 186, 189–191, 193–194, 239
Eurotas 64–65
Euryalos 228
Eurymedon 149
Euryphron 225
Euthymia 214
Evans 12–13, 16–17
Exedra 87
Exodos 181

F

Familie 92
Farnesischer Stier 275
Faustkämpfer 276
Festspiele 83
Francoisvase 180
Freskomalerei 178
Fries 125–126 u. ö.
Furtwängler 85, 158

G

Gaia 29
Gamelion 99, 183
Gaugamela 256
Gaumata 135
Gedrosien 263
Geison 126
Gela 61, 134, 146
Gelon 134, 142, 146
Geographie 52–53, 194–195, 261–262, 289
Geometrie 118, 288
Georgoi 71
Geronten 49
Gerusia 65–66
Geschichtsschreibung 194–197
Geten 97
Giganten 31
Gigantomachie 31
Glaukopis 37
Gordischer Knoten 253
Gorgias 213, 240
Grabstele 96, 132

Grammatist 93
Granikos 252
Guttae 125 u. ö.
Gyges 135
Gylippos 204
Gymnasien 94
Gymnasion 88
Gynaikeion 22
Gynaikonitis 89

H

Hades 30–31, 40–42 u. ö.
Hadrian 77, 160–161 u. ö.
Hagesandros 275
Hagia Triada 13, 16
Halikarnassos 47, 195, 243
Hamilkar 147
Hannibal 270
Harmodios 78
Harmoster 210
Harpalos 266
Haus des Erechtheus 23
Hausanlage 89–90
Hebe 34
Hedonismus 219
Heiliger Weg 45, 166
Hekataios 194–195
Hekatombaion 99
Hekatombe 43–44
Hekatompedon 76, 164
Hekatoncheiren 30–31
Hektor 56
Helena 39
Heliaia 74
Helios 35
Hellanodiken 84
Hellas 100 u. ö.
Hellenismus 264, 271–290 u. ö.
Hellespont 139, 142 u. ö.
Heloten 48, 65–66 u. ö.
Hemera 29
Hephaisteion 39, 62, 159, 173, 178
Hephaistion 261, 263–264
Hephaistos 32, 34, 38–39
Hera 30, 34, 38–39 u. ö.
Heraion 85–86, 87, 125
Herakleia 62
Herakles 20, 31, 36, 47, 50, 55, 86 u. ö.
Heraklion 16, 19
Heraklit 64, 118, 120–121, 198
Heratempel 78, 86–87, 174
Hermaion 38
Hermeias 282
Hermes 37–38, 86 u. ö.
Hermokrates 204, 228
Herodes Attikos 87, 161–162
Herodot 78, 195–197, 261
Hesiod 29, 39, 55–57 u. ö.
Hestia 30, 38–39
Hestiaaltar 84
Hethiter 54
Hexameter 103 u. ö.
Hexastylos 125
Hieron I. 83, 104, 147, 173, 186
Hieron II. 270, 288
Hieronymos 270
Himation 277
Himera 61, 64, 108, 147, 228
Hipparchos 77–78, 104
Hippias 77–78, 140
Hippios 40
Hippodameia 87
Hippodameion 87
Hippodamos 271
Hippodrom 88
Hippokrates 146, 225–226
Hippolytos 190–191
Hipponax 105
Hissarlik 12, 26–27
Histiäos 137–138
Hittorf 126
Hodometer 289
Homer 13, 21, 24, 26–27, 32–34, 38, 40, 48–57 u. ö.

Hopliten 50, 73, 95 u. ö.
Hybris 83, 183
Hydaspes 262
Hydria 179
Hylozoismus 117–118
Hymenaios 113
Hymettos 70
Hypäthraltempel 77, 126
Hyperboreer 53
Hyphasis 262
Hypokrites 181
Hyporchema 113

I

Iatromantis 225
Iaxartes 261
Ibykos 107
Ida 18–19
Ideenlehre 221–222
Idyllendichtung 281–282
Ikaria 186
Iktinos 166, 173–174
Ilias 48, 52, 56 u. ö.
Ilion 27, 252
Ilios 28
Ilissos 70
Induktion 216
Iokaste 189
Iphigenia 190–191
Ipsos 267
Isokrates 240
Issos 253, 256
Isthmische Spiele 40, 69
Isthmos von Korinth 9, 83
Italiker 147
Ithaka 12, 52
Ithome 150

J

Jakchos 45
Jambus 105
Jason 37
Jonier 20, 47–48, 54, 62 u. ö.
Jonischer Baustil 128–130
Juno Lacinia 174

K

Kadmea 234, 249
Kadmos 41
Kalauria 80, 266
Kalbträger 131
Kallias 157
Kallikrates 166, 171
Kallikratidas 209
Kallimachos (Dichter) 64, 281
— (Erfinder) 130
— (Archon) 140
Kallinos 104
Kalokagathia 93
Kamares 19
Kambyses 135
Kannelüren 123 u. ö.
Kapitell 125 u. ö.
Kappadokien 142
Karien 52, 148
Karthago 59, 133–135, 142, 146–147 u. ö.
Karyai 171
Karyatiden 171
Kassander 267
Kastalia 82
Katane 61
Katharsis 285
Kekrops 70, 171
Kenotaphion 96 u. ö.
Keos 64, 77
Kephisodotos 243
Kephissos 11, 70
Kerameikos 52, 96, 158, 179
Kerberos 33, 42
Kerkides 162
Kerkyra 63, 142, 148, 199–200
Kilikien 229

Kimmerier 53
Kimon 149–150, 152, 156–157
Kithara 93–94, 114
Kitharoidos 277
Kithäron 145
Kition 285
Kladeos 83
Klazomenai 198
Klearchos 229
Kleinias 202
Kleisthenes von Athen 78–80, 151
– von Sikyon 69
Kleobulos 69
Kleombrotos 236
Kleon 201–203
Kleopatra 269
Klepsydra 160
Kleruchen 153
Klinen 90
Klitias 180
Klitos 253, 261
Knidos 39, 64, 232
Knossos 12–13, 16–19, 22
Kodros 71, 219
Koine 100
Kokytos 33
Kolophon 56, 62, 118, 276
Kolonos 187, 220
Koloß von Rhodos 87, 275
Kolpos 277
Komödie 116, 192–194, 239, 279–280
König Ödipus 189
Konon 209, 232
Kontrapost 132, 176
Koren 131
Korinna 235
Korinth 9, 11, 39–40, 47, 63, 67–69
Korinthischer Baustil 130 u. ö.
– Bund 249
Koroneia 157, 232
Koryphaios 181, 188
Kos 276, 278
Kosmopolitismus 286
Kothurn 183
Kottabos 91
Kouroi 96, 131
Krannon 266
Krater 52, 54, 91, 179
Kratinos 192
Kratos 187
Kreta 12–20, 22–23, 30, 47 u. ö.
Krieg der Peloponnesier und Athener 197
Kritias 211, 217
Kriton 221
Kronos 18, 29–31, 38, 42, 57 u. ö.
Krösos 69, 75
Krotalon 115
Kroton 61, 118
Ktesiphon 242
Kumä 43
Kunaxa 229
Kunstgewerbe 276
Kunsthandwerk 244
Kydnos 253
Kykladen 13, 47, 62
Kylix 179
Kyllene 37
Kylon 71–72
Kymation 128
Kymbalon 115
Kyme (Kleinasien) 57–58, 61
– (Italien) 60, 147
Kyniker 217–218
Kynosarges 94, 218
Kynthos 34
Kypselos 68
Kyrenaiker 218
Kyrene 63–64, 67, 195, 219 u. ö.
Kyros (Perserkönig) 63, 75, 135, 137, 251
Kyros (Königssohn) 208–209, 229–231
Kyrrhos 160

Kythnos 179
Kyrupädie 230–231
Kyzikos 207–208

L

Labrys 17
Laios 189
Lakedämon 23
Lakonien 9–10, 47, 149 u. ö.
Lamachos 203–204
Lamia 266
Lampsakos 195
Laokoongruppe 275
Lapithen 86
Laurion 142, 148
Lekythen 96
Lemnos 38, 233
Lenaion 42
Leochares 244
Leonidaion 88
Leonidas 143
Leontinoi 61, 213
Leotychides 145
Lesbos 48, 64, 69, 106 u. ö.
Lesche 82
Lethe 33
Leto 34
Leukippos 198
Leuktra 230, 236
Logographen 240
Logos 113
Lokris 143
Löwentor in Mykenä 22–24
Lyaios 41
Lykeion 94
Lykien 34, 148
Lykosura 274
Lykurgos 64, 161, 188
Lyra 94, 105, 111
Lyrische Dichtung 103–110
Lysandros 208–211, 227 u. ö.
Lysias 240
Lysimachos 269
Lysippos 94, 273, 275

M

Mäander 51
Machaon 52
Magnesia 148
Maia 37
Maieutik 215
Maimakterion 99
Makedonien 67, 137, 195, 246–251 u. ö.
Malerei 177–180
Mänade 243
Mantinea 202, 236
Marakanda 261
Marathon 140, 152, 159, 166 u. ö.
Marc Aurel 286–287
Mardonios 139–145
Mareotissee 254
Massalia 62, 100
Materialismus 214
Mausoleum 87, 243
Mechane 185
Medea 190–191
Meden agan 35
Megakles 71
Megalopolis 236
Megara 61–62, 157 u. ö.
Megaron 17, 22, 25–27, 54, 89, 121 u. ö.
Melos 113
Memphis 267
Menander 280
Messana 61
Messene 236
Messenien 9, 10, 47, 65, 67, 149 u. ö.
Metageitnion 99
Metaphysik 283, 285
Metapontion 118
Metis 36

Metöken 50, 55, 142, 153 u. ö.
Metopen 86, 125 u. ö.
Metroon 87
Mikon 178
Milet 116, 137–138 u. ö.
Miltiades 137, 140–141 u. ö.
Mimnermos 104
Mine 97
Minos 13, 16
Minotauros 16, 42
Mithras 136
Mnemosyne 35
Mnesikles 164
Mode 276–278
Moiren 31, 83
Monökos 62
Monolithen 123
Monopteros 123
Munichion 99
Munychia 70
Musagetes 35
Museion 281
Musen 35, 57, 195
Musik 110–115
Mutuli 126
Mykale 80, 145
Mykenä 12, 20–25, 26, 47, 64 u. ö.
Myron 174–175
Myronscher Diskobol 175
Mysterien 45
Mytilene 69, 106 u. ö.

N

Naukratis 63
Naxos 42, 61, 77 u. ö.
Nearchos 262
Neleus 282
Nemea 83
Nereiden 40
Nikäa 62, 262
Nike 172, 274–275
Niketempel 37, 171
Nikias 193, 201, 203–205
Nikomachos 282
Ninive 136, 256
Niobe 243
Niobide 176
Noas 122
Notenschrift 112
Notion 208
Notos 160
Novum Ilium 27
Nus 198, 284
Nymphen 18, 42 u. ö.
Nyx 29

O

Obolos 33 u. ö.
Ochlokratie 284
Odeion 162
Odessos 62
Ödipus 187, 189–190
Odyssee 23, 48, 52, 56
Odysseus 37, 56
Oinochoe 179
Oinomaos 86–87
Okeanos 53
Oktaeteris 99
Oligarchie 69, 284
Olymp 10, 32, 37–38, 83
Olympia 34, 44, 83–88
Olympiade 44–45, 84–88 u. ö.
Olympias 250
Olympieion 77, 160–161
Olympioniken 85
Olympische Spiele 64, 84–88 u. ö.
Olynth 234, 241
Omphalos 82
Onkos 183
Opis 263
Opisthodomos 159
Orakel 34–35, 43–44, 59–60 u. ö.
Orchestra 76, 161

Orchomenos 12, 23, 48
Oresteia 25, 186—187
Oropos 173
Orpheus 115, 177
Orthagoras 69
Ortygia 61, 238
Ostrakismos 79 u. ö.
Oxyrhynchus 106

P

Paestum 40, 61
Paian 113
Paidagogos 92
Paionios 176
Palästra 38, 94 u. ö.
Palaststil 19
Palimpsest 101
Pan 42
Panaios 178
Panathenäen 37, 44—45, 77 u. ö.
Pandora 58
Panhellenios 33
Pankration 85
Panormos 62
Pantikapäon 62
Papyros 101
Paraskenien 161, 184
Parmenides 120, 197
Parmenion 249—254, 258—260
Parnaß 70 u. ö.
Parodoi 18
Parodos 181
Paros 141, 159
Parrhasios 179
Parthenon 36—37, 40, 45, 153, 164, 166—169 u. ö.
Parthenope 61
Pausanias 21—22, 87, 145, 148—149, 176, 227
Peirithoos 86, 159
Peisistratiden 75—78 u. ö.
Peisistratos 76—77
Pelasgermauer 23, 164
Pella 190, 246 u. ö.
Pelopidas 234, 236
Pelopiden 20
Pelopion 87
Peloponnes 9 u. ö.
Peloponnesischer Bund 148, 233, 236
— Krieg 63, 170
Pelops 86—87
Penesten 48
Pentameter 103
Pentathlon 85
Pentelikon 159, 166
Peplos 37, 44, 51, 169, 177
Perdikkas 226, 247, 266
Pergament 101
Pergamon 101, 159, 272 u. ö.
Periandros 9, 68—69, 107
Perikles 20, 111, 151—157, 199—201 u. ö.
Periktione 219
Perinth 241
Periöken 50, 55, 65
Peripatetiker 282
Peripteros 82, 86—87, 122 u. ö.
Peristasis 122
Peristyl 88—89
Persephone 40—42, 45, 53, 177
Persepolis 136, 256
Perseus (Sohn des Zeus) 20
— (Sohn Philipp V.) 268
Persien 133—150 u. ö.
Petasos 278
Phaidon 217, 221
Phaistos 13, 16—17
Phalaris 61
Phaleron 140, 142
Phänarete 215
Pharnabazos 209
Pharos 87, 254, 271
Pheidias 34, 87, 151, 166, 169—170, 174—176 u. ö.

Pheidon 64
Phigalia-Bassä 173, 176
Philemon 280
Philetairos 269
Philipp von Makedonien 240–241, 247–250
Philippeion 87, 249
Philokles 170
Philoktetes 189–190
Philosophie 116–121, 197–198, 211–225, 282–287
Philotas 257–260
— (Maler) 276
Phoibos 35
Phobos 40
Phoibidas 234
Phokis 143, 157
Phöniker 50, 54, 59, 63, 97 u. ö.
Phorminx 114
Phratrien 50, 92
Phrynichos 186
Phyle 79
Physiatrie 226
Pierre de Coubertin 88
Pilos 278
Pinakotheke 165
Pindar 109, 116, 146, 186, 235, 251
Piräus 70, 96 u. ö.
Pittakos 69–70, 106
Pithoi 17
Platää 140, 145, 148, 201
Platon 106, 214, 217, 219–225 u. ö.
Plektron 94
Plinius 179, 275
Plinthe 128
Plutarch 97, 166
Pluton 42
Pnyx 79
Pnyxhügel 163
Podaleirios 52
Poikile 178
Polemarchos 71
Polieus 34
Polis 49–50, 58–59 u. ö.
Politai 49
Politeia 223–224
Politie 284
Polydoros 275
Polygnot 82, 178, 285
Polyklet 173–174, 176
Polykrates 77–78, 107
Polyzalos 83
Pompejus 268–269
Pontos 29
— Axeinos 62
— Euxeinos 62
Poros (König) 262
— (Kalkstein) 131, 159 u. ö.
Poseideon 99
Poseidon 30–31, 34, 40, 69 u. ö.
Poseidonia 61
Poseidontempel 80, 174
Potidäa 200–201, 215
Potideia 318
Praxiteles 39, 243–244
Priene 62, 69
Prodikos 190, 213
Prometheus 58, 187
Pronaos 159, 169
Propontis 207, 252
Propyläen 22, 76, 164, 166
Proskenion 185
Proskynese 260
Prostylos 122
Protagonist 182
Protagoras 118, 190, 213
Prothyron 89
Prytaneion 43, 59, 85, 160
Prytanen 79, 85, 159
Psammetich 69
Pseudodipteros 122–123 u. ö.
Psychopompos 37
Ptolemaios I. 267–268
Ptolemaios II. 268, 287

Ptolemaios III. 288
Pura 263
Pyanepsion 99
Pydna 268
Pygmäen 53
Pylos 23, 201
Pyrrhiche 116
Pythagoras 64
Pythia 35, 44
Pythische Spiele 80, 82

R

Reliefkunst 177
Rhakotis 272
Rhapsoden 56
Rhea 18, 30, 38, 87
Rhegion 61, 146
Rhetorik 239–242
Rhodos 47, 56, 61, 69 u. ö.
Rhyton 18

S

Salamis (Insel) 56, 70 u. ö.
– (Kleinasien) 156
Salpinx 115
Samos 48, 64, 77 u. ö.
Samothrake 275
Sappho 64, 69, 106–107, 114
Sardes 75, 136 u. ö.
Satrapien 136 u. ö.
Satyr Marsayas 175
Schatzhaus des Atreus 24
Schatzhäuser 82, 87
Schlangensäule 145
Schliemann 12, 20, 23, 26, 28
Segesta 203, 242
Seinspantheismus 118
Seisachtheia 73
Seleukiden 268
Selinunt 61, 125, 146 u. ö.
Semele 41
Seneca 286
Serapis-Heiligtum 272
Sibylle 60
Sieben gegen Theben 186
Sieben Weise 69, 75
Sieben Weltwunder 87
Sigeion 76, 78
Sikyon 69, 78, 173 u. ö.
Sima 126
Simois 26
Simonides 64, 77, 104, 109, 186
Sinnende Athene 175
Sinope 62, 218
Siphnierschatzhaus 82
Sizilien 52, 59, 61
Skamandros 26
Skene 161, 184
Skirophorion 99
Sklaven 97–98
Skolion 114
Skopas 243
Skythen 62, 97, 137
Smerdis 135
Smyrna 56, 62
Sokrates 163, 193, 202, 214–217 u. ö.
Solon 69, 72–76 u. ö.
Sophillos 187
Sophisten 193, 212–213 u. ö.
Sophokles 181–182, 186–190 u. ö.
Sparta 11, 19, 38, 48, 61, 64–67, 69, 133 u. ö.
Sphagia 201
Sphakteria 201, 205
Spondeus 103
Sporaden 47
Staatslehre 223–224, 284, 286
Stadion 82, 88, 161
Stasima 181
Stein von Rosette 269
Stelen 96
Stereobat 126
Stesichoros 64, 107–109

Stoa 159, 162, 172
Stoa Poikile 159, 285
Stoiker 285–287
Strack 162
Strategie 152
Stylobat 123
Strymon 149
Styx 96
Susa 136, 138 u. ö.
Sybaris 61
Symposiarch 91
Symposion 91
– (Dialog) 224
Synedrion 249
Syngreion 85
Synoikismos 70
Syrakus 61, 104, 121, 134, 142, 146 u. ö.
Syrien 253
Syrinx 42, 115

T

Talent (Talanton) 97
Tanagra 235, 244, 278
Taormina 61, 173
Tarsos 253
Tauriskos 275
Taygetos 9–10, 64–66
Taxiles 261
Telemachos 56
Telesterion 45, 77, 174
Temenos 48, 161
Tempel des olymp. Zeus 61–62
– in Selinunt 125
– von Olympia 174
Tempelschatzhäuser 123
Terpandros 106, 114
Tetralogie 183
Tetrameter 105 u. ö.
Thales 64, 69, 117
Thargelion 99
Thasos 139, 149, 178
Theater 172–173, 180–194
Theater zu Epidauros 173
Theben 11, 23, 42, 45, 48, 142, 231–237 u. ö.
Themis 57
Themistokles 141–146 u. ö.
Theodosius 88
Theogonie 57–58
Theokoleon 88
Theokrit 281
Theologeion 191
Theophrastos 285
Theramenes 211, 227
Therma 246, 267
Thermopylai 143–144
Theron 134, 146–147
Thesauroi 87
Theseion 39, 159
Theseus 42, 70, 86, 159
Thesmotheten 71
Thespiä 249
Thespis 77, 182
Thessalien 9, 11, 47–48, 50, 142 u. ö.
Thessalonike 267
Theten 73, 142
Tholos 24, 123, 159
Thrakien 39, 137
Thrasybulos 68, 227, 233–234
Threnos 113
Thukydides 13, 26, 79, 153, 197 u. ö.
Thymele 161, 182
Thyrsos 41–42
Tiberius 273
Timanthes 179
Timokratie 224
Timoleon 238
Timomachos 276
Tiryns 12, 20–23, 26, 64
Tisias 108
Tissaphernes 206–208, 231
Titanen 29–31, 57

Titanomachie 31
Titus 275
Tomoi 62
Torus 128 u. ö.
Totenbestattung 95–96
Trachinierinnen 189–190
Trajaneum 272
Tragödie 76–77, 182–183, 186–191, 239
Trapeza 97
Trapezitai 97
Trapezus 62, 230
Triglyphen 125 u. ö.
Trimeter 105
Tripodenstraße 160
Tripous 160
Triptolemos 41, 177, 188
Tritagonist 182
Triton 40, 132, 160
Trittys 79
Troas 26
Trochäus 105
Trochilus 128 u. ö.
Troja 12, 20, 26–28, 56
Trojanischer Krieg 40
Turm der Winde 160
Tympanon 115, 126
Tyrannis 68–69, 224 u. ö.
Tyrtäos 67, 104
Typhoeus 31
Tyros 254

U

Uranos 29–30 u. ö.

V

Vaphio 19
Vasen 51–52, 180 u. ö.
Venus von Milo 274
Velia 118
Vitruv 171
Volksversammlung 65–66, 79
Voluten 130

W

Wagenlenker 82
Wanderung der Griechenstämme 47–48
Werke und Tage 58
Winckelmann 85

X

Xanthippe 215
Xanthippos 145, 151
Xeniades 218
Xenophanes 118–119
Xenophon 135, 215, 229–231
Xerxes 142, 144, 148, 156 u. ö.

Z

Zankle 61
Zarathustra 136
Zella 87, 122 u. ö.
Zenon 285
Zeugiten 73
Zeus 13, 18, 20, 29–31, 33–34, 36–41 u. ö.
Zeusaltar 273
Zeus Horkios 84
— Olympios 174
— Xeinios 50
Zeustempel 86, 174
Zeuxis 178–179, 247
Zophoros 130
Zoroastrismus 136
Zyklopen 22, 30, 39
Zypern 39, 52, 285